泸州市政协志

LU ZHOU SHI ZHENG XIE ZHI

1991—2011

政协泸州市委员会办公室　编

方志出版社
Pubishing House of Local Records

图书在版编目（CIP）数据

泸州市政协志：1991—2011 / 政协泸州市委员会办公室编．—北京：方志出版社．2016.6
ISBN 978-7-5144-2014-2

Ⅰ．①泸… Ⅱ．①政… Ⅲ．①中国人民政治协商会议—地方委员会—概况—泸州市—1991-2011 Ⅳ．①D628.713

中国版本图书馆CIP数据核字（2016）第134348号

泸州市政协志（1991—2011）

编　　者：政协泸州市委员会办公室
责任编辑：罗滔、朱姝
出 版 人：冀祥德
出 版 社：方志出版社
地址　北京市朝阳区潘家园东里9号（国家方志馆4层）
邮编　100021
网址　http://www.fzph.org
发　　行：方志出版社发行中心
电话（010）67110500
经　　销：各地新华书店
印　　刷：成都国图广告印务有限公司
开　　本：889×1194　1/16
印　　张：15
字　　数：450千字
版　　次：2016年6月第1版　2016年6月第1次印刷
印　　刷：0001~2000册
ISBN　978-7-5144-2014-2　定价：120.00元

泸州市行政区划图

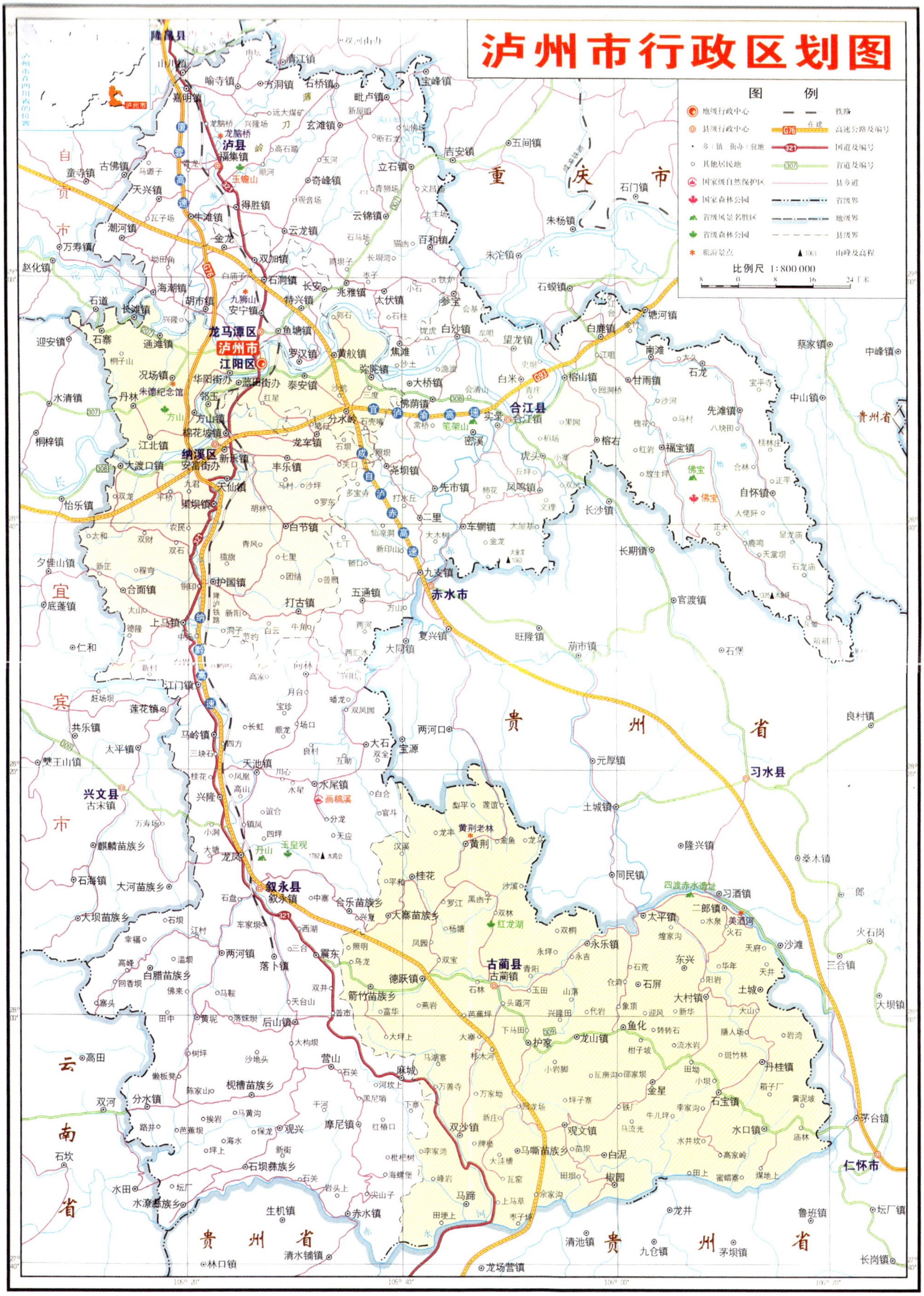

审图号：川S（2011）7号

成都地图出版社编制　2011年1月

1992 年 2 月 25 日，政协泸州市第二届委员会第五次会议举行开幕式

1992 年 2 月 25 日，市政协主席王述增在泸州市政协二届五次会议上致开幕词

1992 年 2 月 26 日，市委书记刘育仁（前排右二）在泸州市政协二届五次会议小组讨论中听取委员意见

1993 年 3 月，市委领导、政协泸州市第二届委员会主席、副主席、秘书长与出席泸州市政协二届二十四次常委会的常委合影，前排左起：何宗辉、张 俊、熊先骥、邹正涛、叶怀祥、王述增、张婉萍、屈尚先、杨世勋、田润之、徐浩然、罗恢绪

1993 年 4 月 4 日，市委书记杨运洪（前排左一）出席泸州市政协三届一次会议开幕式

1993 年 4 月 10 日，政协泸州市第三届委员会主席会议成员与常委在南极路政协办公楼前合影，前排左起：龚明德、张俊、熊先骥、何宗辉、刘光汉、曹锡森、徐浩然、田润之、屈尚先、赖高淮、（二排左一）李松年

1994年11月8日，赞比亚国客人到市政协访问，受到三届市政协常务副主席刘光汉（前排右三）等市领导热情接待

1994年12月9日，市委书记杨运洪（前排右八）和市政协领导与泸州市政协委员、各界人士为“四化”服务先进代表合影

1995 年 12 月 15 日，三届市政协主席曹锡森（左一）带队视察泸州市国家税务局工作

1998 年 3 月 29 日，四届市政协主席曹锡森在泸州市政协四届一次会议闭幕式上讲话

1998年5月28日，全国政协副主席赵南起（右四）在省政协常务副主席史志义（右三），四届市政协常务副主席刘光汉（左三）、副主席肖昌裕（右一）陪同下，视察四川郎酒集团股份有限公司

2000年10月25日，四届市政协主席曹锡森（右一）在全国政协信息联系点第一次会议上致辞

2003 年 2 月 23 日，五届市政协主席徐龙治在泸州市政协五届一次会议上致开幕词

2004 年 3 月 20 日，政协泸州市第五届委员会第二次会议举行开幕式

2004年9月，全国政协副主席、致公党中央主席罗豪才（前排左二）在市政协主席徐龙治（前排右一）陪同下视察泸州市引进侨资、侨智工作

2005年2月25日，市委书记徐波（前排左四），五届市政协主席、副主席出席泸州市政协五届三次会议开幕式，前排左起：侯本立、杨征洪、梅兴岗、徐　波、徐龙治、张国志、张方正

2005 年 2 月 25 日，市委书记徐波（前排右一）出席泸州市政协五届三次会议开幕式

2006 年 9 月 18 日，五届市政协举办泸州经济发展论坛

2006 年 9 月 18 日，市委副书记、市长朱以庄在泸州经济发展论坛上致辞

2007 年 3 月 10 日，泸州市政协六届一次会议选举的六届委员会主席、副主席合影，左起：周亚琼、杨正律、张方正、刘俊泽、张国志、侯本立、何仁均、何延政

2007 年 5 月 21 日，全国 22 城市政协联系会第 40 次会议在泸州市召开

2007 年 5 月 22 日，四川省政协原主席秦玉琴（前排左一）在市委书记朱以庄（前排右三）、六届市政协主席刘俊泽（前排右四）陪同下调研泸州港国际集装箱码头

2007 年 11 月 6 日，六届市政协举办泸州酒业发展论坛

2007 年 11 月 6 日，市委书记袁本朴在泸州酒业发展论坛上讲话

2007 年 12 月 28 日，政协泸州市第六届委员会主席刘俊泽在新年茶话会上致辞

2008 年 5 月下旬，六届市政协组织全市政协委员为“5・12”汶川大地震灾区捐款

2009 年 2 月 16 日，政协泸州市第六届委员会第三次会议举行开幕式

2009 年 9 月 17 日，泸州市政协举行庆祝人民政协成立 60 周年暨泸州市政协成立 26 周年座谈会

2009年12月，全国政协副主席、民革中央主席周铁农到泸州视察，周铁农（左五）与陪同的省人大常委会副主任、民革四川省委主任委员纽小明（右五），市长刘国强（左四）等合影

2010年12月16日，全国政协原副主席陈锦华到泸州考察经济工作，陈锦华（左四）在市委书记朱以庄（右三）陪同下参观泸州老窖国宝窖池后合影

2011年12月，调整充实的政协泸州市第六届委员会主席会议成员在南苑会议中心合影，左起：肖荣华、何延政、张方正、何仁均、刘俊泽、周亚琼、巫俊明、张明、徐宽富

2012年1月2日，政协泸州市第七届委员会第一次会议举行开幕式

2012年1月6日，七届市政协主席喻双在泸州市政协七届一次会议闭幕式上讲话

2012年1月6日，政协泸州市第七届委员会主席会议成员在南苑会议中心合影，左起：刘鹏飞、沈才洪、肖荣华、何延政、张方正、喻双、何仁均、周亚琼、巫俊明、汪建国

《泸州市政协志》编纂委员会

主　任　喻　双

副主任　何仁均　周亚琼　刘鹏飞

成　员　徐宽富　高长万　晏天佑　陈志林　冯天林

　　　　欧正聪　廖志谋

《泸州市政协志》（1991—2011）编辑部

主　　编　喻　双

副 主 编　何仁均　周亚琼　刘鹏飞

撰　　稿　冯天林

图片摄影　周永叙

《泸州市政协志》评审小组

组　　长　邱　俊

副 组 长　何晓波

成　　员　刘竞涛　吴跃林　马小涛　邓开明　唐　惠　郑水英

序

中国人民政治协商会议是中国人民爱国统一战线的组织，是中国共产党领导的多党合作和政治协商的重要机构，是我国政治生活中发扬社会主义民主的重要形式。1949 年，毛泽东、周恩来等中国共产党第一代中央领导集体，深刻总结中外历史上政党政治的经验教训，把马克思主义的基本理论同中国革命的实践结合，以非凡的政治智慧，创立了人民政协这一中国特色的政治组织。9 月 21 日至 30 日，中国人民政治协商会议召开，执行全国人民代表大会的职权，制定并通过具有宪法性质的《中国人民政治协商会议共同纲领》，决定了中华人民共和国的国都、国旗、国歌和纪年，选举产生中央人民政府委员会，宣告了中华人民共和国的成立。1954 年，全国人民代表大会制度建立后，毛泽东主席明确指出："有了人大，并不妨碍我们成立人民政协进行政治协商。各党派、各民族、各团体的领导人物一起来协商新中国的大事非常重要。"由此形成了中国独特的选举和协商两种民主形式相辅相成的社会主义民主政治的基本模式。1978 年中共中央十一届三中全会以后，以邓小平同志为核心的中国共产党第二代中央领导集体，明确提出新时期统一战线和人民政协的性质和任务，并以党的决议形式肯定了中国共产党领导的多党合作和政治协商制度在我国社会主义政治建设中的重要地位，人民政协的性质和作用被庄严载入宪法。1989 年中共中央十三届四中全会以后，以江泽民总书记为核心的中国共产党第三代中央领导集体，深刻总结苏联解体、东欧剧变的惨痛教训，强调中国的政局要稳定，首先要稳定多党合作这个格局，明确中国共产党领导的多党合作和政治协商制度是我国的一项基本政治制度，并将该制度写入党章、载入宪法、纳入中国共产党在社会主义初级阶段的基本纲领。

人民政协成立 60 多年来，在中国共产党领导下，充分发挥全国政协和地方政协的特点和优势，服从和服务大局，广泛聚集各界力量，为中国共产党和国家经济建设和社会事业发展提供了强有力的支持；充分发扬民主，扩大公民有序参与，推动了社会主义民主政治建设；积极协调关系，努力化解矛盾，维护了社会和谐稳定；高举爱国主义和社会主义两面旗帜，加强团结联盟，促进了祖国和平统一大业。历史证明，人民政协在促进中国革命、建设和改革事业，全面建设小康社会，实现中华民族伟大复兴的历史进程中，发挥了不可替代的重要作用。选举和协商这两种独具中国特色的社会主义民主形式，日益显示出巨大的优越性，近年来也越来越得到西方政治理论界的推崇。

作为地方政协的泸州市政协，1955 年成立后，特别是 1983 年泸州建省辖市以来，在中共泸州市委领导下，在市人大、市政府支持下，充分发挥人民政协广泛团结各族各界人士的政治优势和人才荟萃特点，在泸州的经济、政治、文化和社会生活中发挥着日益重要的作用。

1991 年以后，适应我国经济社会发展的新形势、新任务，人民政协进入新时期、新阶段，政协的工作重点和主要任务，也转向履行政治协商、民主监督、参政议政三大职能。泸州市政协与时俱进，以履行三大职能为主旋律。努力扩大政治协商的层次，以全委会整体协商、常委会专题协商、专委会对口协商、听取通报广泛协商的形式，对泸州市经济、政治、文化和社会生活的重要方面，开展多层次、多内容、多角度的政治协商，进诤言，献良策，促进了市委、市政府决策的民主化、科学化。创新民主监督的形式，民主评议窗口行业，常委会评议部门工作和党风廉政建设；开展全体委员视察、主席会议成员视察、全国和省政协委员视察、专门委员会视察；提出委员提案，力促提案办理；倾听人民群众的呼声、愿望和要求，反映社情民意信息等，提出意见、建议和批评，加大了民主监督的力度。积极拓展参政议政领域，紧紧围绕各个时期党委、政府中心工作和人民群众普遍关注的热点、难点、焦点问题，调查研究，举办论坛，研讨论证，座谈建言，为市委、市政府及其部门献良策、出实招，提出许多建设性的意见和建议。使人民政协工作，无愧于时代，无愧于泸州。

志为信史，必须忠实于历史，还原于历史。《泸州市政协志》的编修，正是紧扣政协工作这一历史性转变，浓墨重彩，全面记述了泸州政协履行职能的方方面面，重在人民政协的立言立论，献计献策。

历史是今人和后人的明镜，以史为鉴，可以明得失、知兴替，筹谋未来。《泸州市政协志》的编修，可以为我们检点泸州政协的历史，借鉴政协工作的经验，承继人民政协的优良传统，承前启后，鉴往昭来，进一步推动人民政协事业新的发展。

《泸州市政协志》即将出版，希望泸州市各级领导干部、机关干部，读志鉴史，进一步深化对中国共产党领导的多党合作和政治协商制度的认识。希望全市广大政协委员、各族各界人士，读志用志，积极参与政协活动，努力提高履职水平，为实现泸州经济“四年翻番”（全市生产总值、规模以上工业增加值、全社会固定资产投资、地方公共财政收入、城乡居民人均收入四年翻番）和“六个突破”（在产业发展、城镇建设、投资拉动、开放合作、县域经济、民主事业上实现六个突破）的宏伟目标，全心投入，献计出力，为成就“泸州梦”做出新贡献。殷切之心，是为序。

泸州市政协主席

2013 年 10 月

凡　例

一、本志以马克思列宁主义、毛泽东思想、邓小平理论和“三个代表”重要思想和科学发展观为指导，深入贯彻习近平总书记系列重要讲话，坚持辩证唯物主义和历史唯物主义的立场、观点和方法，全面、客观地记述泸州市政协的历史和现状，力求思想性、科学性和资料性的统一。

二、本志参照《四川省第二轮市县志书编纂规范》精神，定名《泸州市政协志》，为《泸州市政协志》（1950—1990）续志。

三、本志上限起自1991年，下限截至2011年。极少数内容，如大事记、图片延至2011年后。

四、本志记述地域范围以断限内泸州市行政区域为准。政协工作和活动记述以主要在泸州范围而记。

五、本志采用述、记、志、传、图、表、录等体裁。由概述、大事记、专记、专志、人物、附录组成。《概述》综述泸州市政协概况，总揽全志，先总后分，列全志之前；《大事记》采用编年体，从纵向记述大事、要事、首事、特事，为全志之经；专志记述为志书主体，分7章24节。全志38万字。

六、本志记述采用二元结构形式。以编年体为主，纪事本末体为辅。在记述时根据需要，在编年体中适当运用纪事本末体。专记、行业行风评议、人物传、重要纪事，采用纪事本末体。

七、本志坚持“生不立传”原则。人物传记泸州籍或客籍人物较长时期生活工作于泸州市政协的2011年12月31日前过世人物。专志出现人物，采用以事系人记述。

八、本志表述采用规范书面语体文、记述体，寓观点于记事之中。表述力求准确、朴实、简洁、流畅，合乎语法。

九、数字标点遵循国家标准出版规定，GB/T 15834—2011《标点符号用法》，GB/T 15835—2011《出版物上数字用法》。

十、计量单位采用国务院1984年2月发布的中华人民共和国法定计量单位。考虑到社会使用习惯，全书中亩不统一换算。

十一、本志称谓。行政区划、机关、团体、企事业单位的名称，一般用全称。若全称较长，重复出现时适当采用简称。中国人民政治协商会议简称政协，中国人民政治协商会议泸州市委员会简称政协泸州市委员会或泸州市政协、市政协。

目　录

概 述

泸州市政协是中国人民政治协商会议地方组织，是中国共产党领导的多党合作和政治协商的地方机构，是地方政治生活中发扬社会主义民主的重要形式。1950 年，为泸州市各界人民代表会议及其协商委员会。1955 年，为地辖泸州市政协，历经 6 届。1983 年，泸州建省辖市，下辖市中区和泸县、纳溪县、合江县；1985 年，增辖叙永县、古蔺县；1996 年，行政区划调整，设江阳区、龙马潭区、纳溪区和泸县、合江县、叙永县、古蔺县。1991 年至 2011 年，省辖泸州市政协历经 5 届，分别由 26—30 个界别组成，界别涵盖泸州市各族各界人士。安排政协委员 1805 名，选举常务委员会委员 324 名；委员和常委中，民主党派、工商联成员和无党派人士，均占总数的 60%以上；少数民族和妇女，均占有一定比例。各届政协设有专门委员会，先后设置过提案、学习宣传、文史资料、经济、文化教育、科学技术、医药卫生、群众工作、祖国统一联谊、文教医卫体、社会法制、财经、农业、教科文卫体、学习文史、人口资源环境等专门委员会。

1991 年后，适应国家经济社会发展的新形势、新任务，人民政协进入新时期、新阶段，政治协商、民主监督、参政议政成为人民政协主要职能和工作重点。泸州市政协与时俱进，以履行三大职能为主旋律，充分发挥在地方社会主义民主中的作用。积极履行政治协商职能。21 年间，召开政协全体委员会议（简称全委会）21 次，协商讨论政府工作报告、国民经济和社会发展计划报告、财政预算报告各 21 份，法院和检察院工作报告各 18 份，泸州市国民经济和社会发展“八五”“九五”“十五”“十一五”“十二五”计划和规划 5 份，向市政府和部门提出意见、建议 2000 多条。以政协常务委员会（简称常委会）、主席会形式，与市政府和党政部门、法院、检察院协商有关改革开放、经济建设、社会发展、党风廉政建设、法制建设和中心工作专题 42 个。广泛开展专题协商、听取通报协商、对口协商活动，协商内容涵盖泸州市经济、政治、文化和社会生活中的重要方面。泸州市政协多层次、多形式协商活动，为中共泸州市委、泸州市人民政府及其部门和区县党政机关决策，提供了建设性的意见和建议，许多得到党委、政府领导的高度重视和采纳。21 年间，泸州市政协创新形式，大胆监督，认真履行民主监督职能，相继开展窗口行业职业道德、医卫行业行风、邮电行风、建委系统行风、工商局行风的民主评议。以常委会议评议形式，对国土资源、环境保护、地方税务、司法、文化、农业、人民银行、计划生育、交通、改革和发展、工商等部门和单位的工作和党风廉政建设民主评议。针对人民群众普遍关注的热点、难点、焦点问题和政府部门的工作和作风，组织政协主席会议成员视察、在泸州的全国和四川省政协委员视察、全体市政协委员集体视察、专门委员会视察 240 多次，视察所提意见、建议和批评大多数得到市委、市政府领导和部门重视、批示和采纳落实。充分发挥委员提案的监督作用，21 年间，市政协共收到提案 7150 多件。在提案办理中，创造了“面商办案”、市政协和市政府领导审阅和签注办理意见、政协领导领衔督办等新形式。市政府及其部门和区县认真办理，提案所提问题已经解决、基本解决和正在解决比例每年均在 70%以上。泸州市政协民主监督的创新，活跃了人民政协的民主监督形式，使政协的民主监督落到实处，加大了政协监督的力度。多层次、多领域、多形式地参政议政。市政协及其专门委员会先后开展调查研究110多次，90%以上形成调研报告。其中40篇报告得到省委、省政府和市委、市政府领导批示和相关部门采纳落实。“城市居民饮水安全”调研报告，省长蒋巨峰等8位省领导做出批示。《泸州市农业、农村、农民问题的调查报告》，市委农村工作领导小组专门研究，要求各涉农部门认真研究，切实采纳。1997年，泸州市政协被全国政协办公厅确定为全国政协第一批信息直报点，反映社情民意信息成为政协工作的重要基础和关键环节。截至2011年年底，泸州市政协向全国政协、四川省政协、市委、市政府报送社情民意信息3093条。其中：被全国政协信息局采用166条，直送中共中央、国务院领导，被中共中央、国务院领导批示12条，《应高度重视失地农民问题》信息，得到国务院总理温家宝和3位副总理批示；被四川省委、省政府、省政协采用294条，大多数信息得到省级部门的重视和采纳；被市委、市政府领导批示559条，100多条被部门和单位办理落实。泸州市政协信息工作，5次被全国政协评为信息工作先进单位二、三等奖；12次被四川省政协评为信息工作先进单位一等奖，名列市州政协第一，四川省政协信息工作经验交流会在泸州召开。举办论坛、研讨会、论证会，汇集政协委员、各界人士的智慧，为泸州发展建言献策。分别举办农业上新台阶、个体私营经济发展、“治水兴泸”战略、泸州发展战略、小康建设、抓住西部大开发契机发展泸州经济等研讨会，及新建江北公园可行性论证会。泸州经济发展论坛收到论文74篇，市委主要领导充分肯定论坛提出的对策建议具有许多真知灼见。市政府主要领导要求：“论坛上提出的建议意见，市政府相关部门要认真研究，充分吸取。”泸州酒业发展论坛，收到论文86篇，在市委、市政府出台的《关于2008年进一步加快酒业发展的意见》中，广泛吸纳了论坛的相关建议。泸州市政协的参政议政，紧紧围绕泸州政治、经济、文化和社会生活中的重大问题和亟待解决的问题，广聚各界人士的真知灼见，为党委、政府谏真言，出实招，充分发挥了人民政协人才荟萃的智囊作用。

团结和民主，是人民政协的两大主题。市政协发扬人民政协优良传统，团结和动员老工商业者、民族宗教人士、史学界人士，以亲历、亲见、亲闻历史，撰写文史资料。21年间，征集、编辑、出版《泸州文史资料选辑》等21辑，收录文史资料594篇，295.50万字，出版发送、发行2.59万册。组织社会联络人士，每月定期学习座谈。学习时事政治，祖国统一政策，民族宗教政策，市委、市政府的重大决策部署、经济发展计划规划等。先后组织200多期学习会，参加学习的社联人士1万多人次。开展祖国统一联谊活动。每年举行中秋茶话会和迎春茶话会，邀请“三胞三属”和归侨侨眷代表参加，加强海外联谊，共话祖国统一大业；组织“三胞三属”座谈中共中央提出的和平统一祖国的“八项主张”，批驳李登辉分裂祖国的“两国论”；对泸州的港澳台侨外资企业发展调研，向市委、市政府提出建议，帮助台侨企业排忧解难。建立泸州诗书画院，聘请文化界人士300多人为创作研究员，弘扬民族优秀传统文化。创作古体诗词、楹联、绘画、书法作品6万多件，出版诗书画专辑和个人专辑80多种，数百件作品在国外和全国展出、获奖；创作研究员创作的漫画《聚与散》，被国际奥委会主席萨马兰奇签名收藏，陈列于美国亚特兰大奥运博物馆。举办泸州市“屈原魂”学生诗词大赛，共18届，参赛学生1万多人，使民族传统文化后继有人。以诗画联谊，增进与美国原飞虎队总指挥陈纳德的夫人、美国国际合作委员会主席陈香梅、中国台湾地区国民党元老陈立夫的翰墨情缘。泸州市政协的大团结、大联合，广泛团结了各族各界人士、“三胞三属”和海外侨胞，促进了祖国的和平统一大业和泸州社会的稳定。

中国共产党领导的多党合作和政治协商制度，是国家的基本政治制度。中共泸州市委加强对政协的领导，保证了泸州市政协正确的政治方向和更大作用的发挥。二至六届政协期间，中共泸州市委召开4次政协工作会议，相期制发了《关于进一步加强政协工作的意见》等4个文件；逐步完善人民政协履行政治协商、民主监督、参政议政职能的原则、内容、形式和程序，使协商于决策之前和监督于决策执行过程之中制度化、规范化，保证了政协组织和政协委员在泸州经济、政治、文化和社会生活中不可替代作用的发挥。

1991—2011年，是人民政协大有作为的时期，也是泸州市政协履职充分、工作活跃、成效明显的时期。

大事记

1991 年

1 月 21—23 日 泸州市政协二届十四次常委会协商《泸州市国民经济和社会发展十年规划和“八五”计划纲要（草案）》。

3 月 8—12 日 泸州市政协二届四次全委会在市府礼堂召开。

是月 市政协视察形成《关于考察我市油菜生产情况的汇报和建议》，市委分管副书记召开会议专门研究。

4 月 22 日 市政协经济委员会举办如何发挥国合商业主渠道作用研讨会。

5 月 21 日 四川省政协地方政协工作会议在泸州召开。

6 月 12—14 日 泸州市政协二届十六次常委会协商《泸州市住房制度改革实施方案》。

是月 市政协文史资料委员会编辑出版《泸州文史资料选辑·红军长征过泸州》。

7 月 市政协组织相关部门科技人员 70 余人，对赤水河河谷地带治理开发进行为期 20 天考察。

8 月 29 日 市政协组织民主党派、工商联和无党派人士协商“泸州精神”科学表述。

9 月 24—25 日 泸州市政协二届十七次常委会专题协商“以科技进步促进泸州经济发展”。

12 月 25—27 日 泸州市政协二届十八次常委会听取和协商农业生产和农村工作。

是月 市政协《关于我市乡镇企业情况的视察报告》，被市委、市政府采纳，并决定将乡镇企业作为振兴泸州经济战略突破口。

是年 市政府办理落实市政协 1 号提案《关于解决泸州市回民吃牛肉难的建议案》。

1992 年

2 月 25—29 日 泸州市政协二届五次全委会在市府礼堂召开。

4 月 18 日 市政协协商国合商业企业推行“四放开”问题，邀请市委书记刘育仁及市人大、市政府分管领导参加。

5 月 27—28 日 泸州市政协二届二十一次常委会协商市委《关于大力推进改革开放和加快发展经济的决定》。

是月 泸州诗书画院举办泸州市第一届“屈原魂”学生诗词大赛。

6 月 23 日 市政协组织视察泸州市重点建设工程。

7 月 23—24 日 市政协召开首届政协理论研讨暨工作经验交流会。

9 月 24—25 日　泸州市政协二届二十二次常委会协商泸州市乡镇企业发展。

11 月 9 日　市政协举办农业再上新台阶理论研讨会。

12 月 3 日　市政协召开泸州市政协委员、各界人士为“四化”服务经验交流会暨先进表彰会。

1993 年

3 月 11 日　泸州市政协二届二十四次常委会协商《政府工作报告（征求意见稿）》。

3 月 12 日　市政协视察形成“农业生产情况通报”，市委分管副书记召集会议对亟待解决问题专题研究和落实。

4 月 4—10 日　泸州市政协三届一次全委会在市府礼堂召开，选举曹锡森为政协泸州市第三届委员会主席，刘光汉、屈尚先、田润之、徐浩然、何宗辉、龚明德、张俊、熊先骥为副主席，李松年为秘书长。

是月　市政协办公室编纂出版《泸州市政协志（1950—1990）》。

6 月 3 日　市政协文教医卫体委员会与市卫生局就泸州市公费医疗对口协商。

是月　市政协编辑出版《赤水河流域经济综合开发规划》。

7 月 8 日　市政协组织市级民主党派负责人与市委、市政府有关领导座谈，专题协商泸州市物质文明和精神文明建设。

7 月 14—16 日　泸州市政协三届二次常委会听取和协商泸州市经济运行情况、党风廉政建设情况、城市建设基本情况。

10 月 13—15 日　泸州市政协三届三次常委会听取和协商市财政 1—8 月收支预算执行情况。

11 月 15—17 日　市政协组织视察贯彻落实《中华人民共和国教师法》情况，所提建议得到市委、市政府采纳。

12 月 16 日　市政协党组向市委建议，撤销市政协科技经济委员会，分设财经委员会、农业委员会。

12 月 25 日　中共泸州市委召开政协工作会议。

1994 年

1 月 24 日　中共泸州市委制发《关于进一步加强政协工作的意见》。

2 月 15 日　市政协邀请“三胞三属”和相关部门，举行学习江泽民《为促进祖国统一大业的完成而继续努力奋斗》讲话座谈会。

是月　泸州市政协三届五次常委会协商《政府工作报告（征求意见稿）》。

3 月 3 日　泸州市人民政府制发《关于建立市政府与市政协对口联系和协商制度的通知》。

3 月 25 日　《泸州政协报》创刊。

3 月 28 日至 4 月 3 日　泸州市政协三届二次全委会在酒城宾馆召开。

4 月 19 日　泸州市政协与泸州市人民政府召开对口协商会。

7 月　泸州市政协三届七次常委会听取和协商市政府上半年经济运行情况。

8 月 23 日　泸州市政协与市级民主党派、工商联举行恳谈会，专题协商泸州市农村工作、扶贫工作、市政管理、企业扭亏增盈。

10月20—22日 泸州市政协三届八次常委会协商泸州市农牧生产、农村产业结构、林业、水利建设和财政支农资金安排情况。

11月8日 赞比亚国客人到泸州市政协访问。

12月18—19日 市政协召开为“四化”服务做出突出成绩政协委员表彰会。

是月 市委书记杨运洪对市政协《关于严格控制支出逐步减少财政赤字的建议案》批示。

是年 泸州市人民政府办理落实《关于请求落实归还市基督教三自爱国会濂溪路2号院土地用使权》提案。

是年 泸州诗书画院创作研究员漫画《生财有道》、中国画《蜀乡》、油画《夕照》，入选全国美术展览。

1995年

2月 泸州市政协三届九次常委会协商《政府工作报告（征求意见稿）》。

3月24—29日 政协泸州市三届三次全委会在市中级人民法院大礼堂召开，选举潘学贤为政协泸州市第三届委员会副主席。

9月5日 中共泸州市委批转《政协泸州市委员会贯彻〈政协全国委员会关于政治协商、民主监督、参政议政的规定〉的意见》。

9月26—28日 泸州市政协三届十二次常委会听取和协商市政府关于泸州市1—8月经济运行情况。

是月 市长唐宁对市政协《关于加大力度加快发展个体私营经济的建议案》批示。

10月17日 泸州市政协与泸州市人民政府联合召开提案办理现场办公会，研究殡仪馆火化车间迁往郊外。

11月7—8日 泸州市政协三届十三次常委会听取和协商《泸州市国民经济和社会发展“九五”计划和2010年远景规划》，提出36条意见和建议。

11月14日 泸州市政协召开三届三十九次主席扩大会，听取和协商讨论泸州市基础教育和广播电视工作。

是年 泸州市政协创办《社情民意》专刊。

1996年

3月7—13日 政协泸州市三届四次全委会在南苑会议中心召开。

3月12日 市政协委员提出《应加速321国道江门至火把桥路段的道路整治》提案，市政府安排专项资金2249万元，半年将40公里路段整治竣工。

5月21日 泸州市政协组织专稿，以《泸州向您敞开大门》为题，在《人民政协报》刊登专版。

5月29日 泸州市县区政协工作经验交流会在纳溪县召开。

5月31日 泸州市政协举办个体私营经济发展研讨会。

6月6日 市政协农业委员会与市水利局举办“治水兴泸”战略研讨会。

6月11日 泸州市政协召开协商会，形成《关于尽快使我市垃圾处理场、污水处理厂正式启用的建议案》，市政府采纳实施。

6月18—19日 泸州市政协三届十七次常委会听取和协商泸州粮食生产、乡镇企业发展、烤烟生产、水利建设情况。

是月 中共泸州市政协党组《关于我市行政区划调整中有关新建、更名区政协的几点建议》，市委批准。

9月17—18日 泸州市政协召开三届十八次常委会，确定民主评议泸州供电、供水、供气、交通、邮电、医院、商贸等12个窗口单位行风。

10月25日 泸州诗书画院举行建院10周年庆祝大会。

11月29日 泸州市政协召开由市经济、财政、税务、银行等部门和单位参加的企业负担“帮困协调会”。

12月6日 泸州市政协举办泸州发展战略研讨会。

12月17—18日 泸州市政协三届十九次常委会听取和协商市政府关于全市工业经济运行及扭亏增盈工作。

1997年

3月4—9日 政协泸州市三届五次全委会在南苑会议中心召开。

5月21—23日 全国20城市政协横向联系第21次会议在泸州召开。

是月 泸州市人民政府五十七次常务会议专题研究市政协的个体私营经济调研报告，决定对沱江商业城实行“一卡收费制度”。

6月25—26日 泸州市政协三届二十二次常委会听取和协商市政府关于全市农业产业化发展情况。

6月27日 泸州市政协民主评议泸州市医卫行业行风。

7月7日 中共泸州市委批转《政协泸州市委员会关于进一步加强民主监督工作的意见》。

7月22日 全国政协组织《人民日报》、新华社、中央人民广播电台、《光明日报》、中国新闻图片社、《经济日报》《法制日报》《人民政协报》记者采访团来泸州采访。

8月5日 泸州市政协对新建江北公园进行可行性论证。

8月28日 四川省政协常务副主席刘昌杰、农业委员会主任路森令考察江阳区沙湾乡桂圆林基地。

10月 泸州市政协获四川省政协系统信息工作一等奖。

11月17日 泸州市政协组织在泸州的全国、省政协委员考察泸州市城市基础设施建设。

12月23—24日 泸州市政协三届二十四次常委会听取和协商市政府关于泸州市1997年1—11月国民经济发展执行情况。

是月 四川省政协宣传工作会在泸州召开。

是年 泸州诗书画院创作研究员漫画《聚与散》，被国际奥委会主席萨马兰奇签名收藏。

1998 年

3 月 24—29 日 政协泸州市四届一次全委会在南苑会议中心召开，选举曹锡森为政协泸州市第四届委员会主席，刘光汉、熊先骥、赖高淮、潘学贤、杜襄、江相麒、陈修伍、袁达明、肖昌裕为副主席，游安祥为秘书长。

5 月 14 日 泸州市政协民主评议泸州市邮电系统行风。

5 月 28 日 全国政协副主席赵南起、省政协常务副主席史志义视察四川郎酒集团股份有限公司。

是月 市政协财经委员会调研形成《关于促进我市非公有制经济健康发展的意见和建议》，市政府办公室以《工作通报》全文转发。

7 月 21—23 日 泸州市政协四届二次常委会听取和协商市政府关于再就业工程和泸州市非公有制经济发展情况。

8 月 19—20 日 四川省 8 市地政协工作经验交流会在泸州召开。

是月 市政协社会法制委员会调研形成的职工下岗和再就业工作报告，市长唐宁、常务副市长肖天任批示，市政府办公室以《工作通报》全文转发。

10 月 20 日 中共泸州市委召开政协工作会议。

11 月 6 日 中共泸州市委制发《关于进一步加强人民政协工作的决定》。

1999 年

3 月 1—5 日 泸州市政协四届二次全委会在南苑会议中心召开。

5 月 10 日 泸州市政协与市委统战部召开各界人士座谈会，声讨以美国为首的北约集团轰炸中国驻南斯拉夫大使馆罪行。

6 月 9—10 日 泸州市政协四届六次常委会听取和协商泸州市深化国有企业改革情况。

6 月 17 日 泸州市政协民主评议市建委系统的规划、房管和自来水公司行风。

是月 泸州市政协形成《关于长工集团的调查报告》，市长唐宁批示，市经委等部门制定帮助长工集团发展的具体意见并实施。

7 月 20 日 泸州市政协组织民主党派、工商联负责人座谈，批驳李登辉分裂祖国的“两国论”。

9 月 19 日 泸州市政协举行庆祝中国人民政治协商会议成立 50 周年大会。

是月 泸州诗书画院院长张婉萍和作者魏闻声到北京向陈纳德夫人、美国国际合作委员会主席陈香梅赠送《飞虎将军陈纳德》肖像画。

10 月 9—11 日 泸州市政协四届七次常委会听取和协商市政府关于泸州市农民增收情况、市中级人民法院关于法院执行工作情况。

12 月 7—8 日 泸州市政协四届八次常委会听取和协商市政府关于深化素质教育、全面推进素质教育情况。

2000 年

2 月 21—25 日 政协泸州市四届三次全委会在南苑会议中心召开。

5月10—12日 泸州市政协四届十一次常委会听取和协商市政府关于泸州市旅游经济发展情况。

5月19日 泸州市政协举办“抓住西部大开发战略契机，加快泸州经济发展”研讨会。

6月18日和8月8日 泸州市政协视察提出修建官渡大桥建议，市政府采纳落实。

6月19日 泸州市政协民主评议泸州市工商局行风建设。

8月17—18日 泸州市政协四届十二次常委会听取和协商市政府关于泸州市对外开放情况。

9月13日和12月 泸州市政协协商《泸州市国民经济和社会发展“十五”规划纲要（草案）》，保证财政收入增长与GDP增长同步等10余条建议被采纳。

10月25—27日 全国政协办公厅信息联系点第一次会议在泸州召开。

是月 市政协民族宗教小组调研提出分期、分批解决少数民族贫困户住房建议，市政府采纳落实。

11月14—16日 泸州市政协四届十三次常委会听取和协商市政府关于泸州市技术创新情况。

2001年

2月24—31日 政协泸州市四届四次全委会在南苑会议中心召开，选举徐龙治为政协泸州市第四届委员会主席，张国志为副主席。

4月11日和24日 泸州市政协组织经济界政协委员座谈研讨泸州市工业经济发展。

6月19—20日 泸州市政协四届十六次常委会听取和协商市委关于泸州市经济工作情况、市委政法委关于开展“打黑除恶”维护社会稳定情况。

是月 市政协教科文卫体委员会调查形成实施素质教育建议报告，市教育局制定推进素质教育12条措施并实施。

7月19日 泸州诗书画院魏闻声美术作品展在美国华盛顿艺术中心举行。

9月18—20日 泸州市政协四届十七次常委会听取和协商市中级人民法院工作情况和市检察院工作情况。

是月 市政协社会法制委员会调查形成贯彻《中华人民共和国村民委员会组织法》建议报告，市委书记徐波批示。

10月11日至11月16日 泸州市政协组织全体市政协委员391名，分17个组17个专题视察。

11月 市政协主席会议成员调查形成《小集镇建设应抓好规划与管理》社情民意，市政府采纳，12月，召开会议专题研究集镇的规划与管理。

12月12—13日 泸州市政协四届十八次常委会听取和协商四川西部化工城建设。

是年 泸州市政协报送沱江一桥安全的社情民意，市委书记徐波批示市交通局组织专业技术人员对沱江一桥进行全面安全大检查。

2002年

3月4—8日 泸州市政协四届五次全委会在南苑会议中心召开，选举杨征洪、任晓善、张方正为政协泸州市第四届委员会副主席。

4月 市政协教科文卫体委员会调研青少年履行基本道德现状。

6月20—21日 泸州市政协四届二十三次常委会听取和协商讨论泸州市民营经济发展、招商引资软环境和国有企业改革。

9 月 17—18 日 泸州市政协四届二十四次常委会听取和协商市政府关于泸州市农村税费改革情况。

是月 泸州市人民政府采纳市政协《沱江大桥上游南岸大量倾倒建筑废物、严重破坏植被问题亟待解决》信息，保护百子图沱江大桥至百子图广场南岸植被。

10 月 19—20 日 市政协组织在泸州的省政协委员 16 人，视察城市干道北延线建设工程、市际公路改造工程和民营企业。

10 月 28 日至 11 月 22 日 泸州市政协组织全体市政协委员 378 名，分 15 个组 15 个专题视察。

2003 年

2 月 23—28 日 政协泸州市五届一次全委会在南苑会议中心召开，选举徐龙治为政协泸州市第五届委员会主席，梅兴岗、潘学贤、袁达明、张国志、杨征洪、任晓善、张方正为副主席，徐宽富为秘书长。

4 月始 泸州市政协组成总课题组和 6 个分课题组，对泸州建省辖市 20 年经验教训调研，形成《对建省辖泸州市 20 周年来实践经验的基本总结与未来 20 年加快发展的战略思考》等报告。

5 月 15 日 泸州市政协视察泸州市非典型性肺炎防治工作，慰问战斗在抗击非典型性肺炎第一线医护人员。

6 月 3—4 日 泸州市政协五届二次常委会听取和协商市政府关于泸州市经营城市进展和非典型性肺炎防治情况。

6 月中旬 市政协农业委员会与市农业局召开座谈会，研究罗沙米业生产基地建设及销售问题。

9 月 16 日 泸州市政协召开五届三次常委会，通过《关于创新形式，进一步加大民主监督力度的决议》。

10 月 27 日 川南 7 市政协工作第 14 次联系会在泸州召开。

12 月 10 日 泸州市政协召开五届四次常委会，民主评议市国土资源局、市环境保护局、泸州地税局工作和党风廉政建设。

12 月 15—26 日 泸州市政协组织全体市政协委员，分 15 个组 15 个专题视察。

12 月 25 日 中共泸州市委召开政协工作会。

是年 市政协社情民意信息工作被评为全国政协系统信息工作先进单位三等奖。

2004 年

2 月 16 日 中共泸州市委制发《关于认真贯彻〈省委加强新世纪新阶段人民政协工作的意见〉的实施意见》。

是月 泸州市政协撤销经济科技委员会，分别设置财经委员会和农业委员会。

3 月 12 日 国务院总理温家宝对市政协报送的《应高度重视失地农民问题》信息批示。

3 月 20—24 日 政协泸州市五届二次全委会在南苑会议中心召开。

5—7 月 市政协组织 100 余人，对泸州市农业、农民、农村问题调研，形成建议报告，市委农村工作领导小组专题研究。

6月23日 泸州市政协召开五届七次常委会，民主评议市司法局、市文化局、市农业局、中国人民银行泸州中心支行工作和党风廉政建设。

是月 泸州市政协创刊《社情民意专报》，直报市委、市政府领导。

9月 全国政协副主席、致公党中央主席罗豪才视察泸州市引进侨资、侨智工作。

11月9日 市政协主席会议成员视察乡村机耕道建设，形成建议报告，市长肖天任批示市农机局“认真研究并提出处理意见”。

11—12月 泸州市政协组织全体市政协委员，分15个组15个专题视察，其中“加大文物保护”和“筹建宋墓馆”建议被写进《政府工作报告》。

12月9日 泸州市政协召开五届九次常委会，民主评议市计生委、市交通局工作和党风廉政建设。

是年 泸州市政协报送的社情民意信息被中央领导批示7条。

2005年

2月25日至3月1日 政协泸州市五届三次全委会在南苑会议中心召开，选举侯本立为政协泸州市第五届委员会副主席。

4月 市政协社会法制委员会、办公室调研形成《加强我市消防基础设施建设刻不容缓》报告，市政府采纳。2006年，消防专项经费增加为800万元。

6月9—10日 市政协召开五届十四次常委会，民主评议市发改委、泸州工商局工作和党风廉政建设。

是月 市政协文史资料委员会组织史志专家编纂的《百年泸州》由中国文史出版社出版。

9月20日 市政协召开五届十五次常委会，通过《关于加强政协委员队伍建设和管理的暂行规定》。

11—12月 市政协组织全体市政协委员，分15个组15个专题视察。

12月15日 泸州市政协五届十六次常委会协商《泸州市国民经济和社会发展“十一五”发展规划纲要》。

是年 市政协与3区4县政协全部被评为四川省政协办公厅宣传通联工作先进单位。

2006年

3月1—5日 泸州市政协五届四次全委会在南苑会议中心召开，选举杨正律、何仁均为政协泸州市第五届委员会副主席。

是月 市政协将民主监督与新闻舆论监督结合，加大提案办理监督力度。

6月15日 泸州市政协五届二十次常委会听取和协商市政府关于泸州市社会主义新农村建设情况。

9月18—19日 市政协举办泸州经济发展论坛。

10月16日 市政协组织主席会议成员视察泸州市宗教工作。

10—11 月 市政协组织全体市政协委员，分 15 个组 15 个专题视察。

2007 年

3 月 6—10 日 泸州市政协六届一次全委会在南苑会议中心召开，选举刘俊泽为政协泸州市第六届委员会主席，杨正律、张国志、张方正、侯本立、何仁均、周亚琼、何延政为副主席，徐宽富为秘书长。

5 月 10 日 市政协组织主席会议成员考察农村饮水安全工程，建议报告得到市政府领导批示。

5 月 21—23 日 全国 22 城市政协联系会第 40 次会议在泸州召开，四川省政协原主席秦玉琴到会指导。

5 月 22 日 四川省政协原主席秦玉琴调研泸州港国际集装箱码头。

6 月 12 日 市政协组织主席会议成员视察乡镇卫生院建设，建议报告得到市政府领导批示。

6 月 27 日 泸州市政协 6 届 2 次常委会听取和协商市政府关于上半年全市经济运行情况。

9 月 3 日 市政协组织主席会议成员视察旅游工作，市委书记袁本朴对有关问题建议批示。

9 月 21 日 中共泸州市委制发《关于贯彻〈中共中央关于加强人民政协工作的意见〉的实施意见》。

11 月 6 日 市政协举办泸州酒业发展论坛。

11 月中旬至 12 月 市政协组织全体市政协委员，分 15 个组对泸州市“十大惠民行动”实施情况视察并形成报告，市委书记袁本朴、市长朱以庄对建议报告分别批示。

12 月 10 日 泸州市政协六届四次常委会听取和协商市委农工办关于泸州市社会主义新农村建设情况。

2008 年

4 月 7—11 日 政协泸州市六届二次全委会在南苑会议中心召开。

5 月 12 日 泸州市政协开展汶川地震抗灾救灾系列活动。

6 月 25 日 泸州市政协六届七次常委会听取和协商市政府关于泸州市港口经济发展情况。

6 月 26 日 泸州市政协召开“思想大解放，推动大发展”专题座谈会。

9 月 19 日 泸州市政协六届八次常委会协商泸州市抗灾减灾和灾后重建工作。

9 月 25 日 泸州市政协增设人口资源环境委员会，学习宣传委员会与文史资料委员会合并为学习文史委员会。

10 月 30 日 中共泸州市委政协工作会召开。

11 月 6 日 市政协主席会议成员视察职教攻坚工作，市委书记对建议报告批示。

11—12 月 泸州市政协组织全体市政协委员，分 15 个组对全市经济社会发展中的重点、难点、热点问题视察。

12 月 17 日 泸州市政协六届九次常委会听取和协商市政府关于经济形势和全市统筹城乡发展情况。

是年 泸州市政协配合四川省政协调研形成的《城市居民饮水安全报告》，省长蒋巨峰等 8 位省领导分别批示。

2009 年

2 月 16—20 日 政协泸州市六届三次全委会在南苑会议中心召开。

3 月 市政协主席会议成员视察江阳区园区建设，市委书记朱以庄、市长刘国强对所提建议到园区现场办公。

5 月 19 日 市政协主席会议成员视察农业产业化龙头企业并形成报告，市委书记对建议报告批示。

6 月 15 日 泸州市政协六届十二次常委会听取和协商市政府关于泸州市招商引资情况。

7 月 市政协农业委员会调研农田水利基本建设，市委书记朱以庄对建议报告批示“要按‘四个一批’原则把水利项目规划好”。

7—8 月 市政协祖国统一联谊委员会组织调查泸州市港澳台侨外资企业发展，市委书记朱以庄对建议报告批示。

9 月 泸州市政协举行“共庆辉煌——纪念人民政协成立 60 周年暨泸州市政协成立 26 周年”系列活动。

10 月 13 日 泸州市政协六届十三次常委会听取和协商市政府关于泸州市农民增收情况。

是月 市政协农业委员会形成《关于促进泸州市农民增收的调研报告》，市委书记朱以庄批示。

11 月 4 日 四川省政协反映社情民意信息工作会（川东、川南片）在泸州召开。

是月 泸州市政协组织全体市政协委员，分 15 个组对全市经济社会发展中重点、难点、热点问题视察。

12 月 15 日 泸州市政协六届十四次常委会听取和协商市政府关于泸州市中小企业发展情况和 2009 年提案办理情况。

是月 全国政协副主席、民革中央主席周铁农到泸州考察调研。

是年 《泸州文史资料选辑》第 1 辑和第 4 辑分别被四川省政协评为文史资料成果二等奖。

2010 年

2 月 22—27 日 政协泸州市六届四次全委会在南苑会议中心召开，选举巫俊明、肖荣华、张明为政协泸州市第六届委员会副主席。

4 月 1 日 市政协主席会议成员视察病险水库整治，市委书记朱以庄对所提建议批示。

5 月 市政协社会法制委员会调研形成《关于“畅通泸州”的建议》，市长刘国强批示。

6 月 18 日 泸州市政协六届十七次常委会听取和协商市政府关于上半年经济发展和品牌农业发展情况。

6 月 25 日 泸州市政协制定《关于充分发挥委员主体作用加强委员服务管理的试行办法》。

是月 市政协财经委员会听取市规划建设局通报，建议“尽快打造我市城市规划展览馆”，市政府采纳实施。

7—11 月 泸州市政协组织全体市政协委员，分 15 个组对全市经济社会发展中重点、难点、热点问题视察。

9月20日 泸州市政协六届十八次常委会听取和协商市政府关于泸州市机械产业发展情况。

12月16日 全国政协原副主席陈锦华到泸州考察经济工作。

12月21日 泸州市政协六届十九次常委会听取和协商市政府关于全市新型农村合作医疗工作推进和泸州市国民经济和社会发展“十二五”规划制订情况。

是年 在泸州的省政协委员提出《打造长江黄金水道加快泸州港口建设的建议》，四川省政协作为2010年1号提案重点督办。

是年 泸州市政协报送《关于加强西部农村水利基础设施建设的建议》等4条信息，被中央领导批示。

2011年

2月21—26日 政协泸州市六届五次全委会在南苑会议中心召开。

4月13—14日 川南7市政协工作第22次联系会在泸州召开。

6月21日 泸州市政协六届二十三次常委会听取和协商全市新农村示范片建设情况。

是月 市政协主席会议成员考察和调研新农村示范片建设，市委书记朱以庄对所提建议批示。

8—10月 市政协组织全体市政协委员，分15个组15个专题视察。

9月8日 泸州市政协六届二十四次常委会听取和协商市政府关于加快泸州市商贸流通业发展情况。

12月7日 泸州市政协六届二十五次常委会听取和协商泸州市食品药品安全工作。

是月 市政协党组与市委组织部、统战部共同研究的市政协换届人事安排，市委常委会同意。

是年 泸州市政协信息工作被全国政协办公厅评为信息工作先进单位二等奖。

2012年

1月2—6日 政协泸州市七届一次全委会在南苑会议中心召开，选举喻双为政协泸州市第七届委员会主席，何仁均、张方正、周亚琼、何延政、巫俊明、肖荣华、汪建国、沈才洪为副主席，刘鹏飞为秘书长。

1月6日 泸州市政协七届一次常委会召开，审议通过市政协副秘书长和各专门委员会主任、副主任名单。

2月15日 泸州市政协七届二次主席会议召开，确定常委会议政主题和主席会议视察议题及专门委员会调研、视察题目。

3月21日 市政协主席会议成员视察市内区间交通建设暨纳溪区工作。

3月始 市政协学习文史委员会征集《历史名人咏泸州》诗词歌赋。

4月24日 市政协主席会议成员视察水利建设暨叙永县工作。

5月15日 泸州市政协开展为期一个半月的“统一思想，抢抓机遇，推动大发展”大讨论活动。

5月22—25日 全国政协办公厅信息联系点第13次工作会议在泸州召开，探讨新形势下进一步提高信息工作科学化水平的新方法、新途径，全国政协研究室副主任吴亚东、信息局局长谷斌，四川省政协常务副主席晏永和到会指导。

6月6日 市政协主席会议成员视察小流域污染防治暨泸县工作。

6月26—28日 泸州市政协七届委员培训在南苑会议中心举行，400名委员参加培训，全国政协文史和学习委员会副主任卞晋平、全国政协理论研究会秘书长原东平、四川省政协地方政协和委员联络委员会主任韩凯明、中共泸州市委书记刘国强为委员授课。

6月29日 泸州市政协七届二次常委会召开，听取和协商讨论市政府关于泸州市基层公共文化建设现状通报，审议通过市政协《关于我市基层公共文化建设情况的调研报告》。

8—11月 市政协组织全体市政协委员，分15个小组对泸州市交通枢纽建设、城郊失地农民子女教育、茶叶生产、社会保障工作、侨务工作、公立医院改革、有线广播电视发展、安全生产监控中心和应急指挥救援中心建设等视察。

9月20日 泸州市政协七届四次主席会议听取和协商讨论市中级人民法院、市检察院工作情况通报。

9月27日 泸州市政协七届三次常委会召开，听取和协商讨论市政府关于江南新区规划建设情况通报，审议通过市政协《关于推动我市“江南新区”与“临港产业物流园区”规划建设的建议》。

10月中旬 市政协主席会议成员视察司法行政基层工作。

10月26日 市政协主席会议成员视察泸州市全面推进新农村建设工作。

10月31日 市委书记刘国强到市政协调研政协工作。

12月5日 泸州市政协七届五次主席会议召开，审议《关于进一步加强人民政协提案办理工作的实施意见》。

12月17日 泸州市政协七届四次常委会召开，听取和协商讨论市政府关于2012年政协提案办理落实工作和关于泸州市农业科技服务体系建设情况通报、市纪委关于泸州市2012年党风廉政建设工作情况通报。

是年 市政协研究室报送社情民意信息614条，被全国政协采用11条，四川省政协采用36条，市委、市政府领导批示67条，泸州市政协信息工作被四川省政协评为信息工作先进单位一等奖第一名。

第一章　机构　界别

第一节　政协泸州市委员会

1991年，政协泸州市第二届委员会由中共、民革、民盟、民建、致公党、九三学社、工商、工会、共青团、农民、部队、妇联、台胞台属、侨联、合作社、文艺、科技、教育、体育、新闻、医药卫生、对外友协、社会救济福利团体、少数民族、宗教、特邀26个界别组成，有政协委员323名。其中，中共党员112名，占34.67%；民主党派、工商联、无党派人士211名，占65.33%；妇女委员57人，占17.65%。

泸州市政协第二届各界委员表

表1—1

界别	政协委员
中共	王述增、古伦辉、向应成、刘显华、杨世勋（苗族）、吴乐周、何宗辉、张婉萍（女）、张勤宣、陈乃昆、陈厚昆、陈洪明、罗恢绪、周朝富、袁达明、胡　雪、夏巨修、徐克昭、陶光荣、龚良全、焦启珍（女）、颜蜀南、徐浩然
民革	丁保罗、刘晓炼（女）、江相麒、张　俊、邹新学、周德源、庞家渝、章　鲸、曾祥瑜、赖高循（女）
民盟	王崇节、刘以汶、刘克林、李寿高、吴永祥、岑庆元、陈良栋、屈尚先、聂勋潮、鲁宗仁
民建	王在庭、田润之、白宗铭、刘志荣、刘箴元、陆世和、罗阳君、徐君健（女）、戴炎林、戴炜群
致公党	王世吉、黄永泉
九三学社	王鸿昌、钟品伦、姜德勋、崔海光、彭国亮（女）、熊先骥
工商	孙凡宗、龙华国、叶云柏、冯旭光、刘国濂、杨子宗、吴元兴、何英才、张鸣凤（女）、郑忠厚、赵学礼、曾永康、曾德余
工会	万刚乾、王毓江、刘少雄、杜跃飞、李绍军、罗启华、罗明霞（女）、周德友、童世学、魏胜中
共青团	邬晓谦（女）、李廷富、李德才、张正明、金　雨（女）、谭文劲、潘　容（女）
农民	邓英国、朱厚利、李炳兴、杨才彬、杨晓天、闵弟聪、张德贵、林善彬、袁仁笃、黄光金
部队	王正清、王新毅、李存林
妇联	冯永芳（女）、李官富（女）、张爱群（女）、袁仲容（女）、夏永珍（女）、黄惠芬（女）、扈宗瑞（女）

续表1-1

界别	政协委员
台胞台属	王仲富、兰开文、刘友龙、张琼芳（女）、陈元璋、陈文涛、周　诚、钟明芸（女）、徐　林（女）、黄平调、董彭恩、童育智
侨联	朱爱民（女）、关　键（满族）、陈振民、尚文焕、周菲菲（女）、聂庆楠、郭晋阳、黄开英、龚炳文、葛自源
合作社	王代明、芦北苇、吴光勋、张辉福、程文华、廖建明（女）、熊凤均
文艺	邓天龙、冯梦雄、任德祥、杜淑君（女）、杨　晴、余开元、余安中、邹先治、黄新民、程志同、税正琪（女）、詹有源
科技	马维骏、王应重、王国民、车有荣、尹利平（女）、邓世俊、古孝先、卢世达、卢光友、田时钰、代祖行、朱麒恒、刘尚芳（女）、刘香浦、孙元辉、李国富、李明鑫、李蕴明（女）、杨　晓、何为富、沈加林、张元龙、张光明、张明桥（女）、张富成、罗安新、周明珠（女）、周治寿、周强中、郑騄、赵治良、贺敬军、聂恒萃、徐兴原、徐启中、陶玉清、曹建华、盛家爵、蒋万乾、覃克杰、傅以谦、曾文俊、简树玉（女）、童默庵、曾孝权、曾落先
教育	王藻萍、文伯伦、邓文柱、任作群、任清伦、刘保平（女）、刘澄宇、汤文碧（女）、李华年、李守之、李登翰、杨华先（女）、吴平一、余勖勤（女）、张正纲、陈大道、陈廷章、罗惠群（女）、郑守莲（女）、赵邦瑛（女）、赵述东、赵　诚、钟发莉（女）、施　雨、洪文书、袁小平、唐诗镕、黄志琴（女）、梁天武、谢守清、廖文俊、熊朝辉、颜绍权、穆如彪、戴嘉春
体育	王发丛、毛炳洲、杨学严、吴桂兰（女）、张长玲（女）
新闻	吴　平、张学湘、徐业尹
医药卫生	王茂强、毛玉珍（女）、左惠如（女）、印家麟、伍佑民、刘玲玲（女）、刘新纯（女）、许建宁（女）、李正中、李志君（女）、杨启柏、吴鸿钦、何朝凯、余志学（女）、邹代文、沈明兴、张朗曦、陈世芝（女）、陈洪贵、林代敏、欧阳植萱、罗荣德（女）、钟树槐、侯平玺、姚泽润、曹本先、董裴、潘　云、霍义厚
对外友协	石忠媛（女）、张锦灿、高　扬
社会救济福利团体	王瑞丰、朱延平、孙卫国、洪邦铨
少数民族	马　刚（回族）、王志成（苗族）、白寿山（彝族）、苏珍桃（女、回族）、李宗菊（女、彝族）、杨中华（苗族）、侯定书（苗族）、海文成（回族）、黄俊林（苗族）、曹世林（苗族）
宗教	马元义（回族）、成其昌、孙振垣、宋文基、秦石香、释教琛
特邀	丁　涛、王志荣、王炳超、龙禹门、卢家治、田勋荣、代志全、江　全、李开毅、李松年、李德荣、杨征洪、杨鹤声、吴敬业、邱正民、沈宗荣、张万琴（女）、陈孝仁、陈清桂、陈朝初、赵润善、胡孝纯、胡绍鑫、莫　湘、彭德炎、傅之才、曾思鲁、游　虎、蔡文泽、薛成一

1992 年 1 月 27 日，增补邹正涛、李小端（女）、张尚延、张国炜、潘学贤、蒋庭中、屈义寅为政协泸州市二届委员会委员。

1993 年 2 月，政协泸州市第三届委员会由 28 个界别组成，比第二届委员会增加社科联、科协 2 个界别，部队改为驻泸州市部队、医药卫生界改为医卫界、工商界改为工商联、社会救济福利团体改为社会救济团体，安排政协委员 332 人。其中，中共党员 118 名，占 35.54%；民主党派、工商联和无党派人士 214 名，占 64.46%；妇女委员 68 名，占 20.48%；少数民族 15 名。大专以上学历 164 名，占 49.40%；平均年龄 49.16 岁。

泸州市政协第三届各界委员

表 1—2

界别	政协委员
中共	马维宣、邓佐才、刘光汉、刘显华、李七才、李小端（女）、杨学富、何宗辉、陈洪明、陈富荣、罗永文、钟比文、徐浩然、黄顺槐、曹锡森、龚良全（回族）、龚明德、梁世铭、曾昭明、蔡本厚、廖学文
民革	王　欣、刘晓炼（女）、庞家渝、邹新学、李朝明（女）、张　俊、张文思、周　萍（女）、苑元非、谢和宗
民盟	王梅君（女）、刘克林、江敦兴、杨家乐、吴永祥、屈尚先、聂勋潮、黄培鑫、曹大萱（女）、鲁宗仁
民建	王在庭、田润之、刘志荣、陆世和、陈昌海、陈思仁、徐君健（女）、温祖蓉（女）、戴炎林、戴炜群
致公党	陈曼君（女）、周旭晟、黄永泉、潘光俊
九三学社	刘　平、李幸三、何明竹（女）、杨纯琪、陈　凡、周正孝、钟品伦、姜德勋、彭国亮（女）、熊先骥
工商联	龙泽华、叶云柏、刘世珍（女）、李定宽、杨济辛、何英才、余家厚、张鸣凤（女）、张独山、陈立君、卓成仁、胡秀基（女）、姚寿川、钟定坤、赖高淮
共青团	刘　鉴、陈剑波、傅运友、雷长文、蒲升琼（女）、谭文劲、鞠　丽（女）
工会	王树珍（女）、刘少雄、刘兰英（女）、何天仲、何凤华（女）、余嗣煜、罗啟华、唐恩智（女）、童世学、魏胜中
农民	李炳兴、杨大金、杨才彬、杨凤鸣（女）、杨晓天、闵弟聪、张　林、张开富、段礼英（女）、袁仁笃
驻泸州市部队	杨勋祥、何国荣、佘文领、周继华
妇联	冯永芳（女）、杨　雁（女、彝族）、张健会（女）、罗元君（女）、罗方贤（女）、郑瑞英（女）、舒世芳（女）
台胞台属	王在勤（女）、王仲言、王毓江、邓绍荣、石明源、李素娟（女）、陈文涛、张琼芳（女）、张福生、周　诚、钟明芸（女）、高绍成
侨联	王光英（女）、许建国、关　键（满族）、杨彼德、尚文焕、周菲菲（女）、郭亚玲（女）、唐　梅（女）、黄开英、童则庸
合作社	马良江、芦北苇、杨在良、冷晓琴（女）、陆天祥、秦宝芬（女）、程文华
文艺	任德祥、刘开潜、李文智、李家任、杨　晴、陈兴友、吴光大、余开元、张守琴（女）、林绍基、黄新民、程志同、詹有源
科技	卢光友、孙元辉、李声武、李俊明、杨仁敦、余光裕、张玉川、张光明、张富成、陈珍福、陈德彬、周显义、贾大村、曹建华、彭安瀛、彭淑君（女）、蒋廷中、喻大河、曾文俊、简树玉（女）、詹崇德
科协	王长海、王永初、古孝先、卢世达、田时钰、代祖行、朱　健、朱麟恒、李国富、杨冬渝、肖龙飞、张元龙、罗其芬（女）、周治孝、周明珠（女）、贺敬军、徐大富、唐伐迅、陶　平、黄世涣、蒋万乾、傅以谦
社科联	查克林、曾落先
教育	王怡冰（女）、王俊身、王跃星、叶长祐、朱　楠（女）、任作群、刘永奎、阮期敏（女）、严巨培、李士友、李玉和、李官培、杨乐平、张绍华（女）、罗玉珊（女）、罗汉彩、周兴有、郑必强、郑守莲（女）、赵　诚、钟天炯、钟发莉（女）、洪文书、袁小平、黄兴勤、唐诗镕（女）、唐高凰（女）、景诗华、程万强、程文玉（女）、谢金林、雷　力、廖文俊、戴嘉春
体育	任振明、刘伦会、张长玲（女）、黄雨昌、黄烈本
新闻	吴　平、张学湘、鞠世国
医卫	邓云英、邓旭东、孔庆媛（女）、代儒凡、廖泽华、印家麟、向启华、牟治清、刘利群（女）、许建宁（女）、杜富然（女）、李志君（女）、李正中、李晓红、何朝凯、沈明兴、张　燕（女）、张朗曦、张崇武、陈世芝（女）、陈宜枢、欧阳植萱、罗荣德（女）、周显刚、侯平玺、姚泽润、崔炳生、潘　云

续表1-2

界别	政协委员
对外友协	李恭德、张锦灿
社会救济团体	孔庆荣（女）、周光荣、徐祖钦、彭正之
少数民族	王志成（苗族）、古玉林（苗族）、苏珍桃（女、回族）、李宗菊（女、彝族）、杨甲林（彝族）、罗文湘（苗族）、侯定书（苗族）、海内盛（回族）、海文成（回族）、黄俊林（苗族）
宗教	马元义（回族）、王志荣、孙振垣、秦石香、释教琛、僧方白（女）
特邀	丁　涛、王常武、古登明、龙禹门、向应成、刘兴棣、江　全、李开毅、李传志、李松年、李茂华、邱正民、汪元亨、汪俊卿、张国炜、张宗泉、张勤宣、陈孝仁、陈忠林、陈登高、陈朝初、陈善强、林　仁、林海云、罗再兴、赵连富、赵润善、胡福超、庭继岗、唐昌海、陶光荣（苗族）、原青民、黄文贵、梁经训、蔡文泽

1995年2月8日，增补符春明（女）、黄建平、王世君、李必中、刘长清、朱晓辉、常序烈、黄华录、赵永康、郭开尧、段文汉、邓国平、廖学文为政协泸州市三届委员会委员。1996年2月14日，增补丁国祥、马文佳（女）、毛乐平、方利权、纪本旺、李于兴、杨德富、肖传湘、陈杰、林善彬、周其强、赵书亮、游安祥、游祖慈、彭追远、喻双、曾胜西、蔡辉、潘学贤为政协泸州市三届委员会委员。3月1日，增补张大钧、郭用坚、陈明义、孙章荣为政协泸州市三届委员会委员。

1997年12月27日，政协泸州市第四届委员会由29个界别组成，比三届委员会增加经济界，农民界改为农业界、驻泸州市部队改为部队、台胞台属改为台联、社科联改为社科界、社会救济团体改为社会福利界，安排政协委员391名。其中，中共党员156名，占39.9%；民主党派、工商联、无党派人士235名，占60.1%；妇女委员102名，占26.1%；少数民族14名。

泸州市政协第四届各界委员

表1—3

界别	政协委员
中共	王晓玲（女）、甘正福、朱文国、刘光汉、李　伟、李七才、李世贤、李业禄、李其友、肖昌裕、时小云、邱树琼（女）、陈荣富、陈修伍、罗永文、秦敬林、袁达明、曹　杰、曹锡森、喻　双、焦兴久、曾　宏（女）、曾胜西、游安祥、赖文良
民革	王河川、刘晓炼（女）、刘旭晴（女）、江相麒、何小黎（女）、陈德芬（女）、官长钧、周　娉（女）、夏正梁、廖　毅
民盟	丁国祥、江晓方、李　莹（女）、聂勋潮、郭渝南（女）、曹大萱（女）、傅以谦、曾祖民、潘学贤、魏文初
民建	申亚平、汤家毅、李牧羚（女）、何　建（女）、张洪彬、陆朝英（女）、程同海、曾维建、雷　鹏、谭　宁
致公党	王毓江、乐进和、张如川、郭湘润（女）
九三学社	王玉兰（女）、王　强、文晓君（女）、刘先赋、刘明蓉（女）、李正综、李幸兰、陈珍贵、熊先骥、魏朝彬
工商联	杜　襄、李　洪、李俊国、肖金先、冷晓琴（女）、张独山、陈　明、陈立君、陈洪林、胡秀基（女）、钟贤炬、高绍成、梁鸣阶、温祖蓉（女）、熊文林
共青团	邓国平、刘　著（女）、朱永莲（女）、任中蓉（女）、李　娟（女）、杨云川（女）、廖　斌、鞠　丽（女）
工会	王　杰、王　霞（女）、刘维宪（女）、余嗣煊、陈善珍（女）、郑　慧、黄国琴（女）、梁中元、税玲玲（女）、蔡先福（女）

续表1-3

界别	政协委员
农业	许朝全、杨才彬、应世平、闵弟聪、张　林、张明香（女）、周德荣、郭道超、曾国才、晚明凤（女）
部队	王宁虎、田代巡、李德友、张忠荣、周永才、曾德元
妇联	王贤君（女）、艾玉凤（女）、代大先（女）、刘锡英（女）、张健会（女）、胡　蓉（女）、周正英（女）、周德芳（女）
台联	王仲言、王克勋、邓绍荣、田宜清、关　键（满族）、许建国、杨小明（女）、张琼芳（女）、陈文涛、赵世中、赵光裕、潘玉文
侨联	李业祥、杨彼德、陈曼均（女）、张守琴（女）、张富生、尚建平、郭娅玲（女）、唐　梅（女）、黄开英、税正琪（女）
合作社	马良江、林佳渠、邹加志（女）、胡玉忠、姜　斌、程万林、曾祥吉、穆崇熙
文艺	刘　颐（女）、刘开潜、李方慧（女）、杨　晴、张安娜（女）、吴光大、余开元、陈兴友、林绍基、周金章（女）、段文汉、崔慧珍（女）、康　宁
经济	王　一、王常武、王德彬、古登明、石乔云（女）、朱厚利、刘正生、刘劲松、刘洪有、刘国林、李元一、李占宽、李邦明、李洋杰、李笃金、李福钊、何秋良、余相甫、汪元亨、沈治鸣、宋志彬、张　燕（女）、张泽平、陈德彬、胡福超、钟定坤、郭用坚、陶基文、桑　进、黄　庆、曹代明、彭开富、彭追远、喻大河、温其江、赖高淮、雷银武、裴玉坤（女）、熊国铭
科协	王新华、王崇宁、甘立祥、田时钰、朱晓辉、李于兴、李才进、李明惠（女）、李彦霖（女）、杨小春、肖玉珍（女）、吴　辉、吴承洪、周显义、周新明（女）、周继尧、段贵祥、袁光和、陶　平、崔素华（女）、蒋其珍（女）、戴德容（女）
科技	王美成、王祯华、叶富华、李　益、李代华、杨大金（自贡籍人）、杨大金（古蔺籍人）、杨承厚、肖世洁、沈际金、沈承焕、张大钧、张丰华、张光明、陈远祥、陈永和、姚万春（女）、袁明友、梁平（女）、梁经训、詹崇焱
社科	李文智、杨亚光、查克林
教育	王义弘、王其跃、王俊身、文　虹（女）、方敏敏、孔祥坤、邓国凡、叶长祜、朱　楠（女）、朱敦科、先开琼（女）、刘晓耘（女）、刘道乾、阮期敏（女）、孙志红、李丽华（女）、李官培、肖小路（女）、张　于（女）、张朝元、陈立川、陈纪芬（女）、陈明义、陈晓春（女）、赵　诚、洪文书、夏汝林、黄世琪（女）、程文玉（女）、程万强、雷　力、廖晓翔、谭　沁、谢惠波、潘祖珍（女）
体育	任振明、刘伦会、胡　超、雷跃忠、廖应东
新闻	刘　惠（女）、张进军、韩本能、靳朝济、廖学文
医卫	王同坚、邓旭东、孔庆媛（女）、石美刚、朱国娟（女）、刘玉秀（女）、陈　菊（女）、刘利琼（女）、刘静洋（女）、杨红伟（女、回族）、杜富然（女）、吴亨琼（女）、明祖炎、周　燕（女）、周永叙、忽　杰、赵宇川、赵明月、柏　丽（女）、侯平玺、徐承达、郭承皋、崔炳生、梁军容（女）、曾永涛、廖泽华、颜咏波（女）、薛泳棠
对外友协	李恭德、邹　铭
社会福利	张人鉴、周光荣、徐祖钦、彭正之
民族	马礼佳（回族）、马宗慧（女、回族）、马福乾（苗族）、王志成（苗族）、古玉林（苗族）、任　平（彝族）、罗兆敏（女、苗族）、海内盛（回族）、黄永寿（苗族）、韩永平（女、苗族）
宗教	马元义（回族）、孙振垣、唐正勋、释心印（女）、释教琛、释德圆
特邀	马文佳（女）、马鹏程（回族）、王学权、方利权、方泽洪、龙禹门、刘友富、刘兴棣、刘显华、孙章荣、李开毅、李业彰、李传志、李明华、李泽忠、肖传湘、邱正民、邱明述、何　惧、余德生、汪天明、杨德富、张国炜、张宗泉、张德全、陈文彬、陈仲尧、陈朝初、陈登高、林金顺、赵连富、胡永文、徐天琼（女）、郭开尧、黄秀林、黄建平、梁晓军、曾　科、曾晓刚、蓝耕荒、鲜魁森、樊　勤

2000年1月15日，增补刘承燕（女）、马昌能、任项伯、廖晓琴（女）为政协泸州市四届委员会

委员。2001年2月，增补徐龙治、张国志为政协泸州市四届委员会委员。2002年2月，增补杨征洪、任晓善、张方正为政协泸州市四届委员会委员。

2003年2月，政协泸州市第五届委员会由30个界别组成，比四届委员会增加无党派界别，部队改为驻泸州市部队、对外友协改为对外友好人士界，安排政协委员398名。其中，中共党员157名，占39.45%；民主党派、工商联、无党派人士241名，占60.55%；妇女委员126名，占31.65%；少数民族委员17名。

泸州市政协第五届各界委员

表1—4

界别	政协委员
中共	王　波、毛乐平、方　莉（女）、田修国、冯天林、伍文昭、任晓善、李世贤、巫俊明、张文军、张国志、陈昆德、陈剑波、秦敬林、袁达明、徐龙治、徐光强、徐宽富、唐荣良、梅世强、梅兴岗、梁晓军、曾　宏（女）、曾凡毅、赖朝祥
民革	王芝兰（女）、刘旭晴（女）、牟承钊、张方正、陈德芬（女）、罗远清、官长均（钧）、赵　俐（女）、秦耀泉、夏正梁
民盟	刘承燕（女）、杨庆平、何晓彬、封　楠（女）、徐远志、郭渝南（女）、曹大萱（女）、蒋开锋、粟先群（女）、曾组民、潘学贤、魏文初
民建	李红泸、李牧羚（女）、何　建（女）、余山城、陈亚辉（女）、郑远秀（女）、程同海、傅永全、曾维建、颜　蓉（女）
致公党	王国坚、卢世伦、向加义、许　露（女）、张如川、谢惠波
工商联	史晓华（女）、杨光群（女）、杨征洪、杨洪翼、肖金先、陈必文、陈立君、陈宽泽、冷晓琴（女）、林东升、赵树辉、郭子春、黄修中、蒋富兴、翟忠会
九三学社	王　强、王玉兰（女）、文晓君（女）、白克镇、刘先赋、刘明蓉（女）、刘相玲（女）、张新利、钟　利（女）、魏朝彬
工商联	史晓华（女）、杨光群（女）、杨征洪、杨洪翼、肖金先、陈必文、陈立君、陈宽泽、冷晓琴（女）、林东升、赵树辉、郭子春、黄修中、蒋富兴、翟忠会
无党派	王国平、吴红艳（女）、宋久芳（女）、周玉惠（女）、郭智勇
共青团	许　岚（女）、邹学明、张　科（女）、罗　燕（女）、罗小军、周　涛、谢　芳（女）、鞠　丽（女）
工会	刘维宪（女）、祁　杰、牟　红、苏荣荣（女、回族）、周虎林、胡　蓉（女）、段学勤（女）、贾润莲（女）、唐义芳（女）、蒋　宇（女）
农业	王德伦、方弟端、孙志彬、李天容（女）、余保成、张　琴（女）、周晓红、龚永长、梁　平（女）、赖学富
驻泸州市部队	王宁虎、时　文、陈国民、陈祖伟、游　泳、曾德元
妇联	刘锡英（女）、李白燕（女）、肖惠敏（女）、何大明（女）、余纯惠（女）、周德芳（女）、赵明芬（女）、覃　朗（女）
台联	王仲言、邓基海、兰光华（女）、关　键（满族）、许建国、杨小明（女）、李开毅、李智华、张琼芳（女）、陈　松、周其强、程裕良
侨联	马开义（女）、王悦利（土家族）、王悦明（女、土家族）、帅雪松、古富伟、杨彼德、张　琳（女）、张福生、陈曼均（女）、郭湘润（女）
合作社	左德全、齐　琳（女）、杨官科、费正友、袁福琼（女）、郭道超、彭华权、舒梅先（女）
文艺	王一平、申卫平、包　靖、刘　卉（女、满族）、刘开潜、刘建华（女）、孙开朗、杨成力、李文智、李万惠（女）、张晓红（女）、崔惠珍（女）、康　宁

续表1-4

界别	政协委员
科技	王跃泽、邬　岗、刘光毛、杨大金（市农业局）、杨大金（古蔺郎酒厂）、杨存义、李代华、肖世洁、吴　辉、张大钧、陈永和、范美成、易　林、周久元、赵明中、钟发莉（女）、段贵祥、姚万春（女）、郭用坚、唐　伟（回族）、章晓阳
科协	王美成、朱晓辉、杨万平、李　春、李　浩、李才进、肖玉珍（女）、吴智惠（女）、张　韵（女）、张启文、陈文钊、陈有余、林朝阳、罗贵生、柳光富、高建国、陶　平、商革思、彭海润、喻　华、蒲　俐（女）、戴德容（女）
社科	王晓辉（女）、杨亚光、查克林
教育	王　林、王义弘、王其跃、王堂银、毛晓玲（女）、古有平（女）、卢赐恩、皮建华、先开群（女）、朱　勤（女）、朱　楠（女）、刘　涛、刘永辉、刘晓锋、阮期敏（女）、杜旭林、李丽华（女）、李官培、肖　林、吴秀英（女）、佟　浩（满族）、张　涛、张志昂、陈　洁（女）、陈艳平（女）、胡勇、郝功邵、赵恒菊（女）、钟雪梅（女）、梅　花（女）、黄幼洪、程文玉（女）、蔡炳云（女）、廖安华（女）、潭　沁
体育	吴伟清（女）、宋秉华、胡　超、费亚书、雷跃忠
新闻	朱小平、刘　惠（女）、杨义能、韩本能、程　涛（女）
医卫	左建平、乐进和、朱国娟（女）、刘　刚、刘利琼（女）、刘静洋（女）、许庆元、孙晓红（女）、杨怀清、杨景芳（女）、李玉莲（女）、何永萍（女）、张志林、陈　菊（女）、陈跃明、周　燕（女）、周永叙、周兴明（女）、周维宁（女）、忽　杰、屈　健、柏　丽（女）、赵明月、钟生柱、曹小丹（女）、梁军容（女）、曾　勇、曾永涛
对外友好人士	刘佳佳、李恭德
社会福利	杨　艳（女、彝族）、肖文远、周光荣、胡跃群（女）、詹光伟
少数民族	马　刚（苗族）、马宗慧（女、回族），任　平（彝族）、罗文庆（苗族）、罗兆敏（女、满族）、高艳（女、回族）、唐巧灵（女、回族）、海内盛（回族）、陶桂莉（女、苗族）、熊　艳（女、苗族）
宗教	马宗明（女、回族）、寇　辉、释心印（女）、释德圆、释德祥、廖晓琴（女）
经济	王　一、王华全、王建波、王德彬、尹　涛（女）、包良文、朱富荣、任安鸿、刘国林、刘振勋、江域会（女）、苏为民、李　益、李占宽、李洋杰、宋志彬、张　兰（女）、张　明、张自鸣、张利明、陈和平、陈善新、罗代榕（女）、周良骥、袁　斌、夏正奎、黄永久、曹　杰、康立沙（女）、梁中元、梁锦春、敬　权、税光跃、温其江、靳华勇、雷洪明、蔡　禹、熊国铭、蹇　毅（女）
特邀	王志刚、王学权、王春芳、龙禹门、龙济民、田怀聪、朱建中、任增福、向廷德、刘松培、许国权、孙克刚、杜志伟、李永奎、何元胜、何文君、何淑兰（女）、邱正民、余德生、张开富、张晓夫、张晓东、张清满、张德全、陈文彬、罗太银、胡登举、骆仁初、袁晓东、晏天佑、郭开尧、梅世林、黄　桥、黄永通、黄明元、梁经训、韩光才、曾　科、曾晓刚、樊　勤、戴东风

2005年2月，增补张旭光、孙海燕（女）、陈辉平、喻云华、吴纯奎、周亚琼（女）、梅鑫（女）、韩毅（女）、何梁、罗华（女）、卢渝、杨正律、侯本立、姚福康、章科才、吴勇、赖永芬（女）、廖毅、胡霞林（女）为政协泸州市五届委员会委员。2006年1月，增补何仁均为政协泸州市五届委员会委员。

2007年2月，政协泸州市第六届委员会由30个界别组成。五届委员会的社科改为社会科学界、新闻界改为新闻出版界，安排政协委员393名。其中，中共党员152名，占38.67%；民主党派、工商联、无党派人士241名，占61.32%；妇女委员133名，占33.89%；少数民族15名。

泸州市政协第六届各界委员

表 1—5

界别	政协委员
中共	冯大灼、刘 瑶（女）、刘俊泽（女）、刘继东、杨正律、李孝义、吴 伟、何仁均、宋晓红（女）、张 明、张旭光、张国志、张德全、侯本立、贺 维、晏天佑、徐宽富、唐荣良、黄月桂、曾 宏（女）、曾 妍（女）、曾凡毅、赖朝祥、虞 潜、詹中平
民革	牟承钊、何学军、张方正、陈天星、陈德芬（女）、罗远清、聂华伟（女）、唐顺明、黄定强、董良华（女）
民盟	朱德才、刘承燕（女）、李世宁、周 渝、周亚琼（女）、宣 明、徐远志、郭渝南（女）、黄 正、黄修华、蒋开锋、魏文初
民建	李牧羚（女）、余 静（女）、余山成、陈亚辉（女）、郑远秀（女）、韩云芬（女）、彭 兵、傅永全、曾维建、雷兵能
致公党	卢世伦、兰 鹏、许 露（女）、吴贵阳、张永红、赵耀德
九三学社	王 瑛（女）、王 强、文晓君（女）、白克镇、刘先赋、刘相玲（女）、李 耘（女）、张新利、钟 利（女）、魏朝彬
工商联	史晓华（女）、伍班贵、刘本良、刘相阳、杨运晖、杨征洪、吴秀英（女）、沈才洪、宋学书（女）、罗贵生、郑 伟、赵树辉、龚国树、商洪永
无党派	王国平、梅 鑫（女）、赖永芬（女）、蒲 俐（女）、樊小玲（女）
共青团	王一米（女）、刘 洋（女）、肖 刚、陈 玉（女）、陈 梅（女）、易泽莲（女）、姜 艳（女）、桂 斌
工会	王毓彬、肖定立、余光蓉（女）、陈 敏、陈道元、罗庶卿、赵安全、类 莉（女）、蔡 伟、廖华刚
农业	王跃泽、方弟端、邓 娟（女）、卢赐恩、李树成、但成国、陈家云、林 燕（女）、易国能、黄永香（女）
驻泸州市部队	刘继才、陈辉平、郑荣华、洪贤禄、唐 炼、潘焰文
妇联	李白燕（女）、李廷玉（女）、余纯惠（女）、张国蓉（女）、赵碧科（女）、骆国琴（女）、黄克芬（女）、喻生惠（女）
台联	邓基海、兰光华（女）、许多才、杨小明（女）、李智华、张英姿（女）、陈 旭、黄 庆、龚园园（女、回族）、章科才、韩 毅、程裕良
侨联	马开义（女）、马明建、文 明、古富伟、关 键（满族）、杨跃琴（女）、张 琳（女）、张 勤（女）、陈曼均（女）、郭湘润（女）
合作社	左德全、田茂平（女）、冉 勇、杨官科、李 燕（女）、袁福琼（女）、郭远思、彭华权
文艺	万小玉（女）、王一平、朱 烨、刘 卉（女、满族）、李 芳（女）、何 梁、邹 婕（女）、沈晓燕（女）、张 燕（女）、张晓红（女）、秦 黎（女）、曾令雄
科技	刘诗琴（女）、杨大金、杨存义、李 益、李殿璞、吴治华、何庆莲（女）、余兴全、沈 毅、宋久芳（女）、张 琳（女）、易 彬、罗 华（女）、胡 宇、钟发莉（女）、段贵祥、姚万春（女）、黄吉宽、龚永长、喻云华、熊 洪
科协	王 毅、龙兴芬（女）、田十全、向加义、刘玉芬（女）、刘光永、刘星桥、牟树军、杨庆平、李春、李才进、严 萍（女）、吴其林、宋 华（女）、张 韵（女）、张小勤（女）、罗 刚、胡 蓉（女）、涂国友、黄兆奎、彭海润、傅 杰
社会科学	王晓辉（女）、许 可、杨亚光
教育	王 林、王其跃、王晓荣、朱开才、许建国、阮期敏（女）、杜旭林、李志洪、李丽华（女）、李官培、吴玉姝（女）、何延政、佟 浩（满族）、余开全、余占琴（女）、宋远平、宋国安、张洪均、陈兵、陈云华、陈家良、胡登才、赵 明、赵 俐（女）、赵利华（女）、钟雪梅（女）、施 容（女）、贺 见（女）、贺元成、黄幼洪、程文玉（女）、谢惠波、蔡炳云（女）、潭 沁、熊江文（女）

续表1-5

界别	政协委员
体育	马　杰、王建华、卢　春（女）、李绪蔺、岳元德
新闻出版	田怀聪、付　希、刘　惠（女）、杨义能、吴源敏（女）
医卫	丁友明、代育兰（女）、朱　兰、伍纪风（女）、邬伦强、刘文才、刘利琼（女）、孙晓红（女）、杨启元、汪代杰、宋治兰（女）、陈　菊（女）、陈　清、陈晓林、周永叙、柏　丽（女）、姜　波、姜春霞、姚　健、康　江、梁军容（女）、曾　勇、曾永涛、谢朝良、廖　毅、熊殿辉
对外友好人士	刘佳佳
社会福利	白　桦（女）、杨　艳（女、彝族）、林国强、罗代林、费　玲（女）
少数民族	任　平（彝族）、李雪飞（女、彝族）、罗文庆（苗族）、周朝庆（彝族）、项福梅（女、苗族）、赵世琴（女、满族）、高　艳（女、回族）、海内盛（回族）、熊　艳（女、苗族）、熊　娟（女、苗族）
宗教	海大理（回族）、释心印（女）、释智果、释德祥、游安春、廖晓琴（女）
经济	王宗刚、邓远征、尹　涛（女）、左　鸿（女）、付　东（女）、朱宣明、任增福、刘　宁、刘志勇、池方增、杜德善、杨必先、杨新亚、李　冬、李永安、李国枢、吴　源（女）、吴志广、张兴友、张利明、陆　原、陈　锐、陈立君、袁　斌、袁正刚、袁顺康、夏正奎、高建国、黄　毅、梁中元、梁锦春、喻小春、温其江、蒲云贵、蔡　禺、熊国铭、鞠　丽（女）、戴东风
特邀	王春芳、龙济民、丘丽梅（女）、冯　健、冯天林、朱国庆、向廷德、刘　涛、刘秋耘（女）、孙应成、杜志伟、杨　健、苏为民、李　波、李克清、李茂华、巫俊明、吴　勇、邱正民、邱树琼（女）、张泽平、张晓东、张清满、张登富、陈　轲、陈　瑶（女）、林　普、易先炳、罗章海、袁达明、徐云刚、郭　庆、唐　敏（女）、梅兴岗、黄　桥、黄永通、黄明元、喻素芬（女）、蔡　辉、颜小桓（女）

2008 年 1 月，增补刘鹏飞、姚蜀明、何文君、万先成、张勇、李胜章为政协泸州市第六届委员会委员。12 月 17 日，增补姚福康、赵一先、余元玲（女）、吴建莲（女）、罗柏林、胡先敏、罗永平、陈剑波、陈小平、孙应举为政协泸州市六届委员会委员。2009 年 1 月 19 日，增补康立沙（女）为政协泸州市六届委员会委员。2010 年 1 月，增补肖荣华为政协泸州市六届委员会委员。2011 年 2 月，增补杜润明、李朝集为政协泸州市六届委员会委员。

政协泸州市第二至第六届委员会组成界别及委员名额一览

表 1—6

界别 \ 委员名额 \ 届别	第二届	第三届	第四届	第五届	第六届
中共	23	21	25	25	25
民革	10	10	10	10	10
民盟	10	10	10	10	12
民建	10	10	10	10	10
致公党	2	4	4	6	6
九三学社	6	10	10	10	10
工商联	13	15	15	15	14
无党派				5	5
工会	10	10	10	10	10

续上表

界别 \ 委员名额 \ 届别	第二届	第三届	第四届	第五届	第六届
共青团	7	7	8	8	8
农民	10	10			
农业			10	10	10
部队	3		6		
驻泸州市部队		4		6	6
妇联	7	7	8	8	8
台胞台属	12	12			
台联			12	12	12
侨联	10	10	10	10	10
合作社	7	7	8	8	8
文艺	12	13	13	13	12
科技	46	21	21	21	21
科协		22	22	22	22
经济			39	39	38
社科联		2			
社科			3	3	3
教育	35	34	35	35	35
体育	5	5	5	5	5
新闻	3	3	5	5	
新闻出版					5
医药卫生	29				
医卫		28	28	28	26
对外友协	3	2	2		
对外友好人士				2	1
社会救济福利团体	4				
社会救济团体		4			
社会福利			4	5	5
少数民族	10	10		10	10
民族			10		
宗教	6	6	6	6	6
特邀	30	35	42	41	40
合计	323	332	391	398	393

第二节 常务委员会

1991 年，政协泸州市第二届委员会有常委 51 名。其中，中共党员 17 名，占 33.33%；民主党派、工商联和无党派人士 34 名，占 66.67%；妇女 6 名，占 11.8%。主席、副主席 10 名，其中民主党派、工商联和无党派人士 5 名，占 50%。常务委员会组成人员：

主　席：王述增

副主席：张婉萍（女）、屈尚先、何宗辉、田润之、周强中、杨世勋、张　俊、徐浩然、熊先骥

秘书长：罗恢绪

常　委：何英才、王世吉、王正清、车有荣、邓世俊、龙禹门、卢家治、刘以汶、汤文碧（女）、李松年、李登翰、杨　晴、杨子忠、杨征洪、沈明兴、张长玲（女）、张爱群（女）、陈大道、尚文焕、周明珠（女）、周朝富、周德源、钟品伦、钟树槐、施　雨、秦石香、莫　湘、夏巨修、徐兴原、徐克昭、高　扬、海文成（回族）、黄开英、曾文俊、曾德余、童世学、童育智、焦启珍（女）、颜蜀南

1992 年 10 月，中共泸州市委提名邹正涛为政协泸州市二届委员会副主席人选（未选举产生）。

1993 年 4 月 10 日，政协泸州市第三届委员会选举常委 50 名。其中，中共党员 20 名，占 40%；民主党派、工商联、无党派人士 30 名，占 60%；妇女 5 名，占 10%。主席、副主席 10 名，其中民主党派、工商联和无党派人士 5 名，占 50%。常务委员会组成人员：

主　席：曹锡森

副主席：刘光汉、屈尚先、田润之、徐浩然、何宗辉、张　俊、熊先骥、龚明德、赖高淮

秘书长：李松年

常　委：马维宣、王毓江、龙禹门、任德祥、李七才、李小端（女）、何英才、何国荣、沈明兴、张　燕（女）、张元龙、张长玲（女）张国炜、陈立君、陈昌海、罗元君（女）、罗永文、周旭晟、周明珠（女）钟比文、钟发利（女）、钟品伦、侯平玺、秦石香、聂勋潮、贾大村、海文成（回族）、黄开英、梁世铭、蒋廷中、傅以谦、童世学、童则庸、曾文俊、曾昭明、谢和宗、蔡本厚、廖文俊、谭文劲

1995 年 3 月 29 日，选举符春明（女）、段文汉为政协泸州市三届委员会常委。1996 年 3 月 13 日，选举潘学贤为政协泸州市三届委员会副主席，游安祥为秘书长，毛乐平、陈杰、彭追远为常委。

1998 年 3 月 29 日，政协泸州市第四届委员会选举常委 74 名。其中，中共党员 25 名，占 33.78%；民主党派、工商联和无党派人士 49 名，占 66.22%；妇女 14 名，占 18.9%；少数民族 3 名。主席、副主席 10 名，其中民主党派、工商联和无党派人士 5 名，占 50%。文化结构上，大专以上文化程度 55 名，占 74.33%；高中文化 16 人，占 21.62%。具有高级职称 25 人，占 33.78%；中级职称 18 人，占 24.32%。年龄结构上，30 岁以下 2 人，占 2.7%；31—55 岁 55 人，占 74.32%；56—60 岁 13 人，占 17.57%；60 岁以上 4 人，占 5.41%。常务委员会组成人员：

主　席：曹锡森

副主席：刘光汉、熊先骥、赖高淮、潘学贤、杜　襄、江相麒、陈修伍、袁达明、肖昌裕

秘书长：游安祥

常　委：马文佳（女）、马宗慧（女、回族）、王　霞（女）、王同坚、王贤君（女）、王毓江、王德彬、方利权、甘正福、甘立祥、古玉林（苗族）、龙禹门、申亚平、田宜清、叶长祜、朱文国、朱厚利、刘先赋、刘晓耘（女）、李　莹（女）、李七才、李才进、李世贤、李其友、李笃金、肖传湘、邱明述、何小黎（女）、冷晓琴（女）、沈承焕、张　于（女）、张　燕（女）、张大钧、张国炜、陈立君、陈永和、陈远祥、陈德芬（女）、罗永文、胡　超、段文汉、侯平玺、秦敬林、袁光和、聂勋潮、夏汝林、唐　梅（女）、海内盛（回族）、黄　庆、梁中元、彭追远、傅以谦、焦心久、释心印（女）、曾永涛、曾胜西、曾维建、曾德元、靳朝济、雷　力、廖晓翔、谭　宁、鞠　丽（女）

2001 年 3 月 1 日，选举徐龙治为政协泸州市四届委员会主席、张国志为副主席。2002 年 3 月 8 日，选举杨征洪、任晓善、张方正为政协泸州市四届委员会副主席。

2003 年 2 月 28 日，政协泸州市第五届委员会选举常委 74 名。其中，中共党员 25 名，占 33.8%；民主党派、工商联 20 人，占 27%；妇女 21 名，占 28.4%。主席、副主席 8 名，其中民主党派、工商联 4 名，占 50%。常务委员会组成人员：

主　席：徐龙治

副主席：梅兴岗、潘学贤、袁达明、张国志、杨征洪、任晓善、张方正

秘书长：徐宽富

常　委：马宗慧（女、回族）、王芝兰（女）、王仲言、王国平、王学权、王悦利（土家族）、王晓辉（女）、王德彬、尹　涛（女）、龙禹门、卢世伦、卢赐恩、田修国、朱富荣、伍文昭、刘　涛、刘　惠（女）、刘先赋、刘建华（女）、刘承燕（女）、许国权、孙晓红（女）、杜旭林、李　浩、李才进、李世贤、李白燕（女）、吴红艳（女）、佟　浩、冷晓琴（女）、张　明、张　涛、张大钧、张志昂、陈必文、陈永和、陈亚辉（女）、陈剑波、陈德芬（女）、范美成、罗文庆（苗族）、周　燕（女）、周虎林、胡　超、钟发利（女）、段学勤（女）、姚万春（女）、秦敬林、郭湘润（女）、唐荣良、海内盛（回族）、梅世强、黄明元、曹大萱（女）、龚永长、傅永全、曾凡毅、曾永涛、曾维建、曾德元、释心印（女）、赖朝祥、熊国铭、鞠　丽（女）、魏文初

2005 年 3 月 1 日，选举侯本立为政协泸州市五届委员会副主席，选举杨正律、刘旭晴（女）、孙海燕（女）、张旭光、周亚琼（女）、梅鑫（女）为常委。2006 年 3 月 5 日，选举杨正律、何仁均为政协泸州市第五届委员会副主席。

2007 年 3 月 10 日，政协泸州市第六届委员会选举常委 74 名。其中，中共 29 名，占 39%；民主党派、工商联、无党派人士 45 名，占 61%；妇女 19 名，占 25.7%。主席、副主席 9 名，其中民主党派 3 名，占 33.3%。常务委员会组成人员：

主　席：刘俊泽（女）

副主席：杨正律、张国志、张方正、侯本立、何仁均、周亚琼（女）、何延政

秘书长：徐宽富

常　委：马　杰、王　强、王春芳、王跃泽、尹　涛（女）、卢世伦、冯大灼、冯天林、任增福、向加义、刘先赋、刘承燕（女）、孙晓红（女）、肖　刚、杜旭林、杨大金、李才进、李

白燕（女）、李殿璞、吴　勇、吴贵阳、吴源敏（女）、何　梁、何学军、邱树琼（女）、余　静（女）、沈才洪、宋远平、宋晓红（女）、张旭光、张德全、陈立君、陈亚辉（女）、陈道元、林国强、赵树辉、钟　利（女）、姚　健、姚万春（女）、贺　维、晏天佑、郭渝南（女）、郭湘润（女）、高　艳（女、回族）、唐　炼、唐　敏（女）、唐荣良、梅　鑫（女）、黄　庆、黄兆奎、黄明元、黄定强、喻云华、喻素芬（女）、傅永全、释德祥、曾凡毅、曾永涛、曾维建、赖朝祥、蒲　俐、廖　毅（女）、谭　沁、熊国铭、魏文初

2009 年 2 月 20 日，选举李茂华、袁顺康、康立沙（女）、余元玲（女）、段贵祥为政协泸州市六届委员会常委。2010 年 2 月 27 日，选举巫俊明、肖荣华、张明为政协泸州市六届委员会副主席，刘卉（女、满族）、刘鹏飞、张晓东、陈志林、邵晓强为常委。2011 年 2 月 26 日，选举付东（女）为政协泸州市六届委员会常委。

政协泸州市第二届委员会领导班子成员一览

表 1—7　（1988. 5—1993. 4）

职务	姓名	性别	籍贯	界别	任职时间
主　席	王述增	男	山西省长治市	中共	1988. 5—1993. 4
副主席	张婉萍	女	宜宾市	中共	1988. 5—1993. 4
副主席	屈尚先	男	綦江县	民盟	1988. 5—1993. 4
副主席	何宗辉	男	古蔺县	中共	1988. 5—1993. 4
副主席	田润之	男	四川省巴中市	民建	1988. 5—1993. 4
副主席	周强中	男	资阳市	无党派	1988. 5—1993. 4
副主席	杨世勋	男	叙永县	中共	1988. 5—1993. 4
副主席	张　俊	男	云南省昆明市	民革	1989. 3—1993. 4
副主席	徐浩然	男	合江县	中共	1989. 3—1993. 4
副主席	熊先骥	男	广安市	九三学社	1989. 3—1993. 4
秘书长	罗恢绪	男	泸州市	中共	1988. 5—1993. 4

政协泸州市第三届委员会领导班子成员一览

表 1—8　（1993. 4—1998. 3）

职务	姓名	性别	籍贯	界别	任职时间
主　席	曹锡森	男	天津市宝坻区	中共	1993. 4—1998. 3
副主席	刘光汉	男	泸县	中共	1993. 4—1998. 3
副主席	屈尚先	男	綦江县	民盟	1993. 4—1995
副主席	田润之	男	四川省巴中市	民建	1993. 4—1998. 3
副主席	徐浩然	男	合江县	中共	1993. 4—1998. 3
副主席	何宗辉	男	古蔺县	中共	1993. 4—1998. 3
副主席	张　俊	男	云南省昆明市	民革	1993. 4—1998. 3
副主席	熊先骥	男	广安市	九三学社	1993. 4—1998. 3

续上表

职务	姓名	性别	籍贯	界别	任职时间
副主席	龚明德	男	荣县	中共	1993. 4—1998. 3
副主席	赖高淮	男	富顺县	民建	1993. 4—1998. 3
副主席	潘学贤	男	平昌县	民盟	1996. 3—1998. 3
秘书长	李松年	男	叙永县	中共	1993. 4—1996. 3
秘书长	游安祥	男	富顺县	中共	1996. 3—1998. 3

政协泸州市第四届委员会领导班子成员一览

表 1—9　　（1998. 4—2003. 2）

职务	姓名	性别	籍贯	界别	任职时间
主　席	曹锡森	男	天津市宝坻区	中共	1998. 3—2001. 3
主　席	徐龙治	男	达县	中共	2001. 3—2003. 2
副主席	刘光汉	男	泸县	中共	1998. 3—2003. 2
副主席	熊先骥	男	广安市	九三学社	1998. 3—2002. 3
副主席	赖高淮	男	富顺县	民建	1998. 3—2001. 3
副主席	潘学贤	男	平昌县	民盟	1998. 3—2003. 2
副主席	杜　襄	男	河南省新野县	无党派	1998. 3—2002. 3
副主席	江相麒	男	泸县	民革	1998. 3—2002. 3
副主席	陈修伍	男	泸县	中共	1998. 3—2002. 3
副主席	袁达明	男	泸县	中共	1998. 3—2002. 3
副主席	肖昌裕	男	重庆市江津区	中共	1998. 3—2003. 2
副主席	张国志	男	合江县	中共	2001. 3—2003. 2
副主席	杨征洪	男	泸县	民建	2002. 3—2003. 2
副主席	任晓善	男	江苏省吴江市	中共	2002. 3—2003. 2
副主席	张方正	男	富顺县	民革	2002. 3—2003. 2
秘书长	游安祥	男	富顺县	中共	1998. 3—2003. 2

政协泸州市第五届委员会领导班子成员一览

表 1—10　　（2003. 2—2007. 3）

职务	姓名	性别	籍贯	界别	任职时间
主　席	徐龙治	男	达县	中共	2003. 2—2007. 3
副主席	梅兴岗	男	泸县	中共	2003. 2—2007. 3
副主席	潘学贤	男	平昌县	民盟	2003. 2—2006. 3
副主席	袁达明	男	泸县	中共	2003. 2—2006. 3
副主席	张国志	男	合江县	中共	2003. 2—2007. 3
副主席	杨征洪	男	泸县	民建	2003. 2—2007. 3

续上表

职务	姓名	性别	籍贯	界别	任职时间
副主席	任晓善	男	江苏省吴江市	中共	2003. 2—2005. 3
副主席	张方正	男	富顺县	民革	2003. 2—2007. 3
副主席	侯本立	男	辽宁省海城市	中共	2005. 3—2007. 3
副主席	杨正律	男	合江县	中共	2006. 3—2007. 3
副主席	何仁均	男	纳溪区	中共	2006. 3—2007. 3
秘书长	徐宽富	男	泸县	中共	2003. 2—2007. 3

政协泸州市第六届委员会领导班子成员一览

表 1—11 （2007. 3—2011. 12）

职务	姓名	性别	籍贯	界别	任职时间
主　席	刘俊泽	女	泸州市	中共	2007. 3—2011. 12
副主席	杨正律	男	合江县	中共	2007. 3—2010. 2
副主席	张国志	男	合江县	中共	2007. 3—2010. 6
副主席	张方正	男	富顺县	民革	2007. 3—2011. 12
副主席	侯本立	男	辽宁省海城区	中共	2007. 3—2009. 11
副主席	何仁均	男	纳溪区	中共	2007. 3—2011. 12
副主席	周亚琼	女	合江县	民盟	2007. 3—2011. 12
副主席	何延政	男	巴中市	农工党	2007. 3—2011. 12
副主席	巫俊明	男	泸州市	中共	2010. 2—2011. 12
副主席	肖荣华	男	泸州市	中共	2010. 2—2011. 12
副主席	张　明	男	河南省安阳区	中共	2010. 2—2011. 12
秘书长	徐宽富	男	泸县	中共	2007. 3—2011. 12

第三节　专门委员会

1991 年，政协泸州市第二届委员会设有提案委员会、学习宣传委员会、文史资料委员会、经济委员会、文化教育委员会、科学技术委员会、医药卫生委员会、群众工作委员会、祖国统一联谊委员会 9 个专门委员会，有委员 126 名。各专门委员会组成人员：

提案委员会

主　任：罗恢绪

副主任：陈乃昆、聂勋潮

委　员：田时钰、庞家渝、邓文柱、徐启中

学习宣传委员会

主　任：周德源

副主任：钟品伦、胡绍鑫、曾德余、张国炜

委　员：海文成（回族）、孙振垣、杨鹤声

文史资料委员会

主　任：张婉萍（女、兼）

副主任：龙禹门、杨征洪、代志全、赵书亮

委　员：尚文焕、孔凡宗、赵学礼、吴乐周、陈廷章、邱正民、刘国濂

经济委员会

主　任：何宗辉（兼）

副主任：张勤宣、曾思鲁、何英才、冯天纯

委　员：张万琴（女）、陈清桂、吴敬业、赵润善、李德荣、张辉福、王在庭、白宗铭、李蕴明、杨　晓、朱厚利、鲁宗仁、彭国亮、朱麟恒、简树玉（女）

文化教育委员会

主　任：屈尚先（兼）

副主任：刘以汶、陈大道、钟发莉（女）、邹先治、谢守清

委　员：廖文俊、杨华先、徐业尹、余开元、童默庵、郑守莲（女）、汤文碧（女）、赵邦瑛（女）、唐诗镕（女）、王藻萍、李守之、余安中

科学技术委员会

主　任：车有荣

副主任：卢世达、聂恒萃

委　员：曾文俊、代祖行、贺敬军、蒋万乾、傅以谦、何为富、沈加林、张明桥（女）、周明珠（女）、徐兴原、盛家爵、邓世俊

医药卫生委员会

主　任：田润之（兼）

副主任：何朝凯、侯平玺、毛炳洲

委　员：杨肃严、张长玲（女）、左惠如、丁保罗、曾祥瑜、王崇节、董　裴（女）、沈明兴、吴鸿钦、姜德勋、姚泽润、邹代文

群众工作委员会

主　任：张爱群（女）

副主任：童世学、白寿山、李德才、田勋荣

委　员：彭国亮、赖高淮、徐君健、张琼芳（女）、马元义（回族）、朱延平、王志荣、王毓江、尹利平、丁　涛

祖国统一联谊委员会

主　任：杨世勋（兼）

副主任：陈朝初、高　扬、张　俊、黄开英、王世吉

委　员：李开毅、莫　湘、彭德炎、石忠媛（女）、郭晋阳、董彭恩、童育智、陈文涛、邹新学

1991年1月28日，代志全任文史资料委员会主任，李松年任科学技术委员会副主任，张国炜任文

化教育委员会副主任，赵书亮任学习宣传委员会副主任。

1993 年 4 月，政协泸州市第三届委员会设有提案委员会、学习宣传委员会、文史资料委员会、经济科技委员会、文教医卫体委员会、社会法制委员会、祖国统一联谊委员会 7 个专门委员会。各专门委员会组成人员：

提案委员会

主　任：徐浩然（兼）

副主任：李松年（兼）、林　仁、聂勋潮、钟品伦

委　员：赵连富、陈荣富、刘兴棣、田时钰

学习宣传委员会

主　任：屈尚先（兼）

副主任：廖学文、张国炜

委　员：刘晓炼（女）、孙振垣、戴炜群、龚良全、海文成（回族）、庞家渝

文史资料委员会

主　任：田润之（兼）

副主任：马维宣、曾落先、龙禹门、尚文焕

委　员：邱正民、李七才、钟比文、蔡本厚、陈登高、詹有源、刘开潜、李朝渝（女）

经济科技委员会

主　任：何宗辉（兼）

副主任：汪俊卿、陈善强、何英才、朱　健、张勤宣

委　员：梁世铭、唐昌海、王常武、赵润善、林海云、黄世涣、胡福超、庭继岗、周明珠（女）、贺敬军、简树玉（女）、陈昌海、张玉川、曾文俊、陈珍福、向应成、代祖行、朱麟恒、马良江

文教医卫体委员会

主　任：刘光汉（兼）

副主任：何朝凯、牟治清、钟发莉（女）、陈兴友、侯平玺、戴嘉春

委　员：廖文俊、任德祥、林绍基、郑守莲（女）、赵　诚、景诗华、张长玲（女）、鞠世国、钟天炯、张　燕（女）、崔炳生、黄烈本、沈明兴、任振明、欧阳植萱（女）、程文玉（女）

社会法制委员会

主　任；龚明德（兼）

副主任：古玉林（苗族）、陈忠林、童世学、肖龙飞

委　员：谭文劲、罗元君（女）、江　全、张宗泉、李茂华、何国荣、丁　涛、王志荣、彭正之、马元义（回族）、胡秀基（女）

祖国统一联谊委员会

主　任：李小端（女）

副主任：陈朝初、谢和宗、黄开英、喻大河

委　员：邹新学、李恭德、李开毅、陈文涛、关键（满族）、周旭晟、张琼芳（女）、王毓江、唐

梅（女）、高绍成、周菲菲（女）、周　萍（女）

1993年10月15日，肖传湘任文教医卫体委员会副主任。

1994年2月，撤销经济科技委员会，分别设置财经委员会和农业委员会；文教医卫体委员会更名为教科文卫体委员会。

财经委员会

主　任：徐浩然（兼）

副主任：汪俊卿、陈善强、何英才

委　员：梁世铭、唐昌海、王常武、赵润善、林海云、黄世涣、胡福超、庭继岗、周明珠（女）、贺敬军、简树玉（女）

农业委员会

主　任：何宗辉（兼）

副主任：张勤宣、朱　健、傅以谦

委　员：向应成、陈珍福、代祖行、马良江、朱麟恒

是月，李松年兼任提案委员会主任，张国炜任学习宣传委员会主任，纪本旺任文史资料委员会副主任，赵书亮任社会法制委员会副主任，杨德富任祖国统一联谊委员会副主任，肖传湘、张玉川任教科文卫体委员会副主任。1996年6月，方利权任农业委员会副主任，马文佳（女）任教科文卫体委员会副主任。

1998年4月，政协泸州市第四届委员会设有提案委员会、学习宣传委员会、文史资料委员会、财经委员会、农业委员会、教科文卫体委员会、社会法制委员会、祖国统一联谊委员会8个专门委员会，有委员123名。各专门委员会组成人员：

提案委员会

主　任：肖昌裕（兼）

副主任：王学权、方泽洪、赵连富、聂勋潮

委　员：彭开富、桑　进、曾胜西、曾德元、胡　超、崔炳生、梁中元、梁晓军、李传志、李元一、廖晓翔、徐天琼（女）、陈仲尧、刘兴棣、李明华、裴玉坤（女）

学习宣传委员会

主　任：张国炜

副主任：赖文良、曾胜西

委　员：何小黎（女）、李洋杰、韩本能、查克林、孙振垣、袁明权、雷　鹏、黄　庆、张人鉴

文史资料委员会

主　任：陈修伍（兼）

副主任：杨亚光、郑敏初（女）

委　员：马鹏程、周金章（女）、龙禹门、邱正民、段文汉、张安娜（女）、吴光大、关　健（满族）、康　宁

财经委员会

主　任：江相麒（兼）

副主任：李福钊、裴玉坤（女）、桑　进、孙章荣

委　员：王常武、徐天琼（女）、胡福超、曹代明、刘国林、雷银武、王德彬、张　燕（女）、熊国铭、刘劲松、陈立君

农业委员会

主　任：邱明述

副主任：彭开富、何　惧、胡永文、何秋良、傅以谦

委　员：姚万春（女）、陈远祥、马良江、李才进、沈际金、蒋其珍（女）、王崇宁

教科文卫体委员会

主　任：马文佳（女）

副主任：朱晓辉、廖晓翔、陈兴友、胡　超、崔炳生、侯平玺

委　员：汪天明、赵　诚、廖学文、吴　辉、程文玉（女）、张　于（女）、李文智、詹崇焱、魏文初

社会法制委员会

主　任：焦兴久

副主任：古玉林（苗族）、刘友富、樊　勤、梁晓军、张宗泉、梁中元

委　员：余德生、曾德元、李传志、李明华、鞠　丽（女）、王贤君（女）、马元义（回族）、彭正之、刘先赋

祖国统一联谊委员会

主　任：袁达明（兼）

副主任：陈朝初、李恭德、喻大河、杨德富

委　员：黄开英、陈文涛、王毓江、唐　梅（女）、高绍成、王仲言、赵世中、陈曼君（女）、税正琪（女）、张琼芳（女）

2001 年 6 月 20 日，许国权任教科文卫体委员会副主任。2002 年 1 月 29 日，袁达明兼任学习宣传委员会主任，张国志兼任祖国统一联谊委员会主任。2003 年 2 月，陈亚辉（女）任提案委员会副主任。3 月 8 日，许国权任教科文卫体委员会主任。

2003 年 4 月 3 日，政协泸州市第五届委员会设有提案委员会、学习宣传委员会、文史资料委员会、财经委员会、农业委员会、教科文卫体委员会、社会法制委员会、祖国统一联谊委员会 8 个专门委员会，有委员 109 名。各专门委员会组成人员：

提案委员会

主　任：王学权

副主任：巫俊明、何元胜、伍文昭、陈亚辉

委　员：张清满、何淑兰（女）、袁晓东、罗文庆、杜志伟、王志刚、税光跃、康立沙（女）、陈必文、段学勤（女）

学习宣传委员会

主　任：袁达明（兼）

副主任：向廷德、方　莉（女）、曾　宏（女）、田怀聪、朱小平

委　员：韩本能、刘　慧（女）、李洋杰、罗代榕（女）、刘旭晴（女）、左建平、魏朝彬、张明、陈宽泽、杨光琼（女）

文史资料委员会

主　任：冯天林

副主任：黄　桥、王一平、龙禹门

委　员：查克林、刘　卉（女、满族）、关　键（满族）、商革思、王晓辉（女）

财经委员会

主　任：杨征洪（兼）

副主任：张晓东、刘国林、宋志彬、敬　权、袁　斌、温其江、熊国铭、陈立君

委　员：高建国、尹　涛（女）、李牧羚（女）、何　健、周良骥、郑远秀（女）、余山城、史晓华（女）、陈善新

农业委员会

主　任：黄明元

副主任：曹　杰、梁中元、戴东风、罗太银、蒲　俐（女）

委　员：李才进、姚万春（女）、龚永长、罗远清、蒋开锋、朱健中

教科文卫体委员会

主　任：许国权

副主任：程文玉（女）、钟发莉（女）、梅世林、朱晓辉、刘　涛

委　员：马宗慧（女、回族）、钟生柱、胡　超、刘晓辉、肖　林、皮建华、朱　勤、忽　杰

社会法制委员会

主　任：梅兴岗（兼）

副主任：曾德元、余德生、刘松培、樊　勤

委　员：何文均、鞠　丽（女）、李白燕（女）、曾晓刚、吴红艳（女）、刘先赋、杨　艳（女、彝族）

祖国统一联谊委员会

主　任：张国志（兼）

副主任：黄永通、李恭德、郭湘润（女）

委　员：刘承燕（女）、梁锦春、曹大萱、曾维建、释心印（女）、卢世伦、王仲言、魏文初、张如川

2005 年 2 月 2 日，吴勇任社会法制委员会主任、赖永芬（女）任副主任，刘旭晴（女）任提案委员会副主任，陈曼君（女）任学习宣传委员会副主任。3 月 3 日，杨正律任财经委员会主任。12 月 15 日，张泽平任学习宣传委员会主任。2006 年 6 月 15 日，何仁均兼任祖国统一联谊委员会主任。

2007 年 3 月，政协泸州市第六届委员会设有提案委员会、学习宣传委员会、文史资料委员会、财经委员会、农业委员会、教科文卫体委员会、社会法制委员会、祖国统一联谊委员会 8 个专门委员会，有委员 115 名。各专门委员会组成人员：

提案委员会

主　任：侯本立（兼）

副主任：陈　瑶（女）、刘继东、张　明、陈亚辉（女）

委　员：梁中元、李永安、郭　庆、罗文庆、杜志伟、朱宣明、陈道元

学习宣传委员会

主　任：张泽平

副主任：向廷德、曾　宏（女）、田怀聪、付　希、许　可

委　员：魏朝彬、杨义能、吴源敏（女）、何　梁、邹　婕（女）

文史资料委员会

主　任：邱树琼（女）

副主任：黄　桥、王一平、杨亚光、刘　卉（女、满族）、黄　庆

委　员：邱正民、王晓辉（女）、冯　健、陈辉平、关　键（满族）、涂国友、黄兆奎、林国强、宋久芳（女）

财经委员会

主　任：杨正律（兼）

副主任：张晓东、刘志勇、袁　斌、张兴友、杨必先（女）、温其江、杨新亚、沈才洪、夏正奎

委　员：鞠　丽（女）、蔡　禹、王国平、刘相阳（女）、赵树辉、任增福、袁顺康、李　冬、黄　毅、王　强

农业委员会

主　任：黄明元

副主任：孙应成、戴东风、左德全、蒋开锋、罗章海

委　员：杨大金、李　春、李才进、龚永长、罗远清、宋　华、文晓君、付　杰

教科文卫体委员会

主　任：晏天佑

副主任：钟发利（女）、刘　涛、康　江、许建国、宋远平

委　员：张海峰、陈　轲、刘星桥、颜小桓（女）、姚　健、王晓荣、杨庆平、高　艳（女、回族）

社会法制委员会

主　任：吴　勇

副主任：陈云华、唐　炼、李茂华、张清满、巫俊明、刘先赋

委　员：杨　健、杨　艳（女、彝族）、肖　刚、李白燕（女）、梅　鑫（女）

祖国统一联谊委员会

主　任：何仁均（兼）

副主任：黄永通、章科才、郭湘润（女）、刘佳佳

委　员：杨小明、古富伟、韩　毅、许　露、罗　华（女）、丘丽梅（女）、杨启元、刘本良、曾维建、释心印（女）、余光蓉（女）、左　鸿（女）

2007 年 6 月 27 日，侯本立兼任财经委员会主任。12 月 10 日，邱树琼（女）任提案委员会主任、向廷德任副主任。2008 年 9 月 25 日，陈志林任农业委员会副主任，罗远清任财经委员会副主任。

2008 年 9 月 25 日，政协泸州市第六届委员会增设人口资源环境委员会，组成人员：

主　任：张晓东

副主任：袁顺康、陆　原、颜小桓（女）

委　员：杜志伟、唐　敏（女）、李殿璞、朱德才、彭海润

政协泸州市第六届委员会学习宣传委员会与文史资料委员会合并为学习文史委员会，组成人员：

主　任：张泽平

副主任：黄　桥、向廷德、曾　宏（女）、田怀聪、付　希、许　可、王一平、杨亚光、刘　卉（女、满族）、黄　庆

委　员：魏朝彬、杨义能、吴源敏（女）、何　梁、邹　婕（女）、邱正民、王晓辉（女）、冯　健、陈辉平、关　键（满族）、黄兆奎、林国强、宋久芳（女）

2009 年 2 月 19 日，康立沙（女）任财经委员会主任，李茂华任提案委员会主任，袁顺康任农业委员会主任。11 月 16 日，陈志林任学习文史委员会主任，刘利（女）任农业委员会副主任。2010 年 6 月 18 日，李克清任农业委员会主任。2011 年 1 月 5 日，吴必元任农业委员会副主任。2 月 21 日，付东任财经委员会主任。6 月 22 日，孙应成任祖国统一联谊委员会主任。9 月 15 日，陈瑶（女）任祖国统一联谊委员会副主任，陈刚任提案委员会副主任。12 月 9 日，章科才任人口资源环境委员会主任。

政协泸州市第二至第六届委员会专门委员会设置及委员名额一览

表 1—12

届别 / 委员名额 / 界别	第二届	第三届	第四届	第五届	第六届
提案委员会	7	9	21	15	12
学习宣传委员会	8	9	12	16	11
文史资料委员会	12	13	12	9	15
学习文史委员会					24
经济委员会	20				
科学技术委员会	15				
经济科技委员会		25			
财经委员会		15	16	18	20
农业委员会		9	13	12	14
文化教育委员会	18				
医药卫生委员会	16				
文教医卫体委员会		23			
教科文卫体委员会			16	14	14
群众工作委员会	15				
社会法制委员会		16	16	12	12
祖国统一联谊委员会	15	17	15	13	17
人口环境资源委员会					9
合　计	126	136	121	109	148

第四节　市政协工作机构

1991 年 1 月，政协泸州市第二届委员会机关有在职干部职工 33 人。其中驻会主席、副主席 6 人，秘书长、副秘书长 3 人，办公室主任、副主任 2 人，专门委员会驻会主任、副主任 4 人。内设机构有办公室，辖秘书处、行政处（正科级）；专门委员会一处、二处（正科级）。

1996 年，政协泸州市第三届委员会机关有在职干部职工 31 人。其中驻会主席、副主席 7 人；后勤服务人员事业编制 15 人。至 1998 年 3 月，先后有秘书长、副秘书长 7 人。内设机构增设人保处。

1998 年 4 月，政协泸州市第四届委员会机关有在职干部职工 32 人。至 2003 年 3 月，先后有驻会主席、副主席 8 人，秘书长、副秘书长 4 人，研究室主任 1 人，专门委员会驻会主任、副主任 10 人。内设机构有办公室，辖秘书处、行政处、人保处；专门委员会一处、二处。2001 年 10 月 23 日，内设机构增设研究室（正县级）。

2003 年 4 月，政协泸州市第五届委员会机关有在职干部职工 38 人。至 2007 年 2 月，先后有驻会主席、副主席 5 人，秘书长、副秘书长 3 人，办公室副主任 1 人，研究室主任 1 人，专门委员会驻会主任、副主任 9 人。内设机构有办公室，辖秘书处、行政处、人保处；研究室；专门委员会一处、二处、三处、四处。

2006 年，撤销市政协专门委员会一处、二处、三处、四处，分设提案委员会办公室（正科级、下同）、学习宣传委员会办公室、文史资料委员会办公室、财经委员会办公室、农业委员会办公室、教科文卫体委员会办公室、社会法制委员会办公室、祖国统一联谊委员会办公室。

2007 年 3 月，政协泸州市第六届委员会机关有在职干部职工 43 人。其中驻会主席、副主席 5 人，秘书长、副秘书长 3 人，研究室主任 1 人，专门委员会驻会主任、副主任 11 人。内设机构有办公室，辖秘书处、行政处、人保处；研究室；提案委员会办公室、学习宣传委员会办公室、文史资料委员会办公室、财经委员会办公室、农业委员会办公室、教科文卫体委员会办公室、社会法制委员会办公室、祖国统一联谊委员会办公室。

2011 年 10 月，政协泸州市第六届委员会机关有在职干部职工 48 人。其中驻会主席、副主席 7 人，秘书长、副秘书长、办公室副主任、机关党委书记、研究室主任 5 人，专门委员会驻会主任、副主任 12 人。内设机构有办公室，辖秘书处、行政处、人保处；研究室；提案委员会办公室、学习文史委员会办公室、财经委员会办公室、农业委员会办公室、教科文卫体委员会办公室、社会法制委员会办公室、祖国统一联谊委员会办公室、人口资源委员会办公室。

泸州市政协第二至第六届驻会
主席、副主席、正副秘书长、委员会办公室负责人名单

第二届委员会

主　席：王述增

副主席：张婉萍（女）、屈尚先、何宗辉、田润之、徐浩然

秘书长：罗恢绪
副秘书长：张国炜、李松年
办公室主任：李松年
办公室副主任：赵书亮
专门委员会主任、副主任：张爱群（女）、代志全、冯天纯、龙禹门

第三届委员会

主　席：曹锡森
副主席：刘光汉、屈尚先、田润之、徐浩然、何宗辉、龚明德
秘书长：李松年、游安祥
副秘书长：张国炜、何英才、纪本旺、赵书亮、肖传湘、方利权
办公室主任：李松年、游安祥
办公室副主任：张国炜、赵书亮、肖传湘、方利权
专门委员会主任、副主任：马文佳（女）、赵书亮、杨德富、孙章荣、郑敏初（女）、龙禹门

第四届委员会

主　席：曹锡森、徐龙治
副主席：刘光汉、杜　襄、江相麒、陈修伍、肖昌裕、袁达明
秘书长：游安祥
副秘书长：方利权、肖传湘、冯天林、晏天佑、胡登举
办公室主任：游安祥
办公室副主任：方利权、冯天林、晏天佑、胡登举、向廷德
研究室主任：冯天林
专门委员会主任、副主任：张国炜、马文佳（女）、焦兴久、邱明述、许国权、肖传湘、王学权、杨德富、孙章荣、郑敏初（女）

第五届委员会

主　席：徐龙治
副主席：梅兴岗、袁达明、张国志、侯本立、杨正律
秘书长：徐宽富
副秘书长：胡登举、晏天佑、袁秀平
办公室主任：徐宽富
办公室副主任：胡登举、晏天佑、陈志林
研究室主任：冯天林
专门委员会主任、副主任：杨正律、许国权、黄明元、王学权、吴　勇、向廷德、黄　桥、张晓东、黄永通

第六届委员会

主　席：刘俊泽（女）
副主席：杨正律、张国志、张方正、侯本立、何仁均、肖荣华、张　明
秘书长：徐宽富
副秘书长：喻素芬（女）、刘鹏飞、陈小平

办公室主任：徐宽富、刘鹏飞

办公室副主任：刘鹏飞、陈小平、宋智伟（女）

机关党委书记：宋智伟（女）、刘　利（女）

研究室主任：冯天林、刘鹏飞

专门委员会主任、副主任：黄明元、张泽平、吴　勇、李克清、晏天佑、邱树琼（女）、李茂华、袁顺康、康立沙（女）、张晓东、付　东（女）、孙应成、章科才、向廷德、黄　桥、黄永通、罗远清、陈　瑶（女）、吴必元、陈　刚

第五节　中共政协泸州市政协党组织

一、中共政协泸州市党组

1991 年，中共政协泸州市第二届委员会党组由 6 人组成。

书　记：王述增

副书记：张婉萍（女）

成　员：杨世勋、何宗辉、徐浩然、罗恢绪

1992 年 10 月 8 日，邹正涛任二届市政协党组成员。

1993 年 4 月 10 日，中共政协泸州市第三届委员会党组建立，由 7 人组成。

书　记：曹锡森

副书记：刘光汉、徐浩然

成　员：何宗辉、龚明德、李松年、李小端（女）

1996 年 3 月，游安祥任三届市政协党组成员。

1998 年 3 月，中共政协泸州市第四届委员会党组建立，由 6 人组成。

书　记：曹锡森

副书记：刘光汉

成　员：陈修伍、袁达明、肖昌裕、游安祥

2001 年 3 月，徐龙治任四届市政协党组书记。

2003 年 3 月，中共政协泸州市第五届委员会党组建立，由 6 人组成。

书　记：徐龙治

副书记：梅兴岗

成　员：袁达明、张国志、任晓善、徐宽富

2005 年 3 月，侯本立任五届市政协党组成员。2006 年 3 月，杨正律、何仁均任五届市政协党组

成员。

2007 年 3 月，中共政协泸州市第六届委员会党组建立，由 6 人组成。

书　记：刘俊泽（女）

副书记：杨正律

成　员：张国志、侯本立、何仁均、徐宽富

2010 年 2 月 27 日，巫俊明、肖荣华、张明任六届市政协党组成员。9 月 21 日，何仁均任六届市政协党组副书记。

二、党委、总支、支部

1991 年，市政协机关建有党支部委员会（简称支部）。4 月 12 日，选举李松年为书记、赵书亮为副书记。1993 年 5 月，机关支部换届选举，李松年任书记、赵书亮任副书记。建立离退休干部党支部，罗恢绪任书记、代志全任副书记。1996 年 8 月 28 日，建立市政协机关党总支委员会（简称总支），游安祥任书记、方利权任副书记。机关支部换届选举，方利权任书记、马文佳（女）任副书记。2001 年，离退休干部支部换届选举，龚明德任书记、方利权任副书记。2003 年，徐宽富任机关总支书记、胡登举任副书记。机关支部换届选举，胡登举任书记、晏天佑任副书记。2004 年，晏天佑任机关总支副书记，机关支部选举陈瑶（女）任书记。2005 年，陈志林任机关总支副书记、机关党支部书记。2007 年，徐宽富任机关总支书记、陈志林任副书记，2009 年 2 月，撤销市政协机关党总支，建立市政协机关党委。5 月 7 日，宋智伟（女）任专职书记。机关支部换届选举，陈志林任书记。2011 年 1 月 5 日，刘利（女）任机关党委专职书记。至 2011 年 12 月，市政协机关建有机关党委，刘利（女）任专职书记；建有机关党支部，刘利（女）任书记；建有离退休干部支部，龚明德任书记、方利权任副书记。

第二章 政治协商

第一节 全委会协商

1991年3月8—12日，政协泸州市第二届委员会第四次会议在市府礼堂举行。出席委员294名。中共泸州市委员会（简称中共泸州市委）、泸州市人民代表大会常务委员会（简称市人大）、泸州市人民政府（简称市政府）、中共泸州市纪律检查委员会（简称市纪委）、泸州军分区领导出席，在泸州的省政协委员，市级各民主党派、泸州市工商业联合会（简称市工商联），泸州市中级人民法院（简称市中级人民法院）、泸州市人民检察院（简称市检察院）、市级各部委局负责人列席会议。会议听取和审议《政协泸州市第二届委员会常务委员会工作报告》《政协泸州市委员会提案委员会关于二届三次会议以来提案工作情况的报告》。列席泸州市第二届人民代表大会第四次会议，听取和协商讨论《政府工作报告》《关于泸州市1990年国民经济和社会发展计划执行情况和1991年计划草案的报告》《关于泸州市1990年财政预算执行情况和1991年财政预算（草案）的报告》和《泸州市中级人民法院工作报告》《泸州市人民检察院工作报告》。与会委员讨论《政府工作报告》，就农业、工业交通、科技、教育、文化、城市管理、市场建设、社会事业、机关作风、统战工作等提出57条修改意见和建议。其中稳定粮食面积，大力发展蚕桑，培养农业科技人才；加快城乡集体企业发展，加大企业改革力度；重视贫困地区教育事业发展，制定优惠政策吸引人才；查处市场出售旧服装，建设龙泉桥市场；农村基层文化站问题，弘扬泸州传统文化；克服文山会海，理顺市、区关系；保护台资企业问题，民主党派过组织生活问题等意见，得到市政府及有关部门重视和采纳。会议同意《政协泸州市第二届委员会常务委员会工作报告》，通过《政协泸州市第二届委员会第四次会议决议》和《政协泸州市第二届委员会提案委员会关于提案审查情况的报告》。

1992年2月25—29日，政协泸州市第二届委员会第五次会议在市府礼堂举行。出席委员277名。中共泸州市委、市人大、市政府、市纪委、泸州军分区领导出席，在泸州的省政协委员，市级各民主党派、工商联，市中级人民法院、市检察院和市级各部委局负责人列席。会议听取和审议《政协泸州市第二届委员会常务委员会工作报告》《政协泸州市委员会提案委员会关于二届四次会议以来提案工作情况的报告》。列席泸州市第二届人民代表大会第五次会议，听取和协商讨论《政府工作报告》，协商讨论《关于泸州市1991年国民经济和社会发展计划执行情况和1992年计划（草案）的报告》《关于泸州市1991年财政预算执行情况和1992年财政预算（草案）的报告》和《泸州市中级人民法院工作报告》《泸州市人民检察院工作报告》。15 名委员作大会发言，提出建议。与会委员讨论《政府工作报告》，提出 19 处修改意见和 50 条建议。农业方面：提出泸县是双季稻发源地，应建设双季稻基地；兴办泸州农业技术学校等。公交方面：特别是对古蔺县的交通、电力发展应大力扶持。科技教育方面：请市政府增加对教育的投入，认真解决贫困地区和民族地区教育落后的问题。市场建设方面：针对泸州目前没有像样的专业市场，建议市政府加强专业市场的建设等。得到市政府及相关部门重视和采纳。会议同意《政协泸州市第二届委员会常务委员会工作报告》，通过《关于泸州市科学技术协会为中国人民政治协商会议泸州市委员会组成单位的决定》《政协泸州市第二届委员会第五次会议决议》和《政协泸州市第二届委员会提案委员会关于提案审查情况的报告》。

1993 年 4 月 4—10 日，政协泸州市第三届委员会第一次会议在市府礼堂举行。出席委员 333 名。中共泸州市委、市人大、市政府、市纪委、泸州军分区领导出席，在泸州的省政协委员，市级各民主党派、工商联，市中级人民法院、市检察院和市级各部委局负责人列席会议（以下该届各次会议出列席同）。会议听取和审议《政协泸州市第二届委员会常务委员会工作报告》《政协泸州市委员会提案委员会关于二届提案工作的报告》。列席泸州市第三届人民代表大会第一次会议，听取和协商讨论《政府工作报告》，协商讨论《关于泸州市 1992 年国民经济和社会发展计划执行情况及 1993 年计划（草案）的报告》《关于泸州市 1992 年财政预算执行情况和 1993 年财政预算（草案）的报告》《关于调整泸州市国民经济和社会发展十年规划和“八五”计划纲要的报告》。在协商“纲要”中，提出修改意见 72 条。11 名政协委员就党风廉政建设、社会治安、非公有制经济发展、教育经费问题、在经济建设中发挥民主党派和共青团作用等大会发言，提出建议。会议选举出政协泸州市第三届委员会主席曹锡森，副主席刘光汉、屈尚先、田润之、徐浩然、何宗辉、张俊、熊先骥、赖高淮、龚明德，秘书长李松年和 40 名常委。会议通过《政协泸州市第三届委员会第一次会议决议》和《政协泸州市第三届委员会提案审查委员会关于三届一次会议提案审查情况的报告》。

1994 年 3 月 28 日至 4 月 2 日，政协泸州市第三届委员会第二次会议在酒城宾馆召开。出席委员 290 名。会议邀请原市领导和老红军代表出席（以下该届各次会议同）。会议听取和审议《政协泸州市第三届委员会常务委员会工作报告》《政协泸州市委员会提案委员会关于三届一次会议以来提案工作情况的报告》。列席泸州市第三届人民代表大会第二次会议，听取和协商讨论《政府工作报告》《关于泸州市 1993 年国民经济和社会发展计划执行情况及 1994 年计划（草案）的报告》《关于泸州市 1993 年财政预算执行情况和 1994 年财政预算（草案）的报告》和《泸州市中级人民法院工作报告》《泸州市人民检察院工作报告》。政协委员就泸州市经济建设和精神文明建设作专题发言，提出建议。会议通过《政协泸州市第三届委员会第二次会议决议》和《政协泸州市第三届委员会提案委员会关于三届二次会议提案审查情况的报告》。

1995 年 3 月 24—29 日，政协泸州市第三届委员会第三次会议在市中级人民法院大礼堂召开。出席委员 280 多名。会议听取和审议《政协泸州市第三届委员会常务委员会工作报告》《政协泸州市委员会提案委员会关于三届二次会议以来提案工作情况的报告》。列席泸州市第三届人民代表大会第三次会议，听取和协商讨论《政府工作报告》《关于泸州市 1994 年国民经济和社会发展计划执行情况及 1995 年计划（草案）的报告》《关于泸州市 1994 年财政预算执行情况和 1995 年财政预算（草案）的报告》和《泸州市中级人民法院工作报告》《泸州市人民检察院工作报告》。10 名政协委员就争创国家卫生城市、培育市场体系、提高技术开发能力、搞活国有企业、加快经济发展、优先发展教育、协调民族关系、开展反腐败斗争、推动妇女事业发展等大会发言，提出建议。委员分组讨论，就大力加强农业和农村工作、减轻农民负担、扶持贫困县发展经济、重视集体工商业发展、改善招商引资环境、创建国家卫生城市、交通管理、振兴中医药、加强药品市场管理等提出意见和建议。参加会议的全体政协委员和列席人员集体视察泸州火炬化工厂和泸县流滩坝电站。会议选举2名常委。会议通过《政协泸州市第三届委员会第三次会议决议》和《政协泸州市第三届委员会提案委员会关于三届三次会议提案审查情况的报告》。

1996年3月7—13日，政协泸州市第三届委员会第四次会议在南苑会议中心召开。出席委员280多名。会议听取和审议《政协泸州市第三届委员会常务委员会工作报告》《政协泸州市第三届委员会提案委员会关于三届三次会议以来提案工作情况的报告》。列席泸州市第三届人民代表大会第四次会议，听取《政府工作报告》《泸州市1995年国民经济和社会发展计划执行情况及1996年计划（草案）的报告》《泸州市国民经济和社会发展“九五”计划和2010年远景规划》（征求意见稿）的说明，协商讨论《政府工作报告》（征求意见稿）、《泸州市国民经济和社会发展“九五”计划和2010年远景规划纲要（草案）》《关于1995年泸州市国民经济和社会发展计划执行情况及1996年计划（草案）的报告》《关于泸州市1995年财政预算执行情况和1996年财政预算（草案）的报告》，听取和协商讨论《泸州市中级人民法院工作报告》和《泸州市人民检察院工作报告》。政协委员就“九五”计划和2010年远景规划的制定和实施提出13个方面36条意见，供市政府参考。组织参会委员分3个组，集体视察市中区的乡镇企业、长江挖掘机厂和长江起重机厂、城市基础设施建设和邮电通讯事业。11名政协委员就农业、农村经济、农业科技、工业经济发展、现代化文明城市建设、审计工作、法制宣传、光彩事业等大会发言。委员分组讨论，就加强农业基础地位、帮助国有企业扭亏、扶持贫困地区发展、发展乡镇企业不能片面追求产值、科教兴市要落到实处、巩固创建国家卫生城市（简称创卫）成果、加大教育投入、加强市场建设和管理、反腐倡廉要常抓不懈等提出意见和建议。会议选举出政协泸州市三届委员会副主席潘学贤、秘书长游安祥和3名常委。会议通过《政协泸州市第三届委员会第四次会议决议》和《政协泸州市第三届委员会提案委员会关于三届四次会议提案审查情况的报告》。

1997年3月4—9日，政协泸州市第三届委员会第五次会议在南苑会议中心召开。出席委员300多名。会议听取和审议《政协泸州市第三届委员会常务委员会工作报告》《政协泸州市第三届委员会提案委员会关于三届四次会议以来提案工作情况的报告》。列席泸州市第三届人民代表大会第五次会议，听取和协商讨论《政府工作报告》（征求意见稿）、《关于泸州市1996年国民经济和社会发展计划执行情况及1997年国民经济和社会发展计划（草案）的报告》《关于泸州市1996年财政预算执行情况和1997年财政预算草案的报告》和《泸州市中级人民法院工作报告》《泸州市人民检察院工作报告》及其说明。常务副市长甘居才到会对《政府工作报告》做出说明。政协委员在协商讨论中，提出为亏损企业排忧解难、产业结构要调整、发展非公有制经济一定要有宽松环境、政府应加强对乡镇企业的管理、改善泸州投资环境、要保持社会稳定、城市建设要加快发展、全方位开展扶贫工作、加大农业投入、减轻农民负担、重视教育和素质教育、城市卫生要加大执法力度、医疗改革应从实际出发、抓好社会治安综合治理、休闲娱乐场所要加强管理等意见和建议，供市政府参考。13名政协委员在大会上作口头和书面发言，就泸州发展思路、促进祖国和平统一、巩固国家卫生城市成果、推进扶贫攻坚、推动精神文明建设、增值税税率设置、企业解困等提出意见建议。召开科教兴泸、企业扭亏增盈、加强农业产业一体化进程、搞好素质教育、争创省级综治模范市和加强民主监督6个专题座谈会和妇女委员庆“三八”迎“回归”座谈会。组织参会委员、列席人员集体视察泸州经济技术开发区和泸隆高速公路工程。会议通过《政协泸州市第三届委员会第五次会议决议》和《政协泸州市第三届委员会提案委员会关于三届五次会议提案审查情况的报告》。

1998年3月24—29日，政协泸州市第四届委员会第一次会议在南苑会议中心召开。出席委员353名。中共泸州市委、市人大、市政府、市纪委、泸州军分区领导和市中级人民法院院长、市检察院检察长出席，市级各部、委、局、行、司、社负责人和在泸省政协委员列席（以下该届各次会议出列席同）。会议听取和审议《政协泸州市第三届委员会常务委员会工作报告》《政协泸州市第三届委员会提案工作报告》。列席泸州市第四届人民代表大会第一次会议，听取和协商讨论《政府工作报告》《关于泸州市1997年国民经济和社会发展计划执行情况及1998年国民经济和社会发展计划（草案）的报告》《关于泸州市1997年财政预算执行情况和1998年财政预算（草案）的报告》《泸州市中级人民法院工作报告》《泸州市人民检察院工作报告》。组织参会委员和列席人员集体视察泸州文化广场、江阳西干道、佳乐广场、馆驿嘴文化广场和隆纳高速公路泸州连接线工程。10名政协委员作大会发言，就泸州市工业、农业、巩固国家卫生城市成果、非公有制经济发展、科技教育、铁路建设、古叙矿区开发等提出意见和建议。委员分组讨论，对确保国家卫生城市金牌、推动科技兴泸战略、发展教育事业、发展民营经济、实施再就业工程、搞好城市规划和建设、加强基础设施建设、发展旅游事业、重视文化事业发展、重视金融市场建设、加强民族宗教管理等提出意见和建议，供市委、市政府领导参考。会议选举出政协泸州市第四届委员会主席曹锡森，副主席刘光汉、熊先骥、赖高淮、潘学贤、杜襄、江相麒、陈修伍、袁达明、肖昌裕，秘书长游安祥和63名常委。会议通过《政协泸州市第四届委员会第一次会议决议》和《政协泸州市第四届委员会提案审查委员会关于第一次会议提案审查情况的报告》。

1999年3月1—5日，政协泸州市第四届委员会第二次会议在南苑会议中心召开。出席委员370多名。会议听取和审议《政协泸州市第四届委员会常务委员会工作报告》《政协泸州市第四届委员会提案委员会关于四届一次会议以来提案工作情况的报告》。列席泸州市第四届人民代表大会第二次会议，听取和协商讨论《政府工作报告》《关于泸州市1998年国民经济和社会发展计划执行情况及1999年国民经济和社会发展计划（草案）的报告》《关于泸州市1998年财政预算执行情况和1999年财政预算草案的报告》和《泸州市中级人民法院工作报告》《泸州市人民检察院工作报告》的说明。组织参会委员和列席人员集体视察泸隆高速公路建设和泸县新县城建设。12名政协委员作大会发言，就泸州市工业、农业、对外经济贸易、供电、扶贫、非公有制经济发展、环境保护、再就业工程、科教兴泸、铁路建设、发挥民主党派优势等提出意见和建议，供市委、市政府领导参考。会议通过《政协泸州市第四届委员会第二次会议决议》和《政协泸州市第四届委员会提案委员会关于第二次会议提案审查情况的报告》。

2000年2月21—25日，政协泸州市第四届委员会第三次会议在南苑会议中心召开。出席委员360多名。市级民主党派，工商联驻会负责人，不是委员的区县政协主席、副主席列席。会议听取和审议《政协泸州市第四届委员会常务委员会工作报告》《政协泸州市第四届委员会提案委员会关于四届二次会议以来提案工作情况的报告》。列席泸州市第四届人民代表大会第三次会议，听取和协商讨论《政府工作报告》《泸州市1999年国民经济和社会发展计划执行情况及2000年国民经济和社会发展计划（草案）的报告》《泸州市1999年财政预算执行情况和2000年财政预算（草案）的报告》和《泸州市中级人民法院工作报告》《泸州市人民检察院工作报告》的说明。组织参会委员和列席人员集体视察泸州老窖公司。组织加大对外开放、加强技术创新、开发旅游产业3个专题协商座谈会，市委、市政府领导到会与委员共商发展大计。委员分组讨论，就抓住国家西部大开发机遇、继续深化泸州市国有企业改革、推进农业综合开发、实施科教兴市、发展新兴产业、扩大对外开放等提出意见和建议，供市委、市政府领导参考。会议通过《政协泸州市第四届委员会第三次会议决议》和《政协泸州市第四届委员会提案委员会关于第三次会议提案审查情况的报告》。

2001 年 2 月 24 日至 3 月 1 日，政协泸州市第四届委员会第四次会议在南苑会议中心召开。出席委员 328 名。会议听取和审议《政协泸州市第四届委员会常务委员会工作报告》《政协泸州市第四届委员会常务委员会关于四届三次会议以来提案工作情况的报告》。列席泸州市第四届人民代表大会第四次会议，听取和协商讨论《政府工作报告》《关于泸州市 2000 年国民经济和社会发展计划执行情况及 2001 年计划（草案）的报告》《关于泸州市 2000 年财政预算执行情况和 2001 年财政预算（草案）的报告》和《泸州市中级人民法院工作报告》《泸州市人民检察院工作报告》的说明。协商讨论《泸州市国民经济和社会发展“十五”计划纲要（草案）》。组织参会委员和列席人员集体视察泸州机场、泸州港国际集装箱码头工程。委员分组讨论，就改善投资软环境、进一步改进机关工作作风、深化国有企业改革、调整农业结构和增加农民收入、搞好科教兴市、促进精神文明建设等提出意见和建议，供市委、市政府领导参考。会议选举徐龙治为政协泸州市第四届委员会主席、张国志为副主席。会议通过《政协泸州市第四届委员会第四次会议决议》和《政协泸州市第四届委员会提案委员会关于第四次会议提案审查情况的报告》。

2002 年 3 月 4—8 日，政协泸州市第四届委员会第五次会议在南苑会议中心召开。出席委员 360 多名。市级民主党派、工商联驻会负责人列席。会议听取和审议《政协泸州市第四届委员会常务委员会工作报告》《政协泸州市第四届委员会常务委员会关于四届四次会议以来提案工作情况的报告》。列席泸州市第四届人民代表大会第五次会议，听取和协商讨论《政府工作报告》《关于泸州市 2001 年国民经济和社会发展计划执行情况及 2002 年国民经济和社会发展计划（草案）的报告》《关于泸州市 2001 年财政预算执行情况及 2002 年财政预算（草案）的报告》和《泸州市中级人民法院工作报告》《泸州市人民检察院工作报告》的说明。9 名政协委员作大会发言，就招商引资措施、畜牧业产业化建设、加大科技力度、保护长江上游生态环境、抓好无公害农产品生产、重视贫困地区可持续发展、修建福宝旅游公路和高中教育发展等提出意见和建议，供市委、市政府领导参考。会议选举杨征洪、任晓善、张方正为政协泸州市第四届委员会副主席。会议通过《政协泸州市第四届委员会第五次会议决议》和《政协泸州市第四届委员会提案委员会关于第五次会议提案审查情况的报告》。

2003 年 2 月 23—28 日，政协泸州市第五届委员会第一次会议在南苑会议中心召开。出席委员 400 名。中共泸州市委、市人大、市政府、市纪委、泸州军分区领导，市中级人民法院院长、市检察院检察长、市级老领导代表、四届市政协副主席出席，市级各部、委、局、行、司、社负责人、在泸州的省政协委员、市级各民主党派、工商联驻会负责人列席（以下该届各次会议出列席同）。会议听取和审议《政协泸州市第四届委员会常务委员会工作报告》《政协泸州市第四届委员会常务委员会关于提案工作情况的报告》。列席泸州市第五届人民代表大会第一次会议，听取和协商讨论《政府工作报告》《关于泸州市 2002 年国民经济和社会发展计划执行情况及 2003 年国民经济和社会发展计划（草案）的报告》《关于泸州市 2002 年财政预算执行情况和 2003 年财政预算（草案）的报告》和《泸州市中级人民法院工作报告》《泸州市人民检察院工作报告》的说明。10 名政协委员作大会发言，就推进“煤电路化”综合开发、建设四川西部化工城、职业技术教育、发展非公有制经济、推进县域经济发展、推进农业产业化、促进泸州对外开放、实施工业强县战略、社会保障、维护社会稳定、强化行政监督和执法保障机制等提出意见和建议；委员分组讨论，就科教兴泸政策落实、投资拉动经济持续性发展、教育环境、医疗卫生体制改革、投资环境改善等提出建议，供市委、市政府领导参考。会议选举出政协泸州市第五届委员会主席徐龙治，副主席梅兴岗、潘学贤、袁达明、张国志、杨征洪、任晓善、张方正，秘书长徐宽富和65名常委。会议通过《政协泸州市第五届委员会第一次会议决议》《政协泸州市第五届委员会提案审查委员会关于五届一次会议提案审查情况的报告》。

2004年3月20—24日，政协泸州市第五届委员会第二次会议在南苑会议中心召开。出席委员380多名。会议听取和审议《政协泸州市第五届委员会常务委员会工作报告》《政协泸州市第五届委员会常务委员会关于五届一次会议以来提案工作情况的报告》。列席泸州市第五届人民代表大会第二次会议，听取和协商讨论《政府工作报告》《泸州市2003年国民经济和社会发展计划执行情况及2004年国民经济和社会发展计划（草案）的报告》《泸州市2003年财政预算执行情况和2004年财政预算（草案）的报告》和《泸州市中级人民法院工作报告》《泸州市人民检察院工作报告》的说明。会议通过《政协泸州市第五届委员会第二次会议决议》和《政协泸州市第五届委员会提案委员会关于五届二次会议提案审查情况的报告》。

2005年2月25日至3月1日，政协泸州市第五届委员会第三次会议在南苑会议中心召开。出席委员379名。会议听取和审议《政协泸州市第五届委员会常务委员会工作报告》《政协泸州市第五届委员会常务委员会关于五届二次会议以来提案工作情况的报告》。列席泸州市第五届人民代表大会第三次会议，听取和协商讨论《政府工作报告》《关于泸州市2004年国民经济和社会发展计划执行情况及2005年计划（草案）的报告》《关于泸州市2004年财政预算执行情况和2005年财政预算（草案）的报告》和《泸州市中级人民法院工作报告》《泸州市人民检察院工作报告》的说明。会上对30名优秀政协委员进行表彰。委员分组讨论，就落实科学发展观、统筹城乡发展、构建和谐社会、转变政府职能等提出意见和建议。会后汇总形成《市政协五届三次会议期间政协委员对泸州市工作的主要意见和建议》，得到市委、市政府的重视和采纳。会议选举侯本立为政协泸州市第五届委员会副主席和6名常委。会议通过《政协泸州市第五届委员会第三次会议决议》和《政协泸州市第五届委员会提案委员会关于五届三次会议提案审查情况的报告》。

2006年3月1—5日，政协泸州市第五届委员会第四次会议在南苑会议中心召开。出席委员374名。会议听取和审议《政协泸州市第五届委员会常务委员会工作报告》《政协泸州市第五届委员会常务委员会关于五届三次会议以来提案工作情况的报告》。列席泸州市第五届人民代表大会第四次会议，听取和协商讨论《政府工作报告》《泸州市2005年国民经济和社会发展计划执行情况及2006年国民经济和社会发展计划（草案）的报告》《泸州市2005年财政预算执行情况和2006年财政预算（草案）的报告》《泸州市国民经济和社会发展第十一个五年规划纲要（草案）》和《泸州市中级人民法院工作报告》《泸州市人民检察院工作报告》的说明。委员分组讨论，就落实科学发展观，综合利用泸州资源、古叙煤田开发、重视中小企业和民营企业、加大招商力度、新农村建设、构建和谐社会、发展妇女儿童事业、社会保障等提出意见和建议。会后汇总形成《市政协五届四次会议期间政协委员对泸州市工作的主要意见和建议》27条，供市委、市政府参考。会议选举杨正律、何仁均为政协泸州市第五届委员会副主席。会议通过《政协泸州市第五届委员会第四次会议决议》和《政协泸州市第五届委员会提案委员会关于五届四次会议提案审查情况的报告》。

2007年3月6—10日，政协泸州市第六届委员会第一次会议在南苑会议中心召开。出席委员380名。中共泸州市委、市人大、市政府、市纪委、泸州军分区领导、市中级人民法院院长、市检察院检察长、市级老领导代表、市级民主党派主要负责人出席，驻泸州的省政协委员、市级部门和单位、市级民主党派驻会负责人列席（以下该届各次会议出列席同）。会议听取和审议《政协泸州市第五届委员会常务委员会工作报告》《政协泸州市第五届委员会常务委员会关于提案工作情况的报告》。列席泸州市第六届人民代表大会第一次会议，听取和协商讨论《政府工作报告》、协商讨论《关于泸州市2006年国民经济和社会发展计划执行情况及2007年计划（草案）的报告》《关于泸州市2006年财政预算执行情况和2007年财政预算（草案）的报告》和《泸州市中级人民法院工作报告》《泸州市人民检察院工作报告》的说明。会议选举出政协泸州市第六届委员会主席刘俊泽，副主席杨正律、张国志、张方正、侯本立、何仁均、周亚琼、何延政，秘书长徐宽富和65名常委。委员分组讨论，就深化和完善国有企业改革、推动下岗职工再就业和扩大就业渠道、健全社会保障体系、加快非公有制经济发展、完善农村税费改革、加大反腐倡廉力度、加强政治文明和精神文明建设、推进民主法制建设、维护社会稳定、大力发展科技教育卫生文化事业等提出意见和建议，供市委、市政府参考。会议通过《政协泸州市第六届委员会第一次会议决议》和《政协泸州市六届一次会议提案审查委员会关于提案审查情况的报告》。

2008年4月7—11日，政协泸州市第六届委员会第二次会议在南苑会议中心召开。出席委员383名。会议听取和审议《政协泸州市第六届委员会常务委员会工作报告》《政协泸州市第六届委员会常务委员会关于六届一次会议以来提案工作情况的报告》。列席泸州市第六届人民代表大会第二次会议，听取和协商讨论《政府工作报告》，协商讨论《关于泸州市2007年国民经济和社会发展计划执行情况及2008年计划（草案）的报告》《关于泸州市2007年财政预算执行情况和2008年财政预算（草案）的报告》，听取和协商讨论《泸州市中级人民法院工作报告》《泸州市人民检察院工作报告》。6名政协委员在开幕式大会上发言，就泸州应加快融入长江上游经济圈、加快机械工业发展、开放型经济发展、促进非公有制经济发展、留守学生监护教育、加强动物防控管理等提出建议。与会市委主要领导指出，大会发言选题准确，分析深刻，对推动泸州发展很有价值。委员分组讨论中，对泸州市酒业、化工、能源、机械制造四大产业，酒业集中发展区、纳溪化工园区、长江机械工业园区、川渝合作泸州临港示范区四大园区，川黔高速公路、泸渝高速公路、川黔铁路、长江黄金水道四大通道，现代商贸物流中心、旅游组织中心、教育培训中心、区域中心城市四大中心发展战略（简称“四个四”发展战略）和解放思想、优化环境、新农村建设、教育、政府自身建设等问题提出意见和建议，供市委、市政府参考。会议通过《政协泸州市第六届委员会第二次会议决议》和《政协泸州市第六届委员会提案委员会关于六届二次会议提案审查情况的报告》。

2009年2月16—20日，政协泸州市第六届委员会第三次会议在南苑会议中心召开。出席委员390名。会议听取和审议《政协泸州市第六届委员会常务委员会工作报告》《政协泸州市第六届委员会常务委员会关于六届二次会议以来提案工作情况的报告》。列席泸州市第六届人民代表大会第五次会议，听取和协商讨论《政府工作报告》，协商讨论《关于泸州市2008年国民经济和社会发展计划执行情况及2009年计划（草案）的报告》《关于泸州市2008年财政预算执行情况和2009年财政预算（草案）的报告》，听取和协商讨论《泸州市中级人民法院工作报告》《泸州市人民检察院工作报告》。9名市政协委员在开幕式会上作大会发言，就进一步放宽工业园区政策、加快工作园区发展、金融危机下中小企业发展问题、积极应对农民工返乡、重点企业与国内高校“强强合作”、加强环境保护、新型农村合作医疗、青年志愿者行动、养老服务事业发展提出建议。放宽园区政策等建议得到市委、市政府主要领导重视和采纳。委员分组讨论，就应对金融危机、服务重点项目、保护人口资源环境、促进县域经济发展、加快新农村建设、依法治理生育环境、推进素质教育、加强城市管理、建设文化强市、打造宜居名城、关心弱势群体、关注社会民生等10个方面提出57条建议，形成《关于市政协六届三次会议中委员们对政府工作的意见及建议情况报告》，送市政府参考。会议选举5名常委。大会表彰泸州市宣传人民政协工作好新闻63件。会议通过《政协泸州市第六届委员会第三次会议决议》和《政协泸州市第六届委员会提案委员会关于六届三次会议提案审查情况的报告》。

2010年2月22—27日，政协泸州市第六届委员会第四次会议在南苑会议中心召开。出席委员380多名。会议听取和审议《政协泸州市第六届委员会常务委员会工作报告》《政协泸州市委员会常务委员会关于六届三次会议以来提案工作情况的报告》。列席泸州市第六届人民代表大会第六次会议，听取和协商讨论《政府工作报告》，协商讨论《关于泸州市2009年国民经济和社会发展计划执行情况及2010年计划（草案）的报告》《关于泸州市2009年财政预算执行情况及2010年财政预算（草案）的报告》，听取和协商讨论《泸州市中级人民法院工作报告》《泸州市人民检察院工作报告》。7名市政协委员在开幕式大会上发言，就泸州市机械产业发展、泸州市港口建设、融入重庆经济圈、以科技助推农民增收、促进民营经济发展等提出建议，得到市委、市政府领导的重视和采纳。委员分组讨论，对泸州优势产业发展、城市建设与管理、教育事业发展、县区经济发展、新农村建设5个方面提出意见和建议。会议选举巫俊明、肖荣华、张明为政协泸州市第六届委员会副主席和5名常委。会议通过《政协泸州市第六届委员会第四次会议决议》和《政协泸州市第六届委员会提案委员会关于六届四次会议提案审查情况的报告》。

2011年2月21—26日，政协泸州市第六届委员会第五次会议在南苑会议中心召开。出席委员380多名。会议听取和审议《政协泸州市第六届委员会常务委员会工作报告》《政协泸州市第六届委员会常务委员会关于六届四次会议以来提案工作情况的报告》。列席泸州市第六届人民代表大会第七次会议，听取和协商讨论《政府工作报告》，协商讨论《关于泸州市2010年国民经济和社会发展计划执行情况及2011年计划（草案）的报告》《关于泸州市2010年财政预算执行情况及2011年财政预算草案的报告》《泸州市国民经济和社会发展第十二个五年规划纲要（草案）》，听取和协商讨论《泸州市中级人民法院工作报告》《泸州市人民检察院工作报告》。11名市政协委员在开幕式大会上作口头发言和书面发言，就加快构建中心城市、做大做强煤化工产业、发挥合江成渝经济腹地作用、古叙矿区矿产资源开发、打造有机硅产业集群、推进城镇化建设、促进民营经济放量增长、现代物流业发展等提出建议。会议选举5名常委。会议通过《政协泸州市第六届委员会第五次会议决议》和《政协泸州市第六届委员会提案委员会关于六届五次会议提案审查情况的报告》。

第二节　常委会协商

1991年1月21—23日，泸州市政协二届十四次常务委员会议（简称常委会）召开，协商讨论《泸州市国民经济和社会发展十年规划和“八五”计划纲要（草案）》。6月12—14日，泸州市政协二届十六次常委会召开。听取市政府通报泸州市1—5月经济情况，协商《泸州市住房制度改革实施方案》。提出建议：住房制度改革势在必行，房改步伐不宜过大，划分新、旧住房不宜搞“一刀切”，住房优惠政策要明显一些，对老干部、机关干部和学校教师应适当照顾，制定房改方案要走群众路线。形成市政协《对〈泸州市住房制度改革实施方案〉的意见和建议》，送市委、市政府参考。9月24—25日，泸州市政协二届十七次常委会专题协商“以科技进步促进泸州经济发展”。提出舆论要造够、思想要转轨、组织要健全、重点要明确、投入要增加、成果要推广、环境要优化等建议。形成《政协泸州市二届十七次常委会议纪要》，送市委、市政府参考。12月25—27日，泸州市政协二届十八次常委会协商农业生产和农村工作，听取市政府关于泸州市1991年农业生产和农村工作情况通报。提出加强农业基础工程建设，搞好科技、教育兴农，大力发展乡镇企业，狠抓星火、燎原、丰收计划，减轻农民负担，理顺粮食生产与农业综合开发关系等建议。形成《政协泸州市二届十八次常委会议纪要》及意见和建议，送市委、市政府参考。

1992年5月27—28日，泸州市政协二届二十一次常委会协商市委《关于大力推行改革开放和加快经济发展的决定》。提出市里要帮助各县（区）搞好改革开放措施的制定，大力扶持县（区）乡镇企业的发展等建议。以《简报》送市委、市政府参考。9月24—25日，泸州市政协二届二十二次常委会协商泸州市乡镇企业发展。提出建议：解放思想，深化认识；抓住机遇，结合实际，大搞发展；政策稳定，狠抓落实；重视人才，抓好管理；依靠科学，论证立项；促进发展，重在服务；筹措资金，注重扶持。以《简报》送市委、市政府参考。

1993年3月，泸州市政协二届二十四次常委会协商讨论《政府工作报告》（征求意见稿），提出18条修改意见和建议。形成市政协《讨论〈政府工作报告〉的建议和意见》，送市委、市政府参考。其中，发展泸州边境贸易、使更多泸州产品进入国际市场，发展个体私营经济要总体思路，加强职能部门与市政协及民主党派联系的建议，得到市政府采纳。7月14—16日，泸州市政协三届二次常委会召开。会议听取市政府通报泸州市上半年经济运行情况和下半年主要工作打算，市纪委、市监察局通报党风廉政建设情况、泸州市建设委员会（简称市建委）通报城市建设基本情况，听取市政协副主席徐浩然关于组织部分委员视察乡镇企业的情况汇报。进行协商讨论，提出意见和建议。形成《政协泸州市三届二次常委会议纪要》，送市委、市政府参考。10月13—15日，泸州市政协三届三次常委会召开。会议听取中国人民银行泸州市分行（简称人行泸州分行）通报泸州市整顿金融秩序情况、市财政局通报泸州市财政1—8月收支预算执行情况和1994年实行“分税制”情况及当前应重点开展工作、市检察院通报泸州市开展反腐败斗争有关情况、市公安局通报泸州市社会治安情况。进行协商讨论，6名常委在大会上发言。形成《政协泸州市三届三次常委会议协商意见和建议》，送市委、市政府参考。

1994年2月，泸州市政协三届五次常委会召开，协商讨论《政府工作报告》（征求意见稿），副市长游瑞林到会听取意见和建议。7月，泸州市政协三届七次常委会召开。会议听取市政府通报上半年经济运行情况，市物价局通报稳定物价、平衡粮油价格情况，市公安局通报社会治安情况。泸州市教育委员会（简称市教委）通报教育工作情况。进行协商讨论，提出意见和建议。形成《政协泸州市三届七次常委会议纪要》，送市委、市政府参考。10月20—22日，泸州市政协三届八次常委会召开。会议听取泸州市农村工作委员会（简称市农委）、市农业局、市林业局、市乡镇企业管理局、市水利电力局、市财政局分别就泸州市农牧业生产、农村产业结构调整、林业、水利建设和财政支农资金安排等情况通报。市政协副主席何宗辉就《切实保护调动农民生产积极性，加强农村经济的发展》作专题发言。组织常委集体视察纳溪县丝厂、花果乡茶叶基地及养花专业户。进行协商讨论，形成《政协泸州市三届八次常委会议纪要》，送市政府参考。

1995年2月，泸州市政协三届九次常委会协商讨论《政府工作报告》（征求意见稿），提出意见和建议，形成《政协泸州市三届九次常委会议纪要》，送市政府参考。9月26—28日，泸州市政协三届十二次常委会召开，市委副书记叶怀祥、副市长陈善强出席。会议听取市政府关于泸州市1—8月经济运行情况通报，市工商局关于泸州市个体私营经济发展情况通报，市政协财经委员会关于视察个体私营经济情况汇报。组织常委集体视察泸州纺织厂、市印染二厂、隆昌麻纺厂（泸州纺织厂租赁企业）、市比比利服装厂、市利君服装厂等民营企业。会议对发展泸州市个体私营经济讨论，提出意见和建议。11月7—8日，泸州市政协三届十三次常委会召开，协商讨论《泸州市国民经济和社会发展“九五”计划和2010年远景规划》（征求意见稿）。与会常委就泸州市发展战略目标、农业、财经、教育、文化、医疗卫生、体育等方面，提出36条意见和建议。主要有：远景规划中，应突出战略目标，即把泸州市建设成为长江上游沿江地区和川南地区独具特色的经济繁荣、社会文明、生活富裕、环境优美现代化大城市。发展农业方面，对农业投入要坚持相对集中原则，要高于财政增长比例；认清泸州市水资源面临的严重形势，大力抓好水利设施建设，提倡节约用水、合理用水，加速小水电和火电建设；加大农业产业结构调整，强化农村社会服务体系，增强扶贫力度。财政工作方面，要围绕财政收入来抓发展，要培植新的税源增长点，烤烟、卷烟厂、个体私营经济都是新的税源增长点；要发展企业集团，企业要建立现代企业制度。教育文化建设方面，建议发展国家计划内的普通高等教育，增加对教育的投入；泸州的文物发掘、抢救、保护任务繁重，计划和规划中要体现，文物抢救和保护对象要明确。医卫体育方面，市药品检验所、市中心血站、市妇幼保健站发展要写进计划，不能忽略了中医药发展，特别是农村要发展中医药；体育场馆的功能单一，要增加体育公共设施等。形成《关于政协泸州市三届十三次常委会议协商讨论泸州市“九五”计划和2010年远景规划的建议和意见》，送市政府参考。

1996年6月18—19日，泸州市政协三届十七次常委会召开，市委书记杨运洪，市委常委、宣传部部长吴永坤，副市长游瑞林出席。会议听取市农业局通报泸州市粮食生产情况，市乡镇企业局通报乡镇企业发展情况，市烟草公司通报烤烟生产情况，市水利电力局（简称市水电局）通报水利建设情况。与会常委就当前农村存在的隐形负担重、农业生产资料价格高、农产品收购中压级压价、农业投入不足等突出矛盾和问题，提出意见和建议，形成《政协泸州市三届十七次常委会议纪要》，建议市委、市政府认真研究，逐步加以解决。12月17—18日，泸州市政协三届十九次常委会召开，市委副书记先开金、副市长陈善强出席。会议听取市政府关于全市工业经济运行及扭亏增盈工作情况通报，市财政局关于1996年泸州市国有工业企业经营情况通报，市政协财经委员会关于企业经济效益调查情况的汇报。组织与会常委集体视察泸州药业有限公司。与会常委就泸州市企业经济效益问题，特别是如何扭亏增盈问题协商讨论，提出意见和建议：加强企业领导班子建设；深化企业改革，用改革的思路和办法来扭亏增盈；切实减轻企业负担；对现有负担进行全面清理，及时取缔不合理负担；大力调整产业结构，培育新的经济增长点等。形成《政协泸州市政协三届十九次常委会议纪要》，送市委、市政府参考。

1997年6月25—26日，泸州市政协三届二十二次常委会召开。会议听取市政府通报泸州市农业产业化发展情况，市政协办公室关于泸州市加快农业产业化调查情况的汇报。组织与会常委集体视察江阳区况场镇发展农业产业化典型劳保手套一条街及席草生产加工。提出建议：因地制宜，因势利导，搞好农业产业化规划，稳步推进；制定和完善一整套切实可行的农业产业化政策，在资金增加、税费计征、土地使用权上给予优惠；大力抓好主导产业和龙头企业的选择与培育；切实加强良种繁育体系、原料供应体系、生产加工销售体系、市场体系和风险保障体系的建设；加强对农业产业化的组织领导。会议通过市政协《关于加快泸州农业产业化进程的调查和建议》建议案，送市政府办理。12月23—24日，泸州市政协三届二十四次常委会召开。会议听取市政府关于泸州市1997年1—11月国民经济和社会发展计划执行情况通报，泸州市经济委员会（简称市经委）关于泸州市国有企业基本情况通报，泸州市扶贫开发办公室（简称市扶贫办）关于泸州市扶贫工作情况通报；市政协财经委员会关于对部分国有中小企业开展调查情况汇报，农业委员会关于对古蔺县、叙永县扶贫工作调查情况汇报。提出意见和建议：扶贫攻坚取得显著成绩，解决了28万人温饱问题，但古蔺县、叙永县尚有8万贫困人口，扶贫攻坚任务还十分艰巨；突出问题是国有企业亏损面达81%，下岗职工增多，生活困难，要采取切实有效措施，认真加以解决。形成《政协泸州市三届二十四次常委会议纪要》，送市委、市政府参考。

1998年7月21—23日，泸州市政协四届二次常委会召开，市委副书记徐龙治出席。会议听取市政府关于泸州市再就业工程情况通报和关于泸州市非公有制经济发展情况通报，中国人民银行泸州市中心支行（简称人行泸州市中心支行）关于亚洲金融危机通报；市政协社会法制委员关于泸州市实施再就业工程情况调查和建议的汇报，财经委员会关于泸州市非公有制经济发展情况调查和建议的汇报。与会常委协商讨论，提出意见和建议，供市委、市政府参考。

1999年6月9—10日，泸州市政协四届六次常委会召开，市委副书记徐龙治、副市长肖天任出席。会议听取肖天任关于泸州市深化国有企业改革情况通报，徐龙治关于泸州市1—5月经济运行情况通报，市政协财经委员会《关于对我市部分国有企业改制和生产经营情况调查及几点建议》的说明。与会常委协商讨论，提出意见和建议，形成和通过市政协《关于对我市11户国有企业改制和生产经营情况的调查及建议》，送市委、市政府参考。10月9—11日，泸州市政协四届七次常委会召开。会议听取市政府关于泸州市1999年农民增收情况的通报，市中级人民法院关于法院执行工作情况的通报，市政协农业委员会《关于当前农民增收情况的调查与建议》汇报。组织与会常委集体视察江阳区沙湾乡。与会常委协商讨论，提出意见和建议。通过市政协《关于当前农民增收情况的调查和建议》，送市委、市政府参考。12月7—8日，泸州市政协四届八次常委会召开。会议听取市政府关于《深化素质教育，全面推进素质教育》和贯彻全国第三次教育工作会议精神的通报、市公安局关于全市公安工作情况通报，市政协教科文卫体委员会《关于泸州市实施素质教育情况的调查报告》说明，江阳区梓橦路小学关于实施素质教育的发言。提出意见和建议：要进一步提高认识，对素质教育的认识不提高，观念不转变，素质教育就很难推进；全面实施素质教育，关键要进一步深化改革，建立有利于全面实施素质教育的新机制；加大对教育的投入，是实施素质教育的必要条件；推行全面素质教育，教师是关键，要把切实提高教师素质教育的能力和水平作为当前和今后教师培训的重要工作来抓。通过市政协《关于泸州市实施素质教育情况的调查报告》，送市委、市政府参考。

2000年5月10—12日，泸州市政协四届十一次常委会召开。会议听取市政府关于泸州市旅游经济发展情况通报和江阳区委、区政府关于抓旅游发展情况通报，市政协教科文卫体委员会《关于大力发展旅游产业的建议》的说明。组织与会常委集体视察江阳区、龙马潭区、泸县的6个景点。协商讨论，形成和通过市政协《关于大力发展泸州市旅游产业的建议》，送市委、市政府参考。8月17—18日，泸州市政协四届十二次常委会召开。会议听取市政府关于泸州市对外开放情况通报，市政协财经委员会《关于泸州市对外开放情况调查报告》说明。与会常委围绕扩大泸州市对外开放力度、搞好招商引资工作协商讨论。形成和通过市政协《关于泸州市对外开放情况的调查和建议》，送市委、市政府参考。11月14—16日，泸州市政协四届十三次常委会召开。会议听取市政府关于泸州市技术创新情况通报，市政协教科文卫体委员会《关于泸州市技术创新调查报告》说明。组织与会常委集体视察中国航天科技集团公司川南机械厂（简称川南机械厂）和泸纳高速公路建设。提出建议：进一步提高对实施“科教兴泸”的认识；加大改革力度，建立和完善创新机制；加大科技经费投入力度，加快科技队伍建设；大力扶持民营科技企业；加强企业与大专院校和驻泸州科研院所的联合协作。形成和通过市政协《关于泸州市技术创新情况调查和建议》，送市委、市政府参考。

2001年6月19—20日，泸州市政协四届十六次常委会召开，市委副书记陈善强、文耀友出席。会议听取市委关于泸州市经济工作情况通报，中共泸州市委政法委员会（简称市委政法委）关于泸州市开展“打黑除恶”、维护社会稳定情况通报，市机构改革领导小组办公室关于泸州市机构改革工作情况通报。与会常委协商讨论，提出意见和建议，供市委、市政府参考。9月18—20日，泸州市政协四届十七次常委会召开，市中级人民法院院长祝昌焱、市检察院检察长唐安明出席。会议听取市政府关于提案办理情况通报，市中级人民法院关于泸州市法院工作情况通报，市检察院关于泸州市检察院工作情况通报。与会常委协商讨论，提出意见和建议，供市政府、市中级人民法院、市检察院参考。12月12—13日，泸州市政协四届十八次常委会召开。会议听取市政府关于建设四川西部化工城工作情况通报和关于2001年泸州市财政收支执行情况通报。与会常委协商讨论，就建设四川西部化工城提出建议：狠抓落实，一抓到底，建设化工城是一个长期的工程，党委政府要一届接一届、坚持不懈地抓下去；政府及相关部门要为化工城建设切实搞好服务工作，要继续抓好化工城及园区规划、哺育机制和服务体系的完善，制定出一些有吸引力的优惠政策和法律保障措施，协助企业落实好项目审批、资金筹措，为企业创造宽松的外部环境；注重环境保护，在上项目的同时，应考虑污染治理，使经济效益与环境效益双赢。形成《关于建设西部化工城协商情况的报告》，送市委参考。

2002年6月20—21日，泸州市政协四届二十三次常委会召开。会议听取市政府关于如何为发展泸州市民营经济和招商引资创造更好软环境情况通报和关于泸州市国有企业（简称国企）改革进展情况通报，市政协关于加快泸州市非公有制经济发展调查情况的汇报。协商讨论，通过市政协《关于泸州市加快非公有制经济发展的调查报告》，送市委、市政府参考。9月17—18日，泸州市政协四届二十四次常委会召开。会议听取市政府关于泸州市农村税费改革情况通报，市公安局关于泸州市严打整治、维护社会稳定情况通报，市政协农业委员会关于泸州市农村税费改革调查情况汇报。协商讨论，通过市政协《关于泸州市农村税费改革的情况、问题及建议》，送市委参考。

2003年6月3—4日，泸州市政协五届二次常委会召开，邀请20名市民旁听。会议听取市政府通报泸州市经营城市进展情况和泸州市非典型性肺炎（简称“非典”）防治工作情况，市政协文史资料委员会和学习宣传委员关于对泸州市农村文化工作情况调查的汇报。围绕经营城市，提出建议：提高认识，加强宣传；确定城市定位，打造城市品牌；坚持以经营土地为核心，实现城市规划、建设、管理的有机协调和发展。通过市政协《关于加速我市经营城市步伐的调查报告》和《关于加强我市农村文化工作的调查报告》，送市委、市政府参考，得到有关方面重视。9月16日，泸州市政协五届三次常委会协商讨论和通过市政协《对泸州建省辖市20年来经验教训的调查报告》，送市委、市政府领导参考。

2004年9月16—17日，泸州市政协五届八次常委会召开。会议听取市政协关于泸州市“三农”（即农业、农民、农村）问题调研情况的说明和关于“三农”调研总课题的报告。与会常委就总课题报告和10个分课题调研报告进行讨论。通过市政协《关于泸州市农业、农民、农村问题的综合调研报告》，送市委、市政府领导参考。

2005年12月15日，泸州市政协五届十六次常委会召开。会议听取市发展和改革委员会（简称市发改委）关于制定《泸州市国民经济和社会发展“十一五”发展规划纲要》编制情况通报。与会常委围绕“十一五”的发展思路、奋斗目标、主要任务等协商讨论。形成一批有一定参考价值的意见和建议，得到相关部门重视和采纳。

2006年6月15日，泸州市政协五届二十次常委会召开。会议听取市政府关于泸州市社会主义新农村建设的形势报告。提出建议：整合资源，形成合力，调动社会各界建设新农村的积极性；要全方位抓好新农村建设的科学规划；要对城乡二元经济结构进行阵痛性改革；抓好试点，培养亮点；发展绿色旅游业；建立健全农村社会保障制度；建立制定适应泸州市经济发展水平的新农村建设考核评价体系。供市政府参考。

2007年6月27日，泸州市政协六届二次常委会召开。会议听取市政府关于上半年全市经济运行情况通报，市政协财经委员会《关于当前我市经济工作的几点建议》（草案）的汇报。与会常委协商讨论，就泸州市经济工作提出意见和建议。形成市政协《关于当前我市经济工作的几点建议》，送市政府参考。9月11日，泸州市政协六届三次常委会召开。会议听取市政协《关于我市贯彻〈中共中央关于加强人民政协工作的意见〉调查情况的报告》。与会常委协商讨论《中共泸州市委关于贯彻〈中共中央关于加强人民政协工作的意见〉的实施意见》（征求意见稿），提出意见和建议，供市委参考。12月10日，泸州市政协六届四次常委会召开。会议听取市委农村工作领导小组办公室（简称市委农工办）关于泸州市社会主义新农村建设情况通报。与会常委协商讨论，提出意见和建议，形成市政协《关于加快我市社会主义新农村建设的几点建议》，送市委、市政府参考。

2008年6月25日，泸州市政协六届七次常委会召开。会议听取市政府关于泸州市港口经济发展情况通报，市政协财经委员会关于加快泸州市港口建设、推进港口经济发展调研情况汇报。进行协商讨论，形成市政协《关于加快泸州市港口建设、推进港口经济发展的调研报告》，送市委、市政府参考。9月19日，泸州市政协六届八次常委会召开。会议听取市政府关于2007年以来泸州市抗灾减灾工作情况通报，市政协农业委员会等5个专门委员会关于泸州市防灾减灾和灾后重建工作调查情况汇报。提出加强宣传教育、强化防灾减灾意识，健全预测预报机制、完善应急体系，增强防灾减灾能力，加强基础设施建设、夯实防灾减灾基础等建议。形成市政协《关于我市防灾减灾和灾后重建工作的建议》，送市委、市政府参考。12月17日，泸州市政协六届九次常委会召开。会议听取市长刘国强关于经济形势和全市统筹城乡发展工作情况通报。提出意见和建议：认真编制统筹城乡发展规划，扩大统筹城乡发展的试点，深化农村土地制度改革，有效地调度和使用建设基金，突出抓好统筹城乡发展项目，切实加强对统筹城乡发展工作的领导。形成市政协《关于抓好泸州市统筹城乡发展工作的几点建议》，送市委、市政府参考。

2009年6月15日，泸州市政协六届十二次常委会召开。会议听取市政府关于泸州市招商引资工作情况通报，市政府办公室关于提案办理情况通报，市政协财经委员会关于泸州市招商引资工作调查情况的汇报。进行协商讨论，形成市政协《关于泸州市招商引资工作情况调研报告》，送市委、市政府参考。10月13日，泸州市政协六届十三次常委会召开。会议听取市政府关于泸州市农民增收情况通报，市政协农业委员会关于泸州市农民增收工作调查情况汇报。协商讨论，形成市政协《关于促进我市农民增收的调研报告》，送市委、市政府参考。12月15日，泸州市政协六届十四次常委会召开。会议听取市政府关于泸州市中小企业发展情况和关于2009年提案办理情况通报，市政协财经委员会关于泸州市中小企业发展调查情况汇报。进行协商讨论，形成市政协《关于进一步促进泸州市中小企业发展的建议》，送市委、市政府参考。

2010年6月18日，泸州市政协六届十七次常委会召开。会议听取市长刘国强通报泸州市2010年上半年经济社会发展情况和市政府关于泸州市品牌农业发展情况通报，市政协农业委员会关于泸州市品牌农业发展调研情况汇报。进行协商讨论，形成和通过市政协《关于促进我市品牌农业发展的调研报告》，送市委、市政府参考。9月20日，泸州市政协六届十八次常委会召开。会议听取市政府关于泸州市机械产业发展情况通报，市政协财经委员会关于加快全市机械工业发展的调研汇报。进行协商讨论，形成和通过市政协《关于我市机械工业发展情况的调研报告》，送市委、市政府参考。12月21

日，泸州市政协六届十九次常委会召开。会议听取市政府通报全市新型农村合作医疗工作推进情况和泸州市“十二五”规划制订情况，市纪委通报泸州市党风廉政建设工作情况，市政府办公室通报市政府关于2010年提案办理工作情况，市政协教科文卫体委员会关于泸州市新型农村合作医疗调研情况汇报。审议通过市政协《关于我市新型农村合作医疗的调研报告》，送市委、市政府参考。

2011年6月21日，泸州市政协六届二十三次常委会召开。会议听取市政府关于全市新农村示范片建设情况通报，市政协关于泸州市新农村示范片建设视察调研情况汇报。进行协商讨论，形成市政协《关于我市新农村示范片建设的调查与建议》，送市委、市政府参考。9月8日，泸州市政协六届二十四次常委会召开。会议听取市政府关于泸州市商贸流通业发展情况通报，市政协财经委员会关于加快泸州市商贸流通业发展调查情况汇报。进行协商讨论，形成市政协《关于我市商贸流通业发展情况的调研报告》，送市委、市政府参考。12月7日，泸州市政协六届二十五次常委会召开。会议听取市政府关于泸州市食品药品安全工作情况通报，市纪委关于党风廉政建设工作情况通报，市政府办公室关于提案办理工作情况通报，市政协教科文卫体委员会关于泸州市食品药品安全工作调查情况汇报。进行协商讨论，形成市政协《关于我市食品药品安全工作情况的调研报告》，送市委、市政府参考。

第三节 专题协商

1991年4月20日，市政协召开座谈会，对泸州市社会治安综合治理专题协商。22日，市政协召开座谈会，对国合商业如何发挥主渠道作用专题协商。7月18日，市政协办公室召开整顿城区南极路交通协商会，提出规范沿街摆摊设点、畅通南极路交通的建议，以《简报》送市政府，市政府采纳。8月29日，市政协组织市级民主党派、工商联和无党派人士，就“泸州精神”科学表述专题协商，提出建议，以《简报》送市委、市政府参考。10月30日，市政协组织市级民主党派、工商联负责人和部分市政协委员座谈，专题协商《泸州市住房制度改革实施方案》。泸州市住房改革办公室（简称市房改办）负责人到会就房改方案作解释和说明。与会人员对方案修改提出13条意见和建议：住房的成本租金，应按不同住房等级确定，每年公布一次；调整后的租金标准，应综合考虑各种因素，如结构、楼层、地段、使用年限等因素确定；对住房超标准应加收租金，严格执行，特别要解决多头占房问题；对原有租房出租后、租公房住的，房租应高于旧房标准；缴纳租房保证金，建议同房租一样，以使用面积计算；建议住房委员会应有部分群众代表参加，可以及时反映群众意见；出售公有住房应增加透明度，防止部分人投机取巧。以《简报》送市委、市政府参考。

1992年5月14日，市政协组织部分政协委员对纳溪县开发大渡区专题协商。实地考察大渡区蔬菜、水果产业，进行协商讨论，提出大力发展大渡区经济的建议，以《简报》送市委、市政府参考。

1993年7月8日，市政协组织市级各民主党派负责人与市委、市政府有关领导座谈，专题协商泸州市物质文明和精神文明建设问题。

1994年8月23日，市政协组织市级民主党派、工商联恳谈会，就农村工作、扶贫工作、市政管理、企业扭亏增盈4个专题协商。与会人员协商讨论，提出10个方面的意见和建议，以《简报》送市委、市政府参考。

1996年5月6日，市政协组织部分政协委员召开协商座谈会，专题协商泸州市计划生育工作。听取泸州市计划生育委员会（简称市计生委）关于泸州市计划生育情况通报，进行协商讨论，提出意见和建议，形成市政协《关于对我市计划生育的建议》，送市委、市政府参考。6月11日，市政协组织市级民主党派、工商联负责人协商会，专题协商正式启用泸州市垃圾处理场、污水处理厂。形成市政协《关于尽快使我市垃圾处理场、污水处理厂正式启用的建议案》，经政协泸州市常委会通过，送市政府办理。8月15日，市政协举行三届五十一次主席会议，专题协商泸州交警学济南交警情况。会议听取泸州市公安局交通警察支队（简称市交警支队）关于泸州交警学习济南交警情况通报，主席会议成员（包括主席、副主席、秘书长）协商讨论，提出意见和建议，形成《政协泸州市三届五十一次主席会议纪要》，送市委、市政府参考。

1997年3月，市政协与龙马潭区委、区政府及有关部门，就龙马潭区个体私营经济发展问题专题协商。协商认为，龙马潭区沱江商城面临的困难和问题严峻：化纤、卷烟市场萎缩，外来经营户大量流走；一些新开办市场，虽经努力仍无法形成市场，有场无市现象严重；承办市场的单位和企业随意性大，缺乏连续的市场培育精神；沱江商城没有一个规范的、明确的管理文件，管理处于无序状态，政出多门，多方插手，各行其是，严重制约商城的壮大发展。市政协向市政府建议：下放权力，市里将龙马潭区确定为发展个体私营经济试验区，以增强龙马潭区统揽沱江商城的能力和实力；应搞些特殊政策和措施，稳住现有商户，吸引更多商户进入商城；龙马潭区希望“严格按照属地管理的原则、对商城个体经济检查应由区属部门执行、区外部门不得随意进入商城检查”的要求，建议市政府予以采纳；希望泸州市支持龙马潭区对沱江商城实行一卡收费制的打算；为规范商城收费，龙马潭区委、区政府提出，凡进入专业市场的个体工商户和私营企业，由财政、工商、物价部门统一规定收取管理费标准，对个体工商户实行市场管理收费登记制度，由一个部门统一收取，政府协调分配给各个部门，其他任何部门不得进入商城收取费用，建议市政府采纳；沱江商城各专业市场都是企业或单位承办的，租金收费随意性很大，加重了经营者负担，建议市政府根据沱江商城地段情况，制定一个统一的租赁费和服务费收费标准或最高限价。10月14日，市政协召开非公有制经济代表人士座谈会，专题协商个体私营经济发展问题。与会人员在协商讨论中，提出对沱江商城实行一卡收费制，市政府应根据沱江商城地段制定统一的租赁费和服务收费标准或最高限价等意见和建议。市政府五十七次常务会议听取市政协专题协商会意见和建议的通报，经研究，采纳关于对沱江商城实行一卡收费制等建议。21日，市政协召开民族宗教界人士座谈会，专题协商泸州市民族宗教工作。充分听取少数民族宗教界人士的意见和建议，协商讨论，提出建议，以《简报》送市委、市政府参考。

1998年12月30日，市政协与市委政法委员会（简称市委政法委）召开专题协商座谈会，市委政法委书记文耀友和市中级人民法院、市检察院、市公安局、泸州市国家安全局（简称市国安局）、市司法局主要负责人出席。听取市委政法委通报泸州市综治创模情况和市政协社会法制委员会向社会发的200份问卷调查情况。委员建议：对综治工作要加大宣传力度，要采取各种措施做好下岗人员工作，抓好干警的素质教育，加大反腐败力度。

2000年9月13日，市政协邀请部分市政协委员、市级民主党派、工商联负责人及市政协专门委员会负责人，对《泸州市国民经济和社会发展“十五”规划的基本思路》专题协商。副市长陈善强到会，泸州市发展计划委员会（简称市发展计划委）对编制“十五”规划的基本思路做出说明。与会人员认为，“十五”规划的基本思路是正确的、清晰的，目标是明确的，符合西部大开发战略要求，符合泸州具体实际。提出意见和建议：泸州经济要实现追赶型、跨越式发展，应增大经济总量，提高经济运行质量；要正确处理地方酒和国家名酒泸州老窖、郎酒的关系，严格控制“擦边球”，充分发挥名酒的龙头作用；制定规划要注意针对性、建设性和可操作性，“十五”期间发展重点应在民营企业；关于三次产业结构的调整，应该按照“优、强、快”原则进行，保持财政收入增长与 GDP 增长同步，财政收入高于 GDP 是不科学的；“思路”中应有完善社会保障体系和泸州大市场方面的表述；整个“思路”中，国民经济部分篇幅过重，而社会发展则明显薄弱，制定规划时应完善，充分体现以人为本的思路等 19 条。形成市政协《关于我市“十五”规划的基本思路的建议》，送市委、市政府参考。12 月 18 日，市政协召开四届三十三次主席会议，对《泸州市国民经济和社会发展“十五”计划纲要（草案）》（征求意见稿）进行协商。提出意见和建议：发掘泸县雨坛龙灯、纳溪班打狮子、合江唢呐和傩戏、叙永芦笙、古蔺花灯，以及有地方特色的工艺品、食品文化，打造具有泸州特色的旅游文化品牌；新建江阳区、泸县、古蔺县图书馆；计划纲要提出 2005 年“私营企业总数达到 2 万家”，现泸州市私营企业仅 3000 家，5 年要达到 2 万家，每年要增加 50%，目标定得过高；应提出 2005 年泸州市“人均寿命”目标，这是最能体现人民健康水平的要素；建议重点开发福宝旅游区和江北公园等 12 条。形成《对〈泸州市国民经济和社会发展“十五”计划纲要（草案）〉（征求意见稿）的意见和建议》，送市发展计划委参考。在第二次协商中，“保持财政收入增长与 GDP 同步增长”等 10 余条建议，得到市政府及市发展计划委的重视和采纳。

2001 年 11 月，市政协邀请市发展计划、对外贸易经济合作、国土资源、规划建设等部门和市内 9 个骨干化工企业负责人座谈，专题协商建设四川西部化工城问题。听取西部化工城实施进展情况通报，征求化工企业对建设西部化工城的意见和建议，进行协商讨论，形成《关于建设西部化工城协商情况的建议》，提交市政协常委会协商讨论。

2004 年 8 月，市政协社会法制委员会召开座谈会，专题协商泸州市近年来贯彻实施《中华人民共和国未成年人权益保护法》及预防未成年人犯罪问题。听取市公安局、市中级人民法院、共青团泸州市委员会（简称团市委）、泸州市妇女联合会（简称市妇联）情况通报，进行协商讨论，分析、归纳存在的 5 个方面问题，提出 4 条意见和建议，供市委、市政府参考。

2005 年 10 月 18 日，市政协召开与市级民主党派、工商联联系会，专题协商民主党派、工商联工作面临的问题。提出增加民主党派、工商联机关活动经费，改善工作条件等建议，向市委报告。

2010 年 3 月 22 日，市政协教科文卫体委员会召开座谈会，专题协商教师“绩效工资”问题。充分听取市教委、教育界委员和教师的意见，就完善教师“绩效工资”相关政策措施提出建议，以社情民意信息形式向全国政协、四川省政协反映。是年，市政协第 2 次组织对《泸州市国民经济和社会发展“十二五”规划草案》（征求意见稿）专题协商。就如何对接上级规划、挤进省级盘子、争取项目资金、加强联合攻关等提出意见建议 60 余条，为市政府和相关部门编制“十二五”规划提供参考。

第四节　听取通报协商

1991 年 1 月 9 日，市政协群众工作委员会组织委员听取市公安局 1990 年工作总结和 1991 年工作计划通报，进行协商，提出意见和建议（以下听取情况通报，均“进行协商、提出意见和建议”，限于篇幅，不再重复）。25日，市政协文化教育委员会听取市教委通报教育事业发展的新形势、新任务和高中教育改革的思路。2月4日，市政协部分领导听取市税务局关于泸州税法宣传工作通报。9日，市政协组织部分委员和市级各民主党派负责人，副市长李湘惠到会，听取市教委关于1990年泸州市教育改革、发展情况和1991年工作打算通报。3月20日，市政协举办“委员活动日”，听取市计生委关于泸州市计划生育情况通报。4月20日，市政协举办“委员活动日”，听取市卫生局关于泸州市创建卫生城市和爱国卫生情况通报，听取市检察院关于1991年反贪污贿赂和打击经济领域犯罪活动情况通报。5月20日，市政协举办“委员活动日”，听取市人民医院工作情况通报。7月20日，市政协举办“委员活动日”，听取市政府通报泸州市房改工作情况。8月20日，市政协举办“委员活动日”，听取市政府关于泸州市抗洪抢险救灾情况通报，听取中国建设银行泸州市分行（简称建行泸州分行）为经济服务和1991年上半年工作情况通报。9月20日，市政协举办“委员活动日”，听取市教委关于全市各类学校招生任务完成情况通报。10月20日，市政协举办“委员活动日”，听取市民政局关于泸州市抗洪救灾工作情况通报。11月20日，市政协举办“委员活动日”，听取市农经委关于泸州市农业生产和减轻农民负担、增加农民收入情况通报。

1992年2月10日，市政协部分领导听取市房改办关于1992年房改工作计划和市级机关房改建议通报。

1993年5月20日，市政协组织听取市政府办公室关于泸州建省辖市10周年庆祝活动筹备安排情况通报。7月20日，市政协举办“委员活动日”，听取市乡镇企业局（市乡企局）1993年半年来全市乡镇企业发展情况通报。8月20日，市政协举办“委员活动日”，听取市委对台工作办公室（简称市委台办）关于引进“三资”企业和开展海外联谊活动情况通报。11月20日，市政协举办“委员活动日”，听取泸州市经济委员会（简称市经委）关于贯彻《全民所有制工业企业转换经营机制条例》情况通报。12月20日，市政协举办“委员活动日”，听取市财政局关于泸州市财政1993年预算执行情况通报。

1994年1月，市政协主席会议成员与市级民主党派负责人听取市政府关于1993年泸州市国民经济与社会发展情况通报。6月4日，市政协召开三届十八次主席会议，听取市政府关于上半年经济工作运行情况和关于稳定物价、平抑粮价情况通报，市公安局关于社会稳定情况通报，市教委关于《中华人民共和国教师法》贯彻执行情况通报。11月21日，市政协召开反腐倡廉情况通报会，听取市检察院关于泸州市反贪污贿赂斗争情况通报。

1995年3月10日，市政协召开保护知识产权情况通报协商会，听取泸州市科学技术委员会（简称市科委）、市文化局、市广播电视局通报贯彻《四川省人民政府贯彻国务院〈关于进一步加强知识产权保护工作的决定〉的通知》等情况。提出建议：加强法律法规宣传，增强全社会的知识产权意识；严格执法，各部门要按照分工，依法行政；进一步做好知识产权的鉴定工作；制定《泸州市知识产权保护暂行规定》。4月27日，市政协召开泸州市“三资”企业情况通报会，邀请市内部分“三资”企业厂长、经理参加。听取市政府有关部门通报情况。市政协在协商中提出建议：市政府各有关部门要搞好“三资”企业的协调工作，解决好外来投资人员的子女入学、夫妻两地分居、住房等方面问题，创造宽松的投资环境，扩大开放门路，吸引更多外商来泸州投资办企业。10月20日，市政协举办“委员活动日”，听取《泸州市国民经济和社会发展“九五”计划和远景规划》，提出意见和建议，以《简报》送市委、市政府参考。11月20日，市政协举办“委员活动日”，听取泸州市体育运动委员会（简称市体委）关于泸州市体育事业基本情况、当前面临困难和“九五”期间及2010年体育事业发展设想通报。政协委员围绕体育事业面临的经费投入严重不足，体育场馆设施标准低、场地少，缺少发展体育事业的优惠政策三方面困难，协商讨论，提出解决的建议。12 月 14 日，市政协召开三届十九次主席扩大会，市政协顾问、教科文卫体委员会负责人列席。听取市教委关于 1995 年泸州市基础教育主要工作、高考情况、“普九”进程和城区内改革初中招生思路情况通报，听取市广播电视局关于《泸州市广播电视事业第九个五年计划和 2010 年规划》说明。12 月 20 日，市政协召开金融工作情况通报会，听取人行泸州市分行、各专业银行通报金融运行情况。政协委员提出建议：坚持执行适度从紧的货币政策，切实加强计划控制管理，严格执行流动资金“区别对待、择优扶持”政策，新增贷款要同企业经济效益挂钩，进一步加大金融管理力度，加强银行自身建设。

1996 年 1 月 16 日，市政协组织委员听取市司法局关于泸州市“二五”普法教育情况和“三五”普法构想及依法治市思路通报。2 月 9 日，市政协主席会议成员听取市教委关于泸州市 1995 年教育工作情况和 1996 年教育工作思路通报。3 月 18 日，市政协召开三届四次主席会议，专题听取市检察院关于检察院工作情况通报。20 日，市政协组织听取市劳动局关于泸州市劳动制度改革情况及社会保障、失业保险工作情况通报。24 日，市政协主席会议成员及市级各民主党派、工商联负责人听取泸州市粮食生产工作情况通报。提出建议：切实保护和调动农民积极性，农民目前负担仍然很重，要下大力气减轻农民负担；当前农村合作基金会出现的问题，要抓紧调查研究，认真加以解决；大力推行科技兴农，采取切实措施，保证农技人员“三定”方案兑现；建立健全农技推广体系，为农民提供服务。28 日，市政协组织主席会议成员、市级民主党派、工商联驻会负责人，听取市劳动局关于泸州市劳动制度改革情况通报。提出建议：要加大宣传力度，这是因为涉及许多人的实际问题；对如何搞好劳动制度改革，要大胆探索，努力实践。以《简报》送市委、市政府参考。5 月 6 日，市政协组织委员，听取市计生委关于泸州市计划生育情况通报和教科文卫体委员会调查合江县参宝乡，泸县太伏镇、况场镇、牛滩镇，纳溪县丹林乡计划生育工作的汇报。提出建议：进一步提高各级党政领导对计划生育工作重要性、必要性的认识，加强对计划生育工作的领导；抓好计划生育组织的建设，稳定队伍；加强对农村流动人口的管理；调动各方面的积极性，认真搞好计划生育与两个文明（物质文明和精神文明）建设“三结合”工作；认真抓好计划生育技术服务队伍建设，搞好技术培训基地，建议市委、市政府及有关部门对修建必要的技术培训场所所需经费予以酌情解决。形成市政协《关于对我市计生工作的建议》，送市委、市政府参考。6 月 12 日，市政协召开“严打”斗争情况通报协商座谈会，市政协主席会议成员、部分常委、市级民主党派负责人、民族宗教界代表参加，听取市中级人民法院、市公安局通报泸州市“严打”斗争情况。7 月 29 日，市政协教科文卫体委员会组织委员听取市卫生局关于泸州市医疗保障制度改革试点情况通报。提出建议：各级各部门务必要统一思想，识大体，顾大局，积极为改革试点服务；这次改革可能对医疗机构带来新的压力，各级医院应逐步建立强化质量、提高效率效益、规范医疗行为为核心的管理责任制，把盲目规模扩张型发展调整到强调质量效益型、加强内涵建设的轨道上来。以《简报》送市委、市政府参考。9 月 16 日，市政协召开三届五十二次主席会议，专题听取市财政局关于泸州市 1—8 月财政预算执行情况通报。10 月 8 日，市政协组织部分委员听取泸州市质量技术监督局（简称市质监局）关于泸州市质量技术监督工作情况通报。

1997 年 1 月 9 日，市政协组织听取市建委关于泸州市建筑工程项目执法监察检查等情况通报。10 日，市政协听取市检察院关于泸州市 1996 年反贪工作情况通报。20 日，市政协听取泸州市社会治安综合治理委员会（简称市综治委）关于泸州市社会治安综合治理和创模工作情况通报。2 月 27 日，市政协听取市民政局关于泸州市 1996 年民政工作情况和 1997 年工作计划通报。3 月中旬，市政协听取泸州市工商行政管理局（简称市工商局）关于大力发展泸州市非公有制经济和工商工作情况通报。20

日，市政协组织委员听取市农业局关于泸州市粮食生产工作情况通报。6月6日，市政协听取市教委关于泸州市招生改革情况通报。23日，市政协召开物价工作情况通报协商会，市政协主席会议成员和市级民主党派、工商联负责人听取市物价局关于泸州市1997年物价工作情况通报。7月25日，市政协听取中国农业发展银行泸州市分行（简称农发行泸州分行）工作情况通报，市检察院关于上半年检察工作情况通报。29日，市政协听取市公安局关于泸州市禁毒工作情况通报。11月20日，市政协组织委员，听取市委农村工作委员会关于泸州市农业生产情况及减轻农民负担情况通报。

1998年1月20日，市政协组织听取市公安局关于1997年公安工作情况通报。2月17日，市政协组织听取市财政局关于泸州市1997年财政预算执行情况通报。19日，市政协组织听取市教委关于泸州市1997年教育工作情况和1998年工作打算通报。提出建议：加大教育改革力度，包括成人教育、职业教育；提高教师素质，提高教育质量；1998年素质教育要有新突破、新发展。3月28日，市劳动局召开劳动制度改革情况通报协商会，邀请市政协常委、市级民主党派、工商联负责人参加，与会人员就劳动制度改革过程中还存在着私营企业、外资企业、个体工商户职工签订劳动合同难问题和破产、停产、半停产企业劳动合同的继续执行问题，提出解决的建议。5月20日，市政协听取市劳动局关于泸州市下岗职工和再就业工程情况通报。29日，市政协听取市综治委关于泸州市“安全文明小区”建设工作情况通报。6月6日，市政协听取市教委关于城区中学招生制度改革情况通报。7月9日，市政协听取泸州市国家卫生城市管理委员会（简称市国卫委）关于泸州市“迎国检保金牌”情况通报。提出意见和建议：对“迎国检保金牌”要统一认识，坚定信心，保金牌的决心和目标不能动摇；要抓薄弱环节，有计划地突击整治；抓落实，要将目标任务落实到区县和片，单位要落实到人，特别是要落实解决中层薄弱环节的任务；要加大执法监督力度。8月20日，市政协组织委员听取市教委关于泸州市中小学加强素质教育情况通报。10月23日，市政协听取泸州市计划委员会（简称市计委）、市经委工作情况通报。11月20日，市政协组织委员听取市综治委关于泸州市社会治安综合治理情况通报。

1999年1月11日，市政协听取市教委关于1998年教育工作情况通报，市民政局关于泸州市老年事业情况通报。2月11日，市政协听取市检察院关于1998年检察工作情况通报。4月20日，市政协组织委员听取市文化局关于文物保护情况通报。6月23日，市政协听取市公安局关于戒毒工作情况通报。11月23日，市政协听取市检察院查处大要案情况通报。

2010年6月，市政协财经委员会召开通报会，组织经济界委员听取市规划建设局通报泸州市城区规划和建设基本情况。政协委员提出“关于尽快打造泸州市城市规划展览馆”等建议，得到市政府和市规划建设局采纳并实施。9月，市政协召开主席会议，听取市中级人民法院、市检察院工作情况通报。

2011年9月，市政协召开主席会议，听取市中级人民法院、市检察院工作通报，提出意见和建议，供法院、检察院参考。

第五节　对口协商

1991年，市政协群众工作委员会分别与市公安局、泸州市民族宗教事务委员会（简称市民委），文化教育委员会分别与市精神文明办公室、市教委、市文化局、市体委，医药卫生委员会分别与市医药管理局、市卫生局对口协商。听取部门1990年工作情况和1991年工作安排通报，协商讨论，提出意见和建议，供对口部门参考。

1992年1月31日，市政协文化教育委员会与市教委对口协商，对泸州市教育工作提出意见和建议，供市教委参考。

1993年6月3日，市政协文教医卫体委员会组织医卫界政协委员召开情况通报会。听取市卫生局、市公费医疗办公室关于泸州市公费医疗情况通报，进行对口协商。政协委员认为，泸州市自1984年实行公费医疗改革以来，体现出社会主义制度的优越性，从一个方面维护了中国共产党和政府在人民群众中的形象，对泸州市两个文明建设和社会稳定起着非常重要的作用。但随着改革开放深入和社会主义市场经济体制建立，现行公费医疗制度有诸多方面不适应，医疗费用与财政投入不平衡，医疗费用增加和个人收入增加存在差距，药品涨价幅度与医院收费不同步。对改革现行公费医疗制度提出建议：增加财政投入，享受公费医疗门诊费已增加到65元，财政应尽快落实；医疗部门计划增加个人负担比例的设想，要再行斟酌，要控制个别医院利用一些服务项目增加病员隐形负担；处理好医疗承包时出现的问题等。以《简报》送市委、市政府参考。

1994年3月3日，市政府以泸市府发〔1994〕34号文件发出《关于建立市政府与市政协对口联系和协商制度的通知》。明确市政府对口市政协，市政府各序列部门和部分综合部门按其性质、职责分工分别对口市政协各专门委员会；规定对口联系协商的主要内容、主要形式和程序。要求市政府各部门要建立健全同市政协及其专门委员会联系协商的具体制度，纳入议事日程，并作为市政府每年年终检查事项。4月19日，市政府与市政协召开对口联系协商工作会，市长唐宁，市委副书记叶怀祥，市政协主席、副主席出席。唐宁对市政府及部门提出要求：在重大问题决策之前，要主动与政协协商；政府各部门要与政协各专门委员会保持经常性联系，使对口协商经常化、制度化、规范化。市教委、市建委就学习贯彻市政府《关于建立市政府与市政协对口联系和协商制度的通知》，加强本部门与市政协教科文卫体委员会、财经委员会对口协商联系情况发言。

1995年，市政协社会法制委员会就泸州市实施再就业工程到各县区调查，提出意见和建议，与市劳动局、市就业局、泸州市社会保险局（简称市社保局）对口协商。由市政协形成建议案，再与市政府协商。市政府采纳实施后，市政协及社会法制委员会追踪调查，对尚需落实问题与有关部门协商，与市政府交换意见。市政府及有关部门采纳实施后仅3月，泸州市发放下岗职工基本生活费655.50万元，下岗职工基本生活费筹集按财政、企业、社会筹集三方面正常运作；市级主管部门、企业集团建立解困再就业中心18个，380个有下岗职工的国有企业建立再就业中心或相应机构，国有企业下岗职工已全部进入再就业服务中心，下岗职工通过各种形式和途径实现再就业7669人。

1996年2月8日，市政协财经委员会与市计委、市经委、泸州市财经委员会（简称市财委）、市建委、泸州市对外贸易经济合作委员会（简称市外经贸委）、泸州市经济体制改革委员会（简称市体改委）对口协商。听取市经委通报协助市政府组建行业集团、配合市体改委加快中小企业产权制度改革、完成泸州市“八五”技术改造项目扫尾工作、加大技改项目全过程管理力度等工作重点情况；听取市建委通报在“九五”到2010年将泸州市建成中等城市和保持国家卫生城市称号的目标，将滨江路、江阳西路和茜草干道继续向前延伸，完成垃圾处理场和污水处理厂工程，加强城市管理和建筑行业管理，改造体育场周围道路，修建接长江大桥的40米梯步等工作重点；听取各部门1996年的工作思路和目标任务。政协委员协商讨论，提出意见和建议，供各部门参考。12月6日，市政协与市政府举行对口协商联席会议。市政府各部门负责人、市政协各专门委员会负责人参加。常务副市长甘居才向政府各部门提出4点要求。

1997年12月25日，市政协与市政府召开对口协商座谈会，常务副市长甘居才，各委局、市政协各专门委员会负责人参加。市教委、市民政局、市卫生局和市政协提案委员会、教科文卫体委员会在会上交流搞好对口协商联系的工作情况。会议总结市政府与市政协5年来对口协商的做法和经验：市政府对市政协工作坚持有请必到，有求必应，有函必复，有文必批；协商于决策之前，促进决策民主化、科学化，市政府制定的发展计划和规划均主动提交政协协商，充分听取意见；建立健全市政协委员提案办理机制，加强委员提案的交办制、联办制；加强联合调查、联合办案，提高办事效率，坚持市政府各部门与市政协各专门委员会的经常联系。

1998年12月11日，市政协与市政府召开对口联系协商座谈会，市政协主席、副主席、各专门委员会负责人，常务副市长肖天任和对口部门主要负责人参加。会上，市农经委、市建委、市教委、市公安局、市交通局和市政协财经委员会、农业委员会、教科文卫体委员会、社会法制委员会、提案委员会就如何搞好对口联系协商作经验交流发言。肖天任对市政府对口部门如何进一步加强和改善对口协商工作提出7条要求。

1999年12月21日，市政府、市政协召开对口联系协商座谈会，市长、副市长及市政府对口部门主要负责人，市政协主席、副主席及各专门委员会驻会负责人出席。会上，市经委、市劳动局、市工商局，市政协财经委员会、提案委员会、教科文卫体委员会就如何搞好对口联系协商作经验交流发言。市长先开金对政府对口部门如何进一步加强和改善对口协商工作提出要求："要坚持和完善对口联系协商制度，围绕经济建设问题开展对口协商，要努力探索对口协商的新路子，加强与市政协专门委员会经常性的联系和协商。"

2001年10月29日，市政协教科文卫体委员会与市文化局、市规划建设局对口协商，听取市文化局关于泸州市历史文化名城保护中文物保护情况通报和市规划建设局关于泸州市历史文化名城保护规划及实施情况通报。政协委员提出建议：加强法制建设，把保护历史文化名城纳入法制轨道，根据国家的文物保护法和城市规划法，市政府应尽快出台泸州市历史文化名城保护管理的地方行政法规和细则，遏制建设性破坏现象继续发生；建立专门的名城保护管理机构，由相关部门组成一个历史文化名城保护管理委员会，加强职能部门之间的协调配合；加大历史文化名城保护的资金投入，文物保护经费要足额列入财政预算；建议由市政府牵头，组织相关部门对历史文化名城保护中存在问题进行一次清理，制定行之有效的解决办法。

2003年7月3日，市政府办公室与市政协办公室联合发出《关于建立市政协专门委员会与市政府部门对口协商制度的通知》，就对口协商部门、对口协商内容、对口协商形式做出规定。是年，市政协农业委员会与市畜牧局、市农业局、市林业局、市水电局、泸州市环境保护局（简称市环保局），财经委员会与市国土资源局、泸州市发展和改革委员会（简称市发改委）、市经委，教科文卫体委员会与市教育局、市科技局、市文化局、市卫生局、市体育局、市计生委，文史资料委员会与市档案局、泸州市人民政府地方志编纂委员会办公室（简称市志办公室），社会法制委员会与市公安局、市司法局、泸州市国家安全局（简称市国安局）、市劳动和社会保障局、市民政局、市委政法委、市中级人民法院、市检察院，祖国统一联谊委员会与市委对台办、市侨联、市外事侨务旅游局，提案委员会与市政府办公室，分别开展对口协商或对口联系。教科文卫体委员会在与市卫生局及相关医疗机构对口协商中，政协委员提出农村卫生存在问题：农村卫生事业发展与经济社会发展不相适应；农村卫生事业发展与农民需求有很大差距，农民看病难、看病贵、看不起病等问题突出；农村卫生资源严重不足，医疗卫生机构利用率明显下降；公共卫生体系不健全，重大传染病时有发生；城乡医疗机构服务水平差距大，合作医疗覆盖人群较少；农村卫生投入落实困难，“以药补医”现象扭曲了医疗行为；政府对卫生事业全行业监管有缺位。提出建议：落实好国家关于农村卫生经费每年增长10%要求，对村级卫生站给予补贴，建议按照服务人口每人每年给予0.5元补贴，其中由市级财政承担0.2元、区县财政承担0.2元、乡镇财政承担0.1元；加强农村卫生人才队伍建设，对区县以下卫生机构的技术人员，强化定期培训；加强农村卫生对口支援制度，采取特殊优惠政策鼓励城市医务人员到农村工作；扩大农村合作医疗覆盖面，多方筹措合作医疗所需资金；加强对乡村卫生医疗操作规程、合理用药等监督检查，确保农民就医安全。文史资料委员会与市档案局在对口协商中，提出抢救民国时期3万件档案的建议，得到市政府领导采纳，市财政局拨专款抢救档案。

2004年9月，市政协教科文卫体委员会与市卫生局对口协商，就泸州市农村卫生体制改革和重点工程建设情况协商讨论，提出意见和建议。11月7日，教科文卫体委员会组织部分新闻、体育、卫生界政协委员，与市劳动局、市社保局、市卫生局对口协商。听取泸州市医疗保险和《泸州市城镇医药卫生体制改革总体方案》情况通报。政协委员提出建议：加强医疗保险工作，组织专门工作组，到企业去做工作，扩大职工参加医疗保险人数；进一步完善和规范慢性病、重症病申请和审批手续；加大力度整顿非法和不规范医疗行为；医院收支两条线管理后医院存在亏损问题，建议市卫生主管部门对各医院进行核定，由市财政拨出专款，缓解医院资金不足问题；各级政府要切实加强社区医疗服务机构的领导，在政策、资金上给予支持；医疗广告涉及卫生、工商、新闻等部门，各有关部门应密切配合，严格审批，保护人民群众的切身利益；针对泸州市大专、中专生不能参加执业医师考试问题，建议市政府向四川省政府报告，尽快予以解决；建议由市政府牵头，组织召开一次由公安、民政、卫生等部门参加的协调会，对医院应收的800多万元住院费欠款进行分类清理，如属车辆伤病人欠款，由公安部门提供详细的地址，协助医院收款，如属精神病者或乞丐欠款，民政部门在民政基金中适当解决。15日，教科文卫体委员会与市教育局对口协商。听取市教育局关于泸州市治理教育乱收费工作情况通报，政协委员提出建议：建立健全教育投入保障机制，各级政府要切实加大对教育投入，将学生公用经费列入财政预算；建立健全教育规范收费长效机制，严格鉴定收费范围，科学规范收费标准，明确开支渠道；建立健全教育收费监督机制，防止教育乱收费的反弹，督促区县兑现拖欠的教育经费；尽快出台高中非毕业年级收费补课政策。

2005年4月14日，市政协财经委员会与市发改委、市经委、市规划建设局、市城管局、市交通局、市国土资源局对口协商。听取各部门工作情况通报，对如何落实对口协商制度进行研究。7月，市政协教科文卫体委员会与市教育局对口协商。听取市教育局关于治理乱收费情况通报，对进一步做好治理教育乱收费工作提出意见和建议。9月，教科文卫体委员会与市卫生局对口协商。听取市卫生局关于治理医疗乱收费情况通报，视察市疾病预防控制中心、120急救中心和传染病防治中心，对进一步治理医疗乱收费、加强行风建设提出意见和建议。11月8日，市政协文史资料委员会与市统计局对口协商。听取市统计局工作情况通报和今后工作打算，实地考察办公条件和设施，建议市政府加大对统计信息系统改造和建设的力度，财政提供专款资金20万元，用于市统计局信息网站高效服务器的改造和安全防护体系设备的装置。形成市政协《关于统计信息系统改造和建设的建议》，送市政府参考。

2006年，市政协祖国统一联谊委员会与市委对台办召开对口协商会。听取市委对台办关于台海两岸形势通报，就祖国和平统一提出意见和建议。市政协学习宣传委员会与市外事侨务旅游局、市卫生局、市文化局、市城管局就创建中国优秀旅游城市、医疗保险工作、文化市场整治、城市管理，进行对口协商。市政协教科文卫体委员会与市教育局、市科技局、市卫生局、市体育局召开对口协商会，就职能部门是年工作进行对口协商。市政协社会法制委员会与市中级人民法院就泸州民商上诉案件二审审理进行对口协商，就加强二审调研、发挥二审对一审的监督和指导提出意见和建议。

2007 年 4 月 20 日，为加强市政协专门委员会与市级相关单位的对口联系，市政协制定并经主席会议审定《政协第六届泸州市委员会专门委员会对口联系单位名单》，对与市级相关部门的对口进行调整。

2008 年，市政协与各专门委员会完善对口协商机制，采取参加对口部门活动，组织专门委员会委员参加对口协商会，听取对口部门通报情况，通过资料、信函加强联系和衔接，与对口部门开展联合调研，将协商融入对口部门工作中等方式，为全市经济社会发展出谋划策。市政协农业委员会与市农业局就确保粮食种植面积、高粱生产、蔬菜产业化、农民专业合作社的规范发展，进行对口协商。市政协财经委员会与市交通局、市规划建设局就出海通道建设、小街小巷整治、物业管理，进行对口协商。市政协教科文卫体委员会与市教育局就“职教攻坚”，进行对口协商；与泸州市科学技术协会(简称市科协）就泸州科普工作，进行对口协商。市政协祖国统一联谊委员会与市委台办、市民宗局就台海形势、西藏问题、泸州民族宗教工作，进行对口协商。协商中提出的建议，得到相关部门采纳。

2009 年，市政协农业委员会组织委员与市农工办、市农业局、市林业局、市水务局、市畜牧局、市农机局、市供销社，开展对口联系和协商。市政协教科文卫体委员会与市卫生局就当前全球蔓延禽流感疫情及泸州采取的防控对策措施，进行对口协商。市政协人口资源环境委员会与市发改委就古叙煤田开发、泸州节能工作，进行对口协商。

第三章　民主监督

第一节　民主评议

1992 年 4 月 28—30 日，市政协组织委员组成 16 人的视察评议组对泸州市贯彻残疾人保障法视察评议。听取市民政局关于全市贯彻实施《中华人民共和国残疾人保障法》情况通报，视察纳溪县贯彻落实《中华人民共和国残疾人保障法》情况。政协委员评议：认为泸州市贯彻落实《中华人民共和国残疾人保障法》已初见成效，全市 6 县区残疾人事业联合会已组建完毕，53 个区、街道办事处已建立残疾人事业领导组，87%乡镇建立残疾人协会；有 2009 例白内障患者获得免费手术治疗，58 例小儿麻痹症患者得到矫治康复；全市残疾人特殊教育学校招收 7 个班，92 名残疾儿童获得特殊教育；有劳动力的残疾人就业率达到 70%。但残疾人保障事业发展不平衡，特别是边远山区发展困难。全市 21 万残疾人中农村有 17 万，农村 17 万人中有 1/3 残疾人的温饱问题没有得到根本解决；残疾人就业困难，小儿麻痹症矫治工作离任务差距大，弱智儿童入学率仍较低。政协委员就加强残疾人保障法律的宣传、动员全社会力量支持残疾人事业等，提出建议：加强党委政府对残疾人事业的领导；进一步完善各级残联组织，充分发挥残联的活力与效能；动员各方力量，努力完成泸州市残疾人事业“八五”计划纲要提出的各项任务；建议市政府在纳溪县召开“残疾人工作”现场会。形成市政协《关于视察我市贯彻实施残疾人保障法的情况报告》，送市委参考。5 月 8—9 日，市政协组织政协委员 14 人，对泸州市中药质量视察评议。听取市医药管理局关于中药质量情况通报，视察市中药材公司、中药饮片加工厂、制药厂。政协委员评议：认为泸州市在贯彻实施《中华人民共和国药品管理法》、治理整顿医药市场中，中药事业得到一定发展，中药饮片质量有一定提高。但对市场上中药配方质量堪忧，抽样中一副 168 克中药，竟然差 36 克，差错率 21.4%；中药质量也较差，不仅缺味，且有霉变，以次充好替代现象也较普遍。建议加强中药药房管理，对配方人员加强教育，坚决不能做有损于人民健康的事。提出建议：要进一步加强中药质量管理；加快人才培养，通过技术培训，以师带徒，提高职工素质；实行特殊政策，扶持企业发展；开发新产品，加速技术改造。形成市政协《关于我市中药质量情况的考察报告》，送四川省政协、市委参考。5 月初至 6 月上旬，市政协组织部分委员，对中小学生课业负担情况考察评议。通过听课和召开学校领导、教师、学生参加的座谈会，采取问卷调查、查阅有关资料等形式，对城市中小学、农村中心小学、村级小学和乡级初级中学课业负担进行调查和综合分析。政协委员评议，认为中小学生课业负担存在问题有：中小学生在校时间过长，国家规定每周小学生一、二年级32节课，三、四年级33节课，五、六年级34节课，有的小学每周上到44节课，平均也在38—40节课；家庭书面作业留得多，国家规定小学一年级不留家庭作业，二、三年级家庭作业不超过30分钟，五、六年级不超过1小时，初中不超过1.5小时，实际上小学家庭作业时间平均在1.5小时，初中家庭作业时间平均在2小时左右；考试次数过多，国家规定文字类学科只进行期中、期末两次考试，实际各单元都要考试；课本外资料较多，小学和初中除使用全省统一审定出版的练习册外，每科至少还有一种以上其他资料；节假日和寒暑假学生休息时间得不到保证，社会团体、个人和部分学校，利用家长望子成龙心理，不顾教育规律，举办各种类型补习班，占用学生大量休息时间。政协委员建议：端正教育思想，纠正片面追求升学率偏向；严格按照教学计划开课，促进学生全面发展；改革考试制度和招生办法，让学生健康成长；纠正滥编教学参考资料现象，任何单位不准滥编教学参考资料；加强对乱办班、乱收费的管理；加强中小学教师队伍建设，提高教师的政治素质和业务素质。供教育部门参考。

1996年7—9月，市政协对窗口行业职业道德进行民主评议。7月23日，市政协与市经委、市精神文明办公室联合对供电、邮电部门职业道德建设视察。8月，市政协组织2个调查组，对市公交公司、市自来水公司、市天然气公司、泸州汽车站、市道路运输管理处、泸州大酒店、市人民医院、市工商局、市商业局、泸州百货站、市粮食局及粮站、个体协会共12个窗口行业的职业道德、优质服务、纠正行业不正之风情况调查。被调查人员150多人。查阅相关资料和实地考察，委托市城市调查队利用其调查网络，对江阳区、龙马潭区、纳溪区200户城市居民家庭主要家庭成员问卷调查。9月17—18日，召开泸州市政协三届十八次常委会议，市委书记杨运洪，市委常委、宣传部部长吴永坤，副市长游瑞林出席。听取市建委、市财委关于本系统加强精神文明建设情况通报，听取市政协关于对泸州市窗口单位职业道德建设和优质服务调查情况汇报和市城市调查队关于窗口行业单位问卷调查情况分析说明。进行民主评议，提出批评、意见和建议：该次调查的窗口单位，对于加强精神文明建设，思想认识统一，领导重视，党政工团齐抓共管，职业道德建设和优质服务不同程度做到有规划、有目标、有措施、有投入、有机构、有检查、有评比、有表彰；在职工中普遍开展“四职”教育；制定职业道德的行为准则和各类规范服务的标准，并定期进行达标的检查、考核；组织开展各种便民利民、优质服务、文明建设的竞赛活动；窗口行业优质服务取得可喜的成果，涌现出一批全国和省市的先进单位和先进个人。存在问题是：部分窗口单位领导，重经济效益，轻社会效益，抓职业道德建设和优质服务力度不够；大多数窗口行业为民、便民、利民措施少，落实差；部分职工素质差，服务态度生硬，老爷作风严重，尤其是一些垄断行业，还存在“吃、拿、卡、要”等不正之风；医院医疗费用过高，给医生送“红包”问题突出；交通运输单位安全隐患大，事故频繁，不准时发车，退票难；部分国合商店、个体户、粮店质价不符，有经销假冒伪劣商品行为；部分窗口行业监督约束机制不健全，有乱收费、乱罚款现象；部分具有管理职能的窗口部门，政策透明度不高，管理随意性大。建议：要把窗口行业的职业道德建设和优质服务，列入议事日程，做到有规划、有目标、有措施、有资金投入；要实行目标管理责任制，一把手要负总责。要在窗口单位普遍开展“四职”教育和“三观”（世界观、人生观、价值观）教育；各窗口单位都要从自身行业特点出发，通过制订规章制度、工作守则、劳动规程、服务规范等职业行为准则，确立职业道德规范；窗口行业的主管部门和单位，对职业道德规范的实施和达标，要有严格的检查、监督、考评、奖惩制度。窗口单位要在职工中经常开展为民便民利民和优质服务创一流竞赛活动；加强对窗口行业中公用事业的管理，完善各项规章制度，以行政的、法律的手段对其行为进行有效的监督和约束；特别是对一些行业不正之风严重、群众反映强烈的单位，要下大力气督促其坚决纠正，对一些违纪违规行为，要动真格，严肃处理。加大宣传力度和新闻舆论监督；在全市窗口单位推行社会服务承诺赔偿制度。会议审议通过市政协《关于加强窗口行业职业道德建设的建议案》。市委书杨运洪提出：希望政协在全市精神文明等方面积极参与，出谋划策。会后，建议案提出的意见和建议，得到市委、市政府及窗口单位重视和采纳。

1997 年 6—8 月，市政协对泸州市医疗卫生（简称医卫）行业行风、重点是市人民医院进行民主评议。6 月 4 日，市政协召开民主评议工作会。5—16 日，组织部分政协委员、市级民主党派、工商联和市城市调查队、泸州市公费医疗办公室（简称市公医办）、泸州市纠正行业不正之风办公室（简称市纠风办）负责人，组成 2 个调查组，对泸州市医卫行业行风情况开展调查。调查采取召开座谈会直接听取意见、查阅有关资料、问卷调查和听取有关情况汇报等形式，实地到市人民医院、市统计局、市农业局、江阳区梓橦路小学、市二中、江阳区南城街道办事处、长江液压附件二厂、市政协社联组等单位，召开 13 次座谈会，参加座谈的有医院科室以上负责人、医务人员、病员及家属代表、机关干部、教师、居民、工人和社会各界人士 160 多人；对泸州市城区 220 人、纳溪区 200 人实施问卷调查；听取市卫生局和市人民医院关于医卫行风建设的情况汇报。27 日，市政协在市人民医院召开评议会，对泸州市医卫行业行风、重点是市人民医院行风进行民主评议。政协委员认为：泸州市医疗卫生行业部门和单位领导对加强行风建设、职业道德建设、纠正行业不正之风重视，列入了重要议事日程，作为加强精神文明的重点来抓，党政工团齐抓共管。积极建章立制，不断规范行风建设制度、职业道德行为和服务标准；市人民医院制定《关于加强职业道德建设监督、制约和激励的若干办法》，建立医生个人医德医风档案，将职工工资、奖金、职称、职务同医德挂钩，实行一票否决；市人民医院被省卫生厅授予“文明医院”称号。加强“四职教育”，提高医务人员思想素质和职业道德水平；建立监督、制约、激励机制，加大查处违纪违规行为力度；开展便民利民活动，扩大社区医疗服务，大力支援贫困山区医卫事业。但也存在比较普遍和比较突出的问题：有的医卫单位、医务工作者全心全意为人民健康服务的宗旨有所淡漠，宗旨教育抓得不够得力；有些收费不够合理，增加国家、集体、个人经济负担；有的医疗单位和医务人员职业道德素质不高，服务态度和医疗作风较差；不能平等看待病人，看人情病比较普遍，医生中有收受“红包”现象；政府对医院投入不足。建议：市卫生局和医卫行业单位，要把创建文明行业活动作为大事来抓，列入议事日程，要把医卫行风建设的实绩作为考核领导班子、领导干部的重要标准，作为干部使用、升迁的重要依据；加强思想政治工作，要在医卫单位深入扎实地开展全心全意为人民健康服务的宗旨教育、“四职教育”；狠抓医德医风规范，严格检查督促；建立科学的医院经济管理制度，既重经济效益，又重社会效益；加强执法监督；逐步加大对医院的投入，建议市政府按照泸州市卫生大会有关精神，逐年增加对市人民医院、市中医医院及其他医卫单位的投入，解决医院经费上的困难；逐步完善医疗制度改革，建议从公费医疗费中剥离 10—20% 交由公费医疗人员自行医疗处理，以减少小病进大医院、小病大治现象。并就市人民医院职称结构不合理、抢救车祸伤等费用难收、住院大楼修建的资金缺口以及市急救中心尽快立项动工等亟待解决问题，建议市政府予以解决。7—8 月，医疗单位根据民主评议提出问题及整改意见，进行整改。后市政协组织跟踪视察，检查医疗单位整改情况，形成市政协《关于我市医卫行业行风调查评议情况的报告》，送四川省政协和市委参考。市人民医院整改后，行风显著改变，是年被评为二甲一等医院。

1998 年 4 月 20 日，市政协召开民主评议邮电行风动员大会。21—24 日，组织部分市政协委员，江阳区、龙马潭区政协委员，市级民主党派、工商联、市经委、市纠风办负责人和市城市调查队等 31 人，组成 4 个调查组，分别到市邮电局、泸州六中、市机器厂、市中医医院、市委统战部、市教委、泸州师范附小、江阳邮电所、北城街道办事处、小市街道办事处、石洞邮电支局等10多个单位实地调查。采取召开座谈会、查阅资料、个别交谈等方式，召开座谈会17次，调查邮电职工、机关干部、学校教师、医务工作者、工人、居民200多人；委托市城市调查队利用其调查网络，对市区230名居民实施公众评价问卷调查。5月14日，举行评议大会。政协委员、民主党派、工商联成员认为：市邮电局党委、行政领导把行风建设放在与事业发展同等重要位置，党政工团齐抓共管，开展创建省级精神文明单位、最佳精神文明单位、文明行业等一系列工作；建立职工行风建设、职业道德、职业纪律、职业技能的行为规范和服务标准，抓好规范化服务；加强教育，注重提高职工素质；奖惩斗硬，强化管理机制；内外结合，加强监督检查；抓重点、热点、难点，抓出成效。市邮电行风建设在泸州市“窗口”行业中名列第二，垄断行业中名列第一。存在的主要问题：少数职工服务态度简单生硬，服务质量不高，职业道德较差；114查台，强行播放音乐，音乐声很长，增加顾客等候时间和负担；报刊投递差错率还比较高，邮政储蓄取款不能及时，电话话费收取不合理等。建议：进一步转变观念，克服垄断经营思想，不断增强行业管理水平，改善服务态度，提高服务质量，以适应当前市场经济发展；进一步加强职工职业道德建设，提高职工队伍素质，规范职工的思想和行为，强化职工的服务意识、敬业精神和道德观念；进一步完善服务承诺制度，能承诺一项就承诺一项，承诺一项就必须兑现一项；进一步严格收费管理，增大收费透明度；认真解决好装机、移机、修机难，报刊邮件差短等热点、难点问题；建议市政府在今后市政规划时，要对通信线路、磁卡亭、报亭统筹考虑。市邮电局负责人在会上表态，提出增强能力、改善服务、为全市人民办实事的20条社会承诺项目及落实的4项保证措施。8月，市政协对邮电系统整改情况追踪调查，评议后市政府已召开有关部门参加的协调会，对市政协在民主评议中提出的问题逐一落实。市邮电系统向社会承诺的20条项目，已经兑现。是年，邮电系统被评为市文明行业，市邮电局被评为四川省最佳文明单位。

1999年3月，市委批转《中共泸州市政协党组关于组织政协委员民主评议我市建委的规划、房管和自来水公司行风工作方案的报告》。4月27日，市政协召开民主评议建委系统行风动员大会，并对参加人员培训，学习有关政策、法规。5月4—20日，组织部分市政协委员，江阳区、龙马潭区、纳溪区政协委员，市级各民主党派、工商联成员及市城市调查队60人，组成5个调查组，到机关、学校、企事业单位、街道办事处实地调查。召开座谈会53次，调查各界代表500余人；委托市城市调查队利用其调查网络，对273名各界代表进行公众评议问卷调查。6月7日，举行评议大会。评议组认为：近几年城市建设快速发展，城市面貌日新月异，城市形象不断改善。建委系统把行风建设纳入党政工作议事日程，加强职业道德建设，提高职工队伍素质，自觉接受社会各界监督，取得了成绩。但在行风建设方面也存在一些问题。在城市规划管理方面：对《中华人民共和国城市规划法》宣传不够；在城市管理上存在不少薄弱环节，如城乡接合部管理脱节，对违章建筑查处不力；在行风建设上有待加强，城市规划中办人情规划和行政首长不适当干预城市规划问题不同程序存在；小区规划较差，功能不配套。在城市房产管理方面：办理房屋产权证效率低，程序复杂，手续繁多，透明度不高，时间拖得长；直管公房维修较差，私自转租现象突出。在自来水供应方面：少数职工业务素质较差，服务态度生硬，服务质量不尽人意；在收费上存在不合理行为，管道维修安装价格明显偏高，没有严格执行市政府已明令禁止收取的试压费、自来水中压改高压费、自来水投资费、临时立表费4项费用。提出整改意见和建议：强化宗旨教育，提高职业道德水平；全面、认真贯彻《中华人民共和国城市规划法》，加强控制，正确引导城市建设；推行直管公房承诺制，简化房产证办理手续，彻底清理私自转租、转让公房行为；尽快推行小区物业管理；按照“总量控制、适度发展”原则，控制房地产开发企业过快增长；进一步简化申报建设工程手续，降低各种收费标准；落实服务承诺制，提高自来水服务行业质量等29条。会上，分管建委工作的市长先开金、市建委及涉及行业负责人表态，要抓好树行业新风建设，落实保证措施。11月10日，市政协追踪调查，听取市建委行风整改情况通报。市建委系统对评议出的问题认真整改，许多问题得到纠正，服务质量、廉洁自律、合理收费等方面都有改进和提高。

2000年3月，中共泸州市委批复《中共泸州市政协党组关于民主评议泸州工商局行风建设的报告》。4月27日，市政协召开民主评议四川省泸州工商行政管理局（简称泸州工商局）行风动员培训大会。5月1—30日，市政协组织部分市政协委员、市级民主党派、工商联成员、市级有关部门和市城市调查队50人，组成5个调查组，到机关、学校、企业、街道办事处实地调查走访。召开座谈会30次，调查各界代表300余人；委托市城市调查队利用其调查网络，对118名各界代表进行公众评议问卷调查。6月19日，举行评议大会。市政协分管主席及各调查组组长充分肯定泸州工商局行风建设所取得的成绩，对收费规范、执法行为、办事效率、服务质量、干部整体素质等方面存在的问题进行评议。提出整改意见和建议：加强职业道德建设，增强服务意识；加强市场建设和培育，合理规划，科学管理，正确处理部门利益和全市经济利益之间的关系；认真处理好创造宽松环境和严格依法行政的关系，加大监管力度，打击违法违章行为。20日，市政协主席、副主席与泸州工商局党政负责人座谈，研究民主评议整改方案和落实措施。7月4日，泸州工商局制定《关于行风建设整改意见》，提出整改措施。9月，市政协对整改情况追踪视察，听取泸州工商局行风整改情况通报，泸州工商局对评议出的问题认真整改，许多问题得到纠正。

2003年9月16日，泸州市政协五届三次常委会召开。会议通过市政协《关于创新形式，进一步加大民主监督力度的决议》和《关于市政府职能部门在泸州市政协五届四次常委会上通报情况的决定》。12月10日，泸州市政协五届四次常委会召开，市级各民主党派、工商联负责人，在泸州的省政协委员、市政协副秘书长、研究室主任、各专门委员会驻会正副主任、不是常委的10名政协委员和市纪委、市委组织部、市监察局负责人列席，邀请13名公民代表旁听。会议听取市国土资源局、市环保局、四川省泸州市地方税务局（简称泸州地税局）工作情况通报，听取市政协财经委员会关于国土资源管理工作调查情况汇报、农业委员会关于环境保护工作调查情况汇报、教科文卫体委员会关于地税工作调查情况汇报。进行民主评议，提出评议意见和建议。国土资源方面：国土部门要处理好失地农民生存和城市开放的关系，处理好土地资本与经济发展的关系；国有土地经营有偿转让中，招、拍、挂交易的比例太低，仅占土地出让面积7.7%，必须大幅度提高招、拍、挂交易比例，增加土地出让透明度；加大贯彻《中华人民共和国矿产资源法》力度，整顿矿业秩序；解决群众反映大、呼声高的问题，清理历史遗留问题，加快办证速度。环境保护方面：大力推进工业企业污染治理达标排放工作，加强沱江、永宁河流域的污染防治和综合整治，加强在建项目的环境管理，严格执行环境影响、评价制度和“三同时”制度，坚决控制新污染源；认真贯彻《泸州市城市煤油烟污染及环境噪声污染防治管理办法》，环境保护、工商、公安、文化、城市管理、规划建设、交通等部门要密切配合，对城区煤油烟和环境噪声污染实行综合防治，改善城区环境质量；加大环境保护资金投入，要把环境保护工作经费列入财政综合预算的正常支出项目，保证逐年有所增加，同时要加大排污费征收；依靠科技进步，加快环保产业发展，为环境污染治理提供技术支撑。地方税务方面：加大对农税依法征收力度，有些地方农民不愿意交农税，一些乡镇采取“上清下不清”和“拆东墙补西墙”做法，建议地税部门多依靠地方党委，不能放任自流，也不能简单粗暴；高度重视买税卖税问题，有的地方买税额度占10%，买卖税收都是违法的，要采取果断措施解决这个问题；进一步加大税法宣传，农村税收难问题，一定程度反映部分农民纳税意识不强、纳税观念淡薄，要在宣传上狠下功夫；进一步增强服务意识，要主动深入乡镇和企业，把地税工作同为基层服务结合起来。形成民主评议意见，送市委、市政府及被评议部门参考。

2004年6月23—24日，泸州市政协五届七次常委会召开。市委副书记林海云、常务副市长庭继岗、副市长余小平出席，市政协副秘书长、研究室主任、各专门委员会驻会正副主任、市级民主党派、工商联驻会负责人、在泸州市省政协委员、10名市政协委员和市纪委、市委组织部、市目标考核办公室负责人列席，邀请10名市民代表旁听会议。会议听取市司法局、市文化局、市农业局、人行泸州市中心支行工作情况通报，听取市政协社会法制委员会、教科文卫体委员会、农业委员会、财经委员会对4个部门和单位工作情况、工作作风、党风廉政情况的调研报告。进行民主评议，提出评议意见和建议。司法方面：加大普法宣传力度，特别是对青少年的普法教育，宣传方式和途径都要多元化；市劳教所硬件设施要加大资金投入力度，确保安全；加大对法律服务市场监管力度，对律师、公证收费、诚信执业等要加强监管；加大法律援助力度，设置法律援助基金，使无钱的人打得起官司，维护法律公正和社会稳定；加强对司法鉴定市场监管力度，理顺司法鉴定市场管理秩序。文化方面：加强基层文化队伍建设，坚决遏制农村文化工作滑坡势头，正视农村文化工作面临人员不齐、队伍不稳、阵地不牢、活动减少的局面；加强稽查队伍建设，建立一支高效廉洁的稽查队伍；加大文化事业单位的改革步伐，文化事业单位专业人才青黄不接，经费投入不足，要以改革促发展；加快泸州大剧院建设步伐，为发展先进文化创造必要条件；加强对文化市场管理，建立规范有序的文化市场；加强文物保护，充分发挥博物馆的功能和作用。农业方面：加大对农业基础设施的监管力度，制定相应保护措施；农业部门要把建设一批高产稳产基本农田作为已任，千方百计扩大旱涝保收基本农田面积，确保粮食生产安全；农业部门要加强和指导农村专业合作经济组织建设，充分发挥专业协会在农业产业化进程中的积极作用；农业部门要树立科学发展观，处理好调整农业产业结构与确保粮食生产安全的关系；强化农业生产资料市场检查监督，特别是种子、化肥、农药的监管，保护农民利益；加大农业产业化引资力度，培育农业产业化龙头企业；加大科技成果转化力度，为农业增收做出贡献。银行方面：泸州的存款余额明显高于贷款余额，建议人行泸州市中心支行积极组织和引导金融机构加大信贷投入，促进泸州经济发展；解决落实国家有关专项信贷政策还存在的问题；建议在加快银行履行新职能方面加快速度，建立银行诚信体系。形成民主评议意见，送市委、市政府及被评议部门和单位参考。12月9—13日，泸州市政协五届九次常委会召开。市政协副秘书长、研究室主任、各专门委员会驻会正副主任、市级民主党派、工商联驻会负责人、在泸州市省政协委员、10名市政协委员和市纪委、市委组织部、市目标考核办公室负责人列席。会议听取市司法局、市文化局、市农业局、人行泸州市中心支行关于市政协五届七次常委会民主评议后整改情况通报；听取市计生委、市交通局工作情况通报；听取市政协教科文卫体委员会关于泸州市人口和计划生育委员会（简称市人口和计生委）工作情况的调查报告、财经委员会关于市交通局工作情况的调查报告。进行民主评议，提出评议意见和建议。计划生育方面：充分肯定泸州市计划生育工作取得的成绩，特别是在建立信息化系统、建立家庭奖励扶持制度、在农村开展计划生育宣传等方面取得的明显效果。但就整体而言，计划生育工作仍然十分艰巨。建议：加快对《中华人民共和国人口与计划生育法》宣传贯彻力度，严格依法行政，当前要狠抓各项措施的落实，尽力挤干计划生育统计指标中的水分，杜绝一些地方弄虚作假、欺上瞒下的不正之风蔓延，切实把计划生育基本国策落实到每一个部门、每一个家庭；建立计划生育与民政、公安、工商等部门的联系通报制度和协调配合制度，制定出适应新形势新情况的协调配合措施和办法，形成部门联动、综合治理计划生育的新格局；在法院设立专门的计划生育执行庭，加大对违法生育者的执法力度，既保证社会抚养费及时足额征收，又保证计划生育工作依法正常开展；认真研究流动人口计划生育工作的规律和对策措施，切实遏制流动人口无计划生育的蔓延；建立更为严格的督查制度，保证各级财政资金及时足额到位，严厉查处在计划生育经费划拨过程中的弄虚作假行为；认真总结和推广计划生育“村民自治”先进经验，促进计划生育“村民自治”协调发展；建议市政府对农村独生子女奖励经费作一项专题研究，制定相应措施，使农村独生子女奖励政策落到实处。交通方面：认为近几年泸州市交通建设加大力度，公路里程率、等级公路率、港口码头建设都取得进展。建议：加大交通建设融资体制改革力度，进一步改善交通投资软环境，做大做强泸州顺通公司；整合交通优质资产，加大向上争取资金力度，多渠道扩大资金来源，缓解交通设施建设的瓶颈制约；牢固树立“安全责任重于泰山”观念，进一步完善规章制度，着力构建安全管理长效机制，加强督促检查，常抓不懈；加强交通执法与其他行政执法机关的协调配合，有力打击非法营运等现象，维护泸州市交通营运良好秩序，促进交通市场有序竞争；建议将泸州市物流体系建设列入市政府重要议事日程，并责成有关部门牵头，有关部门协助，尽快制定发展规划，加快组织实施，以满足泸州经济社会发展对物流建设需要；加强对出租车行业的管理，严格出租车驾驶员审查，强化安全技术和职业道德培训，把出租车行业办成名副其实的文明窗口。形成市政协《关于对市计生委工作的评议意见》和《关于对市交通局工作的评议意见》，送市委、市政府及被评议部门和单位参考。

2005 年 6 月 9—10 日，泸州市政协五届十四次常委会召开。市政府常务副市长庭继岗、市人大常委会副主任李作孝出席，市政协副秘书长、研究室主任、各专门委员会驻会正副主任、市级民主党派、工商联驻会负责人、在泸州市省政协委员、5 名市政协委员和市纪委、市委组织部、市目标考核办公室负责人列席，邀请 5 名市民代表旁听会议。会议听取市发改委关于改革发展工作和“十一五”规划编制情况通报、泸州工商局关于工作情况通报，听取市政协财经委员会、社会法制委员会对 2 个部门工作情况、工作作风、党风廉政建设等情况的调研报告。进行民主评议，提出评议意见和建议。发展和改革方面：认为市发改委作为经济综合管理部门，抓住西部大开发机遇，认真贯彻执行市委、市政府的决策，在国家加大宏观调控力度大背景下，坚持在发展中搞好调控，在调控中寻求发展，研究制定全市经济社会发展战略，指导总体经济体制改革，搞好综合平衡，奋力推进“三个转变”，着力调整经济结构，转变经济增长方式，促进全市经济快速协调发展和各项社会事业全面进步。建议：作为市政府宏观经济管理部门，应当继续加强对宏观经济运行的分析和预测，准确把握判断泸州市发展的机遇和形式，找准泸州经济发展的方向和项目，不断研究新措施和新办法，从政策、信息、项目、人才、环境等方面搭建好经济发展平台，推进泸州市经济实现跨越式发展。加强对经济的规划、管理、指导和培育，着力培育壮大优势产业和骨干企业，尤其是引进和发展一批具有国际竞争力的大型企业集团，带动全市经济整体推进；化工、机械和酒业是泸州传统优势产业，具有发展壮大的优势和潜力，应当抓住机遇发展壮大；注重搞好矿产资源开采和保护，积极探索煤炭开采利用有效办法，合理开采，严禁小煤窑滥采滥挖，同时积极推展煤炭产业链，使泸州市煤炭资源得到充分合理利用，提高开采和利用效益。加强项目的引进储备和组织实施，围绕泸州“煤电路化”综合开发，围绕港口经济、路桥经济、城市经济，围绕传统优势产业，引进储备一批科技含量高、带动能力强、发展前景好的项目；项目选择要高起点规划、高标准建设，特别是在港口、航空、铁路、公路和基础设施建设方向，更要着眼长远，面向未来；要加快项目的组织实施，加强与国内外大企业、大财团的联络，加大招商引资力度，切实把项目储备转化为现实经济。注重搞好经济平衡和协调发展，构建和谐泸州：一是经济与社会事业的协调发展，尤其要注重教育、文化、卫生医疗和广播电视等事业的发展；二是城乡协调发展，逐步缩小城乡差距，改变广大农村地区特别是古叙山区的落后面貌；三是农工商的协调发展，农业作为基础，工业作为中心，商业推动工业相互协调，共同发展；四是经济与环境协调发展，既不能牺牲环境发展经济，也不能为单纯的环境保护而停止甚至阻碍经济发展，要通过经济的快速发展来美化和净化泸州人民生存的环境，尤其在四川西部化工城建设和“煤电路化”综合开发方面，要更加注重保护环境；五是高度重视和切实解决好弱势群体、特困户和下岗职工的生产生活，让所有人都充分享受改革发展的成果，达到共同富裕，构建和谐社会。深化国有企业改革，按照市场经济要求，引导企业建立现代企业制度，加强企业内部管理，开展新技术运用和新产品开发，增强企业自主创新能力，积极参与市场竞争，在竞争中优胜劣汰，解决泸州市中小企业整体素质不高、市场竞争力不强问题，培育一批综合经济实力强、具有国际竞争能力的企业集团。大力发展非公有制经济，加快民间资金转化为民营资本；要认真落实国务院鼓励非公有制经济发展的意见，从市场准入、信贷支持、政策扶持、国民待遇、服务环境等方面营造非公有制经济发展的良好平台，逐步把非公有制经济培育成为泸州市经济的重要力量。加强对国有投资的审查监管力度，尤其要搞好水利、电力、交通、支农资金及其他资金使用的审查和监管，把有限资金用在刀刃上，坚决杜绝挤占、挪用、压拨等违规行为，最大限度发挥国有投资的效益。工商行政方面：认为近年来泸州工商局认真履行职责，服务大局，在抓基础、抓改革、抓服务、抓队伍建设方面，在维护泸州市市场秩序、促进经济发展和保护消费者权益方面，做了大量卓有成效的工作，各级工商管理部门的信任度、满意率普遍上升。对工商系统在队伍建设、收费管理、服务意识等方面存在问题进行批评。提出建议：应主动争取地方党政领导和本系统上级部门的领导，主动加强相关部门的协调、沟通，切忌在工作上推诿扯皮、相互制约，影响经济发展大局；认真处理好创造宽松发展环境和严格执法的关系，既要避免地方保护主义，又要做到依法行政，坚持“三个有利于”原则，推广工商工作政务公开，加大政策法规的贯彻落实，创造一个优良的投资环境；进一步加强干部队伍建设，切实履行打造服务型工商的形象，对干部队伍加强思想教育，提高其思想业务水平；对违法乱纪、以权谋私的人和事，应坚决查处，决不手软。形成市政协《关于对泸州发展和改革委员会工作的评议意见》和《关于对市工商局工作的评议意见》，得到相关部门的重视和采纳。会后追踪，一些问题得到解决。

第二节　视　察

1991 年 4 月 4—6 日，市政协群众工作委员会组织部分省、市政协委员对市民政局直属双扶曲酒厂、汽车配件厂、畜产品加工厂、饮料厂、福利院、精神病医院、殡仪馆视察。提出建议：各级政府对民政工作要进一步提高认识，加强领导，有关部门要转变观念；进一步提高民政工作的水平，努力加强自身建设，完善民政工作机构，开辟人才来源；把民政事业发展纳入泸州市发展的总体规划，为民政事业创造一个稳定可靠的外部发展环境，社会福利企事业要坚持用足用活国家的经济政策。形成市政协《关于考察民政、社会福利企事业情况及建议的报告》，送市委参考。28 日，市政协召开专题汇报会，市委书记刘育仁、副市长邹正涛、相关部门负责人参加，共同研究解决视察报告中反映的问题，各职能部门就存在问题提出解决办法。后追踪调查，民政、社会福利企事业一些长期悬而未决问题得到妥善解决。5月16—22日，市政协医药卫生委员会组织对泸州市医疗市场治理整顿情况视察。提出建议：加强对治理整顿医药市场工作的组织领导，加强药品生产、经营企业的审查；理顺医药商品产销关系；加强医药经济立法工作；加强农村三级卫生机构的建设。形成《关于考察治理整顿医疗市场的建议》，送市政府参考。6月28日，市政协与泸州市市中区（简称市中区）政协联合视察市中区蔬菜副食品公司。提出建议：巩固蔬菜基地，蔬菜基地来之不易，一定要保护好基地面积，高质量发展好蔬菜生产；理顺市、区两级蔬菜生产、经营、销售关系，建议市、区两级政府把蔬菜生产经营提上议事日程，解决好蔬菜供应淡旺季余缺调剂；解决好蔬菜生产中的政策问题，建议市政府对市中区蔬菜副食品公司经营蔬菜发生的经营性亏损，按照国家有关政策给予补贴，建议税务部门尽快解决公司经营蔬菜的免税政策问题；市中区蔬菜副食品公司应积极做好蔬菜流通，开展好其他副食品的经营业务，加强内部管理，减少亏损，增强自身活力。形成市政协《关于视察市中区蔬菜副食品公司情况和建议解决的问题》报告，送市委、市政府参考。7月中下旬，市政协先后组织70人，沿赤水河进行为期20天考察。初步确立赤水河河谷地带治理开发的基本思路、指导思想、治理方案，为制定具体规划奠定基础。9月5—10日，市政协组织对叙永、古蔺2县烤烟生产、流通情况视察。11月9日，市政协组织部分委员，市委常委游瑞林、市人大常委会副主任魏光荣、副市长甘居才参加，对百子图—龙透关文物保护与开发视察。12—16日，市政协组织部分省、市政协委员组成视察组，对泸县农村教育综合改革视察。实地考察泸县瓦子乡进行农科教统筹的试点工作，听取泸县政府关于教育综合改革情况介绍。提出建议：建立健全农科教统筹的领导机构，确定办事机构，建立联系办公制度，定期研究“星火”“燎原”“丰收”3个计划配套实施中有关事宜；为农科教统筹提供人、财、物保证，各级农科教办事机构，要配备专职科教干部，拨给专项经费；要建立健全全市、县乡电化教学网络。形成市政协《关于视察泸县农村教育综合改革的报告》、报告《农科教统筹，为振兴地方农业经济服务》，送四川省政协和市委参考。18—22日，市政协组织部分省、市政协委员视察合江县初级卫生保健工作。实地视察县医疗单位和福宝、榕山等区乡初级卫生保健工作，听取县政府实施初级卫生保健工作情况介绍。提出建议：党政领导要重视初级卫生保健工作，最根本的措施是增加卫生经费投入，落实乡（镇）财政和群众集资政策，卫生技术人员培训要加强；在政府领导下，有关部门要密切合作，共同促进初级卫生保健工作的实施。形成市政协《关于省、市政协委员视察合江县初级卫生保健工作的情况报告》，送四川省政协和市委参考。25—29日，市政协组织省、市政协委员10人，视察泸州市城镇集体工业企业。实地视察市电镀厂、市轧钢厂、泸县锅厂、东方编织厂、市合成树脂厂、泰安丝绸厂、市棉纺厂、纳溪县长江化学工业公司、安富猪鬃厂和皮鞋厂等企业。就落实扶持城镇集体企业优惠政策、集体企业税前还贷、集体企业所得税额、集体企业多交社会统筹部分等问题，提出建议。形成市政协《关于对我市城镇集体工业企业视察情况的报告》，送四川省政协和市委参考。25—30日，市政协组织省、市县政协委员11人，视察泸州市乡镇企业。实地视察泸县三溪酒厂、泸县第二建筑公司、泸县青龙纸厂、泸县玉蝉茶厂、毗卢丝厂和县乡镇企业管理局。提出建议：市政府应加强乡镇企业发展的统一规划，完善人才选拔、引进和培养机制，在工商登记、税收、价格上要尽量放宽管理机制，在舆论宣传上要营造宽松氛围。形成市政协《关于我市乡镇企业情况的视察报告》，送四川省政协和市委参考。视察报告和建议得到市委、市政府高度重视和采纳，市委、市政府决定将发展城乡集体企业、特别是发展乡镇企业作为振兴泸州经济战略突破口，并制定若干相应政策措施。

1992年2月21—22日，市政协组织在泸州市省政协委员、部分市政协委员，视察泸县等区乡计划种植双季稻面积情况。形成市政协报告《尽快决策，扭转双季稻滑坡的严峻形势》，送市委、市政府参考。5月4日，市政协组织对804-5小麦区种在市中区鱼塘乡试种情况视察。建议市农业局转发《旱地改制，推广麦、玉、苕、菜一年多熟制的配套小麦良种804-5五年来在泸州地区的试验试种结果》一文，以《简报》送市委、市政府参考。6月23—26日，市政协组织市政协委员、市级民主党派、工商联负责人20人，副市长甘居才参加，视察泸州市重点建设工程。实地视察大纳公路、大树硫铁矿磷铵工程、隆叙铁路隆泸段、泸县流滩坝电航工程、百子图沱江大桥（原名沱江二桥）5个重点建设工程。针对5个工程共同存在着建设资金短缺问题，提出建议：市政府及有关部门要组织强有力工作班子，加快组织资金到位，在条件许可情况下，由市财政担保，发放重点建设债务，确保一些即将完工项目尽快投产见效。形成市政协《关于我市重点建设工程的视察情况及建议》，送市委、市政府参考。8月18—25日，市政协组织对古蔺县大村、石宝、龙山、白沙，叙永县摩尼、石坝、大树、两河等烟区烤烟生产和收购工作视察，形成《市政协考察烤烟生产和收购的情况报告》，送市委、市政府参考。11月10—13日，市政协组织在泸省政协委员，视察泸州市经济发展情况。实地视察市粮食局、泸州市二轻工业局（简称市二轻局）、泸州液压附件总厂、泸县玉蝉茶厂、青龙纸厂、福集玻璃厂、泸州市印染二厂，江阳化工厂、市钢窗厂、市电器厂，泸县福集镇和江北经济技术开发区。提出建议：各级政府必须加快机构改革步伐，精简机构，转变职能，强化服务意识；要减少不必要的政府干预，依靠经济手段通过间接管理，将生产经营自主权还给企业，由企业按市场需求组织生产，使企业走出困境；粮食部门在购销放开后，希望政府在税收和财政上交任务上予以照顾。形成市政协《关于在我市省政协委员视察情况的报告》，送四川省政协和市委、市政府参考。12月1日，市政协组织部分市政协委员，副市长谌月华参加，对泸州市公墓价格视察。提出建议：公墓建设是城市建设不可分割的组成部分，南寿山公墓公路建设费用及绿化造林费应由城建部门解决；政府应拿出一部分资金用于公墓建设；公墓要以社会效益为重，要按国务院有关规定办；提倡树葬与绿化相结合。形成市政协《关于我市公墓价格的考察报告》，送市委、市政府参考。

1993年6月14—17日，市政协组织委员视察泸州市乡镇企业，市委分管副书记杨运洪参加。实地视察市中区、泸县、纳溪县的8个乡镇、12个乡镇企业、4个在建项目。针对乡镇企业普遍存在的资金短缺问题，建议：解决乡镇企业资金问题，不能单纯依靠银行或信用社这个渠道，要在国家政策允许条件下，采取多渠道多形式的方法筹措资金；具体办法多，各企业可根据自身情况选择资金筹集办法。形成市政协《关于视察乡镇企业的情况报告》，送市委参考。7月5—7日，市政协社会法制委员会和经济科技委员会组织委员，视察泸州市贯彻实施《中华人民共和国土地管理法》情况。实地视察市中区、泸县、江北经济技术开发区贯彻实施情况。提出建议：市政府要组织国土、计划、纪检、监察、劳动等有关执法部门，对土地管理进行一次全面执法检查；对违法占地的要依法予以坚决处理；市政府要尽快出台《泸州市国有土地出让转让实施细则》，保障国有土地的宏观调控，防止土地流失。供市政府参考。9—10日，市政协组织部分市政协委员，视察泸州市贯彻落实《中华人民共和国食品卫生法》情况。实地视察泸州市和市中区卫生防疫单位和部分食品生产经营单位，听取卫生部门食品卫生工作情况通报。提出建议：要理顺泸州市与市中区的食品卫生管理关系；对食品生产经营单位，不能以包代管，一定要明确企业食品卫生的责任。以《简报》送市委参考。26—28日，市政协组织委员20人，视察泸州市个体私营经济发展情况。实地视察市中区、泸县、纳溪县部分个体和私营企业，听取区县政府关于个体私营经济发展情况通报。提出建议：要进一步落实和完善发展个体私营经济政策，对过去的文件进行清理，对那些不利于个体私营经济发展的政策规定，该废止的要废止，该修改的要修改；要坚决制止向个体私营经济乱收费、乱罚款、乱摊牌，收费应公布于众，增加透明度，接受社会和群众的监督；要加快市场的建设，吸收民间资金参加到市场建设中去。形成市政协《关于视察个体私营经济的情况报告》，送市政府参考。10月19—22日，市政协组织部分委员，视察大中型企业转换经营机制情况。实地视察长江起重机厂、长江液压件厂、市粮油企业集团公司、泸州百货站、泸州老窖酒厂。政协委员认为，企业的用人制度，特别是职工能进能出的问题，在社会保障体系没有完全建立情况下是很难解决的；企业的投资决策权、资产处置权没有落实，给企业发展带来制约。建议市政府要加强对转换企业经营机制的领导，切实转变政府职能，提供服务和协调工作，推动企业尽快进入市场。形成市政协《关于视察大中型企业转换经营机制情况的报告》，送四川省政协和市政府参考。11月24—26日，市政协组织在泸州市省政协委员、市政协委员、市级民主党派、工商联负责人50余人，视察泸州市重点建设工程。实地视察隆叙铁路隆泸段、百子图沱江大桥、滨江路、北郊水厂、江北经济技术开发区、泸州卷烟厂。提出建议：泸州卷烟厂要加快技术改造，百子图（原名沱江二桥）百子图沱江大桥修建可发行1000万元债务；建议市政府同意市建委"关于滨江路建设向两头延伸至长江大桥和沱江二桥的建议"，每年不少于500米建设。形成《在泸州市省政协委员和部分市政协委员联合视察我市重点建设工程情况的报告》，送四川省政协和市委参考。

1994年1月25—26日，市政协组织部分委员视察泸州城区市场物价情况，副市长谌月华参加。实地视察龙泉桥市场、新区转盘市场、濂溪路市场和茜草、高坝、安富等9个市场和8个粮油门市部。提出建议：物价、工商、质监等部门，要加强市场的监督检查，严肃查处制售假冒伪劣商品、哄抬物价、强买强卖、欺行霸市、坑骗群众、扰乱市场的违法行为，保护群众利益，维护社会的稳定。形成市政协《关于视察市场物价情况的报告》，送市委参考。并在视察中及时纠正个别粮店在执行政府粮油供应政策中出现的偏差。3月9—16日，市政协组织市政协委员、市级民主党派、工商联60余人，分3个组，深入5县1区30多个乡镇，对贯彻"市场导向调结构，稳粮增收奔小康"指导思想和抓好当前春耕生产、农村产业结构调整、乡镇企业、小春生产及农田基本建设情况检查视察。提出建议：正确处理稳粮增收的关系，加强农村小集镇建设，针对当前春耕生产所需农用物资价格问题、部分地区出现伪劣产品问题，建议市委、市政府责成有关部门进行一次全面检查，开展"打假"活动。形成《市政协视察检查农业生产的情况通报》，送市委、市政府参考。市委高度重视，22日，市委副书记先开金召开市级有关部门负责人会议，就一些亟待解决问题专题研究和落实；对当前春耕急需农贷资金，中国农业银行泸州市分行（简称农行泸州分行）要在保全市春耕中重点支持叙永县、古蔺县贫困山区，对已调拨给2县各500万元，要迅速到位，切实用好，同时对尚差的1000万元缺口，要想办法尽快帮助解决；春耕物资由市农业生产资料公司组织好货源，确保供应；群众生活，特别是解决古蔺县山区550万公斤救济粮问题，由泸州市农业经济委员会（简称市农经委）牵头，组织涉农部门分赴各区县，开展现场办公，有问题给予及时解决。4月9—20日，市政协组织对泸州市巩固全国十佳卫生城市和争创国家卫生城市工作视察，提出意见和建议，以《简报》送市委、市政府参考。6月7日，市政协组织视察泸州日报社，提出报社亟待解决问题，以《简报》送市政府参考。7月7—8日，市政协组织部分委员视察泸州市开展农村社会养老保险和民政福利企业经济发展情况。实地视察泸州活塞总厂、市民阳化工厂、市宏大皮鞋厂，听取有关部门关于农村社会养老保险情况通报。形成《市政协组织视察我市民政工作的情况报告》，送市政府参考。并在视察中帮助解决实际问题：通过农行泸州分行帮助泸州活塞总厂解决50万元流动贷款资金，通过中国工商银行泸州市分行（简称工行泸州分行）

帮助市民阳化工厂落实国家民政部和中国工商银行总行给该厂60万元生产资金贷款，帮助泸州活塞总厂解决电力技改资金贷款30万元；通过市财政局帮助解决泸州活塞总厂55名退休工人工资补贴费，帮助解决泸州活塞总厂高温车间生产工人上班必穿劳保鞋、戴安全帽问题。11月15—17日，市政协组织部分委员，视察泸州市贯彻落实《中华人民共和国教师法》情况。实地视察邻玉、合面、石洞、福集4个乡镇，泸州四中和八中、泸县二中、蓝田、合面、江宁、石洞4所中学及5所小学。政协委员就教师工资足额发放、政策性保留的地方津贴按月发放、教师住房难问题及大力发展校办企业以改善教师生活福利待遇等提出建议。形成市政协《关于我市〈中华人民共和国教师法〉贯彻情况的视察报告》，送市委、市政府参考。市委、市政府重视，所提建议均得到采纳。

1995年1月13—14日，市政协组织在泸州市省政协委员视察泸州市物价情况。建议：要严格执行国家规定的物价政策，政府要采取有力的措施，坚决刹住哄抬物价等牟取暴利行为。与市政府交换意见。形成市政协《关于在泸州市省政协委员视察我市市场及物价情况的报告》，送四川省政协和市委、市政府参考。5月15—17日，市政协组织部分市政协委员，视察泸州市部分大中型企业。实地视察狐狸坡煤矿、新民煤矿、长江挖掘机厂、长江起重机厂、长江液压件厂、市交通机械厂。提出建议：要加强企业领导班子建设，建立高素质的企业干部队伍；要积极主动转换企业经营机制，增强企业自身活力；大力加快企业技术改造，依靠科技的力量，重点突出节能降耗，提高产品的质量，加速产品的升级换代，力争在短期内改变企业设备陈旧、技术落实的面貌。形成市政协《关于我市部分大中型企业情况的视察报告》，送市委、市政府参考。并在视察中，就企业反映狐狸坡煤矿和新民煤矿受乡镇小煤矿违法越界开采、落实煤矿老干部宿舍用地、假冒长江液压件厂产品和长江起重机厂新都分厂产权归属等问题和困难，向市政府反映。6月20—21日，市政协组织部分市政协委员、市级民主党派、工商联及公安、国土、监察、卫生、林业、精神文明办公室等部门负责人，组成视察组，视察泸县殡葬改革工作。实地视察泸县云锦、兆雅、石洞3个乡镇。视察组对全市殡葬改革工作提出建议：强化宣传，进一步提高干部群众的意识；全市殡葬改革工作以泸县为突破口，把该项工作列入议事日程，建立健全机构，制定统一的政策，实行目标管理，年终考核兑现；各部门要通力合作，要依法办事；对1995年实行土葬的作一次性清理，按照有关文件规定，一次性征收10年的土地占用费。8月24日，市政协组织主席会议成员、顾问（市政协聘请）、各专门委员会和市级民主党派、工商联负责人，视察隆纳高速公路泸州连接线建设。提出意见和建议，以《简报》送市委参考。10月24—25日，市政协组织在泸州市省政协委员、市级民主党派、工商联负责人30余人，视察泸州市交通建设。实地视察正在改造的金鸡渡码头、泸永公路泸县段，听取交通、港航、地方铁路、民航等部门情况通报。提出建议：要加快蓝田机场的改建步伐，改建后，要能起降中型飞机；泸州铁路通车2年多，安宁火车站仍没有建成，要加快建设进度；市政府要研究泸永公路、泸合公路的改造问题，确保2条公路改造按期完成。形成市政协《关于组织在省政协委员视察我市交通建设的情况和建议》，送市政府参考。11月28—29日，市政协组织部分市政协委员、市级民主党派、工商联负责人，视察泸州市交警、消防、人民防空工作。提出增加交警编制，改善交警办公条件，增加消防、交警工作经费等建议，形成市政协《关于视察我市交警、消防、人防工作情况的报告》，送市委、市政府参考。12月15日，市政协组织主席会议成员和财经委员会负责人，视察泸州市国家税务局（简称泸州国税局）工作。针对市国税局存在困难，提出解决建议，以《简报》送市政府参考。

1996年2月12日，市政协组织视察泸州市公共交通公司（简称市公交公司）。对市公交公司面临的一些亟待解决问题和困难，提出意见和建议。后市政协与市级民主党派、工商联联合提出“应将市公交公司车票由 0.3 元提高到 0.5 元建议”，得到市委、市政府采纳，市物价局批准提高公交车票价。3 月 21 日，市政协组织主席会议成员和市级民主党派、工商联负责人，视察泸州经济技术开发区。实地视察正在建设的泸州老窖公司中转仓库、安宁迎宾大道、泸州烤烟厂、泸州玉蝉酒厂和已建成的泸州玻璃钢厂、生活小区，听取开发区管委会关于开发区 3 年来建设情况通报。提出要加大宣传力度、加大招商引资力度和适当时候向市级四套班子领导作一次汇报以求得更大支持等建议，以《简报》送市委、市政府参考。29—31 日，市政协组织部分市政协委员、市级民主党派、工商联负责人，视察合江县工作。提出意见和建议：合江县要充分发挥区位优势，要背靠重庆，面向贵州，利用重庆大城市优势带动合江县经济发展；合江县的城镇建设要进一步规范化，城镇规划要按中等城市规划；合江县农业基础好，应集中精力发展二、三产业；要创名牌，以名牌带动县域经济发展。以《简报》送市委、市政府参考。4 月 24—26 日，市政协组织部分委员，视察市中区乡镇企业。实地视察华阳乡、沙湾乡、蓝田镇和跃进村、蔬菜村、建国村、何家坝村及 13 家企业，听取区政府关于发展乡镇企业情况通报。提出建议：市中区召开一次会议，总结交流经验，分析研究对策，进一步推动全区乡镇企业的发展；一手抓原有企业的改造，一手抓兴办企业，一手抓乡村企业，一手抓“后三轮”，一手抓引进，一手抓自身发展；狠抓重点企业，强化经营管理，努力提高经济效益；充分发挥区位优势，优质服务，优惠政策，多渠道引进项目、资金、人才。在视察中，还尽力帮助协调解决乡镇企业一些困难和问题，帮助市中区火柴厂解决流动资金 10 万元，帮助沙湾乡维护蓄电池厂解决 2 万元罚款问题。对乡镇反映强烈的涉及城市规划建设、工商登记、企业改革及信贷等 12 个问题，视察后还召开有市政府分管市长和市级有关部门负责人参加的协商座谈会，共商解决的意见和办法，由市政府领导拍板和决策，当场解决问题或落实转好的解决办法和措施。5 月 7—8 日，市政协组织部分常委对合江县乡镇企业和个体私营经济发展情况视察。20—21 日，市政协组织视察古蔺县、叙永县烤烟生产，形成市政协《推动产业化建设大基地、古叙两县烤烟产业化经营和基地规划建设问题的建议》，送市委、市政府参考。6 月 11 日，市政协组织主席会议成员和市级民主党派、工商联驻会负责人视察泸州市“三优一学”和垃圾处理场、污水处理厂迎接创建国家卫生城市检查（简称“创卫迎检”）工作情况。实地视察城区大山坪生活区和垃圾处理场和污水处理厂，在市建委召开协商座谈会，听取市建委有关情况介绍。提出建议：要抓紧完善垃圾处理场和污水处理厂的扫尾工程，早日投入使用；要解决好“一场一厂”的人员编制，提前培训，为“一场一厂”正常运行创造条件。形成市政协《关于尽快使我市垃圾处理场、污水处理厂正式启用的建议案》，送市政府办理。9 月 6 日，市政协主席会议成员视察泸州经济技术开发区重点工程和泸州卷烟厂建设。提出建议：卷烟厂建成后，要注意产品营销，加强产品宣传，创出群众喜爱的牌子；要用一流的管理，建立现代企业。以《简报》送市委、市政府参考。19 日，市政协组织主席会议成员与市委常委、组织部部长刘俊泽视察百子图沱江大桥收费站和 321 国道小市公路改造工程。是月，市政协组织在泸州市全国政协委员、省政协委员、市级民主党派、工商联负责人，会同建委、工商、物价、司法等部门负责人，视察困难企业市公交公司、市汽车运输公司、市火柴厂、市玻璃厂。10 月 8 日，市政协主席会议成员视察市质监局工作。提出建议：市质监局在适当时候向市政府常务会议作一次专题汇报，以加强市政府对此项工作领导；对取得的“打假”成果要广泛宣传，扩大社会影响；严格执法，对不合格产品，不能含糊迁就，要予以严肃查处；要走出机关，多到企业、商家、厂家，主动为他们提供质量监督咨询和服务。以《简报》送市委、市政府参考。17 日，市政协教科文卫体委员会组织委员视察省级科技乡镇泸县云龙镇。提出建议：农业科技要大力发展和推广，政府要进一步增加资金投入，要大力提高农民文化素质、以便更好接受和运用新科技新技术。以《简报》送市委、市政府参考。11 月 6 日、13 日、14 日，市政协组织视察泸县企业和市针织厂、市制革厂等困难企业，就如何转换经营机制、扭亏增盈等提出建议。26—29 日，市政协组织在泸州市省政协委员，视察泸州市企业负担情况。实地视察市汽车运输公司，市装卸运输公司，市第一、第二航运公司，市第一、第二建筑工程公司，中房泸州分公司，泸州市房地产开发公司，长江机械厂，长江液压件二厂，泸州液压件总厂，泸州百货站 12 个企业。针对企业和职工困难，及时向市委汇报情况，与市政府交换意见。主持召开有市经委、财政、税务、银行等有关部门和单位负责人参加的“帮困协调会”，对亏损企业在扭亏解困中请示市政府解决的若干问题逐条研究，落实措施。市委书记杨运洪充分肯定：市政协帮助企业扭亏工作行动快，有成效，雷厉风行，带了一个好头。是月，市政协组织对古蔺、叙永 2 县加大烤烟生产力度情况追踪视察。视察形成的报告和建议被市政府及有关部门采纳。12 月 2—8 日，市政协与市人大联合视察古蔺县、叙永县扶贫攻坚工作。提出建议：加强组织领导，建立一个高度统一、具有高度协调能力和高效率的指挥机构，实行一个图章、一支笔、一竿子插到底；选拔一批有感情、能吃苦、有一定农村工作经验的干部，迅速进驻到村，广泛发动群众，搞好规划；各级政府要抓研究，尽快制定和完善一个扶贫攻坚的实施方案，在政策上要重点解决好信贷改革、以工（粮）代赈、减免农税和贴贷到户等方面的问题；建立完善目标责任制，对扶贫干部的奖惩任免要明确规定，坚决落实。

1997 年 1 月 14 日，市政协组织部分市政协委员和市政府有关部门负责人，对泸州市春节前市场物资准备、供应及价格等情况视察。实地视察新区转盘、兴隆街农贸市场和市肉联厂，听取市商业局、市物价局、市工商局有关情况通报。提出建议：加快商业企业改革步伐，对市肉联厂按原政府补贴不减不变，生猪定点屠宰上优先选点，对市煤建公司土地权按统筹兼顾、适当照顾的思路解决。以《简报》送市委、市政府参考。4 月 10 日，市政协组织视察市农村信用社工作。听取市农村金融体制改革领导小组办公室介绍泸州市农村信用社管理体制改革和 1996 年业务、工作情况及 1997 年具体目标和工作思路。提出建议：农村信用合作社要把信贷支农放在首位，要一如既往地围绕农业这一工作重点开展工作，不断深化农村信用管理体制改革，真正把信用社办成农民自己的“银行”。14 日，市政协组织视察市港口航务管理局工作。提出建议：市港口航务局要狠抓基础设施建设和大力发展航运企业，奠定第一港口的根本，形成规模，力争达到第一港口的要求。5 月 9 日，市政协组织部分市政协委员、市级民主党派、工商联负责人，视察泸州市城市建设工作。实地视察城区文化广场、江阳西路工程、江阳中路拓宽工程、滨江路东门口至馆驿嘴延建工程、佳乐广场和松鹤广场工程，听取市建委、市公用事业局和大华、佳乐等房地产公司情况介绍。提出建议：城市建设要按市委、市政府部署，按期完成；对建设进展中的问题和困难，一要按规划进行，二要按政策进行，三要做过细工作，四要该拔钉子的要拔钉子，不能影响工程进度。以《简报》送市委、市政府参考。16 日，市政协组织部分市政协委员、顾问、市级民主党派、工商联负责人，视察泸州市环境保护工作。实地视察长江化工厂红矾钠生产车间及污染情况，泸州老窖公司罗汉基地污水处理厂，听取市环保局关于泸州市环境保护工作情况通报。提出意见和建议：泸州市环境保护工作形势严峻，要加大环境保护宣传力度，提高环境保护执法水平，维护环境保护工作的严肃性；发挥环境保护科协指导作用，大搞综合利用，变废为宝；妥善处理因污染而关闭企业的职工生活问题；加强同公安、工商部门和人民法院的联系，共同做好环境保护工作。以《简报》送市委、市政府参考。27—29 日，市政协与江阳区政协联合视察江阳区农业产业化发展。实地视察江北镇的种养殖业，沙湾乡的蔬菜种植，况场镇的手套一条街和草席加工。提出加速泸州市农业产业化发展的建议：各级各部门要切实转变观念，提高对农业产业化的认识；要因地制宜，因势利导，搞好规划，稳步推进；要政策先行，优选项目，资金配套，建立相应的一系列保障机制。以《简报》送市委、市政府参考。视察中，还对江北镇安装民用天然气、水利和公路建设等问题，及时进行协调和反映。6月6日，市政协组织主席会议成员和市级民主党派、工商联负责人，视察蓝田机场第一期扩建工程。提出建议：要像抓“创建国家卫生城市”那样千方百计筹集资金投入工程建设，要采取借、集、贷和争取政策等措施，使机场扩建工程早日完成，投入使用。以《简报》送市委、市政府参考。7月28日，市政协主席会议成员视察泸州地方税务工作。提出建议：地方税务部门要认真贯彻市委“三个空前”（思想要空前解放，政策要空前灵活，环境要空前宽松）精神，加大执法力度的宣传，依法征税；既抓重点，又抓薄弱，支持企业发展。29日，市政协组织主席会议成员和市级民主党派、工商联负责人20人，视察泸州市禁毒工作。实地视察市戒毒所，听取市公安局禁毒工作情况通报。视察后对禁毒工作存在的人员编制、装备、经费严重不足问题，向市政府及有关部门呼吁予以及时解决。8月8日，市政协组织主席会议成员和市级民主党派、工商联负责人，视察泸州市农机工作，提出千方百计抓好“11738”工程的实施、争取省上的政策和资金倾斜的建议。28日，四川省政协常务副主席刘昌杰、农业委员会主任路森令等一行来泸州视察农业生产。9月8日，市政协组织主席会议成员、市级民主党派、工商联负责人20余人，视察泸州市公路运输管理工作。提出建议：切实加强公路运输管理的执法力度，执法要走法制化、规范化的道路；大力加强对车况工作的管理，特别是超长客运，车况不好坚决不出车；泸州市道路运输管理处（简称市运管处）的机构编制和驾驶员培训管理问题，要认真按政策办，市政协将帮助呼吁人员编制问题。以《简报》送市委、市政府参考。11日，市政协组织视察纳溪区护国陈醋厂和花果镇膨润土厂建设工地，邀请市工商局、农发行泸州分行负责人参加，为花果镇经济发展牵线搭桥。25日，市政协组织部分政协委员、市级民主党派、工商联负责人20余人，视察市自来水公司。提出建议：要依法行政，尽快制定出城市供用水管理条例；收取水资源费问题，建议市建委向市政府专题汇报，鉴于自来水公司体现的是社会效益，目前又面临利息负担重，应采取减、缓、免、挂的办法解决；对管道安装，要具备条件、进行资质审查，认证合格才允许施工安装。以《简报》送市委、市政府参考。10月20日，市政协组织视察王氏集团公司，市相关部门负责人参加，就市火葬场搬迁问题进行协调。提出搬迁地址的建议：搞好规划，确定地点；请市民政局搞个规划方案，提交市政府论证、决策，从长远发展考虑，建议火化车间和殡仪馆一次性搬迁；建议由龙马潭区负责选点，政府给政策，开发商负责建设，费用超出部分由政府补贴；方案出来后，请市委、市政府尽快研究。以《简报》送市委、市政府参考。30日，市政协组织主席会议成员和委员20余人，视察市丝绸公司。提出建议：市丝绸公司就当前存在困难和问题写出报告，向市政府常务会议作一次专题汇报；抓住机遇，加大改革力度，大力开拓市场；抓好基地建设，推动蚕丝绸向产业化方向发展；市政协帮助协调解决市丝绸厂被兼并的遗留问题。11月17—19日，市政协组织在泸州市全国政协委员、省政协委员视察泸州市城市基础设施建设。实地视察建设中的江阳西路、滨江路建设工程，市电信调度中心和隆纳高速公路泸州至胡市连接线等工程现场，听取市建委、市邮电局、市电业局、四川南方高速公路股份有限公司有关情况通报。提出问题和建议，副市长甘居才、陈善强分别做出认真解释和答复，并使这些意见和建议贯彻到今后泸州市城市基础设施建设的各项工作中去。20日，市政协组织主席会议成员、相关部门负责人参加，视察泸州市消防工作。提出建议：市财政加大市、区、县消防业务经费的投入，用此添置各种需要的装备和改善官兵工作条件；尽快添置一台举高消防车；卖掉广场边消防一中队的房地产，加上财政另拨资金，在江阳西路征地1公顷，修建现代化的消防训练场地和消防营房。以《简报》送市委、市政府参考。是月，市政协组织视察泸州日报酒城星期刊编辑部，就创办《泸州晚报》提出建议。12月10日，市政协组织视察市广播电视大学。提出建议：学校要进一步贯彻中共中央总书记江泽民发展电视教育的指示，向市政府多请示、多汇报，争取办学条件；加大力度宣传广播电视大学多层次、多功能、没有围墙的特点。17日，市政协组织视察泸州市科技工作。提出建议：泸州市科学技术委员会（简称市科委）应围绕建设现代化大城市，提高“35亿工程”实施质量，推进科教兴泸战略实施；帮助国有大中型企业逐步建立起企业科研开发机构和以企业为主体、产学研相结合技术创新机制，提高企业科技含量，为扭转国有大中型企业亏损现状做贡献。

1998年1月7日，市政协组织视察泸州（上海）天灵输配电设备有限公司。4月27日，市政协组织部分委员视察泸州市稽征工作。5月6日，市政协组织视察泸州有线电视台。28日，全国政协副主席赵南起、四川省政协常务副主席史志义视察郎酒集团公司。6月9日，市政协组织对泸州市“创卫迎检”工作情况暗访。15—16日，市政协组织视察龙马潭区、泸县社会治安综合治理工作。9月12日，市政协组织视察泸州大通高速公路开发有限公司。11月9日，市政协组织视察龙马潭区公安分局工作。提出将龙马潭区公安分局迁建计划列入1999年修建计划、增加该局编制和预算经费的意见和建议，形成市政协《关于解决龙马潭区公安分局面临困难的建议》，送市政府参考。11—12日，市政协组织在泸州市全国政协委员、省政协委员视察泸州市交通、环境保护、城市基础设施建设。实地视察四川南方高速公路股份有限公司，听取市交通局、市建委、市环保局、市发展计划委有关情况通报。提出意见和建议：市政府要抓住国家关于加快基础设施建设的有利时机，把泸州市交通、环保、城市基础设施重点项目搞上去；要高度重视项目的储备，筛选100个项目储备待用；加强条块之间的联系，规划、可研、立项不要脱节；关于争取资金的奖励办法，要有连续性；铁路建设，要从铁路干网建设的科学性、经济性研究做文章，不能停留在建扶贫路观念上；关于争取铁路建设资金，每年四川省地方铁路建设安排资金5亿元，泸州要加强同四川省地方铁路局的联系；泸州市林业要千方百计挤进长江防护林建设盘子中去；纳溪县城至火炬化工厂至江安县的公路建设，是一条旅游热线，要作为重点工程建设；回龙湾至大驿坝的公路，要尽早鉴定为城市道路，由市建委管理；泸州的交通建设要做好总体规划，利用先进的软件技术，便于对外宣传；泸隆公路安宁收费站设置不合理，城里人去九狮山、去火车站提货都要收费，建议将收费站退到九狮山路口后面；城市基础设施建设资金缺口大，建议财政加大资金投入；城市基础设施建设的5个项目，北二环干道、沱江龙西大桥的立项、长江防洪堤建设等要抓紧进行；泸州市安居工程进展不快，满足不了需要，主要是在土地供应、配套政策方面落实不好；城市基础设施建设需要出台一些优惠政策，以支撑公用设施建设；加大城市基础设施建设项目的监理，避免出现报账工程和无预算工程；滨江路的环境整治问题，各部门要协同加强管理；城区烟尘危害问题，建议城区使用清洁燃料，工商、环保等部门都要负起责来。形成22条意见和建议，视察后与市政府领导交换意见。12月18日，市政协组织部分委员视察泸州市文化市场管理工作和市新华书店。针对从非法渠道流进的教材和辅导读物混乱、盗版书籍严重问题，提出意见和建议：建议市政府采取果断措施，坚决贯彻教材、教辅读物征订发行的有关政策、法规，加强执法力度，取缔和查处无证经营和非法经营活动，规范和维护教材发行秩序；组织文化、工商、教育等部门，对泸州市中小学教材、教辅读物征订工作检查，保证征订工作有序进行。形成市政协《关于我市中小学教材教辅征订发行工作视察情况的报告》，送市政府参考。

1999年1月12日，市政协组织主席会议成员和市级民主党派、工商联驻会负责人，视察市农业局工作。听取市农业局1998年农业工作情况通报，提出建议：要在农民增收上下功夫，而增加农民收入，加强农业产业化是一条途径；要做好农村稳定工作，而这首要的是切实减轻农民负担，要同党中央有关减轻农民负担的政策保持一致；要依靠科技，优质高产，带领农民增收；对先进科技，要靠行政部门示范推广。3月6日，市政协组织视察市劳动局“两保”和再就业工作。17—18日、22—23日，市政协分别组织部分委员，会同泸州市国家卫生城市管理委员会（简称市国卫委）、市卫生局、市卫生防疫站负责人，对江阳区、龙马潭区的“创卫迎检”工作视察。实地视察江阳区的北城、南城街道办事处的20条街、巷、居民小区和城乡接合部的华阳、蓝田、邻玉、沙湾等乡镇，龙马潭区小市街道办事处的10条街、巷、居民院和城乡接合部的鱼塘、罗汉、安宁等乡镇，并与两区政府座谈。针对存在的问题，提出改进的意见和建议：进一步提高认识，加强领导，领导要集中精力，深入一线，真抓实干；建立健全责任网络，落实到人；加大宣传力度，做到家喻户晓，把广大市民充分发动起来；组织力量进行反复的拉网式检查，发现问题，及时解决；对城乡接合部，尤其是责任不明确的“老、大、难”问题，明确责任，立即解决；加强部门配合，加大执法力度；请市政府领导在龙马潭区现场协调驻区单位，如泸州经济技术开发区、北方化工公司、泸州铁路局、泸县以及市级有关部门的关系，以进一步落实责任。以《简报》送市委、市政府参考。4月6日，市政协组织主席会议成员和市级民主党派、工商联负责人，视察泸州市实施《中华人民共和国建筑法》情况和建筑工程质量管理工作。实地视察市图书馆、市博物馆、江阳艺术宫建设，“122”指挥中心、鹏达建材市场、佳乐酒文化一条街建设工地，及泸州市建设工程项目管理中心。针对问题，提出建议，供市政府及相关部门参考。6月4日，市政协组织视察泸宜公路改造工程。14日，市政协组织视察大纳公路川境段改建工程。8月5日，市政协组织视察泸州港国际集装箱码头建设工程。9日，市政协组织视察南高新区开发和泸州大通高速公路开发有限公司工作。25日，市政协组织视察隆纳高速公路建设。11月29—30日，市政协组织在泸州市全国政协委员、省政协委员19人，视察泸州市实施素质教育情况。听取市政府、江阳区和龙马潭区政府及教育行政部门开展素质教育的情况介绍，实地视察泸州六中、泸州七中、龙马潭区小街子小学实施素质教育的场地、器材、设施建设和校园文化，听取学校教师对素质教育的意见和建议。提出意见和建议：各级党委、政府要彻底改变素质教育仅是教育部门和学校事情的观念，切实负起责任，把思想统一到《中共中央、国务院关于深化教育改革，全面推进素质教育的决定》上来，将素质教育列入任期目标；中央决定，中共市级财政支出中教育经费所占比例连续5年每年提高1个百分点，建议泸州市加大教育投入，确保教育经费每年有所提高；各级政府要制定出扶持薄弱学校的意见和方案，特别是占全市学生人数最多的乡镇片区初中、中心小学、村小，政府要从资金投入、师资分配、领导配备等方面给予支持和政策倾斜；建立相应的教师保障、激励机制和竞争机制，完善以培养全市教师为目标、骨干教师为重点的继续教育体制；公安、工商、文化等部门要协调配合，加大对不健康社会文化的监督力度，为素质教育提供良好的社会环境；希望从上到下尽快改变以升学率高低为主要指标评估教育政绩优劣、办学水平高低、教师工作好坏的做法，建立素质教育、督导评估体系；希望尽快建立和完善全面提高学生素质为目标的课程体系，优化教学过程。形成市政协《在泸全国、省政协委员视察我市推行素质教育情况的报告》，送四川省政协和市委、市政府参考。

2000年1月11日，市政协组织视察市规划建设局工作。2月15日，市政协主席会议成员视察泸州市港口航务工作。4月19日，市政协组织视察泸州电业局工作。6月20日，市政协组织主席会议成员，会同副市长陈善强、蔡炳中、有关部门负责人和泸县、龙马潭区领导，视察泸县金龙乡官渡渡口。针对渡口免费渡河难以为继、小船摆渡严重危及群众生命安全等问题，提出修建一座大桥、从根本上解决当地群众渡河难问题，得到市政府重视和采纳。市政府领导与市政协领导两次研究，龙马潭区筹集8万元资金，由区交通局实施，仅用1个多月时间，即建成钢架结构浮桥。8月11日，市政协组织视察市委农工办工作。提出建议：应该像抓基础设施项目那样抓农业，注重提高农产品的科技含量，注重投入、方法和效益，妥善解决农村出现的难点、热点问题。9月21日，市政协组织主席会议成员、市级民主党派、工商联负责人，视察泸州市文化工作。实地视察市图书馆、市博物馆、市展览馆，听取市文化局工作情况通报。提出意见和建议：泸州文化事业发展与经济、社会发展不相适应，应在泸州市“十五”计划中充分考虑；加强文化队伍建设，加大财政对文化事业的投入，加强文化基础设施建设，历史文化名城的保护和管理应提上议事日程。形成市政协《关于加强泸州市文化建设的几点建议》，送市委、市政府参考。市委主要领导批转有关部门，要求进一步做好加快泸州文化事业发展工作。是月，市政协组织视察泸纳高速公路长江二桥建设工程。10月6—18日，市政协组织在泸省政协委员，视察泸州交通安全工作。实地视察市交通局、泸州市港口航务管理局（简称市港航局）、市运管处、泸州铁路局，并听取交通安全工作情况通报。对如何杜绝重特大交通安全事故的再度发生提出意见和建议，与市政府领导交换意见。12月8日，市政协主席会议成员视察泸州地税局工作。实地视察地税局直属分局办税大厅，听取地税局负责人关于地税征收情况通报，就保证全年地税不减少提出意见和建议。12—13日，市政协组织部分委员视察泸州市道路运输管理工作。听取市运管处关于道路运输管理情况通报，实地视察泸县玄滩镇汽车运输公司。对运输管理部门提出意见：进一步加强管理、加强服务、加强宣传，更好地为泸州经济建设和社会服务。

2001年4月4—12日，市政协主席会议成员分别视察泸州市行政服务中心、公安工作和“110”指挥中心、农业科技园区建设、四川宝光药业股份有限公司（简称宝光药业公司）、城市开发建设、泸州老窖公司，提出意见和建议30多条，送市委、市政府参考。视察城市开发建设关于城北开发新区提出的“强化规划行政执法、杜绝随意干预城建规划行为”建议，得到市委、市政府领导的重视和采纳。11日，市政协教科文卫体委员会组织委员视察泸县文化建设。实地视察县文化体育局新建办公楼、图书馆、文物管理所、新华书店及正在修建的县文化馆，听取县文化体育局关于泸县县城文化设施建设和文化体育工作介绍。提出建议：在乡镇机构改革中，要保证乡镇文化队伍不能散，保住农村文化阵地不能丢；要创立乡镇文化工作新的管理体制和运行机制。5月17日，市政协主席会议成员视察泸州长江铁路大桥工程。实地视察大桥一、二、三号水中桥墩施工现场，听取中铁二十局集团公司和泸州铁路分局对大桥施工情况和隆纳铁路泸州至纳溪段建设工作汇报。提出建议：要把安全摆在首位，强化安全责任制，狠抓落实到人；无论选材、设计到施工、监理等各环节，层层严把质量关，确保工程质量。以《简报》送市政府参考。10月11日至11月16日，市政协组织全体市政协委员391名，分17个组，分别对城北新区建设、环境保护、农业产业化、西部化工城建设、国有企业改革、历史文化名城保护、医疗保险、医疗机构分类、社会建设、社会治安综合治理、侨台投资企业发展、民主党派工作等专题视察。政协委员在视察中提出37条意见和建议。城北新区建设方面：要切实维护城市规划的严肃性，任何开发单位都无权变更；百子图沱江大桥的收费问题，不能设站收费；加强土地管理，实行严格的房地产开发准入制度；教学规划用地，要留足，满足学习用地的要求；严格执行规划，对城北新区的公用设施、基础设施建设方面绝不能放宽尺度。历史文化名城方面：要加强历史文化名城的宣传，增强全社会的名城意识；历史文化名城保护与城市建设矛盾尖锐，要以保护历史名城为出发点，建设应服从于历史文化名城保护；保护历史文化名城的机构不健全，存在违法无人问、违法无人管的现象；保护历史文化名城的资金缺乏，财政应予以专项列支；建议市政府牵头，对历史文化名城保护中存在问题进行一次检查，并制定出相应的解决办法。农业产业化方面：在选定农业产业化项目时，要对品种的适应性、优良性、抗病害能力、市场前景、经济效益等多方论证；要提高农业产业化的科技含量，运用高科技手段，生产高品质产品；对大面积推广的项目，要加强技术指导，加强产前产中产后服务；农业产业化的规划是由市场决定的，政府不能搞强迫命令，不能下硬任务；实施农业产业化要树立品牌意识，努力创造市场认可的名牌。西部化工城建设和国有企业改革方面：西部化工城建设要尽量避免“建园不建城”现象，搞好化工园区的基础设施建设；政府要切实转变职能，改进作风，减少对企业的行政干预，对企业的领导班子要保持相对稳定；企业改制事关干部职工的切身利益，要尽快完成审批手续；泸州市部分金融单位信誉度差，贷款难度大，政府应研究措施，促进银企合作。环境保护（简称环保）方面：环保和城市管理人员少，区县环保机构不健全；执法主体不明确，管理难以有序展开；执法职责交叉，联合执法不够，泸州市城市管理局（简称市城管局）与规划建设、交通、卫生等部门的职责交叉，管理难度大；“两江”（长江、沱江）、“两河”（永宁河、赤水河）流域的企业污染排放未得到有效控制，特别是永宁河污染严重，市政府应高度重视。社会治安方面：学校周边的治安问题日趋严重，应加大治理力度；加强流动人口的管理，降低发案率。社区居委会建设方面：党委政府要加强对社区建设工作的领导，在媒体上加大宣传力度；加大对社区起步阶段的扶持力；理顺关系，处理好社区的事、权、责、经费问题，逐步解决社区的造血功能。交通安全方面：叙永县江门段桥梁的安全问题，要及时予以维修解决；违章占道经营严重，管理力度不够。医疗保险和城镇医药卫生体制改革方面：对 2 万元以上的大病医疗补充保险非常好，要尽快组织实施；要扩大医疗保险的参与面，组织好国有大企业职工参保；古蔺县、叙永县定向培养的大学生不能参加执业医生考试问题，要尽最大努力争取解决；医院药品实行收支两条线管理，可能影响医院正常运转，要核发流动资金；社区卫生服务需要的流动资金问题，建议区县政府统一考虑解决。形成《市政协委员视察情况报告》，送市政府参考。10 月 16—18 日，市政协组织在泸州市省政协委员视察泸州市治理经济发展软环境。听取市政府及其市规划建设局、市国土资源局、泸州国税局、泸州工商局、泸州经济技术开发区、市行政服务中心关于治理软环境工作通报，实地视察泸州市房地产交易所、泸州市建设工程交易中心、龙马潭区和江阳区国税办证大厅、安置房建设工地、青岛（泸州）大众啤酒厂及土地交易一站式管理。提出建议：治理软环境工作要继续加强领导，真正实现政府职能由管理到服务的根本转变；行政服务中心要继续扩大审批服务事项覆盖面，对尚未进入服务中心的部门要限期进入；市政府对农贸市场建设要通盘考虑，完善规划，组织落实资金、场地，尽早建设大型农贸市场；市政府要下决心对沱江一桥收回经营权，撤销收费站；市政府应组织相关部门，尽快理顺城北新区的各种关系；认真分析研究泸州税源不足问题，稳妥处理财政、税源税收关系。与市政府领导交换意见。形成市政协《在泸省政协委员视察泸州治理软环境的报告》，送四川省政协和市政府参考。29—30 日，市政协主席会议成员视察古蔺县龙爪河引水工程。实地视察引水工程的大坝枢纽建设现场，听取古蔺县委、县政府及水利局关于工程建设进度和当前存在主要问题的情况介绍。提出建议：古蔺县委、县政府已研究解决复工启动资金 200 万元要千方百计及时到位，尽快使工程动工；积极向省上汇报，争取本期配套资金 100 万元计划尽快拨款到位；市上应配套资金 160 万元应尽快到位，同时，在市配套资金应到位未到位的 460 万元资金中解决 200 万元，以弥补本期项目资金的不足。形成市政协《关于古蔺县龙爪河引水工程建设的建议》，送市政府参考。同期，市政协主席会议成员视察古蔺县实施退耕还林工程。实地察看古蔺县乌龙乡、箭竹苗族乡、德耀镇的退耕还林现场，听取古蔺县委、县政府及林业局对实施退耕还林工程的情况介绍。提出建议：加大退耕还林计划指标，按照目前每年退耕还林 2 万—3 万亩，到 2010 年不能实现建成长江上游生态屏障的计划，每年应增加一些计划指标；建议市林业部门向上级争取在林下种草不破坏植被的经济林确认，而享受生态林的政策；退耕还林要与农户增收相结合，当地党委和政府要把农户退耕还林后的生计和增收提到重要的议事日程，从现在起帮助和指导农户综合开发利用林地和多形式的农户增收；财政要为林业部门提供相应的工作经费。形成市政协《关于古蔺县实施退耕还林工程的建议》，送四川省政协、市政府参考，得到市政府及有关部门采纳。

2002 年 1 月 24 日，市政协主席会议成员视察泸州市环境卫生工作。2 月 28 日，市政协主席会议成员视察市级各新闻单位。3 月，市政协主席会议成员视察市发展计划委重点工程项目建设情况，副市长梅兴岗参加。5 月 29 日，市政协主席会议成员视察沱江小市防洪堤工程建设，副市长梅兴岗参加。提出建议：将小市防洪堤建设作为泸州市基础设施配套建设的重点工程和向国家争取长江防洪堤建设项目的“形象工程”，切实抓紧抓好；当务之急是解决小市防洪堤配套资金不到位问题，资金筹措一是从泸州市水利基金中拿出一部分，二是从防洪堤建设扩宽后增加的土地收益中解决一部分，三是将该项目作为城市配套设施，从市城建预算中切出一块来；加大对市五交化公司等单位的协调力度。形成市政协《小市防洪堤建设工程建设中面临的问题及建议》，送市委、市政府参考。6 月 7 日，市政协教科文卫体委员会与市人大教科文卫体委员会联合视察泸州职业技术学院。提出建议：市委、市政府在西区规划时，慎重考虑泸州职业技术学院的用地问题，在西干道右侧尚未规划土地中，为该院重新规划预留，避免将来为学院迁址做更大投入，同时在用地价格上，建议按成本价划拨；加大政府统筹力度，向各县区下达泸州职业技术学院招生计划；在泸州职业技术学院新教学楼的选址建筑费用追加等问题上，加大力度，确保能按时开工。形成《泸州市职业技术学院当前发展中的问题及建议》和《关于泸州市职业技术学院“用地不足”情况的反映》，送市政府领导参考。7 月 21 日，市政协主席会议成员视察火炬化工厂建设。8 月，市政协主席会议成员视察市物价局收费管理工作和泸州国税局工作及税收任务完成情况。10 月 19—20 日，市政协组织在泸州市的省政协委员 16 人，实地视察市国土资源局的城市干道北延线建设工程和安居工程、市公路局的纳溪区至江安县公路改造工程、中国移动通信集团四川省有限公司泸州分公司（简称泸州移动公司）及民营企业王氏集团公司。提出意见：建议四川省级有关部门进一步加强移动通讯市场的监督和管理，特别是手机收费方面，要进一步规范市场秩序，促进公平竞争；建议省上进一步加大对盆周及边远地区城市基础设施建设的投入力度，尤其要逐步把交通工作的重点向这些地区转移；建议四川省级有关部门进一步加强对民营经济的政策和技术指导，尤其要在促进民营企业向现代化企业转变方面下功夫，培育造就出更多不仅具有国内竞争优势，而且能参与国际竞争的企业；建议省上进一步加大安居工程的政策和资金扶持力度，切实解决好城市低收入群众住房难问题，并采取措施，不仅使这部分群众能住得进，还要能住得起。与市政府领导交换意见。形成市政协《在泸省政协委员视察报告》，送四川省政协和市委参考。10 月 28 日至 11 月 22 日，市政协组织 378 名市政协委员，分 15 个小组，分别到市区县 36 个部门和单位，对泸州市经济发展、城市建设和管理、医疗卫生、劳动和社会保障、对外开放和招商引资、交通安全、旅游、乡镇企业、农业、林业和行政服务中心视察。政协委员提出 38 条意见和建议。城区农贸市场和管理方面：市场的功能是服务群众，要方便群众，统筹规划，合理布局，提高档次；城市管理既要严格执法，又要注意方式方法。医疗卫生方面：各级政府和财政应将社区卫生服务机构所需经费、基本设施，列入财政预算，促进其提供规范良好的服务；医疗卫生体制改革，要在干部的任免、药物的采购、分配制度、卫生监督、医疗队伍、医疗市场方面加大改革力度。劳动和社会保障方面：要千方百计帮助下岗职工再就业，进一步扩大就业渠道，做到下岗职工到哪里、社会保障就跟到那里，要克服少数用人单位和职工“参保”随意性问题，建议市政府在适当时候提高最低生活保障（简称低保）标准。非公有制经济发展方面：切实转变政府职能，为非公有制经济创造良好的环境，加大对软环境的治理；建议政府和有关部门在金融信贷、工商税收、执法监督等方面，制定有利于非公有制经济发展的配套措施；充分发挥工商联在发展非公有制经济中的作用，一方面加强思想政治工作，另一方面要反映他们的要求和呼声，维护其合法权益；党委部门要加强对非公有制经济党建工作的领导，帮助建立基层组织；加强对执法人员的法制教育，提高文明执法水平。乡镇企业和中小企业方面：建议撤销乡镇企业局，设立中小企业局，继续保持对乡镇企业的政策性扶持措施，建议各区县都设立中小企业发展基金。对外开放和招商引资方面：大中型企业应进行入世后的战略评估，找准突破口，提升产品竞争能力；抓好招商引资项目的论证和包装，积极培育泸州市外贸出口的新增长点。行政服务中心方面：审批程序较复杂，需要进一步提高办事效率；进一步精简行政审批事项，把权力下放到行政服务中心。城市卫生管理方面：权利与责任不一致，收费权、管理权集中到了市级部门，基层没有管理权利，应理顺管理关系；规划与管理脱节，机构与发展不适应，应尽快组建城市综合执法队。形成视察报告，送市委、市政府参考。

2003 年 4 月 9 日，市政协主席会议成员视察泸州厚利纺织集团有限公司和狐狸坡煤矿。建议狐狸坡煤矿加快叙永县的煤矿生产基地建设，发挥技术优势，加快企业发展。5 月 15 日，市政协主席会议成员视察泸州市“非典”防治工作。深入民航泸州机场、泸州医学院附属医院感染治疗中心，慰问战斗在抗击“非典”一线的医务人员；希望广大医护人员树立打持久战思想，发扬连续作战精神，赢得抗击“非典”战斗的胜利；要求战斗在抗击“非典”第一线的所有政协委员，不负使命，在抗击“非典”的特殊战斗中为人民立新功；建议各级政府继续加大投入力度，建立公共卫生突发事件应急长效机制。20—21 日，市政协社会法制委员会组织委员视察泸州市禁毒工作。实地视察泸县、合江县的两个戒毒所，调研泸县天兴镇、泸县二中，听取两个县政府和市禁毒领导小组工作情况通报。提出建议：完善和落实各项工作制度，在打防并举、帮教转化上下功夫；建议设立禁毒厂，促进强戒人员真正做到“脱瘾、健身、攻心、回归”；对禁毒工作涉及的编制、经费、装备、药品及基础设施，相关部门在政策允许范围内，应有一定的倾斜；各部门要切实加强易制毒化学品及其市场的管理，对易制毒化学品的生产、流通、储存严格监控。形成市政协《关于我市禁毒工作的视察报告》，送市委政法委参考。6 月 12 日，市政协主席会议成员视察泸荣公路泸州段改建工程。建议做好公路美化和养护工作，将泸荣路改建工程建成提升城市形象的文明窗口。是月，市政协 2 位副主席与龙马潭区市政协委员小组视察小市王爷庙、半边街至洞宾亭片区规划建设。建议市政府将该片区列入泸州市大城市统筹规划，尽快安排资金启动建设。形成《关于请市政府规划和建设小市王爷庙、半边街至洞宾亭片区的提案》，送市政府办理。8 月 25 日，市政协主席会议成员视察泸州广播电视大学。提出建议：学校发展要走改革之路，努力扩大办学规模，充分发挥电视大学远程教育优势，不断提升教育质量，为成人教育开拓一条费省效宏的路子，为泸州市经济发展和社会进步培养更多实用型人才。28 日，市政协主席会议成员视察泸州职业技术学院。建议学院加快学科和专业建设，注重培养和引进专业和学科带头人，抓好品牌专业，力争把学院办成全国知名、省内一流的职业技术学院。11 月 19 日，市政协主席会议成员视察市公安局工作和全市道路交通管理。对公安工作提出建议：继续巩固和深化政法队伍教育整顿成果，敢于创新，在创新中求发展，打造出一支学习型的高素质公安队伍。12 月 7 日，市政协组织在泸州市的省政协委员视察泸州市招商引资工作。实地视察外来投资企业泸州粤川瓷业有限公司、中海沥青公司、维维豆奶粉厂、晋益钢铁有限公司，听取泸县招商引资工作介绍。提出建议：创新观念，招商引资要敢于让出产权、让出资源、让出市场，不拘形式、不拘行业，创造性地招商引资；改善软硬环境，出台政策，实行“一站式”服务；健全机制，把招商引资作为“一把手”工程，与领导政绩及经济收入挂钩；通过协调金融部门、筹集民间资金方式，帮助外来中小企业融资。形成市政协《关于在泸省政协委员视察泸州招商引资工作情况的报告》，送四川省政协和市委、市政府参考。15—26日，市政协组织全体市政协委员，分成15个组，分别就提案办理、机械工业发展、化工工业发展、公共事业、长江网箱养鱼、退耕还林、种草养畜、甜橙基地、文化市场管理、农村卫生、职业技术教育、旅游发展、劳动教养、预防和查办职务犯罪等视察。针对问题，提出意见和建议。企业发展方面：建议市委、市政府尽快研究对企业的管理体制问题，规范政府对企业的管理体制；长江液压件公司土地出让金减免问题及土地办证问题，建议由市国土资源局尽快研究解决；对全市液压件行业进行规范，统一品牌，组建液压行业集团。广播电视事业方面：广播电视是特殊行业，应严把人员进口关，优化系统人员结构，解决好广播电视系统内部“近亲关系”问题；广播电视要采取多渠道融资方式，寻求合作伙伴，招贤纳才。文化市场管理方面：实施“引导管理”与“严格稽查”式监管，对盗版图书及时发现及时查处；加强行政执法机构和队伍建设，建立川南图书批发中心。网箱养鱼方面：江河名优鱼养殖，是泸州市渔业发展重点，各级党委、政府和财政金融部门应大力支持，通过抵押贷款、质押预付货款等形式，解决业主生产流动资金不足问题；市委、市政府扶持和引导的政策不变，稳定保持3—5年，继续给予政策倾斜，争取将泸州长江名优渔业这支小船队做到大航母；在引导资金投入上，重点考虑基础设施方面，如船体建设、靠泊点规划、用电以及系缆设施配套建设等。退耕还林方面：各级党委、政府要加强对退耕还林工作的领导，落实目标责任制，按照事权划分，该调整的机构要抓紧调整，人员缺乏的地方要解决人员编制，增加技术力量，县区、乡镇政府承诺的工作经费，要保证尽快到位，认真解决县级财政违规压拨工程资金问题。种草养畜方面：进一步加大对种草养畜业的投入，通过政策扶持，扩大养殖业规模。甜橙产业发展方面：泸州市甜橙基地基础设施建设，按照市、县区、乡镇各承担1/3的原则，县乡应尽快落实资金；严格苗木调运，不能让业主随意从外地大批调运苗木，防止病害苗木进入泸州。城市规划与建设方面：规划部门要采取措施对沱江一桥、百子图沱江大桥桥头的交通瓶颈问题加以解决；在城市规划中增加绿化面积；城市规划中要充分考虑管线的预埋问题；城北新区规划的生态公园应尽快启动，抓紧建设；在建设高标准城市规划已经制定情况下，规划建设部门要严格把关，严格按规划实施，切忌人为改变。旅游方面：确定旅游收入年增长20%的目标；突出两个重点，一是创建中国优秀旅游城市，运用国债资金搞好旅游基础设施建设；二是树立泸州四个品牌，即名酒文化、历史文化古镇、红色旅游文化、生态旅游文化。劳动教养所方面：建设市劳动教养所（简称市劳教所）设施二期工程尽快立项启动；补充市劳动教养所警力，解决干警不足而造成的严重隐患；适当提高吸毒劳教人员经费标准。形成市政协《关于我市旅游业发展情况的视察报告》《关于提案办理情况的视察报告》《关于对我市劳教所的视察报告》《关于我市广电系统的视察报告》《关于视察教育、医疗、文化工作的报告》《关于长液公司、泸天化公司的视察报告》《关于对我市长江网箱养鱼、退耕还林、种草养畜、甜橙基地的视察报告》《关于城市规划与城市建设的视察报告》《关于我市图书市场建设与管理的视察报告》等，送市委、市政府参考。对《关于我市旅游业发展情况的视察报告》，市政府领导做出批示，要求有关部门认真研究，以推动全市的旅游工作。对《关于我市图书市场建设与管理的视察报告》，市政府领导做出批示，要求有关部门认真研究，解决出版物市场管理中存在的薄弱环节。18日，市政协主席会议成员视察泸天化公司大甲醇项目工程建设。22日，市政协主席会议成员视察泸州市交通工作。26日，市政协主席会议成员视察长江铁跃大桥（纳溪城区长江上游）建设工程。

2004年4月，市政协主席会议成员视察泸州市城市土地开发和建设。5月，市政协主席会议成员视察泸州市金融系统工作及支持中小企业发展情况。6月16日，市政协主席会议成员视察泸州市教育工作。实地视察泸县一中、泸县二中、江阳区梓橦路小学、泸州天立国际学校。提出建议：对高中教育应重点放在提高教育质量上，避免盲目扩张；加强对《中华人民共和国民办教育促进法》的宣传，政府可制定一些政策，为民办教育创造一个宽松的环境；对江阳区梓橦路小学这个典型，建议在保证正常就读前提下，对坚持要求就读该校择校生的教育成本适当提高；加大改革步伐，将优质教育做大做强。7月，市政协主席会议成员视察泸州市畜牧产业化发展，形成视察报告，送市委、市政府参考。8月，市政协主席会议成员视察纳叙铁路建设筹资进展情况。9月，市政协主席会议成员视察泸州火电厂建设情况。10月19日，市政协主席会议成员视察泸州市农村卫生改革及医疗卫生项目建设。实地视察纳溪区棉花坡卫生院、江阳区蓝田卫生院、泸州市“120”急救中心和市疾病预防控制中心两个在建项目，听取市卫生局农村卫生改革和在建项目情况通报。提出意见和建议，各级领导和卫生部门要高度重视当前的医疗卫生状况，坚持农村卫生改革方向；应加大对农村卫生事业的投入，适当增加乡村卫生院公共卫生人员。形成市政协《关于卫生工作的几点建议》，送市委、市政府领导参考。11月9日，市政协主席会议成员视察泸州市乡村机耕道建设。实地视察龙马潭区长安乡、江阳区华阳乡和蓝田镇的机耕道，听取泸州市农业机械事业局（简称市农机局）关于全市乡村机耕道建设情况介绍，查阅各县区有关资料。提出建议：尽快出台《泸州市乡村机耕道建设管理暂行办法》，为泸州市乡村机耕道建设和发展提供法律保证；在不再新增加编制情况下，建立泸州市乡村机耕道勘测设计机构；加大资金投入力度，落实乡村机耕道养路费和多渠道筹措资金用于乡村机耕道的建设和养护；政府统筹协调相关部门，密切配合，共同搞好乡村机耕道建设。形成市政协《关于泸州市乡村机耕道建设视察调研报告》，得到市政府领导重视和采纳。市长肖天任批示：“请市农机局认真研究并提出处理意见。”副市长楚明批示：“转市农机局按肖市长的批示办理，可以拟一个《暂行办法》。”后市政府召开会议研究，乡村道路建设问题已摆上政府及有关部门重要议事日程。是月，市政协主席会议成员对泸州市劳动监管中心进行追踪型、检查型视察。11—12月，市政协组织全体市政协委员，分15个组，分别就畜牧和乡镇企业、新视广播电视网络、城市规划与建设、文物保护与开发、劳动保障与残联工作、教育文化卫生、泸州老窖公司、提案办理、县域工业经济发展、环保与生态环境建设、公路建设与管理、农村义务教育等视察。针对问题，提出意见和建议。泸州新视广播电视网络传输有限公司方面：通过改制，理顺关系，建立有利于公司发展的新体制、新机制；加强自身管理，多渠道解决数字电视建设经费。文物保护和开发方面：加大文物执法监管，严厉打击文物盗窃、贩卖和走私活动，增加文物保护专项经费；修建宋代石刻展览馆，利用文物，打造旅游长线；重点开发酒文物；建议市委、市政府组织有关专家学者，对泸州文物重点亮点逐项研究，挖掘价值，广为宣传；文物开发要市场化运作。劳动保障和残联工作方面：多形式、多渠道宣传劳动保障、城市居民最低生活保障（简称低保）、残疾事业等一系列相关法规、政策，坚持以人为本思想，维护弱势群体合法权益；强化征收力度，加强对大额缴费基数的审核，切实做到应参尽参、应收尽收、应保尽保；对低保人群力争做到“宜宽不宜严”，让弱势群体真正享受到党的关怀和社会的温暖；对个别县（区）企业不依法缴纳残疾人就业基金要坚决依法征收。形成市政协《关于对泸州新视广播电视网络传输公司的视察报告》《关于城市规划与城市建设的几点建议》《关于我市创建中国优秀旅游城市的建议》《关于保护和开发我市文物的建议》等，送市政府参考。其中，《关于城市规划与城市建设的几点建议》受到市政府高度重视，市长肖天任做出批示，要求有关部门认真研究并提出处理意见；“加大文物保护”和“筹建宋墓馆”2条建议被市政府采纳，并写进《政府工作报告》，市财政每年新增10万元文物保护经费，“宋墓石刻”已被列为全国重点文物保护单位。

2005年3—6月，市政协主席会议成员到市外经委、商检、海关等部门，就泸州市外向型经济发展视察。5月16日，市政协主席会议成员视察泸州市农业结构调整、发展产业化情况。实地视察江阳区的华阳乡蔬菜基地、方山镇大白鹅养殖、况场镇甜橙基地和黑山羊养殖、江北镇优质鱼养殖场等农业项目。提出建议：整合国家重点生态建设项目，扶持甜橙产业发展；解决500万头优质生猪必要用地和投入问题；充分利用长江、赤水河自然优势，大力发展江河船体网箱养鱼；加大蔬菜科技的提升，落实好已出台的政策，以退耕还林为契机，加大笋竹两用林的发展。形成市政协《关于加快我市农业产业化发展的建议》，送市政府参考。6月18日，市政协主席会议成员视察泸州市非公有制经济发展。实地视察四川金诺置业有限公司、泸州市自强科技公司和泸州鑫福化工有限公司（简称鑫福化工公司），听取市民营经济办公室、市经委、泸州工商局和泸州汇通百货股份有限公司（简称汇通百货公司）、鑫福化工公司有关情况介绍。提出建议：树立非公有制经济持续快速科学发展的新观念；按照国发〔2005〕3号文件精神，尽快改革创新出台推动泸州市非公有制经济发展的政策性贯彻实施意见；着力引导泸州市非公有制经济的发展思路、方向和目标；营造非公有制经济持续发展的新环境；与时俱进，做大做强，着力培植一大批实力雄厚、具有影响力和带动力的龙头企业；尽快研究解决制约泸州市非公有制经济持续快速发展的“融资瓶颈”问题。形成市政协《关于进一步加强我市民营经济发展的建议》，送市委、市政府参考。7月19—21日，市政协主席会议成员视察泸州市创建中国优秀旅游城市工作。实地视察南苑宾馆、市污水处理厂、长江现代城及合江县自怀景区，听取有关部门创建工作情况通报，座谈讨论。提出意见和建议：借创建之势，将旅游产业作为新的支柱产业进行培育；邀请有关专家帮助完善著名景区、景点规划，在“十一五”期间，将福宝、自怀、黄荆等打造成名牌景区；修改行政区划，将合江县天堂坝乡和自怀乡所管辖的非景区或非旅游职能剥离，成立专门行政单位；加大对发展泸州市旅游产业的政策扶持力度，以宽松的软环境吸引外来投资；加强宣传，创造较好的旅游工作舆论环境；加大力度投资旅游基础设施建设，市、区、县将发展旅游纳入“十一五”规划后，财政要有开拓性的投资预算相配套，并多渠道争取上级资金。形成市政协《关于视察我市创建中国优秀旅游城市工作的报告》，送市委、市政府参考。8月，市政协主席会议成员视察四川西部化工城重点项目。9月，市政协主席会议成员视察泸州市科技工作。听取市科技局、泸州市科学技术协会（简称市科协）情况介绍，召开专家座谈会，充分吸收意见，提出建议。形成《市政协主席会议成员视察科技工作情况报告》，送市政府参考。10月25日，市政协主席会议成员视察泸州市平安创建工作。实地视察市劳教所、龙马潭区红星街道派出所、江阳区濂溪路社区，听取江阳区法院、市平安创建办公室和市综治办情况介绍。提出建议：要解决好基层单位领导干部的认识问题，在平安创建管理工作上真正做到保证经费、人员到位、责任落实；加大平安创建宣传力度，在全市上下形成共识；适当增加平安创建经费投入，解决各区县、乡镇、街道存在诸如人员不够、经费不足、效率不高等问题；加强对泸州市劳教人员艾滋病防控管理，设立专门隔离区，配置病毒监测设施和引进防控艾滋病专门技术人员。形成《市政协主席会议成员视察平安创建工作的报告》，送市委、市政府参考。11月，市政协主席会议成员视察泸州市加快电力发展、保证电力供应情况。11—12月，市政协组织全体市政协委员，分15个组，视察公安工作、农业、移动通信、文化市场、广播电视、现代教育、对外开放、中小企业、商业银行、文联和社科联工作等。针对问题，提出意见和建议。公安工作方面：进一步加强党委、政府对公安工作的领导，确保全市社会稳定和科学发展；积极利用各类宣传资源和自身宣传优势，加大对公安工作宣传力度；加强公安建设，加强警务人员科学培训和教育，对部分基层公安警力不足、装备缺口大、经费保障和福利待遇等困难，建议市政府专题研究解决；加大公安工作经费投入和消防设施建设投入，尽快改变泸州市消防设施滞后的状况。社科工作方面：加大对社科联工作经费投入，建议市财政每年安排10万元，作为全市社科课题规划经费，每年安排5万元科普经费；改善泸州市社会科学界联合会（简称市社科联）工作环境，建议市上通过闲置资产置换解决。融资方面：将商业银行作为解决中小企业融资难的重要金融力量，切实给予政策倾斜和扶持；充实中小企业担保基金，规范中小企业担保公司经营和管理；建立政府、银行、企业之间相互理解、相互沟通、相互信任、相互支持的良好发展平台；改善支持中小企业融资的服务环境，银行要切实为中小企业融资发挥应有的作用。形成市政协《视察公安工作的报告》《关于解决中小企业融资难的建议》《关于加强文学艺术工作的建议》《关于视察社科联的报告》，送市委、市政府参考。12月，市政协主席会议成员视察泸州市食品、药品安全情况。

2006年4月，市政协主席会议成员视察泸州市和谐社区建设。5月，视察泸州市社会主义新农村建设。7月，视察文化产业发展。8月，视察泸州市外资企业发展。10月16日，市政协主席会议成员视察泸州市宗教工作。实地视察江阳区方山宝峰寺院、云峰禅院，听取泸州市民族宗教事务管理局（简称市民宗局）关于泸州市贯彻落实党的宗教政策情况介绍。提出建议：加强对马克思列宁主义宗教观的宣传教育，提高信教群众对党的宗教政策、法规的理解能力；本着尊重历史的精神，市级相关职能部门在涉及宗教用地、房产开发等方面给予相应优惠；妥善处理风景旅游与宗教活动两者关系的管理。形成市政协《关于视察我市宗教工作的情况报告》，送市政府参考。17日，市政协主席会议成员视察泸州市商务工作。实地视察伊顿流体连接件（泸州）有限公司、汇通百货公司配送中心、江阳区泰安镇农资店，听取市商务局工作情况通报。提出建议：恢复成立泸州市对外开放工作领导小组，适当安排流通业发展专项资金，健全全市商务局科室机构；协调落实《四川省人民政府关于促进连锁经营发展的意见》文件精神，促进汇通百公司做大做强等。形成市政协《关于进一步加强我市商务工作的几点建议》，送市政府参考。10—11月，市政协组织全体市政协委员，分15个组，分别就龙眼荔枝产业、畜牧业产业化、平安创建、文化、科技、酒业、旅游、新型农村合作医疗、城市管理等视察。针对问题，提出意见和建议。龙眼荔枝产业方面：继续做好优质龙眼荔枝商品生产基地规划，沿长江龙眼产业带要加强标准化体系和营销体系建设；强化技术创新和技术推广体系建设，建设观光果园；继续创新体制，加强基地建设，因地制宜地选择股份制、协会制、承包制和合伙制；强化龙眼荔枝商品生产基地质量管理，推广优质、高效、无公害果品生产技术，实施标准化生产和管理，实施果品质量全程监控。畜牧业发展方面：用抓工业理念来抓畜牧业，用现代工业手段改造和装备畜牧业，逐步实现畜牧业生产的机械化、工厂化、企业化，并在税收、信贷、用地审批和进出口经营权方面制定产业优惠政策；用产业化思路推进畜牧业发展，积极培育大型养殖企业，要在项目争取上下功夫，多方筹集资金建立畜产品市场风险基金，做好动物防疫工作；用品牌化经营推进畜牧业发展。留守学生、民政事业方面：对留守学生要加强管理，将关爱农村留守学生工作纳入素质教育和义务教育均衡发展轨道，提升社会关注力度，积极为留守学生创造健康成长、快乐学习条件；进一步加强民政基层和社会基础设施建设，建议党委、政府对民政基层组织建设专题研究，尤其是筹建市县救助管理中心、社区或乡镇单列民政办事机构和民政执法大队问题、殡葬扰民问题，要加以解决。文化、作家协会工作方面：各级党委、政府领导要加强对文化的领导，加大对文化设施的投入，特别是乡镇文化设施建设要纳入整体规划，切实做到规划到位、预算到位、建设到位；整合文化资源，打造新的文化亮点，如泸州大剧院的建设、神臂城的开发，实施多元化投资；建议市政府对泸州市文学艺术界联合会（简称市文联）所属8个协会每年解决一点工作经费。科技工作方面：提升经济发展的科技含量，着力转化科技成果；健全县区科技管理体制，加大科技资金投入；规划筹建泸州科技馆；大力扶持农村专业技术协会。形成市政协《关于市政协农业委员小组视察情况的报告》《泸州市政协社会法制委员小组集体视察报告》《关于我市文化、作协工作情况的视察报告》《关于加强我市科技工作的建议》等，送市委、市政府参考。11月10日，市政协学习宣传委员会组织委员视察泸州电视台。实地视察电视台内设机构和部分重要设施，听取电视台工作情况介绍。提出建议：进一步提高新闻宣传质量，强化舆论导向力度，提高节目收视率；深化干部人事制度改革，按照责、权、利统一的原则，改革分配制度；建议市政府研究和推进广播电视体制改革，减轻电视台的税赋；建议市政府解决电视信号的覆盖和传输问题。形成市政协《关于泸州电视台工作的视察报告》，送市政府参考。是月，市政协主席会议成员视察泸州市农村基础设施建设。12月，市政协主席会议成员视察泸州市食品、药品安全。

2007年5月10日，市政协主席会议成员视察泸州市农村饮水安全工程。实地视察龙马潭区特兴镇、泸县兆雅镇和立石镇的供水站、泸县三溪水库及实施农村饮水安全工程，听取市水利局、泸县政府有关情况介绍。提出建议：农村饮水安全问题，是一个经济问题、社会问题和政治问题，切不可掉以轻心；全力做好农村饮水安全工作，完善饮水规划，加大对农村饮水安全的投入；强化领导，抓好组织落实，各级水利部门主要领导要亲自挂帅，形成一级抓一级、层层抓落实的工作局面；强化建后运行管理，抓好制度落实；由市政府牵头，组织有关部门研究，争取物价、电力部门支持，按照四川省政府《关于加强农村饮水安全工作的通知》，认真研究解决供水站成本高的问题。形成市政协《关于我市实施农村饮水安全工程情况的视察报告》，送市委、市政府参考。副市长邹蔚批示："视察报告所提建议很好，市县（区）政府及水利部门都在今后工作中将认真研究。请李明龙副秘书长就农村供水所用电电价问题近期安排协调。"6月12日，市政协主席会议成员视察乡镇卫生院建设。实地视察江阳区方山镇、龙马潭区安宁镇和石洞镇的卫生院建设，听取市卫生局和江阳区、龙马潭区政府关于乡镇卫生院建设情况介绍，座谈讨论。提出建议：抓住契机，千方百计争取中央和省上对泸州市乡镇卫生院建设资金的投入；积极主动做好工作，适时出台政策性文件，明确泸州市乡镇卫生院的性质、编制；构建乡镇卫生院人才发展机制，教育、卫生部门要加强卫生人才培养，特别是加大对乡镇卫生人才的培养力度，解决基层人才紧缺问题；加强乡镇卫生院院长队伍建设；将乡镇卫生院建设作为一项惠及千家万户农民群众的绩效工程抓好，巩固发展新型农村合作医疗成果，推动"人人享有基本医疗卫生保健"目标的实现。形成市政协《关于加快我市乡镇卫生院建设的几点建议》，送市政府参考。副市长梁伟华批示："市政协这次专题视察提出的建议很好，这些问题是我们当前乃至相当长时间内必须高度重视、认真加以改进和完善。"市卫生局采纳建议，开展对乡镇卫生院院长的培训工作。9月3日，市政协主席会议成员视察泸州市旅游工作。实地视察合江县福宝古镇和玉兰山景区，听取市外事侨务旅游局、合江县政府有关情况介绍，座谈征求意见。提出加快福宝景区开发建设的建议：统一认识，进一步理清开发建设思路；坚持改革，建立景区开发建设管理新体制及运行新机制；统一规划，加快重点交通和旅游项目建设；整合资源，用好政策，形成开发建设合力；招商引资，完善适应景区市场化开发建设的机制；正确处理好开发与保护的关系。形成市政协《关于福宝景区开发建设的建议》和《加快福宝景区开发建设的调研报告》，送市委、市政府参考。市委书记袁本朴对有关问题做出专门指示。10月16日，市政协主席会议成员视察泸州市重点建设工程酒业集中发展区和泸州火电厂。11 月 13 日，市政协主席会议成员视察泸州市公安“三基”工作。到基层派出所（队）、社区警务室（点）了解警务情况，倾听基层工作意见；在“三基”工程建设汇报会上，听取全市公安系统“三基”工程建设情况通报。提出建议：坚持在党委领导下，认真服务地方经济发展，大力推进公安机关“三基”工程建设；结合“三基”工作实际，抓紧制定发展规划，建立健全警务保障长效机制；结合警务改革，突出工作创新，强化科学管理，铸造出一支精明强悍的公安队伍；认清治安形势，加大舆论宣传，将“三基”工程建成民心工程。形成《关于市政协主席会议成员视察我市公安“三基”工作的报告》，送市委、市政府参考。11 月中旬至 12 月，市政协组织全体市政协委员，分 15 个组，由市政协主席、副主席或区县政协领导带队，视察泸州市“十大惠民行动”实施情况。分赴“十大惠民行动”牵头和实施单位，到城市社区、农村部落及部分企事业单位，通过听取汇报、实地察看、走访慰问、与干部群众座谈等方式，了解“十大惠民行动”实施情况。提出意见和建议：充分认识惠民行动的重要性、长期性、艰巨性和复杂性，加强领导，纳入目标考核；将惠民行动作为规范化、制度化、常态化的重要工作进行部署，完善规划，强化宣传；按照提高工作效率、满足群众需求的原则，健全机制，规范运作；加强惠民行动的资金保障，管好用好惠民资金，增强惠民行动实效；加强惠民工程建设和管理，保证工程质量，发挥工程效益；强化基层基础工作，建设务实高效、勤政为民的基层工作队伍。形成《关于市政协委员集体视察“十大惠民行动”的报告》，送市委、市政府参考。市委书记袁本朴批示：“政协报告很好，所提建议均有操作价值。2008 年要为古、叙两县办几件实事。”市长朱以庄批示：“所提建议很好，请政府办（目标办）认真研究，在制订 2008 年目标时充分考虑，以积极的措施，有规划、有步骤地推进，把好事做好，不能只重速度数量，不实事求是，造成资源浪费。”12 月，市政协教科文卫体委员会组织委员视察泸州市传染病防治工作。提出建议：加强泸州市传染病防治网络建设，完善疫情报告管理制度，进一步加强传染病防治的监管力度，财政部门要依法保障传染病防治工作的经费投入等。以《简报》送市政府参考。是月，教科文卫体委员会组织委员对泸州市文化品牌建设视察。提出建议：抓抢机遇，全力打造泸州文化资源优秀品牌；搞好规划，整合资源，重点突破；完善相关政策，加大财政投入；积极探索和引进市场机制，加快泸州市文化品牌建设步伐。以《简报》送市政府参考。

2008 年 3 月 18 日，市政协主席会议成员视察泸州酒业集中发展区。实地视察泸州酒业集中发展区及举办中的中国酒城泸州 2008 年酒业博览会，听取发展区建设和运作情况介绍。对泸州酒业发展提出建议。6 月 18 日，市政协主席会议成员视察泸州市高粱基地建设。实地视察龙马潭区、江阳区部分高粱生产基地。提出建议：通过市场手段引导泸州市高粱种植的快速发展，鼓励酿酒企业建立自己稳定可靠的原料基地；各级政府要加大对高粱基地建设投入力度，改善高粱基地生产条件；龙头企业建立的规模基地，享受农业产业化龙头企业相应的优惠政策；健全完善“酿酒企业+基地+服务体系+农户”和“粮食企业+基地+服务体系+农户”的运作模式，将公司与基地紧密、有机联系起来，形成利益共享、风险共担的联系体；强化技术支持，推广良种，改进栽培技术；建议成立由市长和分管市长担任正副组长、有关部门、单位和龙头企业为成员的泸州市高粱产业化领导组，负责协调解决生产、购销中的重大问题。形成市政协《关于泸州市高粱基地建设情况的视察汇报》，送市委、市政府参考。8 月 7 日，市政协主席会议成员视察合江县工作。实地视察合江临港工业园区、三木集团公司、合江丽川木业有限公司、合江凯添能源公司、合江县密溪沟码头，听取合江县工作情况通报，提出意见和建议。9 月 2 日，市政协主席会议成员视察泸州市文物保护工作。实地视察市图书馆馆藏字画、朱家山古建筑、小市蒋兆和故居、洞宾亭石刻博物馆，听取市文化局关于文物保护工作通报。提出建议：加强

《中华人民共和国文物保护法》的宣传教育，无论政府和公民都应增强文化遗产保护的意识，增强责任心和使命感；建立健全文物保护的管理机构，市、县两级应有专门的机构和人员管理文化遗产的保护工作；增加泸州市文化遗产保护的经费，以后随着经济和社会的发展适时予以增加；加强文化遗产保护的规划工作，按国家级、省级、市级、县级分级分类分项予以规划；加大文物保护力度，创新文物保护的形式，鼓励、动员、支持个人、法人、社团等积极参与文化遗产的保护工作；加强文物宣传、展示，让市内外认识泸州深厚的历史文化底蕴。形成市政协《关于泸州市文化遗产保护工作的视察报告》，送市委、市政府参考。17 日，市政协主席会议成员视察泸州市城市交通基础设施建设。实地视察龙西大桥、蜀泸大道拓宽工程、泰安长江大桥和城南大道等重点工程建设，听取市政府、市规划建设局、市交通局、市国土资源局工作通报，提出意见和建议。11 月 6 日，市政协主席会议成员视察泸州市“职教攻坚”工作，副市长梁伟华参加。实地视察四川省泸州市树风职业中专学校（简称树风职高）、合江少岷职业技术学校等校办学情况，听取市教育局、合江县政府职业教育情况通报。提出建议：进一步统一思想，提高认识，加快“职教攻坚”步伐；进一步深化改革，创新机制，实现新的突破；进一步优化环境，搞好服务，为“职教攻坚”保驾护航。形成市政协《关于泸州市部分中等职业技术学校实施“职教攻坚”情况的视察报告》，送市委、市政府参考。市委书记朱以庄批示：请伟华、华滨同志研究并落实市政协的视察报告。12 日，市政协主席会议成员视察泸州市人民调解工作。实地视察市交警支队三大队、龙马潭区红星街道龙南社区和天立社区，听取市中级人民法院、市检察院、市公安局、市司法局调解工作情况介绍。提出建议：高度重视并充分发挥调解工作在和谐社会建设中的基础性作用，整合力量积极构建社会矛盾纠纷调解大体系，积极探索适应新时期矛盾纠纷的调解方式方法，加强调解基础工作特别是调解员队伍建设。形成《关于市政协主席会议成员视察我市调解工作情况的报告》，送市委、市政府参考。市委主要领导做出批示，认为市政协视察选题准，提出的意见建议针对性强，要求相关部门认真研究落实。13 日，市政协主席会议成员视察泸州日报社和泸州晚报社，市委常委、宣传部部长曹建国参加。实地视察泸州日报社办公大楼、印刷厂生产车间，听取市委宣传部、泸州日报社工作介绍。提出改善报社工作环境、增加报社事业编制人员等建议。28 日，市政协主席会议成员视察泸州工商行政管理工作。实地视察王氏商城食品批发市场、龙马潭区红星工商所，听取泸州工商局关于工商行政管理工作情况介绍，观看工商部门制作的专题片，提出建议。11—12 月，市政协组织全体市政协委员，分 15 个小组，由市政协主席、副主席或区县政协领导带队。围绕全市经济社会发展中重点、难点、热点问题的园区建设、私营企业发展、城市建设和排污、街道改造及管理、生猪产业发展、农村基础设施建设、劳动和社会保障、食品安全执法、公立医院发展、广播电视事业、旅游产业等 15 个课题，深入基层、深入一线，通过听取汇报、查阅资料、实地考察、组织座谈等多种形式视察。形成《关于 2008 年度政协委员开展集体视察的报告》，送市委、市政府参考。

2009 年 3 月，市政协主席会议成员视察江阳区“园区建设”。实地视察蓝田镇旧城改造、江南轻工业园区和张坝景区防洪工程建设，听取江阳区主要领导有关情况介绍。提出建议，引起市委、市政府高度重视，市委书记朱以庄和市长刘国强带队到园区现场办公，解决园区土地招拍挂管理权限等问题，推动一系列政策措施出台。5 月 8 日，市政协主席会议成员视察泸州市城乡环境综合治理。实地视察龙马潭区长乐街物流区车辆停放治理、红星农贸市场规范化管理和江阳区铜店街餐饮油烟污染治理、滨江路河滩治理，听取市城市整治办公室情况通报。提出建议：认识再提高，民众再动员；统筹兼顾，综合治理，建立长效机制；因地制宜，实事求是，用改革的思维解决好一些具体问题；管理要加强，执法更文明。形成市政协《关于泸州市城乡环境综合治理工作视察的报告》，送市委、市政府参考。19 日，市政协主席会议成员视察泸州市农业产业化龙头企业发展。实地视察纳溪银鸽竹浆纸业有限公司、江阳区瑞翔食品公司、泸州老窖公司农科所，听取市委农工办关于泸州市农业产业化龙头企业发展情况介绍。提出建议：转变观念，做大做强龙头企业；加大政策扶持力度，建立扶持龙头企业发展的长效机制；高标准建设生产基地，努力打造龙头企业的“第一车间”；不断完善多种形式的联结机制，实现企业与农民的利益互动；不断提高企业和企业家素质，加强企业的生产经营管理；创新工作机制，促进龙头企业健康发展。形成市政协《关于视察农业产业化龙头企业发展情况的报告》，送市委、市政府参考。市委书记朱以庄批示：“市政协提出的报告很有价值，存在的问题找得准，建议的措施符合实际。”6 月 3 日，市政协主席会议成员视察泸州市疾病防控和突发性公共卫生事件应急处理。实地视察泸州市和江阳区疾病预防控制中心，听取市卫生局、市疾病预防控制中心关于泸州市疾病预防和突发性公共卫生事件应急处理情况介绍。提出建议：深化改革，创新机制，健全完善公共卫生网络体系；加大财政投入，帮助疾病防控单位解决工作经费和待遇低的问题；加强应急物资储备、快速调动系统建设等。形成市政协《关于泸州市疾控与突出性公共卫生事件应急处理情况的视察报告》，送市委、市政府参考。得到市委、市政府重视和采纳。10 月，市政协主席会议成员视察泸州港口进港铁路和集装箱码头二期工程建设。实地视察泸州港国际集装箱码头，听取建设二期工程情况介绍。提出加快进港铁路建设进度、加强集装箱码头工程质量管理、拓展集装箱货运市场等建议。11 月，市政协组织全体市政协委员，分 15 个小组，由市政协主席、副主席或区县政协领导带队。围绕全市经济社会发展中重点、难点、热点问题的《中华人民共和国城市规划法》贯彻执行情况、郎酒包装中心技改工程、蔬菜生产、节能减排、禁毒工作、民族宗教工作、旅游项目的文化建设、乡镇广播站建设等 15 个课题，深入基层，深入一线，通过听取汇报、查阅资料、实地视察、组织座谈等多种形式视察。形成市政协《关于泸州市贯彻〈城市规划法〉情况的视察报告》《关于泸州市蔬菜基地建设的视察报告》《关于泸州市旅游文化建设的集体视察报告》《视察泸州市民族宗教工作情况的报告》等 8 个视察报告，送市委、市政府及有关部门参考。是年，全国政协副主席、民革中央主席周铁农到泸州视察。

2010 年 4 月 1 日，市政协主席会议成员视察泸州市病险水库整治。实地视察泸县得胜镇冯河水库和五子函水库除险加固工程建设，听取市水务局和泸县政府有关工作情况介绍。提出建议：抢抓良机，进一步加大资金投入；科学整治，杜绝安全隐患；科学管理，建立良性运行机制；科学利用，充分发挥水利整合效益；主动对接，积极争取水利建设新项目；开展好叙永县倒流河、合江县锁口水库和古蔺县观文水库建设项目的前期工作，争取早日立项审批。形成市政协《关于病险水库整治工作的视察报告》，送市委、市政府参考。引起市委、市政府领导高度重视，市委书记朱以庄做出批示。7—8 月，市政协主席会议成员视察泸州市非物质文化遗产保护工作。实地视察江阳区分水油纸伞传统制作工艺和叙永县春秋祠，听取市文化局、江阳区和叙永县政府有关工作情况介绍。提出建议：将非物质文化遗产保护与开发利用工作列入党委和政府的重要议事日程，制定政策措施；设立保护专款资金，纳入财政预算，并逐年增加；对已认定的代表性传承人，建立健全个人档案，支持其开展授徒传艺等传承活动；建立符合市场经济规律、文化发展规律和非物质文化资源合理开发利用机制，通过一定经营化方式实现与经济社会相互促进；由市文化局牵头成立专门机构，确定相应人员编制，及时兴建非物质文化遗产馆和传习所。形成市政协《关于我市非物质文化遗产保护工作的视察报告》，送市委、市政府参考。市委副书记杨文杰做出批示；市政府采纳，泸州非物质文化遗产再发掘和保护工作已列入新一轮城市总体规划，部分非物质文化遗产博物馆开工建设。5 月 21 日，市政协教科文卫体委员会组织委员视察泸州市“创卫迎国检”暨城乡环境综合整治工作。提出整治意见，相关部门予以采纳。6月3日，市政协主席会议成员视察泸州市城镇与村庄建设。实地视察龙马潭区新农村建设金胡示范区和石洞镇集镇建设，听取市委农工办、市规划建设局有关工作情况介绍。提出建议：高标准、高起点，因地制宜地科学编制规划，不断优化泸州市城镇与农村建设布局，规划要与城市发展、农村产业结构调整升级和工业经济发展战略相结合；坚持有序管理，维护规划严肃性，确保所有的建设项目都在规划框架下进行；坚持产业支撑，强化示范带动作用，通过以点带面、以线促面，达到整体推进；坚持政策扶持，发挥部门协同作用；坚持以人为本，完善基础设施建设。形成市政协《关于我市城镇和村庄建设情况的视察报告》，送市委、市政府参考。8日，市政协主席会议成员视察泸州市城镇社会保险体系建设，常务副市长杨松柏参加。实地视察江阳区大山坪街道刺园路社区和区劳动力市场，听取市劳动和社会保障局有关工作情况介绍。提出建议：加大就业、求职服务平台建设，有效改变招工难和就业难的二元矛盾，加强对社会保障（简称社保）基金的监管力度等。送市委参考。7—11月，市政协组织全体市政协委员，分15个小组，由市政协副主席或区县政协领导带队。围绕全市经济社会发展中重点、难点、热点问题的土地储备制度贯彻实施情况、泸县元通村镇银行、农业机械化工作、城市环境综合治理、人口计划生育、群众性体育活动设施建设、《中华人民共和国环境保护法》在泸州市贯彻落实情况、文化基础设施建设、旅游景区管理体制改革等15个课题，深入基层、深入一线，通过听取汇报、查阅资料、实地考察、组织座谈等多种形式视察。提出意见和建议：人口计划生育工作方面。坚持科学发展观，强化组织领导，提高统筹解决人口问题能力；立足市情，以更加注重惠民为主线，深化利益导向，逐步形成完善的政策推动体系；加大依法行政力度，制止违法生育现象；切实加强流动人口计划生育（简称计生）管理，纳入流动人口全方位管理与服务一盘棋统筹考虑；夯实统计基础，严把数据关口，提升人口统计数据质量。土地储备方面：进一步增强土地储备工作重要性的认识，继续加强对土地市场的宏观调控能力，加大行政部门之间的协调力度，做好失地农民安置小区的服务工作，加强土地储备中心建设。环境保护方面。加强宣传力度，增强经济与环境保护协调发展意识；重视环境保护规划，优先贯穿于城市整体规划之中，不断改进完善工作举措；健全考核机制，严把项目建设环评关；提高环境保护标准，加快推进“环保模范城”创建工作；加大监管力度，提高环境保护执法能力。农机化工作方面。建立完善农机化发展的长效机制，抓好农机化示范片建设，加强农机化基础设施建设，强化农机化服务体系建设，打造农机化发展的良好环境。文化基础设施方面。应将文化基础设施建设列入各级政府“十二五”规划内容，提高其行政力；完善设施，并将其纳入城市房地产开发的硬指标；加大文化事业单位改革力度，鼓励和扶持社会资金投入文化产业发展；进一步建立和完善投入机制，根据地方财政增长实际情况，逐步加大投入，并积极争取上级项目资金扶持；应将文化服务中心建在集中区而不是办公区，尽量体现大众化和公益性。元通村镇银行方面。加大村镇银行宣传力度，提高在公众心目中的认知度、信誉度；村镇银行要找准市场定位，发挥拾遗补阙作用；发挥村镇银行灵活、快捷、简便特点，开展错位竞争，运用小额多贷优势，不断创新金融产品；地方政府要大力支持村镇银行做大做强。旅游管理体制方面：努力探索管理体制属地化与经营机制市场化的改革路径；抓好景区管理体制改革，为景区上规模、上档次、上项目奠定基础；保护与发展并重，理顺经营权、管理权与开发权，做到政、事、企分离；加大政府产业引导性投入力度，加快推进泸州市旅游基础设施建设。形成市政协《关于我市人口计生工作情况的视察报告》《关于我市土地储备工作情况的视察报告》《关于泸县元通村镇银行的视察报告》《关于我市农机化工作情况的视察报告》《关于我市〈环境保护法〉实施情况的视察报告》《关于我市群众性体育设施建设的视察报告》

《关于全市文化基础设施建设的视察报告》《关于泸州旅游发展及管理体制改革的视察报告》，送市委办公室、市政府办公室参考。10月28日，市政协主席会议成员视察泸州市交通枢纽建设。实地视察泸永路改造工程、成（都）—自（贡）—泸（州）—赤（水）高速公路控制性工程黄舣长江大桥建设，听取市交通局有关工作情况介绍。向市委、市政府提出建议。11月，市政协财经委员会组织委员视察泸州市国有资产管理和行政性事业单位经营资产管理及运作情况，向泸州市国有资产监督管理委员会（简称市国资委）提出实现国有资产保值和提高行政事业单位经营性资产管理效率等建议。12月16日，全国政协原副主席陈锦华到泸州考察经济工作。24日，市政协教科文卫体委员会组织部分驻泸省政协委员和市政协委员，视察泸州市政务服务中心工作，提出切实加强领导、加大财政投入、强化部门责任、加强队伍建设等建议，得到相关部门重视。

2011年6月，市政协主席会议成员视察和调研泸县、合江县新农村示范片建设。实地视察泸县、合江县，听取县区政府有关工作情况介绍；市政协农业委员会与市委农工办实地到古蔺、合江、纳溪等县区调研。提出建议：强化规划的引领作用，要统筹农村生产力发展和新型城镇化建设，科学编制总体规划，对土地利用、村庄建设、产业发展、公共基础设施、社会公共事业等进行整体规划布局；突出培育产业支撑，做大做强泸州本地的特色优势产业，切实增加农民收入，为新村建设打造造血功能；因地制宜建设新村，根据城郊、丘陵、山区不同地域环境，分类推进，形成各具特色的新村建设模式；充分发挥农民在示范片建设中的主体作用；创新机制，拟定利益纠纷解决预案，加大新型农民培训力度，强化现代营销理念，构建示范片建设的风险保障机制，创新金融服务产品，探索农村新型社区的建设和管理模式，确保示范片的长效辐射作用。形成市政协《关于我市新农村示范片建设情况的调查与建议》，送市委、市政府参考。市委书记朱以庄批示：“市政协的调研报告很好，很有价值，请文杰、万春同志研究。”市委副书记杨文杰批示：“市政协十分关心支持新农村示范片建设，对一年多来全市新农村示范片建设的初步成绩予以充分肯定，对存在的四个方面的问题和五条建议要深刻理解并抓好落实，请市新农村示范片建设领导小组办公室及主要相关部门、区县及8个一类示范片认真学习，对照检查，把工作再做实做好。”8—10月，市政协组织全市政协委员，分15个小组，由市政协主席、副主席或区县政协领导带队。围绕城市公共交通管理、城区农贸市场建设管理、粮食收储、国土资源管理、高中教育、农村社会保障体制建设、“2131”农村电影工程、民营民间演出、民族地区产业发展等15个课题，深入基层，深入一线，通过听取汇报、查阅资料、实地考察、组织座谈、观看演出等多种形式视察。提出意见和建议：城市公共交通管理方面：切实贯彻城市公交优先发展政策，促进全市公交企业的可持续发展；城市客运场站布局应与城市规划建设同步，相关部门在编制城市总体规划时，应将涉及城市客运的公交首末站、公交停车场、公交保养场、公交调度中心、出租汽车综合服务站等场站设施纳入；加强对城市公交企业规范化的监督力度，建立市场监管机制，进一步完善公交行业的科学化管理，进一步提升泸州公交形象；敏锐关注行业动态，加大科技成果转化利用。土地利用管理方面：加大对各级各部门，特别是区县、乡镇领导干部教育力度，强化宣传手段，在全社会进一步形成节约集约利用土地的氛围和共识；建议市委、市政府把节约集约用地列入各级政府年度目标考核；强化规划引导调控，多渠道解决年度计划紧缺问题；加大执法监督力度，落实好土地执法共同责任制。高中教育方面：加强领导，努力营造高中教育更加良好的大环境；多渠道加大投入，切实为普通高中发展解决一些实际困难；加强教师队伍建设，提高整体素质；适时整合优势资源，不断改善普遍高中办学条件。民间演出团体发展方面：加强引导和扶持，积极为民间演出团体提供必要的政策支撑，营造良好的发展环境；淡化身份观念，打破身份限制，畅通人才流通渠道；加强对民间演出团体创作、演出的指导和支持；加强监督管理，强化行业自律，不断促进民间演出团体健康发展。粮食收购储备方面：以确保粮食生产为主线，进一步增强宏观调控能力；加快推进粮食流通体系建设；加强监督检查，规范粮食购销市场；引领骨干企业，充实库存，确保粮油市场供应。形成市政协《关于城市公共交通管理工作情况的视察报告》《关于我市土地利用管理情况的视察报告》《关于我市高中教育情况的视察报告》《关于我市民间演出团体发展情况的视察报告》《关于粮食收购储备工作情况的视察报告》等 8 个报告，送市委、市政府及有关部门参考。10 月，市政协主席会议成员视察泸州市老龄工作。实地视察龙马潭区安宁镇敬老院、碧水苑民办养老院、市老年大学，听取市政府、市民政局、市老龄工作办公室有关工作情况介绍。提出建议：明确老龄事业的公益性定位，不断增大对老龄工作的财政投入；统筹推进城乡老龄事业发展，重点抓好农村养老保障体系的建立完善；全方位推进老年服务机构基础设施建设，改善养老环境和条件；提高老年服务工作水平，促进养老服务机构健康规范运行。形成市政协《关于我市老龄工作情况的视察报告》，送市委、市政府参考。11 月，市政协主席会议成员视察泸州市非公有制经济发展。实地走访非公有制企业，召开非公有制经济代表人士座谈会听取意见。提出建议：尽快制定配套政策，健全完善协调服务机制，继续深化行政审批改革，落实好预约服务机制，建立产业预警通报机制，搭建企业协作发展平台；积极引导非公有制经济集群式发展，鼓励非公有制中小企业向“专、精、特、新”方向发展；加大科技扶持力度，推进企业品牌发展；强力实施人才兴企战略，培养宏大人才队伍；改进服务，牵线搭桥，努力解决非公有制经济“贷款难”问题；切实做实“团结、帮助、引导、教育”工作，逐步规范管理非公有制经济代表人士，搞好非公有制经济人士的政治安排。形成市政协《关于我市非公有制经济发展情况的视察报告》，送市委、市政府参考。

第三节　提　案

1991 年，泸州市政协二届四次会议期间及会后，市政协提案委员会（简称提案委员会）收到委员提案 231 件。分送市政府办公室和市级部门办理 221 件，区县政府办理 10 件。第 1 号提案《关于解决泸州市回民吃牛肉难的建议案》，经市政协常委会议通过，送市政府办公室办理。经市政府常务会议研究决定，以泸市府办〔1991〕6 号文复函，市政府每年从财政拨出 4 万元，对市中区回民实行牛肉价格补贴。

1992 年 2 月 25 日，政协泸州市第二届委员会第五次会议听取和审议《政协泸州市委员会提案委员会关于第二届四次会议以来提案工作情况的报告》；29 日，会议通过《政协泸州市第三届委员会提案审查委员会关于三届一次会议提案审查情况的报告》。

1993 年，泸州市政协三届一次会议期间及会后，提案委员会收到委员提案 288 件。经提案委员会审查，确定作为提案办理 283 件，其中会议小组提案 4 件，委员联名提案 27 件，作为意见转有关方面处理 5 件。上述提案中，有关经济建设方面 120 件，占 42.4%；有关教育、科技、文化、卫生方面 73 件，占 25.8%；有关统战、民族、宗教方面 31 件，占 11%；有关政法、劳动人事及其他方面 59 件，占 20.8%。提案分送市政府办公室及相关部门办理 266 件，市委办公室办理 13 件，市政协办公室办理

3 件，泸州军分区办理 1 件。截至当年 12 月底，收到承办单位对提案答复 268 件，占应交办提案总数 95%。收到委员对提案答复的意见反馈 196 件，占办复提案总数 93%；其中委员满意和基本满意 194 件，占反馈意见总数 99%。

1994 年，泸州市政协三届二次会议期间及会后，提案委员会收到委员提案 250 件，全部作为提案办理，其中集体提案 25 件、建议案 1 件。上述提案中，有关经济建设方面 115 件，占 46%；有关教育、科技、文化、卫生方面 60 件，占 24%；有关统战、民族、宗教方面 35 件，占 14%；有关政法、劳动人事及其他方面 40 件，占 16%。分送市委办公室、市政府办公室、市政协办公室及市级有关部门和 5 县 1 区政府办理。截至 1995 年 1 月，办复 247 件。收到委员反馈意见 210 件，其中委员满意和基本满意 206 件，占办复提案总数 97. 4%；委员表示不满意答复件 4 件，承办部门在征得委员意见后重新办理。

委员提出“关于加强农业生态环境保护的提案”，市农经委高度重视，在其原有的保护农业资源和环境措施基础上，加大工作力度，采取几项措施：1. 建立健全农业环保办法，明确职责，分级管理，协调处理好农业生态环境保护中的一些热点和难点问题。2. 加强农业环保宣传，提高全民环保意识，积极开展植树造林、治理水土流失工作，促进农业生态环境改善。3. 加强环保法制建设，严格控制污染源，减少“三废”污染，特别是抓一些危害大、影响广的典型案件处理。4. 减少农业自身的污染，大力普及科学种田，避免因化肥、农药、农用地膜等使用不当产生的副作用。委员提出“关于加快发展个体、私营经济的提案”，市委、市政府高度重视，组织有关部门，深入实际，调查研究，提出 29 条支持发展个体、私营经济的政策措施，建设一批具有一定规模、功能较为完善的专业批发零售市场；结合治理整顿经济秩序，清除部分不该收费的项目，减轻了个体、私营企业负担，创造了良好外部环境；全市个体、私营经济得到较快发展。委员提出“关于加强古蔺、叙永两个县边远山区扶贫救济工作的提案”，引起党委、政府重视，促进两个县边远山区扶贫救济款的落实；是年，市政府安排两个县以工代赈资金 1100 万元、扶贫贷款 1130 万元。委员提出“关于我市急需兴办一所中等卫生学校的提案”，得到市政府和主管部门重视，副市长游瑞林主持召开有关部门领导和专家座谈会，对建立泸州市中等卫生学校进行必要性和可行性论证，议定中等卫生学校发展思路是全面规划、由小到大、逐步完善；1994 年已起步，招收普通中专班，定向为乡镇卫生院培养西医士等专业学生 80 名。委员提出“请市政府考虑在主干道水井沟等处修建立交桥，以解决通往行人交通安全问题的提案”，市建委重视，积极行动，促进主干道水井沟处的地下过街道工程在短期内施工。

1995 年，泸州市政协三届三次会议期间及会后，提案委员会收到委员提案、建议、意见 328 件，确定为提案办理 313 件。其中，市政协主席会议和常委会议提出建议案 2 件，集体提案 65 件，占 20. 8%；委员个人和联名提案 248 件，占 79. 2%。提案中有关经济建设方面 95 件，占 30. 4%；有关城市建设方面 48 件，占 15. 3%；有关教育、科技、文化、卫生、体育等方面 68 件，占 21. 7%；有关政法、劳动、组织、人事等方面 70 件，占 22. 4%；有关统战、民族、宗教等方面 32 件，占 10. 2%。提案委员会送市政府办理的 270 件提案，由负责提案办理工作的秘书长审阅后，分别送市长和各位副市长审阅并签署办理意见。截至 1996 年 3 月 7 日，收到承办单位办理提案答复 310 件，占 99%。提案被党委、政府及各部门采纳、部分采纳和在今后工作中将要采纳的 263 件，占 84%。委员反馈意见，对办理结果表示满意和基本满意的占 96%。

委员 296 号提案建议：市检察院要大力加强对司法机关和行政执法机关少数违法犯罪人员的监督和处理。市检察院党组专门研究，要求把查处这类违法犯罪摆在重要位置，坚决查处，并及时向市政协通报情况。委员《建议将殡仪馆搬迁至郊外》提案，市政府重视，分管副市长率民政、财政、金融、环保等部门负责人到市殡仪馆现场办公，对搬迁经费、选定新址等做出具体安排。市政协领导提出《搞活我市国有企业》提案，泸州市经济体制改革委员会（简称市体改委）重视，采取有力措施，当年就改组和新建有限责任公司55个，改组和新建股份合作制企业112个。委员《创建国家卫生城市应抓紧查漏补缺》提案，市政府及市建委重视，利用整治12条城市街道机会，争取达到改造一条街、美化一条街、规范一条街、繁荣一条街目的，初见成效；城区所有进出口公路的路面铺修整治工作全面完成，并结合治理城乡接合部的卫生。市建委重视委员提出的《全宏鞋业有限公司污染严重，请将该公司厂房迁往郊外》提案，组织环境保护等部门调查，及时向市政府做出搬迁报告，市政府及时作出同意搬迁决定，11月底该厂搬迁到瓦窑坝郊区。市公安局重视委员提出的《关于治理安富地区交通混乱建议》提案，采取有力整治措施，使安富地区交通状况大为改观。委员提出《加强文化娱乐场所的管理，进一步清除“三陪”等丑恶现象》提案，市委成立以市委、市政府分管领导为主任，公安、文化等14个部门负责人参加的泸州市文化市场管理委员会，统一实施文化市场的管理，严厉打击娱乐场所的色情活动。

1996年3月7—13日泸州市政协三届四次会议期间，提案委员会收到委员提案428件。经审查作为提案办理424件，作为建议和意见4件。18日，提案委员会根据提案内容和市政协主席、副主席分工，将424件提案分送主席、副主席审阅并签注办理的建议和意见。4月9日，市政协与市政府举行提案交接仪式，将由市政府承办的399件提案交接。是月，市政府市长、副市长对399件提案审阅，对一些重点提案批示办理意见。7月，提案委员会与市政府办公室联合对市建委、市纪委、市交通局、市工商局、市公安局等8个部门的提案办理情况检查。9月10日，市政协与市人大在市建委召开泸州市人大代表建议、政协委员提案工作交流会，市级65个部委局办行社办理提案负责人参加，推广市建委“共商办案、贵在落实”办理提案的经验。截至12月底，提案委员会收到委员提案447件。经审查确定为提案办理441件，作为建议和意见转有关方面处理6件。其中，委员个人和联名提案406件，占92.1%；市级民主党派、人民团体、市政协专门委员会的集体提案和县区委员小组提出的提案35件，占7.9%。上述提案中，有关经济建设方面227件，占51.3%；有关教育、科技、卫生、文化、体育方面153件，占35%；有关统战、民族、宗教方面19件，占4.3%；有关政法、组织、人事、劳动及其他方面42件，占9.4%。提出提案委员295名，占委员总数86%。收到各承办单位办理提案答复432件，占交办提案数98%。其中提案提出问题已经解决和基本解决133件，占31%；正在解决的246件，占57%；因条件限制一时难以解决的53件，占12%；采纳和部分采纳率88%。委员反馈意见中，满意和基本满意率98.5%。

委员提出《希望尽快组建泸州工程机械企业集团、以适应市场竞争需要》提案，市政府领导重视，多次召集有关部门讨论研究，在克服种种困难情况下，仅用半年时间，就完成由长江起重机厂、长江挖掘机厂、长江液压件厂和泸州机器厂组成的“长江集团”组建工作，实现规模化经营，企业实力有很大增强。委员提出的《应加速321国道江门至火把桥段的道路整治》提案，市交通局认为委员反映问题切中要害，认真研究并及时向市政府汇报。一方面向省争取资金，一方面千方百计自筹，年内就投入资金2249万元。在施工中，党委政府切实加强领导，依靠沿线基层的支持配合，保证40公里路段半年整治竣工，对促进古蔺、叙永2县经济发展起到重要作用。委员提出《关于治理永宁河污染》提案，提案委员会协助承办部门，邀请部分专家、学者和提案人实地考察，并召开叙永县、纳溪县党委、政府主要领导参加的现场办公会，共同研究、论证，提出治污的4条措施。至11月跟踪检查，两河镇土法炼磺和硫精砂厂已拟定措施转产，沿河小纸厂正采取集中制浆、分散造纸，大树硫铁矿土法炼磺已停产。委员联名提出《为市川剧团解决招收30名学员》提案，市政府领导重视，召开专门现场办公会，市文化局、市财政局、市人事局、泸州市机构编制委员会办公室（简称市编办）等部门参加，研究解决提案反映的问题。市人事局、市编办已同意为市川剧团增加8个编制，引进艺术人才，缓解青黄不接现状。市政协社会法制委员会提出《关于认真做好巩固和发展社会治安综合治理模范单位工作建议》提案，市综治委高度重视，立即研究，制定工作要点，下发文件通知；召开誓师大会，市委书记、市长亲自动员；建立健全创建社会治安综合治理模范单位（简称创模）工作责任制，制定综治模范单位的严格标准，认真考核，确保市委、市政府三年创模目标的实现。委员联名提出《关于朱德在泸业绩陈列馆现有住房迁出问题》提案，市政协高度重视，数次召开有关部门协调会，寻求解决办法，走访陈列馆现有住房涉及的单位，商讨搬迁安置办法；向市政府写出“专题调查和处理建议”。市长、常务副市长3次批示，市财政局拨出专款解决搬迁费用。委员提出《交还回族清真寺宝成路段房产改造自主权》提案，因涉及面广，问题复杂，提案委员会与市建委配合，召开3次协调会，使多年来分歧意见很大的双方达成共识，签订房屋拆迁返还安置协议，使这一难度很大问题得到解决。

1997年1月29日，市政协做出《关于表彰优秀提案的决定》。3月泸州市政协三届五次会议期间，市政协对本届12件优秀集体提案和48件个人提案进行表彰。获奖集体提案是：中国国民党革命委员会泸州市委员会（简称民革泸州市委）《巩固国家卫生城市，争创文明城市》，中国民主同盟泸州市委员会（简称民盟泸州市委）《建立市民基本文明规范的建议》，中国民主建国会泸州市委员会（简称民建泸州市委）《深化改革力度，做好亏损企业的解困工作》，九三学社泸州市委员会（简称九三学社泸州市委）《加强工程监理力度的建议》，中国致公党泸州市委员会（简称致公党泸州市委）《强化防火意识，消除火灾隐患》，市政协农业委员会《各级领导机关带头开展“百村扶贫战略试点”的建议》，市政协财经委员会《关于严格控制财政支出，逐步减少财政赤字的建议案》，市政协教科文卫体委员会《请按教师法规定，解决全市教师补贴金额问题》，市政协社会法制委员会《认真做好巩固和发展社会治安综合治理模范单位成果的建议》，提案委员会《关于组织提案委员会成员外出参观学习考察的建议》，叙永县政协委员小组《加强管理，确保江门到火把桥油路工程按期完成的建议》，合江县政协委员小组《关于加快泸合公路改造工程进度的建议》。是月，泸州市政协三届五次会议期间，提案委员会收到委员提案415件。3月21日，市政府办公室与提案委员会联合举行提案交办仪式，对提案进行交办。4月21日，提案委员会召开提案办理大户单位座谈会，研究提案办理。6月，市政协组织对提案办理情况检查。9月16日，市政协召开主席会议，听取市政府关于提案办理情况通报。截至12月，提案委员会收到提案382件，其中集体提案20件、个人提案362件。提案涉及经济建设方面239件，占提案总数62.7%；教育、科技、文化、卫生方面79件，占20.6%；统战、民族、宗教方面21件，占5.5%；政法、劳动人事和其他方面43件，占11.2%。至月底，提案办复380件，办复率99.5%。委员反馈意见，满意和基本满意率99%。

民盟泸州市委提出《关于根本上解决择校生问题》提案，市政府高度重视，采取有力措施，1997年推行新的就近入学方式，人民群众反映很好，受到省政府赞誉。委员提出《关于市中区血站应尽早迁移到市中区》提案被市政府采纳，新建的4000平方米中心血站大楼，已投入使用。委员提出《加强社会治安综合治理，确保旅游安全》提案，市委分管领导作出批示，泸州市社会治安综合治理委员会办公室（简称市综治办）召开专门会议，市公安局积极组织警力，开展专项斗争和专项治理，有力打击车匪路霸的嚣张气焰，保护了旅客的安全。

1998年3月泸州市政协四届一次会议期间，提案委员会收到提案398件，提出提案委员435人，确定为提案办理383件，作为建议和意见15件。4月，提案委员会根据内容和市政协主席、副主席分工，将383件提案分送主席、副主席审阅和签注办理的建议和意见。5月8日，市政协提案委员会与市人大办公室、市政府办公室联合召开人大代表建议、政协委员提案交办会，按照“分级负责、归口办理”原则，将提案交市级44个部门和7个县区研究办理。6—9月，市政协组织对5个部门办理提案情况检查督促。10月，市政协组织召开提案大户座谈会，研究提案办理。截至12月，提案委员会收到委员提案413件，经审查确定为提案办理397件，作为建议办理16件。其中，集体提案19件，委员个人和联名提案378件。397件提案中，有关经济建设方面的233件，占58.6%；有关教育、科技、文化、卫生、体育等方面的109件，占27.5%；有关政法、民族、宗教、统战、劳动人事等方面的14件，占3.5%。撰写提案委员占委员总数80%以上。至月底，收到各承办单位办理提案答复394件，占交办总数的99.2%。其中提案提出问题被采纳、部分采纳和在今后工作中将采纳的313件，占79.3%。委员反馈意见中，满意和基本满意率96%。

民革泸州市委、民盟泸州市委和部分委员从不同角度提出的《关于解决下岗职工再就业问题》提案，市劳动局高度重视，按市政府要求，认真开展调查研究，建立强有力的领导机构，制发《关于实施“再就业工程”有关问题的通知》等9个文件，短时间内建起600多平方米的劳动力市场，加强下岗职工的技术培训，使泸州市下岗职工基本生活保障和再就业工作得到顺利开展。委员联名提出《加大发展非公有制经济力度》《加强对个体、私营企业政策保护》《加强市领导联系重点民营企业》等提案，市委、市政府领导重视，将发展非公有制经济作为新的经济增长点来抓，制发《关于加快全市非公有制经济发展的意见》，强化领导机构，建立市领导联系重点民营企业24个，市工商局、市物价局按照市委8号文件要求，对个体工商户、私营企业收费实行“收费卡”制度，保护其合法权益，促进非公有制经济的发展。民盟泸州市委提出《推动泸州市素质教育建议》提案，市教委结合泸州市情况，多次调查研究，起草《泸州市关于开展素质教育工作的意见》，以市政府文件批转执行，推动素质教育的深入发展。委员联名提出《关于火葬场搬迁地点问题》提案，市规划建设局多次组织力量现场察看，多次请提案委员共商意见，确定火葬场搬迁地点并动工修建。民盟泸州市委和委员提出的《关于兴建老年公寓》提案，市民政局重视，几经努力，已在九狮山动工修建。委员提出《市区内禁鸣喇叭》提案，市公安局即行采取措施解决，大幅度减小市区噪声污染，群众反映很好。委员在提案中反映城市建设中通讯管理工作不落实问题，市规划建设局诚恳接受监督，主动与市邮电局共同商议，达成共识，较好地解决了问题。

1999年2月，提案委员会专门召开市级各民主党派、工商联负责人联系会，研究集体提案撰写。这一形式后形成惯例。3月泸州市政协四届二次会议期间，提案委员会收到提案、建议和意见288件。经审查确定作为提案办理271件，占94.1%，作为委员建议和意见供承办部门参考17件。其中委员个人或联名提案252件，占93%；集体提案19件，占7%。271件提案中，有关经济建设方面的141件，占52%；有关教育、科技、文化、卫生方面的69件，占25.5%；有关政法、民族、宗教、统战、劳动人事等方面27件，占10%；其他方面34件，占12.5%。提案委员会根据提案内容和市政协主席、副主席分工，将全部提案分送主席、副主席审阅和签注办理的建议和意见。4月下旬，提案委员会与市政府办公室联合召开委员提案交办会，按照“分级负责、归口管理”原则，将提案送交涉及的48个部门和7个县区政府办理。5月，提案委员会参与市交通局、市科委、泸州市国家卫生城市管理委员会

（简称市国卫委）等部门的提案办理。提案委员会与市政府办公室共同组织对市发展计划委、市经委、市广播电视局、市环保局、市卫生局和叙永县提案办理的督促检查。12月，提案委员会组织召开提案委员会委员、市级12户提案办理重点部门负责人，江阳、龙马潭、纳溪3区政协分管提案副主席参加的座谈会，共同协商解决提案办理中的矛盾和问题。截至12月底，收到各承办部门和单位办理提案的书面答复271件，办复率100%。委员在提案中提出的问题已经解决和基本解决的占29%，正在解决或列入今后工作逐步解决的占47%，采纳和部分采纳率76%。在收到的委员反馈意见中，满意和基本满意率98%。

市外事侨务旅游局重视九三学社泸州市委提出《关于加快泸州市旅游业发展建议》提案，将《建议》的部分内容纳入全市旅游总体规划；市委、市政府明确将旅游业作为支柱产业培育，列入国民经济和社会发展计划。市工商联提出《营造非公有制经济发展的最佳环境》提案，市委、市政府及有关部门高度重视，中共泸州市委、泸州市人大常委会、泸州市人民政府、政协泸州市委员会（简称市四套班子）领导对部分重点私营企业实行联系制度，市纪委、市监察局实行挂牌保护，有力促进了非公有制经济健康发展。委员提出《加大国企改革力度，扭转"三长"亏损局面》提案，市政府采纳，采取重大改革措施，由泸州市兴泸投资公司对长工集团兼并。民革泸州市委、民盟泸州市委、九三学社泸州市委分别提出《关于科技兴泸建议》提案，市科委采取多种有力措施，争取各方面的支持加以落实。委员提出《修建泸州市急救中心》提案，市发展计划委已将急救中心建设作为泸州市社会事业建设主要项目之一，正抓紧制定方案，报批立项。委员分别提出的《关于恢复泸州一些名胜古迹》等内容提案，市规划建设局、市财政局吸纳主要意见，对钟鼓楼进行保护维修，增建绿化草坪，改造报恩塔环境。委员提出《充分发挥职工在企业改革中的作用》提案，市总工会采纳，拟从4个方面采取措施：一是企业领导组要有工会代表参加；二是工会应参与改制方案的起草和修改；三是方案形成后交职工讨论，由职代会通过；四是职工代表要监督方案的实施。委员联名提出《要求解决泸县、龙马潭区行政区划遗留问题》提案，得到市委、市政府重视，主要领导多次批示和召开现场办公会，认真研究解决。并由市政府办公室牵头，市财政局和泸州市国有资产管理委员会（简称市国资委）参加，对遗留问题调查，形成专题报告，提出解决措施，报请市委决定后实施。委员提出《尽快将小市片区小街小巷装上路灯》提案，市规划建设局采纳，已拿出具体方案陆续安装路灯。委员联名提出《加强树风职高门前交通安全管理》提案，泸州市公安局交通警察支队（简称市交警支队）专程前往调查，制定有力措施，使该路段交通状况明显改善。

2000年2月，泸州市政协四届三次会议期间，提案委员会收到委员提案378件。经审查，确定作为提案办理369件，占97.6%，作为建议和意见供承办部门参考9件。其中集体提案20件，委员个人或联名提案349件，参与撰写提案委员238人。369件提案中，有关经济建设方面的191件，占51.8%；有关教育、科技、文化、卫生、体育方面的94件，占25.8%；有关政法、民族、宗教、统战、劳动人事等方面的77件，占21%；其他7件，占1.6%。提案委员会根据内容和市政协主席、副主席分工，将全部提案分送主席、副主席审阅和签注办理建议和意见。3月31日，提案委员会与市政府办公室联合召开政协委员提案交办会，按照"分级管理、归口负责"原则，将提案送交涉及的市级44个部门和7个县区政府办理。在提案办理中，创造出办理单位、提案委员会和提案人当面协商办理提案的"面商办理"形式，提案委员会会同市政府办公室、提案人参与市科委、市规划建设局、市公安局等部门的面商办理。8月8—15日，提案委员会与市政府办公室组织对市人事局、市教委、市文化局、市外事侨务旅游局提案办理情况督促检查，与市劳动局、市卫生局等部门共商难度较大的提案办理。市政协主要领导对不满意的提案，提出督办要求。截至12月底，收到各承办部门和单位办理提案的书面答复369件，办复率100%。委员在提案中提出的问题已经解决和基本解决的占30%，正在解决或列入今后工作逐步解决的占49%，采纳和部分采纳79%。在收到的委员反馈意见中，满意和基本满意率97%。

民革泸州市委、民盟泸州市委、九三学社泸州市委提出《抓住西部开发机遇，加大泸州市引资力度》《把泸州市旅游产业办成新的支柱产业的建议》《把泸州建成有特色的旅游文化名城的建议》提案，泸州市外经贸易局（简称市外经局）、市外事侨务旅游局认真研究，实施一系列有力措施，使泸州招商引资效果明显；旅游产业发展制定近期和远期规划，重要旅游景区开发项目已完成前期工程或正在实施。委员提出《美化"国宝"窖池环境，加快二期改造工程》提案，市政协列为1号提案，市政府高度重视，加快城区改造整体规划步伐，"国窖广场"开发工程全面实施。委员提出《拆除旧房、完善报恩塔周边环境》提案，市规划建设局采纳，结合即将实施的二期工程认真研究，8月25日已开始拆迁和建设。委员联名提出《尽快促进泸州教育学院与泸州师范合并，为泸州高等专科学校的建立奠定基础》提案，得到采纳，泸州高等职业技术学院已经通过省上主管部门的评估。委员提出《切实整治校园周边环境和电子游戏厅》提案，市文化局多次组织力量对全市电子游戏厅集中检查，对违规经营户提出限期整改，搬迁校门200米范围内经营户26个，使校园周边环境大为改观。委员联名提出的关于清退教会房产提案，江阳区、泸县、纳溪区政府领导亲自牵头，组织专门调查组进行深入细致调查，多次召开专题会议，研究落实措施，进一步办理清退。委员提出在滨江路、三星街、回龙湾新区新建报警岗亭提案，市公安局巡警支队、大队领导亲自到反映地点了解，结合现有警力分析，对巡逻方式、频率、路线调整，以保证在接警后3—5分钟赶到现场。委员联名提出《纳溪区人民法院的办案条件亟待改善》提案，纳溪区政府在财政十分困难条件下，挤出资金15万元用于法庭维修，并对办公条件、设施差的乡镇法庭也安排配套资金。委员提出《关于大慈路2号楼乱建棚屋堆放易燃品》提案，市公安局派人实地调查，限令清理，市城监大队拆除乱搭棚屋，消除该地区火险隐患。

2001年2月泸州市政协四届四次会议期间及会后，提案委员会收到委员提案354件，其中集体提案33件，委员个人或联名提案321件，参与撰写提案委员352人次。经审查，确定作为提案办理的343件，转为委员建议的11件。提案委员会根据内容和市政协主席、副主席分工，将全部提案分送主席、副主席审阅并签注办理建议和意见。3月，提案委员会与市政府办公室联合召开委员提案交办会，按照"分级管理、归口负责"原则，将提案送交39个部门、单位和7个县区政府办理。5月始，提案委员会组织协调和参与市交通局、泸州市港口航务管理局（简称市航务局）、市卫生局、市科委、市财政局的"面商办案"会。与市政府办公室组织重点提案跟踪检查活动；到江阳区、泸县、叙永县专题调查，解决宗教地产问题；2次召集提案大户座谈会，交流办理工作经验，促进提案办理。截至12月底，提案办复338件，5件正在办理。提案所提建议和意见得到解决或列入计划解决247件，占73.2%；因条件所限和其他原因待以后解决或供参考91件，占26.8%。在委员对119件提案办理反馈意见中，满意和基本满意率94.1%。对办理不满意的7件提案，承办部门重新办理；经重新办理仍不满意的1件提案，提案委员会商请有关承办单位再研究办理。

委员联名提出加大治理经济发展软环境建议的提案，市委办公室认真研究，纳入有关文件。委员联名提出《加快泸州市光亮工程的建议》提案，市规划建设局在市政府直接领导下，采取多种有力措施，短短一年有明显起色。委员提出治理整顿红星社区街道卫生的提案，市国卫委及时采纳，大力整顿治理，卫生面貌焕然一新。委员联名提出加大泸州市旅游宣传开发力度的提案，市外事侨务旅游局在有关旅游发展规划中采纳。九三学社泸州市委、致公党泸州市委、市工商联和委员提出加快泸州市小集镇建设、城市建设要体现文化品位、大力扶持古叙优质蚕桑基地建设、关于泸州市房地产开发的建议等一系列提案，各承办部门认真答复和办理，不同程度采纳。委员提出《迎接挑战，对企业加强WTO知识的培训》提案，泸州市经济贸易委员会（简称市经贸委）认为具有一定的前瞻性和可行性，准备在一定时期内分期分批开展此项工作。委员提出《历史文化名城的保护和管理要有实际行动》提案，市规划建设局及有关部门认为对加强保护和管理有积极意义，将尽快完善和落实好保护和利用的规划，更好展现泸州市作为历史文化名城的环境风采。委员联名提出泸州市宗教房地产清理退还问题的提案，尽管时间跨度大、情况复杂，但涉及的江阳区、泸县、纳溪区、叙永县等县区政府，按照“民族宗教无小事”精神，以认真负责态度，组织专门班子和人员，多次实地调查，写出专题报告。对已核实清楚问题，尽可能实事求是解决；对因条件所限一时难以落实的问题，仍在认真研究办理中。委员联名提出《加强和完善行风评议工作制度》提案，市监察局在正式答复前，派专人与提案委员面商，针对提案建议，分别拟定3条具体的整改措施。

2002年3月，泸州市政协四届五次会议期间及会后，提案委员会收到提案、建议和意见332件，按提案条例确定为提案办理309件。其中委员个人或联名提案273件，占88.3%；集体提案36件，占11.7%。提案内容涉及有关经济建设方面的157件，占51%；有关教育、科技、文化、体育、卫生方面的92件，占30%；其他方面29件，占9%。5月，召开办理任务较重的10个部门提案办理座谈会，交流办理经验，促进提案办理。组织不同层次的面商办案8次。8月上旬，组织对市教委、市财政局、泸州市民族宗教事务局（市民宗局）、市劳动局及纳溪区政府的重点提案跟踪检查。截至12月底，提案办复306件，办复率99.4%。提案所提问题已经解决或基本解决的占31%，正在解决或列入工作逐步解决的占48%，采纳率79%。委员反馈意见中，满意和基本满意率95.1%。对办理不满意的3件提案，承办部门重新办理或专门征求提案人意见，向有关领导汇报，待条件具备时落实。

民建泸州市委提出《建好生态示范区，推进泸州市农业产业化进程》提案，市政府重视，成立以市委农工办、水电、农业、林业等部门组成的无公害标准化绿色食品工业领导小组，下设办公室统一协调解决生态示范园建设中的问题；市委、市政府分管领导多次召集相关部门研究绿色食品生产、加工、销售工作，并正在制定相关建设发展规划；叙永县被国家列为生态示范县，泸县、纳溪区被列为省级生态示范县；泸州市农业生态环境改善，无公害农产品生产加工已启动。民盟泸州市委提出《集中财力修建福宝旅游公路的建议》提案，市交通局按照省市相应政策规定，已将公路建设列入《泸州市县际公路规划》，计划2002年实施。委员联名提出《关于建设西部化工城的建议》，市发展计划委员会表示在以后西部化工城建设中逐步采纳。尤其是对环境污染治理，有关部门高度重视，已委托四川环境保护科研院对4个化工园区项目进行环境评估，严格限制有害气体、粉尘、污水排放。致公党泸州市委提出《要重视贫困地区可持续发展》6条建议，市扶贫开发办公室认真研究，认为对促进泸州市古蔺、叙永2县经济发展很有见地，将纳入扶贫工作思路。民革泸州市委、九三学社泸州市委、市工商联提出《抓好市行政服务中心工作，营造招商引资宽松环境》提案，市政府办公室进行专题调查，市委、市政府分管领导对加强市行政服务中心工作、转变作风、提高办事效率进行安排和部署。九三学社泸州市委提出《落实泸州市科技投入建议》提案，市财政局认为很有针对性，同意在市财力增长缓慢、各项刚性支出不断增加情况下，努力增加科技的投入。2002年，市本级科技三项费预算比2001年增长8%，与财政投入预算同步增长；同时，通过向省积极争取资金等途径，加大科技投入。民革泸州市委提出《关于纳溪区高中校点布局的建议》提案，纳溪区委、区政府重视，专门成立纳溪区学校布局调整领导组，制定《纳溪区普通高中学校布局调整实施方案》，有序开展纳溪城区高中学校布局调整工作。民革泸州市委提出《民主党派在政务公开中履行监督职能建议》《加强领导干部离任审计力度》等提案，承办部门重视，市委、市政府就发挥民主党派在政务公开工作中的民主监督职能联合发文，做出明确规定，并在市级民主党派、工商联和无党派人士聘请7名政务公开监督员，加强政务公开监督工作。

2003年2月，提案委员会印发《关于征集提案的通知》和提案撰写有关资料，以提高新一届政协委员认识，增强撰写提案的责任感。泸州市政协五届一次会议期间及会后，提案委员会收到提案、建议和意见345件，按提案条例确定为提案办理328件，作为建议和意见转有关方面参考17件。其中委员个人和联名提案293件，占89.3%；集体提案35件，占10.7%。提案涉及有关经济建设方面的171件，占52%；有关教育、科技、文化、体育、卫生方面的115件，占35%；有关政法、民族宗教、统战、劳动人事方面的33件，占10%；其他方面9件，占3%。按照内容和市政协主席、副主席分工，分送主席、副主席审阅和签注办理建议意见。4月，按照“分级负责、归口管理”原则，将全部提案分送涉及的34个市级部门、单位和7个县区政府办理。8月，市人大、市政府、市政协联合组成检查组，对市发展计划委、市规划建设局、市人事局、市交通局、市农业局等承办大户办理情况检查。12月，组织委员对部分承办单位进行视察、检查。截至12月底，提案办复323件，办复率98.5%。提案所提意见和建议被采纳、部分采纳的259件，占79%。委员反馈意见中，满意和基本满意率96%。对办理不满意的9件提案，承办部门以不同方式作重新办理。对确因条件所限一时难以落实的宗教房地产问题，提案委员会商请有关承办单位研究办理。

委员提出《取消百子图大桥收费站》提案，市委、市政府高度重视，市交通局积极向四川省政府汇报，并与四川省交通厅、成渝公司、蜀海公司多次协商，终使百子图沱江大桥设站式收费改成年票制收费，使一多年未解决问题得到圆满解决。委员联名提出《关于整治泸州医学院城北新区玉带河污染问题》提案，市环保局会同市规划建设局、市城管局深入调查，多次专题研究，提出治理方案，由市规划建设局牵头的污水截流工程已开始实施。委员2002年提出的《取消繁琐的医疗报销环节，发放门诊专用卡》提案，市劳动局在广泛调研和做大量前期工作后，2003年7月出台《关于基本医疗保险费用实行后付制结算办法的通知》，使问题基本解决。民盟泸州市委提出《加强泸州市历史文物保护》提案，市政协主要领导和市政府分管领导签批意见，市规划建设局专题研究落实，对城市建设中涉及文物保护方面情况全面清理，并将在工作中协调处理好文物保护与城市建设的关系。市政协教科文卫体委员会在《巩固国家卫生城市成果的两点建议》提案中，提出改变城区人行道水泥板铺设材料问题，市城管局高度重视，多次研究，在2003年主干道人行道改造工程中，运用新工艺、新材料，解决人行道“雨天道路泥泞、晴天尘土飞扬”现象，为广大市民创造良好环境。委员提出《叙永县有的面粉存在掺滑石粉问题》提案，四川省泸州市工商行政管理局（简称泸州工商局）派专人前往调查处理。

2004年3月泸州市政协五届二次会议期间及会后，提案委员会收到委员提案、建议和意见374件。按提案条例确定为提案办理367件，转为建议和意见供承办部门参考7件。367件提案中，委员个人和联名提案327件，占89%；集体提案40件，占11%。参与提案委员750人次。提案内容涉及有关经济建设方面的213件，占58%；有关教育、科技、文化、体育、卫生方面的123件，占33.5%；有关政法、民族宗教、劳动人事方面31件，占8.1%。按照内容和市政协主席、副主席分工，分送主席、副主席审阅和签注办理意见。4月，市政府办公室、市政协办公室联合转发《市政协提案委员会关于办理提案的意见》，改革创新，加大提案办理力度。5 月，按“分级负责、归口管理”原则，将全部提案分送涉及的 34 个市级部门、单位和 7 个县区政府办理。加强面商办案，市交通局、市城管局、市公安局、市劳动和社会保障局等部门面商率 100%；市规划建设局承办委员提案 64 件，作为第一承办大户，坚持面商办案，面商率 90%以上，满意和基本满意率 100%。11 月，市政协分管副主席带领调查组，到各县区调查提案办理情况及办理经验，对提案办理情况检查。截至 2005 年 2 月，提案办复 367 件，办复率 100%。提案所提问题已经解决或基本解决的 197 件，占 53%；正在解决或列入规划解决的 109 件，占 30%；因受条件限制暂时不能解决的 47 件，占 13%；提案所提问题供工作参考的 11 件，占 3%。委员反馈意见中，满意和基本满意率 99%。

市工商联提出《进一步优化民营经济的发展环境》提案，市政府重视，责成有关部门组织调查研究，分工负责，逐项落实。市政协财经委员会提出《关于推进泸州市招商引资工作的几点建议》提案，市招商引资局积极采纳建议，并提出要从 6 个方面改进工作。民革泸州市委提出《加强人口与计划生育的建议》提案，泸州市人口和计划生育委员会（简称市人口计生委）认为在大量调查研究基础上提出的 8 点建议很好，针对性和可行性较强，将积极予以采纳，并提出从 6 个方面抓好当前计划生育工作。委员提出《加大农业科技推广工作的财政投入》提案，市财政局认为所提问题十分重要，将向市委农村工作领导小组建议，加大投入，提高农业科技水平。委员联名提出《关于将两所职业技术学院合并组建长江理工职业技术学院的建议》提案，市教育局采纳，表示将进一步论证和研究，做好协调和服务工作，促成两院联合。民盟泸州市委和委员提出关于抓好农村新型合作医疗的建议，市卫生局表示将根据提案建议，从 4 个方面作好完善和巩固叙永县首批农村卫生改革试点的工作，为全市农村卫生事业改革奠定基础。民革泸州市委和 5 名委员提案中提出加强网吧管理建议，是群众反映的热点问题，市文化局十分重视，按照定点、集中、规范、严管的要求，强化规范网吧经营行为，加大行政监督力度，在加强网吧管理方面取得明显成效。委员提出《关于维护好城市公共设施》提案，市公安局高度重视，在城区范围内开展为期 70 天“打击破坏、盗窃市政公共设施”的专项整治行为，依法惩处破坏、盗窃市政公共设施的违法人员，取得良好效果。委员联名提出的关于治理永宁河污染提案，市环保局高度重视，召开专题会议研究，并邀请提案委员实地考察永宁河的水质污染防治情况，重点视察重点排污企业泸州巨森纸业有限公司投巨资治理永宁河污染的情况，通过现场面商办案，促进永宁河污染的治理。委员提出尽快完善市区新民街路灯配套建议的提案，市城管局及时召开相关单位协调会，限期完善路灯配套设施，路灯已安装完毕。委员提出《关于杜家街百子图大桥至木拱溪段的维修建议》提案，2 位副市长签署意见，市城管局派人到现场调查，与有关单位进行协调，明确由市土地整理中心对该路段道路全面整治。委员在提案中提出的白节至大旺线路不畅通问题，市交通局负责人责成有关部门实地查明原因后，与纳溪区和白节镇政府联系，召开现场办公会，确定治理方案。

2005 年 1 月 6 日，市政协做出《关于表彰优秀提案、优秀提案工作者、提案办理先进单位的决定》，对政协泸州市五届委员会以来 18 件优秀提案、5 名优秀提案工作者、6 个办理提案先进单位进行表彰。优秀集体提案是：民革泸州市委《我市种子市场存在的问题及对策》，民建泸州市委《建立长效政务保障机制的建议》、民盟泸州市委《大力发展职业技术教育的建议》，九三学社泸州市委《进一步理顺市区城管体制的建议》，致公党泸州市委《加快人才资源向人才资本转变的建议》，市工商联《鼓励民间资本进入基础领域的建议》，市政协农业委员会、文史资料委员会《完善我市失地农民安置与保障措施的建议》，市政协教科文卫体委员会《在城北新区新建学校的建议》。提案办理先进单位是：市交通局、市城管局、市劳动和社会保障局、市公安局、市规划建设局、市纪委办公室。2 月泸州市政协五届三次会议期间及会后，提案委员会收到委员提案、建议和意见356件，按提案条例确定为提案办理346件，转为建议和意见供承办部门参考10件。在346件提案中，委员个人和联名提案297件，占86%；集体提案49件，占14%，截至12月底，提案办复345件，办复率99.7%。提案所提建议和意见已经解决或基本解决的193件，占56%；正在解决或逐步解决的96件，占28%；因条件所限和其他原因待以后解决或须向委员解释的56件，占16%。委员反馈意见中，满意和基本满意率98%。

民建泸州市委提出《实施循环经济，促进泸州“煤电路化”综合协调发展》、致公党泸州市委提出《将循环经济及其支撑体系建设纳入我市“十一五”规划的建议》、委员提出《对我市发展节约型经济的建议》和就西部化工城、煤电路化项目的引进和开发、产业发展规划等方面提出的建议，承办部门认为提案拓宽了工作思路，很有参考价值，将在编制“十一五”计划和实施中，积极加以采纳。民革泸州市委提出《关于我市农村土地流转的问题和对策建议》，民盟泸州市委提出《关于农村剩余劳动力转移现状及产业对策的建议》，委员就加快农村产业发展、加强农村水利设施建设、加大扶贫开发力度、加强对农村富余劳动力培训等问题所提出的建议，得到承办部门的认真办理和积极采纳。致公党泸州市委提出《大力发展旅游业、争创国家优秀旅游城市的建议》，委员就加大硬件投入、完善服务体系、打造生态旅游、红色旅游精品线路等方面的建议，得到市有关部门和泸县、合江县、古蔺县、江阳区政府的重视和认真办理。委员提出《做好我市城区地下空间利用长远总体规划的建议》，市规划建设局认为具有前瞻性，表示采纳建议，尽快编制地下空间利用规划。九三学社泸州市委提出《关于增强我市环保监督，进一步建设好“绿色”历史文化名城》、委员提出《关于建设绿色生态泸州建议》等提案，承办部门认为对泸州城市生态建设有较强的参考价值，将积极予以采纳。委员联名提出泸州市迎接国家卫生城市复检的意见和建议，市城管局积极采纳。九三学社泸州市委提出《关于建立重大畜禽疫情专项应急储备的建议》、委员联名提出《建立健全公共卫生突发事件医疗救助体系》提案，承办部门认为具有较强的警示作用，建议得到认真采纳。致公党泸州市委提出《整合高等教育资源促进泸州发展的建议》，市政府办公室认真研究，决定每年召开一次相关部门和4所高校参加的研讨会，促进泸州高校发展。市政协教科文卫体委员会提出《关于利用扶贫资金为古叙两个贫困县定向培养职高生》提案，委员就巩固义务教育“一费制”成果、建立“留守子女”教育和监护体系、扶持贫困地区中小学教育提出的建议，承办部门认真进行办理。委员就加强网吧管理、严禁娱乐场所携带管制刀具等问题的提案，市文化局、市公安局联合下发《泸州市文化娱乐场所长效管理办法》，加强文化娱乐场所治安管理。委员提出《完善社会评议制度》提案，市纪委、市监察局着手对行风评议相关措施和办法进行修改和完善。委员提出《市委对区县所属部门、乡镇街正职领导离任后应建立“绩效审计”制度》提案，市委组织部将在进一步完善干部考核指标中予以采纳。民盟泸州市委提出《采取果断措施消除蓝田火灾隐患的建议》提案，承办部门高度重视，决定在蓝田旧城改造前，采取5条措施严防灾情出现。委员联名提出《纳溪城区城市用水取水口亟待迁移》提案，市国资委负责人亲临现场研究解决方案，纳溪区政府专门召开常务会议研究，确定整治方案。市工商联提出《政府应进一步加强对大中小零售商场监管工作》提案，市商务局主要负责人多次请市工商联和市相关部门、各商场和供货商研究，及时形成两个规范性文件。委员提出《建立长效管理机制，扫除卫生死角》提案，市城管局召集7个相关单位，在提案反映的现场召开协调会，明确责任要求，跟踪检查落实，促进城区环境卫生的有序管理。

2006年3月泸州市政协五届四次会议期间及会后，提案委员会收到提案、建议和意见366件。按提案条例确定为提案办理的352件，立案率96.2%，转为建议和意见供有关部门参考14件。在352件提案中，委员个人和联名提案306件，占86.9%；集体提案46件，占13.1%，参与提提案的委员576人次。提案内容涉及经济建设方面的179件，占50.9%；涉及教育、科技、文化、体育事业方面的83件，占23.5%；涉及民主政治、法制、统战、民族宗教、劳动人事等方面的68件，占19.3%；其他方面的22件，占6.3%。按照“分级负责、归口管理”原则，分别交市级有关部门、单位和7个县区政府办理。多数提案办理大户单位，在提案办理中，面商率100%。有关承办部门对B类提案进行追踪办理，提案办理更加务实。截至12月底，提案办复352件，办复率100%。在收到的委员反馈意见中，委员对办理结果表示满意或基本满意率99%。

2007年3月泸州市政协六届一次会议期间及会后，提案委员会收到提案、建议和意见403件。按提案条例确定立案391件，立案率97%，作为建议、意见转有关部门参考12件。在391件提案中，委员个人和联名提案352件，占90%；集体提案39件，占10%。提案内容涉及经济建设方面的196件，占50.3%；涉及政法、统战、劳动人事、民族宗教方面和加强社会管理、解决群众切身利益问题的78件，占19.7%。按照“分级负责、归口管理”原则，分别交市级有关部门、单位和7个县区政府办理。提案委员会通过提案办理大户工作座谈会、办理工作检查、面商办案会、办理部门走访提案委员、办后督办等形式，提高提案办理效率和质量。截至12月底，提案办复391件，办复率100%。其中提案反映的问题已经解决或基本解决的197件，占提案总数50.3%；正在解决或列入计划解决的170件，占43.5%；因受各种条件限制暂时不能解决的24件，占6.2%。在收到的委员反馈意见中，委员对办理结果表示满意或基本满意率99.2%。

委员和市级民主党派、工商联提出的《做强做大泸酒特色产业》提案，在认真分析泸酒优势、全力打造中国名酒名片、加强酒业宏观管理和规划、重视基酒生产、提高品牌竞争力方面提出的建议，为市委、市政府制定《关于加快酒业发展的意见》，提供有价值的参考。关于《我市融入长江上游经济圈》提案，市政府及相关部门认真办理，并做出一系列的部署和安排，如建立川渝经济合作区泸州临港示范区、建设川渝、川黔高速公路、进一步完善“长江沿岸中心城市经济协调会”“重庆经济区市长联席会”等长江上游经济圈政府合作机制等。关于《大力整治校园周边环境，确保学生安全》提案，市政府十分重视，责成教育、卫生、文化、工商、规划建设、公安等相关部门共同专题研究，提出针对性措施，并组织专项整治，取得阶段性成效。关于《加强我市乡镇卫生院建设》提案，市卫生局、泸州市机构编制委员会办公室（简称市编办）、市财政局在联合开展为期半年的系统调研基础上，草拟《关于进一步加强乡镇卫生院机构建设的通知》，正在多个层面征求意见，力争尽快出台。关于《拓展酒文化外延打造泸州酒文化精品》提案，市文化局组织相关人员专题研究，提出深入发掘泸酒人文内涵、全力助推酒业发展的思路，制定《关于支持酒类产业发展的实施意见》，同时开展泸州酒文化专题研讨活动，明确工作措施和目标。关于《加强我市科技创新能力》提案，提出了加快科研成果转化和企业技术创新能力建设等具体建议，市政府及相关部门在是年出台的一系列推动科技创新能力文件中，吸收提案有价值的思路和办法。关于《预防和减少青少年犯罪，促进青少年健康成长》提案，涉及多个部门的工作，承办部门按照市委、市政府要求，在法制宣传、法律援助、人民调解、未成年人教育等方面加强协调，形成预防未成年人违法犯罪的合力，取得较大成效。关于《对政府采购工作建立监督机制》提案，市政府认真研究，积极采纳所提建议，制定由市纪委委派特邀监督员、建立政府采购监督员的制度、加强对供应商的动态管理、严格监管审计等措施，从制度上保证对政府采购监管的有效性。

2008年4月泸州市政协六届二次会议期间及会后，提案委员会收到委员提案、建议和意见402件。按提案条例确定立案394件，立案率98%，作为建议、意见转有关部门参考8件。在394件提案中，委员个人和联名提案348件，占88%；集体提案46件，占12%。提案内容涉及有关经济建设方面的198件，占50.3%；有关教育、科技、文化、卫生、体育事业方面的121件，占30.7%；有关党风廉政和民主法制建设、劳动人事、统战工作等方面75件，占19%。按照“分级负责、归口管理”原则，分别交市级有关部门、单位和7个县区政府办理。在提案办理中，市政府领导分别对分管范围内的提案审阅并签署意见，对重要提案亲自参与办理；承办单位也把提案办理作为“一把手”工程。市劳动和社会保障局、市交通局、市规划建设局、市财政局、市卫生局、市国资委、泸州工商局、市委农工办等部门面商率100%。并开通“泸州市人大代表、政协委员建议提案网上办理系统”，实现网上办理试运行。截至12月月底，提案办复394件，办复率100%。其中提案所提问题已经解决或基本解决的224件，占立案总数57%；所提问题正在解决或列入计划逐步解决的83件，占21%；所提问题目前条件下难以解决的87件，占22%。在收到委员反馈意见中，表示满意或基本满意率98%。有6件提案，提案委员对办理结果有不同意见，提案委员会根据实际情况，商请相关承办单位再次办理。通过承办单位对“不满意”提案的再办理，多数提案人对此表示满意、基本满意或理解。

委员和市级民主党派、工商联提出的《关于泸州工业园区建设存在的问题和对策建议》提案，提出建立健全园区管理机构、加大园区整合力度促进集约发展、加大投入力度完善园区基础设施建设的建议，得到市政府重视和采纳。提出的《关于加大农村环境污染治理力度》提案，市政府召开专题会议研究，相继完成饮用水源一级、二级保护区内排污口的清理取缔；积极创建无公害种植基地、绿色食品基地、有机食品基地；开展环境优美乡镇、文明生态村、生态小区、生态家园等生态细胞工程。提出的《关于搬迁安宁、沙湾公路收费站》提案，市交通局高度重视，计划将安宁收费站外迁至泸隆51公里处，将沙湾收费站外迁至黄舣镇附近，待上报省上有关部门批准后实施。提出的《关于构建我市农产品安全生产管理体系的建议》提案，市政府高度重视，就加快泸州市农产品安全生产基地建设和推行农业标准化生产、加强农产品质量安全追溯能力建设、健全农产品质量安全监督体系、建立农产品质量安全事故报告制度和农产品质量安全应急处理制度等方面，制定相应措施。提出的《尽快修建泸州大剧院》提案，市政府重视，已经确定大剧院的选址，正在研究制定相关的具体实施办法。委员提案中反映滨江路4段、耳城广场污水排流和空气质量差问题，市政府重视，召开会议研究，决定加快城市截污干道建设和技术改进，增加城市污水收集面，彻底解决城区中心半岛污水收集和处理问题。提出的《建议加大农村寄宿制学校建设力度》提案，市政府及相关部门采纳，通过积极争取国家和省上项目资金的支持，加大投入力度，加快农村寄宿制学校的建设步伐，后共新建、扩建243所寄宿制学校，住校学生近万名，较好地解决了农村学生、特别是贫困山区和农村留守学生的上学难问题。提出的《关于将民营医疗机构纳入新农合定点医疗机构》提案，卫生部门通过调研，确认12家市注册的民营医疗机构为新型农村合作医疗（简称新农合）定点医疗机构。针对政协提案中反映的文化基础设施建设问题，市政府重视，泸州市将在“十一五”期间，将97个乡镇文化中心站列入国家项目建设计划，积极争取国家、省文化设施建设项目资金，市财政每年安排配套建设经费，推动基层文化事业的发展。

2009年2月泸州市政协六届三次会议期间及会后，提案委员会收到提案387件。其中，委员个人和联名提案335件，市级民主党派、工商联提案49件，市政协专门委员会提案3件。参与提案委员507人次。按提案条例确定立案380件，作为建议、意见转有关部门参考7件。提案内容涉及经济建设方面的198件，占52.1%；科技、教育、文化、卫生、体育方面的110件，占28.9%；民主法制、劳动和社会保障、民族宗教方面的72件，占19%。按照“分级负责、归口管理”原则，分别交市级有关部门、单位和7个县区政府办理。对其中11件重点提案，由市政协5位副主席领衔督办。截至12月底，提案办复380件，办复率100%。其中提案反映的问题已经解决或基本解决的224件，占59%；正在解决或列入规划逐步解决的80件，占21%；因条件限制暂时不能解决或权限不在泸州市和留着今后研究的76件，占20%。在收到委员反馈意见中，委员对办理结果表示满意和基本满意率99.5%。对一次办理不满意的1件提案，经过2次办理后，提案者表示满意。

委员关于《积极应对金融危机，促进酒业稳步发展》提案，从酒类企业培育、品牌创建、融资帮扶、技术创新以及酒业集中发展区等提出的建议，有关部门认真采纳并加以落实，全市酒业保持良好发展势头。民建泸州市委关于促进泸州市工业止滑提速的提案，就融资扶持、财政补贴、为企业减负、强化政府服务等提出的建议，在政府及有关部门的工作中已得到落实，全市工业经济呈现止滑回升的良好态势。委员联名提出泸永路改造问题的提案，市政府高度重视，多次研究协调，决定将泸永路的路权由龙马潭区移交给市交通局，市交通局正在实施道路整治工程，使该问题最终得到妥善解决。委员关于解决黄舣园科所310户职工安全饮水的提案，承办单位市国资委会同有关部门认真研究并提出改造方案，报市政府同意后立即组织实施，在较短时间内完成管网改造工程，让310户居民用上干净卫生的自来水。关于打造中职教育精品专业的提案，市教育局认真采纳，积极引导中职学校做大做强重点专业，避免中职招生市场的恶性竞争，减少学校重复建设造成的浪费。关于健全新型农村合作医疗制度方面的提案，市政府及卫生等部门高度重视，开展建立泸州市新农合长效监管机制专项调研和专项整治工作，下发《新型农村合作医疗定点医疗机构管理办法》，着力解决新农合管理与监督体系不够完善、制度不够健全、责任不够落实、区县新农合安全监督薄弱、乡镇政府监督管理不够到位、少数定点医疗机构违反新农合政策行为未及时发现等问题，促进新农合工作健康运行和发展。关于把泸州打造成中国酒文化之都的提案，有关部门认为委员的建议具有前瞻性和合理性，符合泸州酒文化传承发展目标。泸州市启动“中国酒城·泸州”城市形象标识征集活动，规划建设部门在旧城改造规划中提出“展示泸州浓厚的酒文化氛围，塑造旧城半岛处处飘香的酒城形象”的整治目标和相应整治措施。关于全市酒窖池文物保护与申报工作的提案，市商务局、市文化局开展对酒窖池的摸底调查，以及酒窖池文物的保护规划与申报工作。委员关于加大对返乡农民工就业创业扶持的提案，受到市政府领导高度重视，市政府及时出台《关于解决失业返乡农民工有关问题的意见》，有关部门和县区认真分解任务、落实责任，采取促进外出务工农民就业稳定、扩大市内就业空间、实施技能培训、开展就业帮扶、扶持自主创业、维护合法权益等措施，积极解决返乡农民工的就业、创业问题，收到明显效果。委员联名提出关于做好高校毕业生就业工作的提案，市劳动局、市人事局、市教育局等7个部门，联合开展“工作岗位见习”“校企对接”“高校毕业生专项招聘会”“民营企业招聘周”“青春创业大课堂”“创业助我行”等高校毕业生就业服务系列活动，取得较好成效。委员提出在全市开展学校建筑质量检查的提案，市教育局从2009年起，根据国家和省的统一要求，将对全市学校校舍进行拉网式排查，用3年时间全面完成中小学校舍加固改造任务，为广大师生提供一个更加安全的学习、生活环境。委员关于整治出租车违章行为的提案，交通、安全等部门联合开展为期4个月的专项整治活动，对出租车交通安全、服务质量等方面的违法违章行为重点整治，取得初步成效。

2010年1月7日，市政协做出《关于表彰优秀提案、提案办理先进单位和先进工作者的决定》，表彰政协泸州市六届委员会以来优秀提案38件，提案办理先进单位10个，先进工作者20名。优秀集体提案是：民盟泸州市委《发挥比较优势，做大做强泸酒特色产业》，致公党泸州市委《关于加强我市城区社区卫生服务的建议》，民盟泸州市委《关于我市融入长江上游经济圈的建议》，民革泸州市委《农村学校实施义务教育经费保障机制以后的八个问题及建议》，九三学社泸州市委《当前我市“新农合”推进过程中存在的几个问题及建议》和《关于推进我市养老服务社会化工作的建议》，致公党泸州市委《关于整治城市“牛皮癣”长效机制的建议》，民建泸州市委《关于促进我市工业止滑提速的建议》，民革泸州市委《应高度重视我市留守学生监护教育问题》和《加快农村土地流转、推进现代化农业发展》，民盟泸州市委《泸州城区烟花爆竹禁燃改为限燃的建议》，市工商联《关于推进我市企业自主创新的建议》。2月泸州市政协六届四次会议期间及会后，提案委员会收到提案387件。其中委员个人和联名提案336件，市级民主党派、工商联提案41件，市政协专门委员会及委员小组提案4件。按提案条例确定立案375件，其余6件作为委员意见转有关部门参考。提案内容涉及有关经济建设方面的199件，占53%；有关科技、教育、文化、卫生、体育方面的94件，占25.6%；有关民主法制、劳动和社会保障、民族宗教方面的82件，占21.9%。按照“分级负责、归口管理”原则，分别交市级有关部门、单位和7个县区政府办理。截至12月底，提案办复375件，办复率100%。提案反映的问题和建议已经解决或基本解决的A类提案229件，列入计划实施的B类提案83件，所提问题因条件限制不能解决而作解释说明的C类提案56件，所提问题供工作参考的提案2件。委员反馈意见中，委员对办理结果表示满意或基本满意率99.5%。

在泸州市的省政协委员提出《打造长江黄金水道加快港口建设的建议》，四川省政协作为2010年1号提案重点督办，由常务副主席晏永和率9个省级部门到泸州现场督办和会商办案，推动进出泸州港口集装箱车辆过关费等久拖未决问题得到解决。市级民主党派、工商联和委员提出的《加大对泸州机械工业集中发展区支持力度的建议》《关于做强泸州机械产业的建议》等提案，市政府及时下发《关于成立泸州市机械工业集中发展区管理委员会的通知》，明确集中发展区管委会为市政府派出机构，代表市政府对集中发展区实行统一领导、规划和管理，同时，积极开展以特色园区招商为主题的机械产业招商活动，引进国内机械龙头企业在泸州并购企业、入住园区投资建设。关于《积极探索我市创建森林城市新机制的建议》提案，市政府组织开展创建国家森林城市大型公益募捐活动；出台激励政策和扶持措施，引导企业、农民投资荒山造林；在城市建设中，采取“土地拍卖捆绑基础设施建设”的做法，要求开发商按标准实施配套绿化建设。《关于加强泸州市农村公路建设、管养的建议》提案，市政府出台《关于加强农村交通运输安全管理工作的意见》，要求各区县根据实际情况制定针对村级公路建设的养护制度，明确管养责任，落实经费来源，强化技术指导，保证农村公路管理养护的常态化、制度化、规范化。群众反映强烈的泸永路改造问题，经政协委员多年多次提案反映，该项目被列入全市重点工程，由市政府主要领导督办，于9月改造结束竣工通车。《关于重新构建泸州菜篮子基地建设的建议》《关于尽快恢复收取新菜地开发建设基金的建议》等提案，市政府高度重视蔬菜新基地建设问题，决定从2011年起，每年从市级土地出让金中划拨500万元设立新菜地开发建设基金，以后每年按10%速度增长安排，用于泸州市新菜地开发建设和蔬菜产业发展，确保人民群众“菜篮子”安全。《关于加强城市历史文化保护与发展的建议》《加大非物质文化遗产保护，提升泸州软实力》等提案，受到市政府及相关部门高度重视，在新一轮城市总体规划编修中，泸州历史文化内涵的再发掘和保护成为研究重点；结合第3次全国文物普查工作，已对全市文物点、文物古迹全面调查；正在开展第七批全国重点文物保护单位、第八批市级文物保护单位的申报工作；已着手进行泸州市“非物质文化遗产”博物馆的建设计划，古蔺县“苗族民俗博物馆”、江阳区“分水油纸伞博物馆”建设等已提上议事日程。《关于加强网络绿色监管确保青少年健康上网的建议》提案，市教育、文化、公安等部门联合行动，加强网络安全治理，严厉打击网络违法犯罪，全市网络环境得到有效净化。《对小餐饮行业的卫生监管应长期坚持一个标准》提案，市卫生局制定《我市小餐饮基本卫生标准》，并下发各县区，统一全市小餐饮行业基本卫生标准和监管要求，指导泸州市在城乡环境综合整治和“创卫迎检”工作中对小餐饮行业的卫生监管工作。《关于新设泸州儿童医院的建议》提案，市政府已决定将建设泸州市儿童医院列入《泸州市“十二五”医疗机构设置规划》。关于《建立完善我市“政府机构购买培训成果”》提案，市劳动局与市财政局会商后决定增加职业培训补贴的工种，上调职业培训补贴的标准，主要为农村富余劳动力、城镇登记失业人员、新成长的劳动力参加职业培训提供补贴。《关于加强我市养老服务机构建设的建议》提案，市政府已作出规划安排，要求老年公寓的规划选点上尽量选择距中心城市不远且环境绿化较好的地方；拟在各县区分别建立一所集社会福利院、敬老院、光荣院、救助管理站和流浪未成年人救助保护中心等多位一体的社会福利中心；逐年加大对敬老院建设的投入力度和村级“五保户”老人集中供养点的建设。《关于建立医疗纠纷人民调解委员会的建议》提案，市委政法委、市司法局、市卫生局等部门重视，决定在江阳区首先开展医疗纠纷人民调解委员会建设的试点工作，探索经验，建立完善符合泸州实际的医疗纠纷第三方调解机制。《采取切实措施，制止摩托车在城区泛滥》提案，推动了泸州市实行摩托车入城证管理制度，对遏制摩托车的非法营运、缓解主城区的交通压力、维护城市道路交通秩序起到积极作用，

2011 年 2 月泸州市政协六届五次会议期间及会后，提案委员会收到提案 381 件。其中委员个人和联名提案 336 件，市级民主党派、工商联提案 41 件，市政协专门委员会及委员小组提案 4 件。按提案条例确定立案 375 件，作为意见、建议转有关部门参考 1 件。提案内容涉及有关经济建设方面的 199 件，占 53. 1%；有关科技、教育、文化、卫生、体育事业方面的 94 件，占 25. 1%；有关民主法制、劳动和社会保障、民族宗教方面的 82 件，占 21. 8%。按照“分级负责、归口管理”原则，分别交市级有关部门、单位和 7 个县区政府办理。对一些涉及全市经济社会发展的重点、难点提案，市政府各位领导亲自参与研究，协调解决。市政府办公室向各承办单位发出《关于做好办理工作的通知》，并将办理结果纳入年终绩效评估目标考核。12 月 1 日，市政协做出《关于表彰优秀提案的决定》，表彰优秀提案 16 件。优秀集体提案有：民革泸州市委《关于进一步加强我市水利建设工作的建议》、民盟泸州市委《我市社区功能存在的问题及建议》、民建泸州市委《关于注重保护和科学开发我市两江四岸的建议》、致公党泸州市委《关于加强我市农村公路建设、管养的建议》、九三学社泸州市委《关于做强泸州机械产业的建议》、农工民主党泸州市委员会（简称农工党泸州市委）《关于在泸州建立川滇黔渝结合部医疗卫生服务中心的建议》、市工商联《关于建立健全养老机制的建议》、古蔺县委员小组《关于切实加快“二郎·中国名酒名镇”建设步伐的建议》、市政协社会法制委员会《关于建立“泸州公安民警风险救助金”的建议》。截至 12 月底，提案办理 375 件，办复率 100%。提案所提问题或建议已经解决和采纳的 229 件，占 61%；列入计划实施的 83 件，占 22%；所提问题因条件限制不能解决作解释说明的 56 件，占 15%；供工作参考的占 2%。在收到委员反馈意见中，委员对一次办理工作表示满意和基本满意率超过 99. 5%。

委员关于《加快泸州融入重庆泛“一小时经济圈”的建议》提案，泸州市发展和改革委员会（简称市发改委）认真采纳并落实，积极参与《成渝经济区区域规划》，使泸州市在成渝经济区中的城市立位、产业发展重点和重大基础设施项目得到国家和省的许可。《关于实施农机购置地方补贴累加，推进我市农业机械化加快发展进程的建议》提案，市政府决定从 2011 年起对泸州市部分耕种收农业机械

实行购置累加补贴政策，在国家补贴30%基础上，市财政补贴10%，各区县补贴不低于10%，这一政策的出台受到广大农民的欢迎。关于《开展对我市产业发展及其人才需求趋势调研分析的建议》提案，市政府高度重视，成立由常务副市长任组长、10余个部门参与的专题调研领导组，各课题组深入实际开展调查研究，调研成果为市政府今后的决策提供了重要参考。委员提案比较关注的社区建设问题，市委、市政府高度重视，经过认真调研，广泛听取意见，出台《关于加快推进社区居委会建设工作的意见》，对城市社区体系建设做出全面的规划和部署，明确市财政每年安排专项资金用于社区居委会建设。委员多次提出的关于70岁老人免费乘坐公交车的提案，市政府高度重视，认真研究，积极采纳，出台泸州市70周岁以上老人刷卡免费乘坐公交车实施细则，使市内3区70岁以上老人免费乘坐城市公交车问题得到解决。

第四章　参政议政

第一节　调研建言

1991 年 3 月 14—20 日，市政协经济委员会组织委员对泸州市油菜生产调研。形成《关于考察我市油菜生产情况的汇报和建议》，提出建议：大力发展泸州市的油菜生产，使之成为四川泸州天然气化工厂油脂化工生产的原料基地；泸州常年油菜籽产量在 2250 万公斤左右，要争取达到年产 1000 万吨目标；加大油菜籽种植科学技术推广，选用优良品种；财政给种植户适当补贴，政府保证收购。市委、市政府高度重视，召开会议专门研究，市委书记刘育仁、副书记杨运洪，副市长杨正康参加。会议就 1997 年油菜收购中政策兑现、培育油菜籽销售市场及 1992 年油菜生产设想等做出安排。后被市委定为“油菜籽”工程，在全市范围内实施。4 月 23 日至 5 月 30 日，市政协群众工作委员会与市委组织部、市妇联联合组成调研组，对泸州建省辖市以来各县区培养选拔使用女干部情况调研。提出女性从政需要社会的理解和支持、需要切实可行的政策作保证、需要女性干部自身奋发自强等建议。形成市政协《关于我市培养选拔使用女干部情况的调研报告》，送市委参考。6 月，市政协医药卫生委员会组织委员对泸州市医药市场治理整顿后情况调研。提出建议：继续加强对医药市场的治理整顿，加强药品生产经营的审查，严厉打击违法生产经营的行为；继续坚持国家对医药商品实行专营；加强农村三级医疗机构建设，加大对农村医药卫生的投入，改善农村医药卫生条件，为农民提供较好的医疗卫生服务。12 月，市政协群众工作委员会组织委员对泸州市社会福利事业调研。提出建议：各级政府要加强对民政工作的领导，转变观念，变输血功能为造血功能；要把民政事业纳入泸州市发展的总体规划，为民政事业创造一个稳定发展的外部环境。形成市政协专题调研报告，送市委、市政府参考。市委、市政府高度重视，督促有关部门改变民政福利事业的现状。

1992 年 4 月，市政协组织经济界委员，对泸州市国合商业企业推行“四放开”政策和农产品流通情况调研。18 日，邀请市委书记刘育仁、市人大常委会副主任彭文聪、副市长邹正涛，召开专题协商会，对“四放开”效果、存在问题及今后发展分析和研讨。提出建议：解放思想，坚持推进“四放开”；加大劳动用工、干部人事、工资分配三大制度的改革力度；搞好其他方面的配套改革；加快在亏损企业中推行“四放开”。形成市政协《关于我市部分商业企业推行“四放开”和农产品流通情况的调研报告》，送市委、市政府参考。5 月初至 6 月下旬，市政协文化教育委员会组织委员，与市教委、市中区教育局对中小学生课业负担调研。实地调研泸州二中、泸州十一中、泸州师范附小、市中区忠山小学、合江县三桥乡小学、纳溪区棉花坡乡中小学，召开学校领导、教师、学生座谈会。提出建议：端正教育思想，切实纠正片面追求升学率偏向；严格按《教学计划》开课，促进学生全面发展，改革考试制度和招生办法；坚决纠正滥编、滥印、滥发各种教材、教学参考资料、复习资料、辅导材料，制止乱办班、乱收费；加强中小学教师队伍建设。形成市政协《关于对中小学生课业负担情况的考察报告》，送市委参考。7月6—12日，市政协群众工作委员会对各县区培养选拔使用女干部和民族干部情况调研。形成市政协《关于在我市山区招聘干部时对女性和少数民族实行政策倾斜的紧急报告》，送市委参考。8月18—25日，市政协组织烤烟考察组，对泸州市烤烟生产和收购情况调研。实地考察古蔺县大村、石宝、龙山、白沙、叙永县摩尼、石坝、大树、两河等烟区，与两县政府领导、区和部门负责人座谈。提出建议：进一步加强对烤烟生产和收购的领导和管理工作；切实加强领导和组织群众抗灾自救；叙永、古蔺2县尚差2500万元收购资金，其中叙永县1000万元，古蔺县1500万元，请市级有关部门尽快予以解决。形成《市政协考察烤烟生产和收购的情况报告》，送市委参考。12月，市政协组织部分市政协委员对泸州市公墓价格调研。实地调研市中区沙湾乡黄金山公墓和忠义乡南寿山公墓。政协委员认为墓地价格不高，建议黄金山公墓不能由个人或集体承包，应由市中区民政局收回管理。形成专题调研报告，送市委参考。

1993年6月，在调研赤水河流域河谷地带基础上，市政协编辑出版《赤水河流域经济综合开发规划》。7月5—7日，市政协社会法制委员会、经济科技委员会组织委员，对泸州市贯彻实施《中华人民共和国土地管理法》情况调研。针对人民群众反映强烈的乱占耕地问题，实地到市中区、泸县、江北经济技术开发区调研。形成调研报告，向市政府提出建议。市政府高度重视，及时转发市政府关于清理乱占滥用耕地的88号文件，及时下发市政府18号令，对泸州市城镇国有土地的使用、出让和转让作出具体规定。市委、市政府还联合下发〔1993〕40号文件，加强对土地管理的力度，使泸县的147件1173亩、市中区的49件539亩未办手续的土地，依法予以纠正，全部补办征地手续。10月26日至11月1日，市政协社会法制委员会组织委员，与市民宗委等部门对贯彻落实四川省政府〔1991〕27号令和市委〔1993〕34号文件《关于进一步做好我市少数民族工作的意见》调研。实地调研古蔺县、叙永县落实民族乡各项政策的情况。提出建议：将古蔺县、叙永县9个民族乡列入赤水河流域开发区，以适用其优惠政策；财政上给予倾斜，建议5年内民族乡收入全部自收自支，以休养生息；落实四川省政策，在民族乡工作的干部上浮一级工资；切实解决民族乡的行路难问题，下大力气抓好民族乡经济发展；民族乡的学校和卫生院应当县里统筹解决；建议邮电部门对民族乡开展对口扶贫，有关部门要帮助民族乡组织更多的劳务输出。形成市政协《关于古蔺、叙永对民族的各项政策落实情况和调研报告》，送市委参考。

1994年5月16—18日，市政协财经委员会组织委员20余人对泸州市部分中小型企业生产经营状况和新税制实施后企业税务情况调研。提出建议：采取灵活政策，以先征后退、挂账等方式，减轻企业的税赋；增加对企业的资金投入，狠抓扭亏增盈；要在转换企业经营机制上下功夫，在“改、转、租、并、卖”上做文章。形成市政协《关于目前中小企业状况的调研》，送市政府参考。18日—21日，市政协社会法制委员会组织委员对合江、叙永2县当前维护社会稳定和“严打”斗争调研。提出充实干警、增加办案经费、加大宣传力度等建议，形成市政协《关于调研合江、叙永当前社会稳定和“严打”斗争情况》，送市委参考。6月，市政协组织委员对泸州市中小企业状况调研。实地调研市毛巾厂、市乳制品厂、市装卸运输公司、市造船厂、市建筑陶瓷厂、市食品厂。提出建议：千方百计注入资金，是搞活企业扭亏增盈的关键；企业要苦练内功，在转换经营机制上下功夫；加强中国共产党的思想政治工作，增强基层党组织的凝聚力。形成专题调研报告，送市委参考。10月，市政协农业委员会组织委员对部分乡镇企业调研。提出建议：发展乡镇企业要坚定不移贯彻速度与效率并重的方针，在不断提高企业经济效益前提下，保持乡镇企业较快的发展速度，建议政府在考核乡镇企业时，着重查实企业利税上缴，总产值指标要落实在乡村两级企业；广开门路，多渠道筹措资金，既要依靠金融部门贷款支持，又要通过发展合作基金组织、职工集资、发行债券筹措资金，以增加企业的投入；建立由市政府牵头、市计委具体负责、组建有多个部门参加的项目咨询机构，从项目的筛选、论证、立项到实施，提供多方位的跟踪服务；确立走规模效益的路子，积极扶持骨干企业，每个镇至少抓1—2个骨干企业；在税收上既要执行政策，又要“放水养鱼”，通过减、免、缓等变通措施，培植和巩固税源。形成市政协《关于我市部分乡镇企业情况的调研报告》，送市政府参考。12月，市政协财经委员会组织委员对泸州市财政工作调研。针对市级财政赤字居高不下且逐年增加状况，提出建议：切实加强预算外资金的管理，对预算外资金进行一次全面的清理，凡没有纳入财政管理的预算外资金，要限期纳入管理；对预算外资金实行“专户储存、计划管理、财政审批、银行监督”，实行收支两条线，坚决杜绝设账外账和私设小金库；对违章收入、坐支挪用、多头开支、未按专户储存的单位，采取行政的、法律的手段，发现一个处理一个，决不手软。按照中央“四严格、一提倡”精神（即严格控制增资总量，严格控制行政事业单位经费，严格控制小车购置，严格控制增资总量，提倡艰苦奋斗、勤俭节约的精神），坚决遏制各种非正常支出膨胀的势头；对广大群众反映突出的公款吃喝、公款旅游、公款娱乐、公款送礼、公款钓鱼、公车私用、公费电话、公房超标问题，要采取强有力的措施加以解决；严格控制行政事业单位人员的增长，精简机构和人员，所有单位一律不准超编进人。形成市政协《关于严格控制支出逐步减少财政赤字的建议案》，送市委参考、市政府办理。市委书记杨运洪做出批示：“市政协建议案提出的节支建议，切合实际，极具针对性，应予以研究，比较具体地搞一套制度出来，共同遵循。”市财政局认真研究，采取有力措施，控制财政支出。1995年，上半年仅电话费、会议费比1994年同期减少70多万元。

1995年4月下旬至5月中旬，市政协农业委员会与市人大农业委员会联合调研泸州市基层农技推广体系状况。提出建议：要本着“机构要稳定、队伍要充实、经费要增加、手段要加强”原则，进一步加强全市农业服务体系的建设；理顺农业服务体系的管理体制，在机构改革中，要把农业服务体系的管理权限放到乡镇，加强乡镇服务的手段；农技推广费要纳入各级的财政预算，避免在机构改革中对农技人员实行“断奶”、脱钩等做法，要为基层农技站解决好试验示范田、仪器设备、必要的工作经费；逐步推行农技干部养老保险制度，以解除农技干部的后顾之忧；坚决制止各种类型的摊派风；切实加强基层农技站的自身建设，按定编人员补充农技干部。形成《关于当前基层农技体系面临的问题及建议》，送市委、市政府参考。5月，市政协组织对区县计划生育工作调研。提出建议：抓好计划生育队伍建设，乡镇在年终考评计划生育干部时，要正确和公平对待计划生育干部的成绩；加强对农村流动人口的管理，不要使城区成为超生的“防空洞”；认真搞好计划生育“三结合”工作，调动各方面的积极性；认真抓好计划生育技术服务，建设好计划生育技术培训基地。供市委、市政府参考。9月，市政协组织对个体私营经济发展情况调研。提出建议：各级党委和政府要将发展个体私营经济列入议事日程，纳入国民经济和社会发展计划规划；制定目标，狠抓落实；加大力度，放手发展，加大监督管理力度；建议市、区县、乡镇成立个体私营经济发展协调领导小组，帮助解决个体私营经济在发展中遇到的困难和问题，清理不适应发展的规定和政策。形成市政协《关于加大力度加快发展个体私营经济的建议案》，送市政府办理。市长唐宁批示：“‘市政协的建议很好’，发展个体私营经济是

‘新的经济增长点，对泸州经济具有举足轻重的地位’。政府常务会上研究，采取切实有效的措施加快个体私营经济的发展。对市场问题，专题研究，提出要求：要成立强有力的领导机构，切实加强协调服务工作；要制定先进的积极可靠的发展目标及其实现的具体措施；加大宣传力度，扫除思想障碍；筹集资金，搞好市场建设，为发展个体私营经济创造良好条件。”是年，市政协牵头制定并完成《赤水河流域泸州辖区综合治理开发规划》后，就实施中重大政策性工作调研。提出对赤水河流域治理开发实行政策倾斜、重点解决赤水河流域20万特困人口吃饭问题、举办红军长征“四渡赤水”60周年纪念活动、开展“文化扶贫”、实施“百村战略”建议。其中，实施“百村战略”建议，得到市委、市政府采纳，已在实施中。

1996年4—6月，市政协农业委员会对泸州市粮食生产、乡镇企业发展、烤烟生产、水利建设调研。6月18—19日，泸州市3届17次常委会听取和协商泸州市粮食生产、乡镇企业发展、烤烟生产、水利建设情况，形成市政协《关于我市粮食生产、乡镇企业发展、烤烟生产、水利建设调研及建议》报告，送市政府参考。

1997年3月27日至4月4日，市政协与龙马潭区政协联合对龙马潭区个体私营经济发展调研，重点调研沱江商业城。听取龙马潭区工商分局、区委、区政府有关情况介绍，召开有关职能部门负责人座谈会和个体工商户、私营企业业主代表座谈会，走访部分个体工商户。提出建议：下放权力，增强龙马潭区统揽商业城发展的能力和实力；支持龙马潭区“严格按照属地管理的原则”和对沱江商业城实行“一卡收费制度”的打算；市政府根据沱江商业城地段情况，制定一个明确和统一的关于租赁费和服务费的收费标准或最高限价。形成市政协《关于龙马潭区个体私营经济发展情况的调研报告》，市政协主要领导在市政府常务会议上进行通报，市政府全部采纳，制定支持和发展龙马潭区个体私营经济的5条措施。

1998年4月18—19日，市政协社会法制委员与市就业局、市总工会组成调研组，实地到古蔺县、叙永县、合江县、纳溪区、泸县对泸州市实施再就业工程调研。召开有区县政府领导及有关部门负责人、部分国有企业负责人和下岗职工代表参加的座谈会10次，调研250人，并查阅有关资料。形成《关于泸州市实施再就业工程情况的调研和建议》，提交泸州市政协四届二次常委会讨论、研究。8月，追踪调研，形成市政协《关于实行总量控制，突出重点，狠抓落实，进一步做好职工下岗和再就业工作的几点建议》。向市政府提出实施再就业工程的意见和建议：加强领导，加强宣传教育，努力营造实施再就业工作的良好氛围；按照3—5年实现国有企业解困的目标要求，以国有工业企业为重点，制定出分阶段解困计划方案，对企业改革和职工下岗加强宏观调控，实行目标管理；按照《中华人民共和国劳动法》，规范企业职工下岗分流工作；健全再就业服务中心，发挥其在职工下岗、再就业工作中的积极作用；完善改革，保护下岗职工的基本利益；狠抓落实，创造条件，帮助下岗职工实现再就业。市政府高度重视，市长、常务副市长、分管副市长分别批示。市政府办公室以《工作通报》全文刊载，并加编者按：“望各区县人民政府，各有关部门认真组织学习和研究，做好各项工作。”4月28日至5月20日，市政协财经委员会组织委员，会同市委统战部、市财委、市国税局、市工商联有关方面负责人，实地到市辖四县三区对泸州市非公有制经济发展调研。形成市政协《关于促进我市非公有制经济健康发展的意见和建议》，经泸州市政协四届二次常委会讨论、研究，向市政府提出意见和建议：切实加强领导，改进工作作风，改善服务态度，提高办事效率；要确定一批企业保护对象，由市纪委、监察部门挂牌保护，市和各区县主要领导要带头联系1—2户非公有制企业；成立非公有制经济行政违法违纪举报中心，公开举报电话；突出重点，认真抓好有关发展非公有制经济改革措施的贯彻落实；

各级政府和有关部门要加强政策引导，促进非公有制经济结构的合理调整，引导非公有制经济向一、二产业，尤其是加工工业、高科技行业、信息行业等方向发展。市政府高度重视，市政府办公室以《工作通报》全文刊载，并加编者按："请各县区、各部门认真组织学习、讨论，以促进泸州市非公有制经济的发展。"9月上中旬，市政协社会法制委员会会同有关部门组成调研组，对泸州市社会治安综合治理调研。实地到古蔺县、叙永县、纳溪区、江阳区调研，召开市级有关部门负责人座谈会。形成《关于加强社会治安综合治理维护社会稳定的调研和建议》，经泸州市政协四届三次常委会讨论、研究，向市政府提出意见和建议：加强领导，强化社会治安综合治理目标管理责任制，建议各级领导干部将社会治安综合治理工作摆在突出位置，实行社会治安一票否决制；坚持"打防并举、标本兼治"，稳定全市治安形势；对凶杀、强奸、黑社会团伙、抢劫等恶性案件，应集中力量破案，从重从快惩处罪犯；依法、及时、妥善处置人民内部矛盾引发的群体性事件，维护社会安定；加强政法队伍建设，创造良好的工作条件，认真解决好政法干警的待遇问题；进一步做好普法和依法治理工作，普法的重点是各级领导干部和青少年，要切实增强其法制意识。市政府高度重视，市政府办公室以《工作通报》全文刊载，市长批示："市政协这个调研与建议非常好，请转发各县区政府、市级各部门。"

1999年4月12—20日，市政协财经委员会组织委员，会同市经贸委、市体改委、市国税局、市地税局、市总工会负责人，实地到泸州市乳制品厂、泸州市鼎力碱业有限公司、长江机械厂、长江液压附件二厂、狐狸坡煤矿、新民煤矿、叙永县瓷土公司、市建材厂、市热电公司、市电池厂、市火柴厂11个企业，对泸州市国有企业改制和生产经营情况调研。提出意见和建议：加强国有企业领导班子建设，选好一把手，配好一班人，对他们既要严格要求，又要关心其疾苦。千方百计地营造国有企业改革的宽松环境，各级政府必须下决心切实解决少数部门"以部门利益为中心"问题，做到政令畅通，令行禁止，落实好政府制定的各项优惠政策和措施，提高办事效率，切实搞好服务；转制方案批复前，有必要与所在企业职工代表会或工会组织先通气，征求意见；盘活企业资产，增加改革成本投入，多渠道筹集国有企业改制所需资金；着力协调好信用等级降低企业的信用担保和贷款工作，对产品有市场的企业，要帮助共渡难关。形成市政协《关于对我市部分国有企业改制和生产经营情况的调研及几点建议》，送市政府参考。15日—26日，市政协农业委员会组织委员会同市畜牧局负责人，实地到合江、纳溪、泸县、叙永、江阳、龙马潭6县区的凤鸣、花果、立石、石桥、雨坛、马岭、黄坭、石寨、鱼塘9个乡镇，对泸州市畜牧业产业化和结构调整调研。提出建议：提高生猪品种质量，推广适应市场需求的优良种畜；建议在泸县、合江、江阳、纳溪、龙马潭等区县条件较好的乡镇大力推广新荣I系、川农高广仔II系等优良母猪，逐步更换现有的老荣昌母猪；建议政府为新建养猪场贴息50%，鼓励农民产业化养猪；加快牛的品种改良，促进牛经济发展，建议在古蔺、叙永2县各选一个重点乡镇，集中进行牛改良试点示范，每年改良2000头本地黄牛；完善信息网络，促进农副产品批发市场建设。形成市政协《关于加快我市畜牧业产业化和结构调整调研情况及有关措施的建议意见》，送市政府参考。7月27日至8月4日，市政协组织部分委员会同市委农工办、市农业局、市统计局负责人，到泸县、龙马潭区、叙永县的大田、得胜、石洞、分水、龙凤5个乡镇及其12个村、12个社和51户农户，对2000年上半年农民收入情况调研。提出建议：各级党委政府要把农民增收当作一项重大而紧迫的任务，抓法上要由抓传统农业向现代农业和市场农业转变，由抓单纯农业向生产、加工、流通一起抓转变，由只重数量向质量数量和效益一起抓转变，由依靠行政手段抓农业向宏观调整和依法兴农抓转变。要把市委、市政府确定的晚秋生产各项政策措施落实到实处；要下力气抓好农产品流通工作，按保护价敞开收购农民余粮；将畜牧业作为农民增收的一个重要支柱，推行科学饲养，提高养殖效益；抓好农闲时节的劳动输出，鼓励农民外出经商务工；在城郊区和旅游区，要大力发展休闲农业和观光农业。各级政府要加大对农业的投入，坚定不移地推进农业产业化进程；大力加强农村基础设施建设，全面推行科技兴农，提高农产品的科技含量。要坚决落实“合理负担定额限额、一定3年不变”政策，要对农民法定外负担进行一次全面清理，采取强硬措施，将农民的额外负担减下来。形成市政协《关于当前农民增收情况的调研和建议》，市委、市政府高度重视，市委办公室以《工作通报》全文转发供各地参考。9月，市政协教科文卫体委员会组织四县三区政协分别对医疗市场调研，并就如何加强全市医疗机构监督管理工作与市卫生局等有关部门、单位座谈。形成《关于对我市医疗市场的调研报告》，经泸州市政协四届二十次主席会议讨论通过，向市政府提出意见和建议：做好区域卫生规划，合理配置卫生资源；加强社区卫生服务的领导，逐步建立健全社区卫生服务体系；建议卫生行政部门建立一支集卫生监督、传染病监督、医疗机构监督、母婴保健监督等为一体的综合执法队，加大监督执法力度；有关部门要密切配合，共同管好医疗广告；加快人才培养步伐，严格控制城区医务人员的恶性膨胀，稳定农村卫生院的技术骨干。供市政府参考。10月12—30日，市政协社会法制委员会组织委员，采取与政法系统各部门座谈、召开市级民主党派、工商联负责人座谈会征求意见和实地到泸县等地重点调研等形式，对泸州市政法队伍建设和公正执法调研。提出建议：大力加强依法治理，坚定不移地实施“从严治警”，搞好公正执法；逐步将“从优待警”措施落到实处；进一步强化健全对政法队伍的监督制约机制；采取有效措施，解决好政法部门经费保障和警力不足等问题；切实推进政法队伍规范化建设，进一步理顺体制关系。形成市政协《泸州市政法队伍建设和公正执法面临的情况、问题和建议》，送市委、市政府参考。并就少数基层派出所警力十分薄弱问题，追踪调研，促进问题的解决。11月3—22日，市政协教科文卫体委员会组织委员会同市教委负责人，对泸州市实施素质教育情况调研。听取泸县、江阳区、纳溪区、合江县教育部门和兆雅、德胜、太伏等乡镇负责人有关情况介绍；与35所学校校长、教师座谈，召开座谈会13次，参加座谈128人；实地察看泸县二中、得胜中学、泸县四中、太伏中学、太伏幼儿园、合江中学、合江镇人民小学实施素质教育的场地、器材、设施建设和校园文化。提出建议：进一步提高认识，各级领导要高度重视素质教育；加大教育经费投入，拓展投资办学的渠道，采取有力措施，巩固“两基”成果；建设全面推进素质教育的高素质教师队伍，改善学校育人环境；加强各级各类学校布局的调整，使之趋于合理。形成市政协《关于我市实施素质教育情况的调研报告》，送市政府参考。

2000年3月中旬至4月中旬，市政协组织部分委员对泸州市旅游发展产业调研。实地考察泸县、合江县、叙永县、古蔺县一些景区，听取各县政府和有关部门的意见；召开10次调研座谈会，听取社会科学界和文化界知名人士，市城建系统、主要景区和旅行社负责人，市外事侨务旅游局科室干部，江阳区、龙马潭区、纳溪区旅游局局长等200多人对发展泸州市旅游产业的意见。提出建议：建议市委、市政府研究制定旅游发展的战略目标，确立旅游的产业地位，将阶段性目标逐年写进《泸州市国民经济和社会发展计划》，作为人民政府目标任务下达，按照办产业办法办旅游；以公路建设为突破口，首先集中财力物力，泸州市和合江县共同开发福宝风景区；与重庆市、贵州省遵义地区继续磋商，早日共同申报建立“川渝黔边国家级生态观光旅游区”。形成市政协《关于大力发展旅游产业的建议》，送市政协常委会议讨论通过。6月7—10日，市政协组织部分委员会同市财政局、市国税局、市电子机械工业局负责人，调研长工集团。实地调研长工集团及其所属的长江起重机公司、长江挖掘机公司，长江液压件公司。提出建议：市委、市政府要进一步加强对长工集团的领导，制订长工集团5—10年发展规划；长工集团要进一步加强内部管理，深化改革，充分发挥集团及其公司的生产、经营积极性；进一步优化企业发展的外部环境。形成市政协《关于长工集团的调研报告》，送市委、市政府参考。市政府主要领导对报告作出批示，市经贸委等有关部门根据市政协的建议，研究制定帮助长工集团发展的具体意见，组织实施。7月6日至8月4日，市政协财经委员会组织委员会同市外经贸局、市工商联负责人，对泸州市对外开放情况调研。实地调研市外经贸局、四川维城磁能有限公司、泸州佳誉猪鬃有限公司、泸州厚利纺织集团公司、泸县肉联厂、泸天化公司、泸州经济技术开发区、合江县外经贸委的外贸、外经、外资和招商引资情况。提出建议：认清形势，转变观念，牢固树立大开发就是大开放的意识；加大对外开放宣传力度，营造对外开放的舆论氛围；切实加强对外开放工作的领导，层层落实责任制，将对外开放工作纳入全市总体规划，纳入目标管理；加大招商引资工作力度，培养招商引资人才，积极培养创汇拳头产品；制定泸州市外贸出口创汇规划。形成《泸州市政协关于我市对外开放情况的调研报告》，得到市委、市政府重视。9月5—9日，市政协民族宗教小组组织委员会同市民族宗局负责人，对泸州市贯彻落实民族宗教政策情况调研。实地调研叙永县、古蔺县的白腊、乌龙、箭竹3个民族乡，考察九顶山大慈寺、熊公坡基督教活动点、西湖仙人洞，听取有关乡镇、民宗委（办）和2县政府对贯彻落实民族宗教政策情况介绍。提出建议：进一步加强市县党委、政府对民族宗教工作的领导；增加财政投入，分期分批解决少数民族困难户的住房问题；从制度和机制上解决少数民族子女就学问题，对家庭困难的少数民族子女学费进行补贴；支持叙永县关于组建新的白腊苗族乡政府的设想，积极促进使之变为现实；全面、正确地贯彻执行中国共产党的宗教政策，坚决稳妥地解决好专项治理滥修小庙、乱塑神像的不彻底问题。形成市政协《关于对叙永县、古蔺县贯彻落实民族宗教政策的调研报告》。市县政府高度重视，其中分期分批解决少数民族贫困户住房难等问题已得到采纳，古蔺县2000年就解决454户少数民族困难户的住房，每户按80平方米建设。10月9—18日，市政协教科文卫体委员会、财经委员会组织委员会同市科委负责人，对泸州市技术创新情况调研。实地调研泸州老窖公司、长江起重机公司、长江挖掘机公司、四川省水稻高粱研究所、西南化工研究设计院、泸州测试电力设备厂、四川维城磁能有限公司；召开有市农委、市农业局、市财政局、市地税局负责人，江阳区、龙马潭区、纳溪区、泸县、合江县科委主任、政协教科文卫体委员会主任参加的调研座谈会，听取对泸州市技术创新的意见。提出建议：进一步提高对实施“科教兴泸”战略的认识，增强创新意识；加大改革的力度，建立和完善新体制，要采取各种措施，使企业成为技术创新的主体；加大科技投入的力度，按照市委、市政府科技大会的要求，尽快落实启动科技创新基金，尽快建立风险投资机制，确保“科技三项费”投入的增长幅度，制定吸引外资投资泸州市科技创新项目的各项优惠政策；制定、完善和落实科技人员的各项政策；大力扶持民营科技企业，给民营科技企业更加优惠的政策和发展空间；加强与驻泸大专院校、科研院所的联合和协作。形成《泸州市政协关于我市技术创新情况的调研报告》，得到市委、市政府重视，不少意见和建议被采纳，纳入决策程序。

2001年4月，市政协社会法制委员会协助四川省政协法制群团委员会对泸州市对外开放法制环境调研，形成市政协《泸州市对外开放法制环境的调研报告》，参加四川省政协召开的“四川省对外开放法制环境研讨会”研讨，得到四川省政协的充分肯定。5月21—25日，市政协教科文卫体委员会组织委员对泸州市实施素质教育调研。实地调研市直属学校和龙马潭区、叙永县、古蔺县推行素质教育情况，考察泸州六中、泸州一中，龙马潭区一中、二中、小街子小学、胡市镇中心校，叙永师范附属小学、震东乡中心校，古蔺县中学、古蔺镇第一小学、德耀镇中心校实施素质教育的场地、器材、设施建设和课外小组活动情况；召开座谈会13次，参加座谈118人，听取对素质教育的意见。提出建议：加强学习，转变观念，进一步提高全面推行素质教育的认识，党委政府要将该项工作当作任期内目标；制定措施，巩固“两基”成果，特别是部分边远山区，要按照国家规定，开齐课程，开足课时，狠抓学生的入学巩固率、合格率；加强教师队伍建设，提高育人水平；继续加大对薄弱学校的扶持，特别是古蔺县、叙永县山区的中小学校，政府要从资金上、师资上予以扶持；调整学校布局，合理配置教育资源；加强校外青少年教育阵地建设。形成市政协《关于对我市实施素质教育情况的调研报告》，送市委、市政府参考。市委书记徐波高度重视，立即批转分管副市长，批示：“我认为市政协教科文卫体委员会的这个调研报告确有较大参考价值，俟市教育局领导班子配齐后，应立即着手研究，如何实施推进素质教育工作。”市教育局也制定推进素质教育12条措施实施。8月25日至9月5日，市政协社会法制委员会组织委员会同市级民主党派、市民政局，对泸州市贯彻《中华人民共和国村民委员会组织法》情况调研。实地调研泸县、龙马潭区、叙永县、古蔺县的8个乡镇、16个村。提出建议：继续深入贯彻《中华人民共和国村民委员会组织法》，增强干部群众的民主意识和法制观念；规范村党支部和村委会的关系，研究制定党支部和村委会的职责范围，对重大事项程序、村级财务开支要做出明规定；建立村级监督小组，村务公开、民主管理；发展村集体经济，增强村级组织的凝聚力和战斗力；选好村上带头人，全面推行村干部与发展村级集体经济“4挂钩”制度。形成市政协《关于贯彻〈村委会组织法〉情况的调研报告》，送四川省政协、市委、市政府参考。市委书记徐波高度重视，批示要求：“各县区根据这份调研报告，搞一下对号入座，认真研究本地区《村民委员会组织法》的贯彻实施工作。”

2002年3月25日至5月10日，市政协研究室与市委统战部、市工商联组成调研组，对泸州市非公有制经济发展情况调研。实地到国税局、地税局、统计局、工商局、乡镇企业局等14个市级部门和泸州厚利纺织集团公司、兆峰陶瓷公司、泸州市洋杰家电公司、泸州沱江水泥有限公司、泸州市东洲房地产公司、兴国轧钢厂、泸州川侨平板玻璃厂等34家非公有制经济企业，采取听取汇报、座谈讨论、填写问卷、查阅资料和实地考察相结合形式调研，各县区政协配合开展调研。提出建议：深入认识非公有制经济在泸州市实现经济跨越式发展和政治生活、社会生活中的地位和作用，用创新的方法，优质的服务，促进非公有制经济持续、快速、健康发展；更新观念，解放思想，去“怕”弃“左”，形成对非公有制经济在政治上给位子、经济上给路子、舆论上给面子、发展上给胆子、管理上给庙子的新格局；大力扶持，改进和完善宏观管理和微观服务，进一步改善软环境；加强教育，采取各种措施，提高非公有制经济人士的思想政治素质、文化素质和法制观念，做合格的中国特色社会主义事业的建设者。形成市政协《关于加快泸州市非公有制经济发展的调研报告》，送市委、市政府参考。调研报告分别被中共四川省委政研室《调研与决策》、中共四川省委统战部《四川统一战线》、四川省工商联《四川工商》、市委政研室《政策研究》和四川党政网采用发表。4月3—12日，市政协教科文卫体委员会组织委员，对泸州市青少年学生道德建设情况调研。实地到古蔺县教科局、古蔺中学、箭竹苗族乡民族初级中学、中心校，叙永县一中、师范附小、江门镇中学，合江县人民小学、少岷职业技术学校，泸县二中、四中，江阳区教育局、泸州十五中和市属泸州四中，采取问、看、查、听、议形式，召开有学校校长、分管德育工作负责人参加的座谈会12次，班主任座谈会10次，学生座谈会3次，参加座谈人数196人，对青少年学生履行基本道德规范现状、如何加强和改进青少年学生道德教育进行调研。提出建议：认真学习，加强宣传，进一步提高对加强青少年学生道德建设重要性的认识，各级政府要将加强青少年学生道德建设列入重要议事日程；加强和改进青少年学生道德教育建设的措施，提高德育工作的针对性和实效性；加强教师职业道德教育，树立良好的师德形象；优化育人环境，做到学校、家庭、社会的有机结合；教育行政部门应建立一套科学的教育评估体系，改变以分数、升学率高低评价学校的好坏；成立泸州市工读学校，对有严重不良行为和道德品质有缺陷的青少年实行集中强化教育；在有师资条件学校，尝试在小学、初中、高中开展青春期教育。形成市政协《关于加强泸州市青少年学生道德建设的调研报告》，送市委、市政府参考。7—8 月，市政协农业委员会组织委员对泸州市农村税费改革情况调研。实地调研龙马潭区石洞镇、泸县牛滩镇、叙永县龙凤乡的税费改革情况，并于 8 月 19—21 日到四川省税费改革试点县之一的双流县考察。提出建议：正确处理和协调好基层党委、政府与税务部门的关系，千方百计确保 2002 年农税征收任务的完成；加大转移支付资金调度的力度，确保乡镇、村社机构运转的正常需要；进一步深化和完善乡镇、村社机构的配套改革，巩固和发展农村税费改革的成果；采取严厉措施，防止农民负担出现新的反弹；各级党委、政府对当地村社干部应收的“尾欠”问题，应引起足够的重视，研究和采取一定措施，妥善处理。形成市政协《关于我市农村税费改革的情况、问题及建议》，送市委参考。10 月 14—18 日，根据四川省政协关于对农村税费改革后义务教育情况调研的部署，市政协教科文卫体委员会、研究室与市教委组成调研组，对泸州市农村义务教育状况情况调研。调研采取点面结合形式，面上由各县区政协组织调研，点上由调研组实地到叙永县马岭镇、纳溪区护国镇、合江县佛荫镇、泸县嘉明镇、龙马潭区胡市镇调研。提出建议：切实将农村义务教育放在优先发展的位置，加大政府对义务教育的投入；学校公用经费不足部分，县乡两级财政要列入预算，按时足额兑现；区县政府应制定普及九年制义务教育（简称“普九”）欠债还款计划，学校所欠“普九”债务，应由政府承担；改造学校住房资金应列入财政预算；加大财政转移支付的力度和透明度，上级拨付的转移支付教育资金，各级财政不能随意截留、挤占、挪用，要建立相应的监督机制；适当调整学校杂费收取标准，为学校创造一个宽松的环境；调整学校布局，合理配置教育资源，精简优化教师队伍；要科学规划，拆并一些规模较小、效应差的学校，全面提高农村教育质量。形成市政协《关于泸州市农村税费改革后义务教育情况的调研报告》，送四川省政协和市委、市政府参考。

2003 年 3 月下旬，市政协财经委员会、祖国统一联谊委员会参与市委统战部、市工商联、市统计局等部门组织的民营经济发展情况调研。针对民营企业融资难、贷款难和软环境不宽松问题，向人行泸州市中心支行和有关部门反映，提出对策建议。不少建议被市委、市政府出台的扶持民营经济发展“四十条”政策措施和人行泸州市中心支行出台的政策措施采纳。4—6 月，市政协组成“泸州建省辖市 20 年经验教训”调研总课题组和“解放思想”“对外开放”“非公有制经济”“农业和农村经济”“经济发展思路”“城市定位”6 个分课题组，由 6 位副主席带队调研。形成《对建省辖泸州市 20 周年来实践经验的基本总结与未来 20 年加快发展的战略思考》综合调研报告和《回顾 20 年来泸州不断解放思想的历史经验及进一步促进思想解放的几点建议》《开放泸州、发展泸州》《建省辖泸州市 20 年非公有制经济发展及加快发展的建议》《泸州建省辖市 20 年农业和农村经济发展的历史回顾暨未来 20 年农业和农村经济发展的展望》《对泸州经济发展思路的再认识》《对泸州城市定位的思考》6 篇分课题调研报告。收到市政协委员调研文章《金融支持农业产业化发展的难点与对策》《克服体制性障碍，促进民营经济快速发展》等 33 篇。综合形成市政协《泸州市未来二十年加快发展的几点建议》，总结泸州 20 年改革开放和现代化建设实践的 8 条基本经验，对加快泸州未来的发展提出 5 个方面的建议。1. 在经济发展的主攻方向上：着力实现“三个新突破”，做大做强化工、能源、酿酒、机械四大支柱产业，以增创产业竞争新优势实现新的重大突破；以农业产业化经营为龙头，在推进农业现代化方面实现新的重大突破；全力打造川滇黔渝结合部现代物流中心，在发展壮大第三产业方面实现新的重大突破。2. 以建大城市为总目标，带动和促进“三位一体”的城镇体系建设。3. 走“富民强市”之路，全面建设惠及全市人民的小康社会。4. 深化经济体制改革，进一步解放和发展生产力。5. 加强“两个环境”建设，提高对内对外开放水平。得到市委的重视和采纳。市委副书记吕友清批示：市政协关于《泸州市未来二十年加快发展的几点建议》是经过大量调查研究，充分听取各方面意见后的成果，对如何做到泸州经济社会全面协调的可持续发展提出了针对性和可操作性都比较强的建议和意见，希望能引起市委、市政府各有关部门的重视。综合调研报告获泸州市哲学社会科学优秀成果二等奖。4月12日至5月14日，市政协文史资料委员会、学习宣传委员会组织委员对泸州市农村文化工作调研。实地到四县三区及福宝、德耀等7个乡镇，听取市文化局、各县区文体广电局和乡镇党委、政府负责人的情况介绍，考察乡镇文化设施、文化队伍和文化活动开展情况。提出建议：各级党委政府要增强政治意识、全面意识和责任意识，充分认识加强农村文化建设的重要性和紧迫感，将农村文化工作列入任期目标管理；加大对农村文化事业的投入力度，对农村文化事业投入的增长幅度，不得低于当年财政增长的幅度；乡镇文化站的工作经费要列入财政预算，对现有文化干部要定期开展培训；扩大文化内涵，培育和发展农村文化新的增长点；建议市委、市政府及时召开加强基层文化建设工作会议，落实中央加强基层文化建设的文件精神。形成市政协《关于加强我市农村文化工作的调研报告》。得到市政府高度重视。副市长楚明、余小平批示：请文化局按调研报告要求，提出具体意见，交市政府研究。8月中旬至11月下旬，市政协教科文卫体委员会会同市教育局，实地到江阳区、龙马潭区、纳溪区、合江县、泸县和有关学校，对泸州市基础教育情况调研。提出建议：市政府应协调国土资源、规划、财政和教育等部门，认真落实江阳区、龙马潭区新开发区的学校建设规划；理顺县区学校教师、干部管理体制，认真研究解决多头管理现象；解决农村学校代课人员比重偏大问题；进一步完善农村义务教育经费保障机制，保证农村义务教育经费正常需要；进一步规范中小学生公用经费管理。形成市政协《关于目前我市基础教育的现状和存在问题及建议》。得到市政府重视和采纳，副市长余小平批示：“该报告对我市的基础教育现状和存在的问题做了较深入的调研，提出了不少有价值的建议。请市教育局认真研究此文，特别是文中建议提出的中小学教育布局问题，政府拟在近期召开有关部门会议对此进行专题研究。”11月17—18日，市政协主席会议成员对泸州市如何加快小集镇建设进行视察调研。实地到泸县兆雅镇和太伏镇，合江县望龙镇、白沙镇、先市镇和九支镇等乡镇及中心村视察，听取市委农工办、合江县、九支镇关于小集镇建设的情况介绍，各县区政府和政协也配合调研。提出建议：注重人与自然的和谐统一，小城镇建设必须考虑到与自然优美环境协调；注重有特色、有品位、有创造的风格建筑，使每一个小城镇风格各异；以产业为依托，确保小城镇建设的重点，不能遍地开花；集中财力扶持一批有基础、有潜力、有优势的重点小镇，构建一批有主业、有商业、有边贸、有旅游、有农业产业经济规模的城镇网络体系。认真落实有关政策，促进城镇化的持久发展；建设多元化投融资机制，强化基础设施建设；切实解决建设用地问题，坚持土地占补平衡的原则；各级政府在条件许可情况下，要加大对重点小城镇建设的财政转移支付力度；深化户籍管理制度和社会保障制度的改革，凡在小城镇居住的居民，在子女入学、参军、就业、低保等方面，享有城镇居民同等待遇。形成市政协《关于我市小城镇建设的视察调研报告》。得到市委、市政府重视和采纳，市委副书记文耀友、副市长楚明批示：“报告分析问题客观，所提建议中肯，具有时代性、针对性和可操作性，请结合明年工作认真研究落实。”

2004年4月，市政协农业委员会会同市畜牧局，实地到泸县、合江县、龙马潭区部分乡镇对泸州市如何加快畜禽产品改良调研，形成调研报告，送市委、市政府参考。会同各县区政协，对“统筹城乡经济发展、大力促进农民增收”调研，形成调研报告，在四川省政协农业委员会召开的经验交流会上交流。5 月 12—21 日，市政协教科文卫体委员会组织委员实地到江阳区、泸县、合江县、叙永县、古蔺县的 12 个乡镇、31 所中小学校，对泸州市农村教育的现状与发展调研。提出建议：进一步落实教育优先发展的战略地位和“以县为主”的农村义务教育管理体制，切实解决古蔺、叙永 2 县教育严重缺编和农村中小学校教师待遇，建立稳定的农村义务教育投入机制，在 10 个少数民族乡建立寄宿制学校，深化农村教育综合改革，大力发展农村职业教育和成人教育，推进“三教统筹”和“农科教结合”，加快民办教育的发展。形成市政协《关于我市农村教育现状与发展的调研报告》，得到市政府重视，副市长余小平批示：“市政协这份调研报告既有广度也有深度，报告中提出带有普遍性的问题，市政府应拿出切实可行的解决办法。请市教育局将有关问题排排队，并依轻重缓急解决最重要最急迫的问题。”5 月始，市政协成立由主席徐龙治任组长的调研领导组，市政协各专门委员会及市政府各相关部门负责人分别任副组长的调研课题组，组织 100 余人，对泸州市农业、农村、农民“三农”问题调研。深入各县区、基层和农户，围绕农村基础设施建设、农民收入与生活、粮食生产及安全保证、畜牧业发展、农村科技网络及农技推广、农业产业化及无公害农产品生产、农村土地流转与利用、农村教育、农村卫生、乡村负债等方面，进行为期 3 个多月的调查研究。召开各种座谈会 60 多次，印发和收回调研表数千份。形成综合调研报告《关于我市农业、农村、农民问题的调研报告》和《关于我市农村基础设施建设的调研报告》《关于我市农民收入和生活现状的调研报告》《关于我市粮食生产和提高粮食综合生产能力的调研报告》《关于我市畜牧业发展的调研报告》《关于我市农村科技服务体系的调研报告》《关于我市农业产业化经营与无公害农产品生产的调研报告》《关于我市农村土地流转与利用的调研报告》《关于我市农村教育事业发展的调研报告》《关于我市农村卫生事业发展的调研报告》《关于我市乡村负债与摆脱困境的调研报告》《关于我市农村文化事业发展的调研报告》《关于我市小城镇建设的调研报告》12 个专题报告。综合调研报告对解决泸州市“三农”问题提出意见：只有坚持以科学发展观为指导，包括坚持可持续的发展观、统筹兼顾的发展观、以人为本的发展观，才能长期、稳定、有效地解决泸州市“三农”问题；只有坚持中国共产党在农村的基本政策，不断深化和完善农村改革，才能调动农民参与农村改革和发展的积极性；只有坚持城乡统筹、区域统筹、经济与社会发展统筹、人与自然的和谐发展统筹、对内对外开放统筹“五个统筹”原则，才能促进农村经济社会的全面发展，从根本上解决“三农”问题；只有坚持“多予、少取、放活”的方针，才能让农民休养生息，增加原始积累，增强发展后劲。提出加强泸州市“三农”工作的建议：推进观念创新，树立商品农业、现代农业的新观念，用发展现代工业的思路和办法来谋划和指导农业；保持党在农村基本政策的稳定性和连续性，逐步探索和改进农业及农村经济的管理与指挥方式，树立可持续的、统筹兼顾的和以人为本的科学发展观，支持农民增收。加强农村基础设施建设，走山、水、田、林、路、机、电、气综合治理、综合开发之路，统筹各相关部门力量，统一领导，综合规划，明确目标责任，分别组织实施；突出加强基本农田建设、水利基础设施建设、农电建设、乡村道路建设、生态环境建设。加大对农业的投入和支持力度，提高投入产出比较效益；切实加大各级财政对农业的投入，增加信贷资金对农业的投入，积极探索建立农业贷款担保制度和农业保险公司，提高农业自我积累和发展能力并积极利用外资，认真落实减轻农民负担（简称“减负”）政策以间接增加对农业的投入，加大对古蔺、叙永 2 个县扶贫开发的力度。积极调整农村产业结构，大力推进农业产业化经营；泸州市要大力发展畜牧业、优质粮油业、特种瓜果蔬菜业、林竹花卉业、特种水产养殖业、特种水果业、药材业、茶业八大经济；大力培育一批以生产经营型或流通型为主的龙头企业，引导“公司+农户”“支部+协会”

"订单农业"等产业化形式的发展。推进农村城镇化建设，加速农业人口转移；加强农村人才资源和人力资源的开发，提高农民整体素质。千方百计增加农民收入，提高广大农民收入和生产水平；各级政府要千方百计探索和创新农民增收新的途径和措施，特别要从调整农业结构，发展农村二、三产业，提高劳务输出质量和效益，加大政策增收力度等方面下功夫；要逐步建立起面向全体农民的、城乡一体的、比较科学和完善的农村社会保障体系。综合报告和专题报告经泸州市政协5届11次主席会议和5届8次常委会议讨论修改，送市委、市政府参考。市委高度重视并给予充分肯定，市委领导做出批示，认为这是一篇高质量的调研报告，对泸州经济社会全面、协调和可持续发展提出了针对性和可操作性都比较强的建议和意见，要求各有关方面予以重视。市委农村工作领导小组进行专题研究，要求各涉农部门充分运用政协研究成果，切实采纳政协提出的意见和建议，以推动泸州市"三农"工作更好地适应全面建设小康社会需要。9月，市政协社会法制委员会对泸州市民商上诉案件二审审理情况调研，就如何加强审判管理和加强二审调研、发挥二审对一审的监督和指导等提出意见和建议，供市委、市政府参考。是年，市政协财经委员会组织委员对泸州市招商引资情况调研。提出改进招商引资工作的措施和办法建议，得到市招商引资局的重视和采纳。与市经委、市畜牧局对猪肉问题联合调研，实地调研泸州市质量监测站（简称市质监站）和四川好百年食品有限公司食品加工厂，提出意见和建议，得到相关部门较好落实。

2005年3月14—16日，四川省政协农业委员会与泸州市政协联合对泸州市失地农民长远生计问题调研。实地到江阳区、龙马潭区、合江县及部分乡镇调研，听取市国土资源局、市劳动和社会保障局、市委农工办、市农业局、市畜牧局、市规划建设局、市教育局有关情况介绍。提出建议：国家在完善土地征用补偿办法时，应计算土地综合价值，公平作价，公平补偿，提高土地征用安置补偿标准，各级政府要严格执行中央制定的标准，足额补偿失地农民；对被征用的土地，可采取入股分红的办法，留足一部分土地，让村社集体组织和农民进行开发；坚持和完善农民养老保险、低保制度，解决农民的后顾之忧，尽快建立失地农民失业保险、医疗保险，让失地农民失业有靠、病有所医；失地农民失去土地后，已成为城市失业居民，应该按照下岗职工的待遇在择业过渡、优先提供免费培训、指导就业、减免税收等方面一视同仁；建立农村土地征用后村民小组受益分配制度，将土地补偿金留一部分给村民小组管理，作为集体资产，用于发展生产，为失地农民保存一部分再生资本。形成《关于解决失地农民长远生计的建议》，送中共四川省委、省政府和市政府参考。16—17日，市政协社会法制委员会与办公室组织部分委员，对泸州市贯彻落实《中华人民共和国消防法》及城市消防基础设施建设调研。实地调研消防重点企业泸天化公司、北方化工公司、中海沥青公司，听取市消防工作情况介绍，考察宜宾、自贡、内江等市的城市消防设施建设情况。提出建议：进一步加强党委政府对消防工作的领导，将消防工作提上各级党委政府的重要议事日程；加快泸州市消防通信指挥中心建设，建议市政府组织有关部门进行专题研究，科学规划，下决心尽早搬迁消防指挥中心；尽快结束泸州市化工园区无消防站的历史，建议市政府加快泸州市消防站点的建设步伐，力争1年建成1个消防站；在切实保障消防业务经费的前提下，逐年增加消防经费的投入，建议市政府按相关预算标准，按每年260万元列入财政预算，力争每年不低于5%的增速；加大消防专项经费投入，积极争取泸州市列入国家财政第三批特勤装备专项补助。形成市政协《加强我市消防基础设施建设刻不容缓》的调研报告，得到代市长朱以庄重视。2006年，消防专项经费增加为800万元。4月，社会法制委员会与办公室组织部分委员，对泸州市城市低收入人群社会保障情况调研。查阅相关资料，组织讨论座谈。提出建议：希望四川省政协呼吁有关方面制定相应的办法，使低保转移支付稳定，便于基层做好低保金使用计划；建议四川省政府加大对低保对象就业的扶持力度，特别是在就业培训上，出台优惠政策，促进低保对象再就业；建议四川省政府协调各方面关系，切实解决低保对象就医难问题，市里协调难度大，如果全省有一个统一的标准和办法，就医问题才有可能得到解决。形成市政协《泸州市城市低保收入人群社会保障情况的报告》，送四川省政协参考。5月，市政协教科文卫体委员会会同市科技局对泸州市科技人才队伍建设情况调研。召开市级相关部门、驻泸州市中央、省属科研所、市高等院校及市属部分企业负责人和人事部门座谈会，查阅有关资料。提出建议：进一步健全和完善人才工作机制，大力选拔和培养高层次人才；加快事业单位人事制度改革和深化职称改革，完善科技人才的评估机制；进一步大力推行人才资源加事业平台的人才开发模式，积极构建事业平台吸引人才；编制好“十一五”人才计划；创新培养机制，逐步形成竞争开放、动态管理的高层次人才培养选拔管理机制；大力引进各类人才，充实壮大科技人才队伍。形成市政协《关于我市科技人才队伍建设情况的调研报告》，送市委、市政府参考。5—6月，市政协文史资料委员会、学习宣传委员会组织委员，市外事侨务旅游局、市规划建设局、市文化局配合，对泸州市现存古镇调研。实地考察太平、二郎、福宝、尧坝4个古镇，听取古蔺县和合江县旅游、文化、规划建设等部门有关情况介绍。提出建议：各级政府及相关部门应提高对古镇资源价值的认识，将古镇作为一大财富，树立经营古镇的理念，进行科学保护和开发；制定科学性、操作性较强的保护规划，保护规划应充分体现泸州市古镇的本质、特点，注重保持地方特色；对重要的古建筑、纪念建筑物或建筑群、古街道等，按照重要程度划定保护区和控制地带；加强对古镇非物质文化遗产的保护；对红军四渡赤水散在古蔺县、叙永县的革命遗物和红军将领的回忆录中有关四渡赤水中太平渡、二郎镇的记述，应多方收集，汇聚在太平渡四渡赤水的陈列馆，增加红色文化内容；争创牌子，加大投入，中央的经费可通过创立相应级别的文物保护单位牌子争取；改善古镇的基础设施，延续古镇形象。形成市政协《关于泸州市古镇保护与开发的调研报告》，送市委、市政府参考。

2006年4月4日，市政协文史资料委员会与江阳区政协组织市区政协委员15人，调研分水乡油纸伞厂，听取江阳区旅游局对非物质文化遗产保护的情况介绍。提出建议：非物质文化遗产的保护和利用，必须建立协调有效的领导机制，列入政府的主要议事日程，保护经费要列入财政预算；普查摸底，抓好非物质文化遗产项目的命名、公布和向上申报工作；搞好宣传，形成全社会对非物质文化遗产的保护意识；打造非物质文化遗产亮点，服务旅游；新农村建设，要注意保护非物质文化遗产。形成市政协《关于加强我市非物质文化遗产保护和利用的建议》，送市政府参考。是月，市政协教科文卫体委员会与市体育局、市教育局联合对泸州市青少年体育业余训练工作调研。实地考察泸县一中、二中、五中、六中，龙马潭区泸化中学、泸州十七中、飞龙武术学校，合江县榕山中学、少岷职业技术学校，市业余体校。提出建议：树立科学的人才观，培育选拔优秀的体育人才，要从可持续发展的观念出发，建设业余训练项目的一、二、三线队伍，逐步形成良好的梯次结构。加大对业余训练的投入，市财政应加大投入，适时增补更换训练器材，逐步改善训练条件；适当提高运动员、教练员队伍的补贴标准，特别是一线队伍应重点保护；对布点的学校在经费上应予以倾斜。加强教练队伍建设，对一些重点项目如田径、游泳等应充实教练员队伍的力量；要创造条件积极引进高水平的教练人才；下决心解决游泳项目冬天无法训练的问题，建议将忠山公园游泳池温水池建起来。形成市政协《关于我市青少年体育业余训练情况的调研报告》，送市委、市政府参考。是月，市政协龙马潭区委员小组组织委员对市、区管理事权调研。提出建议：由市人大、市政协、市委办公室、市政府办公室组成联合调研组，对市、区职能事项调研，形成具有约束力的政策，由政府执行；对涉及面大、与群众经济利益直接相关的工作，应以属地管理为主，市级部门不要一管到底；对利益、责任太直接的工作，政策的制定权、实施权、解释权，应当适当分离；部门要主动接受人大、政协的监督。并提出10个需要市一级协调解决的具体问题，如泸州经济技术开发区和龙马大道的土地、房地产开发职权委托龙马潭区施行的问题，部分区域内中小项目建设管理及办证委托马潭区管理的问题，费随事转问题等。形成市政协《关于处理市区两级“属地管理”与“谁主管谁负责”关系的建议》，送市委、市政府参考。4—7月，市政协农业委员会、研究室组织部分委员会同相关部门负责人，到江阳区、龙马潭区、泸县、叙永县的部分乡镇，对泸州市农村沼气建设调研。提出建议：加强组织领导，各级政府要将该项工作列入为群众办实事之一；实行目标管理，签订目标责任书，年度考核验收；审计部门对专项资金加强监督，确保专款专用。落实措施，科学搭建平台，充分发挥示范村、示范户的典型引路作用。制定政策，市和各区县都应出台逐年增加沼气建设经费的政策；畜牧部门对建有沼气池的养殖场、养殖户，优先向他们推广优良品种，免费传授科学养殖技术和疫病防治知识。技术到位，确保沼气能推广运用。形成市政协《关于加快我市沼气建设的建议》，送市政府参考。6—7月，市政协文史资料委员会、农业委员会、祖国统一联谊委员会会同市委政研室、党校，对县域经济调研。实地到三区四县，分别与各县区党委、政府、政协分管领导及发展和改革局、经济商务局、规划建设局、统计局、农业局、党委政策研究室负责人座谈，查阅相关资料。提出建议：加强县区和乡镇党政班子建设，要将懂经济的选配到党政负责人的岗位上，要提高班子成员中懂经济干部的比例；县区领导要对县域经济的长期发展承担责任，以此作为干部升降的主要依据。健全财权、人事权相统一的县域经济发展机制，赋予县区更多的自主权，在事权划分上，能下放给县区的权利尽量下放，做到权责相随；对建设性项目、技改、外资项目等审批，除国家有明确的规定外，一律下放给县区；在利益问题上，特别是资源的开发，实现利益共享，兼顾市、县区各方的利益，古蔺县、叙永县采矿权的拍卖受益，应由市县共享。坚定不移地实施工业强县战略，推进县域工业化进程，要大力招商引资，搭建专门招商引资的工作班子，重奖招商引资有功人员；要消除制约民营经济发展的观念和障碍，县以下所有经济领域都可以向民营经济开放；打造工业园区，要重点做好园区基础设施、交通、水电等配套工作，为入住园区提供优质服务；解决瓶颈制约，要解决好发展县域经济中的融资制约、用地制约、用电制约、交通制约问题。在营造发展环境上下功夫，优化领导服务，优化政策服务，优化政务服务。形成市政协《关于加快县域经济发展的建议》，送市委、市政府参考。

2007年5月至6月上旬，市政协财经委员会组织委员对泸州市经济工作情况调研。提出建议：抓关键，奋力推进白酒产业大发展；加快工业园区建设，促进产业集群发展；加强领导，确保重点项目顺利推进；立足优势，全力推进港口经济发展；提高认识，高度重视环保工作；加大破解“融资难”力度，助推民营企业发展；加大人才培养和引进力度，为经济发展提供人才保障。形成市政协《关于当前泸州市经济工作的几点建议》，送市政府参考。6—10月，市政协教科文卫体委员会与市教育局组成调研组，对泸州市义务教育均衡发展调研。实地到泸县福集镇、玄滩镇，叙永县马岭镇、摩尼镇，江阳区华阳乡、况场镇、通滩镇等乡镇、学校调研，与区县政府、教育部门座谈。提出建议：提高认识，加强领导，统筹协调，促进全市义务教育的均衡发展；加大公共财政对教育的投入，注重向农村和薄弱、边远学校实行政策倾斜；进一步深入改革，理顺关系，建立健全以县为主、县乡（镇）结合的教育管理模式；摸清家底，科学规划，合理布局，适当调整不合理的校点；建立义务教育的激励机制和政策扶持机制；切实解决薄弱、偏远地区学校的寄宿制、饮水、“普九”欠债等实际问题。形成市政协《关于促进我市义务教育均衡发展的调研及建议》，送市政府参考。7月始，市政协农业委员会、财经委员会与市级有关部门组成调研组，到各县区对泸州市中药材资源及中医药发展情况调研。提出建议：加快中药材基地建设速度，突出重点发展药材品种；培育壮大中药材加工、流通龙头企业，鼓励企业采用新技术、新工艺、新设备，提升中药产品的科技含量和市场竞争力；建立辐射川、滇、黔、渝结合部的中药材市场；进一步加大支持中医药产业发展的力度，市委、市政府应加大中医药产业发展的力度，将中医药列为泸州市集中力量培育的新兴产业，摆在重要位置大力扶持，真正做大做强。形成市政协《关于我市中医药产业发展情况的调研报告》，送市政府参考。副市长梁伟华批示："该报告数据翔实，建议可行，请科技部门认真研究，结合当前实际，如何加快中医药产业发展，提出实施意见。"10 月 12 日，市政协社会法制委员会组织委员对泸州市残疾人事业发展情况调研。深入到特困残疾人家庭走访和残疾人企业考察，听取泸州市残疾人联合会（简称市残联）负责人有关情况介绍。提出建议：要进一步加强对全市残疾人事业的领导和管理，尽快制定符合泸州市实际的《贯彻残疾人就业条例实施办法》，为残疾人就业提供政策支持；建立健全和完善保障残疾人基本生活的长效机制，创立实施残疾人就业、特教、康复、扶助的良性互动工作配套体系，分年度分解落实目标任务；各级残联组织要切实履行职能，充分发挥组织、协调、监督作用，积极争取政府相关部门和社会广泛的支持配合，进一步加大对发展残疾人事业的宣传力度。形成市政协《关于我市残疾人事业的调研报告》，送市委参考。11 月，市政协学习宣传委员会组织委员对泸州市开展社会主义荣辱观教育调研。实地考察泸县兆雅镇中学、江阳区康华苑社区、合江县合江镇政府机关及部分中小学校，与市精神文明建设办公室、市教育局、市委政法委、市关心下一代工作委员会、市委老干部局、团市委、市妇联座谈。提出建议：提高认识，加强领导；创新形式，营造氛围；联系实际，务求实效；加快发展，创造条件。形成市政协《关于全市开展社会主义荣辱观教育的调研报告》，送市政府参考。

2008 年 1 月，市政协农业委员会会同市委农工办，在 2007 年调研泸州市社会主义新农村建设基础上，形成调研报告，提出建议：深化对社会主义新农村建设的认识；制定和完善泸州市社会主义新农村建设的规划，加快村庄规划编制进程；切实加强新农村建设的投入，逐步建立以政府为主导的多元化投入机制；抓好农村基础设施建设，突出加强农田水利建设，改善农村饮水条件，保护和提升耕地质量，推进农村交通建设，注重农村能源建设，加强农村社会事业建设；努力培育农业优势主导产业，推进"一县一品、一村一品"建设，引导扶持龙头企业，做大做强泸州甜橙、泸州桂圆、罗沙贡米、泸县仔猪、合江荔枝、纳溪凤羽茶、龙马乌鸡、真龙柚等十大泸州农产品优质地产特色品牌；积极做好新农村试点工作。形成市政协《关于加快我市社会主义新农村建设的几点建议》，送市委、市政府参考。6—7 月，市政协教科文卫体委员会组织委员对泸州市中等职业技术教育调研。实地到泸州市江阳职业高级中学校（简称江阳职高）、树风职高、泸县建筑职业中专学校、泸州市天宇中等职业技术学校、泸州市电子机械学校、泸州市江南职业中学、少岷职业技术学校等学校，进行考察和座谈。提出建议：继续深化体制改革，进一步打破常规，逐步形成多种形式办学的新格局；集中财力，打造一批在省内外叫得响的品牌职校和品牌专业；切实帮助解决职校建设中的征地、建设和办学等难题，切实帮助解决各职校专业教师严重不足的问题；进一步规范招生政策和行为，创建更加公平合理、竞争有序的招生环境。形成市政协《关于我市部分中等职业学校实施"职教攻坚"战略面临问题及对策的调研报告》，送市委、市政府参考。6 月，市政协财经委员会组织委员和市级相关部门，就加快泸州市港口建设、推进港口经济发展调研。提出建议：重新审视和深入研究泸州市港口的战略地位和发展规划，建议由市政府牵头，组织相关部门，对《泸州港总体规划》《泸州港口城市产业发展规划》及其他相关规划进行科学合理的修编，对港口经济的发展空间、发展途径、发展目标做出新的调整和完善；

在发展战略、发展临港产业、体制机制创新上求突破，推动港口经济快速发展；加快与泸州水运口岸相关的“一点两线”建设及“空港”扩建步伐；大力争取泸州建设大件运输和组装生产基地；加大政策扶持力度，设立“港口发展专项资金”；以泸州港国际集装箱码头为核心，打造泸州港区新亮点；大力发展港口现代物流业和服务业。形成市政协《关于加快我市港口建设推进港口经济发展的建议》，送市委、市政府参考。8—9月，市政协农业委员会、财经委员会、社会法制委员会、教科文卫体委员会联合对泸州市防灾减灾和灾后重建工作调研。提出建议：加强宣传教育，强化防灾减灾意识；健全预测报制度，增强主动防御能力；加强完善隐患排查整改，防患于未然；完善应急体系，增强防灾减灾能力；加强基础设施建设，夯实防灾减灾基础；将灾后重建、防灾减灾工作纳入经济与社会发展的总体规划。形成市政协《关于我市防灾减灾和灾后重建工作的建议》，送市委、市政府参考。10月，市政协财经委员会组织部分经济界委员对泸州市城区住宅物业管理情况调研。提出建议：统一思想，切实加强对物业管理工作的领导；注重前期规划建设管理，确保物业配套设施的完善；加大市场培育力度，打造物业服务品牌，走规范化、规模化的发展路子；加强业主委员会建设，充分发挥业主委员会作用；健全物业管理制度，理清物业管理企业与有关单位的职责，整合资源，形成合力；建立“三位一体”的物业管理新型管理机制；加强物业管理法律法规和知识的普法宣传，加强正面的舆论报道。形成市政协《完善泸州市物业管理体制机制的建议》，送市政府参考。12月，市政协农业委员会会同市农业局对泸州市农民专业合作社发展情况调研。提出明确有关部门职责、加大财政扶持力度、加大金融支持力度、落实税费优惠政策、落实土地优惠政策等建议。形成市政协《我市农民专业合作社的调研报告》，送市委、市政府参考。是年，市政协各专门委员会配合四川省政协调研农产品深加工基地建设、泸州港出海口通道建设、隆黄铁路建设、古叙煤矿资源开发、城乡居民饮水安全、扩权强县等。城市居民饮水安全调研报告通过四川省政协报送省委、省政府后，省长蒋巨峰等8位省领导做出批示，要求落实调研报告建议。泸州港出海口通道建设调研报告，被四川省政协采用后报送省政府，得到省长蒋巨峰、副省长王宁的批示。

2009年4—5月，市政协财经委员会组织各县区政协、市级相关部门对泸州市招商引资工作调研。提出建议：进一步认清形势，解放思想，牢固树立大开放大发展的观念；运用抓好招商项目库建设、将政策作为引导招商引资工作标杆等多种方式，努力提高招商引资工作实效；开拓创新，重视以商招商，突出产业招商，推进企业招商，严格高耗能、高污染项目审批，将构建长效机制作为招商引资的“突破口”；建好载体，将园区建成招商引资的“主阵地”；强化绩效考核，明确招商引资的正确导向；强化组织领导，提升服务水平，在完善招商引资工作机制上形成合力。形成市政协《关于进一步搞好泸州市招商引资工作的建议》，送市委、市政府参考。5—7月，市政协社会法制委员会、农业委员会、研究室在区县政协、市级政法等有关部门和民主党派配合下，对泸州市农村土地流转中出现各种纠纷和问题及法律政策调研。提出建议：加强指导和引导，广泛宣传土地流转的意义、程序、方法，切实增强农户的法制观念和自身维权能力；规范合同管理，尽快完成确权颁证工作，设立土地流转中介机构和土地纠纷仲裁机构；行政部门要严格审核把关，建立农村土地使用流转登记制度，完善农村土地使用权流转手续，加强农村土地流转的登记管理；积极推进农村社会保障体系改革，逐步建立和完善农村各项社会保障制度；放宽土地经营政策，对土地经营者实行优惠政策；开展清理前期土地流转遗留隐患工作。形成市政协《关于依法规范有序促进泸州市农村土地流转的建议》，送市委、市政府参考。并成为泸州市哲学社会科学2009年结项课题，获泸州市第十一次哲学社会科学优秀成果奖。7月中下旬，市政协农业委员会在市水利局配合下，对泸州市农田水利建设情况调研。提出建议：要进一步重视水利建设基本设施工作，进一步重视水利建设规划和项目前期工作，市、县政府应将此作为推进水利建设基础性工作；加大投资力度，完善多元化投入机制，按照“规划一批、储备一批、开工一批、建设一批”的工作思路，抓紧抓好各类立项工程的前期工作，并积极争取上级资金的投入；应逐步建立起“政府投入为主导、农民自愿投入为基础、其他社会投入为补充的多层次、多渠道、多元化的新型农田水利基本建设投入机制”。形成市政协《关于泸州市农田水利基本建设的调研报告》，市委书记朱以庄批示：“市政协农委的调研报告很好，特别是要按照‘四个一批’原则，把水利项目规划好，加快前期工作，加大争取力度。”8月中下旬，市政协农业委员会会同市委政策研究室、市委农工办、市统计局、泸州调查队，对泸州市农民增收工作调研。提出建议：确立地方农产品品牌战略，发展优质高效农业；创建农副产品市场营销大格局，提高市场占有份额；加大农业致富科技含量，培育龙头企业，推进农业产业化经营；强化政府服务体系建设，深化农村体制改革。形成市政协《关于促进泸州市农民增收的调研报告》，市委书记朱以庄批示：请文杰、万春同志及市农工办研究。9月23—28日，市政协教科文卫体委员会组织委员，对高新技术产业化和服务等调研。实地调研川南机械厂、金土地公司、泸州川油钻采工具有限公司（简称川油钻采公司）、泸州酒业集中发展区、市生产力促进中心。提出建议：大力增加自主知识产权的研发、引进和储备；不断促进科技成果转为先进生产力；多渠道加大创新投入；充分发挥政策效应的作用，在财政资金安排、建设用地审批和有关税费减免等方面予以倾斜，强化企业主体地位，推进产学研合作；加强创新人才培养，稳定和优化成才环境，政府各相关部门要进一步完善泸州市人才流动机制。形成市政协《关于促进泸州市高新技术企业发展的几点建议》，得到市科技局和相关部门重视和采纳。12月，市政协财经委员会会同市级相关部门、金融机构和县区政协，对泸州市中小企业发展调研。提出建议：将中小企业作为泸州市经济发展的优先战略选择，营造有利于中小企业发展的环境，着力解决中小企业“融资难”问题，切实帮助中小企业提高素质。形成市政协《关于进一步促进泸州市中小企业健康发展的建议》，送四川省政协、市委、市政府参考。

2010年4月6日，市政协人口资源环境委员会参与四川省政协“低碳经济”区域性联动课题调研。提出建议：优化产业结构，大力发展第三产业；加大重点领域节能减排的政策措施和工作力度；加大资金技术等经济扶持力度，推进企业低碳经济技术改造；加强低碳经济技术服务体系建设；倡导低碳经济生活方式。形成市政协《关于发展我市低碳经济的建议》，送四川省政协参考，在市政协全委会上作大会发言。4月中下旬，市政协教科文卫体委员会与民盟泸州市委、民建泸州市委联合对泸州市广播电视“村村通”情况调研。提出建议：要以“村村通”为重点，以“户户通”为目的，以“长期通”为目标，进一步理顺管理体制，继续加大广播电视“村村通”工程建设力度；建立完善广播电视“村村通”运行维护经费的投入保障机制；进一步健全维护管理体制，加强队伍建设，提高服务能力；进一步健全完善政府采购机制，确保购进优质价廉的广播电视设施设备。形成市政协《关于进一步加强我市广播电视“村村通”工作的几点建议》，送市政府参考。4—5月，市政协祖国统一联谊委员会组织联合调研组，对泸州市宗教事务管理情况调研。提出建议：加强宗教政策宣传，不断强化对新时期宗教问题的认识；理顺宗教事务管理体制机制，提升对宗教事务的管控能力；加强教育管理培养，不断提升宗教教职人员素质；加强监督管理，将“和谐寺观教堂建设”活动抓好抓实。形成市政协《关于对我市宗教事务管理情况的调研报告》，送市委、市政府参考，市委副书记杨文杰做出批示。同期，市政协社会法制委员会组织委员对泸州市交通基础设施建设和城市道路布局、县区城镇道路网络建设调研。形成市政协《关于“畅通泸州”的建议》，市长刘国强批示，要求市级相关部门认真阅研。市政府组织相关部门进行专题研究，提出4条具体措施落实。5月下旬，市政协农业委员会组织联合调研组，对泸州市品牌农业发展情况调研，并召开品牌农业发展研讨会。提出建议：科学制定品牌农业发展规划，研究出台发展品牌农业的政策措施，整合资源打造区域公用品牌，强化品牌农业营销宣传，切实抓好品牌农业生产经营主体培育。形成市政协《我市品牌农业发展情况的调研报告》，送市委、市政府参考，市委副书记杨文杰做出批示，建议意见被吸纳进泸州市农业发展规划。7—8月，市政协财经委员会组织委员对加快泸州市机械工业发展调研。提出建议：重树泸州市机械工业重要地位，从经济发展全局思考机械工业发展问题，从发展战略层面研究和制定机械工业发展举措，加快机械工业园区建设步伐，引进和培育泸州市机械行业优秀人才，鼓励企业技术创新，加强软环境建设。形成市政协《关于加快我市机械工业发展的对策建议》，送市委、市政府参考，市委副书记杨文杰做出批示。9—10月，市政协教科文卫体委员会组织联合调研组，对泸州市新型农村合作医疗调研。提出建议：解决农民群众“报账难”问题；科学构建新型农村合作医疗运行管理机制，建设优质高效的新型农村合作医疗服务平台；强化监管体系建设，提高督查实效；切实防范和化解基金风险，科学建立持久、稳定的筹资机制。形成市政协《关于我市新型农村合作医疗的调研报告》，送市委、市政府参考。

2011年5月，市政协教科文卫体委员会与市人大教育科学文化卫生委员会联合对泸州市学前教育情况调研。提出建议：尽快出台发展学前教育的政策；科学规划，合理布局学前教育园点；加大政策支持力度，多渠道筹措资金；加强教师队伍建设；帮助解决幼儿园中存在问题，以《社情民意专报》报送市委、市政府，市委副书记杨文杰、副市长梁伟华分别做出批示。7—8月，市政协财经委员会组织经济界委员、市级相关部门、部分区县政协，对加快泸州市商贸流通业发展情况调研。提出建议：以建设川滇黔渝结合部现代商贸物流中心为目标，进一步完善商贸流通业发展规划；加大商贸流通业基础设施建设；加快推进新型商贸流通业的发展；积极培育商贸龙头企业和大力实施商贸品牌战略，努力提高商贸流通发展水平；加大政策扶持力度，促进商贸业快速发展；积极营造市场诚信环境；重视商贸流通人才的培育和引进。形成市政协《关于加快我市商贸流通业发展的建议》，经市政协常委会专题协商讨论，送市委、市政府参考。8—9月，市政协教科文卫体委员会、市食品药品监督管理局及相关部门联合组成调研组，对泸州市食品药品安全工作情况调研。实地调研江阳区、纳溪区、泸县、合江县及所属9个乡镇街道和10多个食品药品生产经营企业，并与区县有关部门和乡镇干部群众代表座谈。提出建议：健全完善食品药品安全监管责任制，各级党委、政府应将食品药品安全作为重大民生工程，纳入党政工作重要议事日程，健全完善“各级政府负总责、监管部门各负其责、企业是第一责任人”的责任体系；加强食品药品安全监管体系建设，逐步探索建立统一、协调、权威、高效的监管组织体系；积极探索建立三级联动的食品药品监管新模式；健全完善食品药品监管保障机制，加大财政投入，整合检验检测资源；继续加大执法和宣传力度，各级政府应每年组织相关监管部门开展2—3次专项集中整治活动；建立长效监管机制。形成市政协《关于我市食品药品安全工作情况的调研报告》，经市政协常委会专题协商讨论，送市委、市政府参考。10—12月，市政协办公室、研究室组成调研组，对泸州市构建区（县）域经济发展新格局调研。邀请市经济和信息化委员会、市发改委、市统计局和市委党校负责人和专家座谈，各区县政协配合开展调研。提出从三次产业结构调整、工业化城镇化互动、优势主导产业集聚发展、构建特色经济板块、创新社会管理5个方面来实现经济发展新格局的建议。形成市政协《关于构建我市区（县）域经济发展新格局的调研报告》，送市委、市政府参考。形成《构建泸州市区（县）域经济发展新格局的战略研究》课题，获泸州市2011年哲学社会科学课题结项。11 月，市政协祖国统一联谊委员会组织委员，通过实地走访少数民族乡和召开座谈会形式，对古蔺县、叙永县少数民族乡产业发展调研。提出研究制定扶持少数民族散杂地区产业政策、打造特色产业区域和基地、提升产业发展层次和水平、提高基础设施承载产业和保障发展能力、强化扶贫开发和新农村建设成片推进等建议。形成市政协《关于我市少数民族乡产业发展情况的调研报告》，送市县政府相关部门参考。

第二节 社情民意信息

1995 年，市政协始办《社情民意》专刊。《社情民意》报送范围是全国政协信息中心，四川省政协（简称省政协），市委、市政府办公室。

1996 年，市政协建立信息中心，在政协委员、市级民主党派、工商联、市政协秘书处聘任 25 名信息员。

1997 年 6 月 20 日，全国政协办公厅以政全厅发〔1997〕22 号文件将泸州市政协确定为全国政协 10 个信息联系点之一，为西南地区唯一的信息联系点。是年，市政协成立信息办公室，聘请 21 名信息员，办起《政协信息》刊物，由信息办公室负责收集、编辑、报送。向全国政协信息中心、省政协、市委、市政府报送信息 30 条。《应迅速解决泸州长江化工厂污染严重的状况》信息，被省政协和市委、市政府采纳。《电大教学脱节，影响社会稳定》信息，市政府采纳，责成市教委办理。《古蔺县李子丰收在望，农民担心难变成钱》信息，引起市委、市政府重视，责成所在县政府及时采取措施。11 月 15—16 日，省政协信息宣传工作经验交流会在泸州市召开，泸州市政协获省政协信息工作一等奖。

1998 年，市政协向全国政协信息中心、省政协和市委、市政府报送政协信息 43 条。其中，被全国政协采用《收取建设项目保证金制度应予取消》《加强对领导干部的离任审计》等 6 条（直送中共中央、国务院，下同），省政协采用 10 条（直送中共四川省委、省政府，下同）。市政协获四川省政协系统信息工作一等奖。

1999 年 1 月 19 日，市政协召开信息宣传工作座谈会。11 月 4 日，市政协办公室制定《关于加强信息工作的意见》，提出加强信息报送工作，健全信息网络，明确政协委员、市级民主党派、工商联和各县区政协收集报送信息目标。24 日，市政协召开三届十一次主席会议，听取市政协信息中心近期信息工作开展情况汇报，提出意见和要求：信息工作要搞目标管理，对信息员和市政协机关各处室要落实任务，年终考评，奖惩兑现；信息工作关键要抓质量，及时了解全国政协、省政协要求；加强与市委、市政府信息工作的联系，学习经验；加强对区县政协信息工作指导，每季度召开一次信息员会议。是年，市政协在各区县政协、市级民主党派、工商联、市政协各专门委员会聘请 22 名信息员；召开“无题座谈会”5 次，并运用会议、座谈、视察、调研、提案、信访等多种形式，广泛了解人民群众的意愿、困难和呼声，收集政协委员和各界人士的意见和建议。向全国政协信息中心、省政协和市委报送信息 48 条。其中，被全国政协采用《认真学习公报，拥护中央政策》《坚决拥护我国政府声明》《地方党政领导应提高宗教政策素养》《农村稳定问题不容忽视》《天安门升旗仪式应更庄重》《调整行业报刊结构受到欢迎》《粮食顺价销售改革工作难以推行》《“三讲”教育应持续开展下去》《反映内战题材的艺术品应有利于祖国统一》等11条，四川省政协采用12条，市委采用1条。市政协信息工作获1999年度全省政协系统信息工作一等奖。

2000年1月，市政协召开信息工作会议，对信息员培训，对各信息报送单位明确目标任务，建立责任制。2月，政协泸州市四届三次全委会期间，市政协办公室向全体市政协委员印发《如何提高反映社情民意信息的质量》。10月25—27日，全国政协信息联系点政协第1次联系会议在泸州市召开，会议讨论通过《全国政协信息中心与信息联系点加强工作联系的办法》。是年，市政协召开“无题座谈会”4次，并运用会议、座谈、视察、调研、信访等多种形式，广泛收集政协委员、市级民主党派、工商联成员、各界人士的意见和呼声，了解民情、民意。向全国政协信息中心、省政协、市委、市政府报送信息128条，被全国政协采用《泸州在台同胞愿回大陆租山种茶》《台湾对丑化国民党军队反感》《民主党派代表人士后继无人》《要解决西部大开发战略中的领导干部问题》《重视国定贫困县少数民族农户问题》《希望中央果断解决台湾问题》《尽快全面推行“朝九晚五”工作制》《查处成克杰大快人心》等18条，省政协采用14条，市委采用5条。其中《查处成克杰大快人心》信息，被全国政协信息中心专报中央领导。市政协信息工作获2000年度全省政协系统信息工作一等奖。

2001年6月底，作为全国政协信息联系点单位，市政协主席徐龙治列席全国政协九届四次常委会。8月21—29日，市政协信息中心实地到江阳区、龙马潭区、纳溪区、泸县、叙永县、古蔺县政协，调研反映社情民意信息工作；召开市级民主党派、工商联和市政协专门委员会座谈会，听取对反映社情民意信息工作的意见和建议。10月23日，市政协召开信息工作会，聘请特约信息员23名。25日，市政协办公室制发《关于加强和深化反映社情民意的意见》。10—11月，市政协信息中心开展反映社情民意知识培训，培训市政协委员、民建泸州市委和市工商联会员及信息员5批200人。年内，市政协召开“无题座谈会”3次，邀请政协委员和各界人士50余人参加，收集社情民意和意见建议100多条。截至12月底，市政协信息中心收到区县政协、市级各民主党派、工商联、市政协委员报送信息166条。向全国政协信息中心报送信息103条，《全国妇联主张“延迟妇女退休年龄”违背了广大女职工的意愿》《对80岁以上的老职工应增加医疗补助》《希望城市规划中不要忽视群众体育活动场馆的建设》《因失职给国家和人民造成重大财产生命损失的政府官员应自动辞职》《基层群众盼望乡镇机关政务公开》《西部大开发要注意保护爱国宗教的作用》《重视50岁左右领导干部使用问题》《重视退耕还林补助“断奶”后农民生计问题》《基督教在农村迅猛发展问题不容忽视》《建议组建“听真话”的专门班子》《西部个体业主有“八烦”》《果苗市场混乱、建议尽快出台果苗法规》《新闻导向要注意保护农村基层干部的积极性》《农业投入应向产业结构调整倾斜》《对非党干部应与中共干部一视同仁，严格要求》共15条信息被采用；向四川省政协报送信息99条，被采用14条；向市委、市政府报送信息38条，被采用5条。

《小集镇建设应抓好规划与管理的建议》信息，被市政府采用后，随即召开全市小城镇建设会议，专题研究小城镇规划和建设工作。市委书记徐波非常重视《希望市政府组织专家对沱（江）一桥安全进行一次检查》信息，立即批示市交通局组织专业技术人员对沱江一桥进行全面安全大检查，将检查结果报市委、市政府。《泸州化工厂数百户工人面临住房将被拆迁而愤慨不平》信息，市长肖天任批示，要有关部门“减免各种收费，以降低造价”，并切实“做好群众工作”。市政协委员及时反映“出租车客运经营权拍卖”中可能发生严重集体上访事件的信息后，市委、市政府采取果断措施，妥善化解矛盾，维护了社会安定。副市长吕友清亲自过问《市民骂广电局霸道》信息，市广播电视局及时改进工作。

2002年3月3日，市政协向参加泸州市政协四届五次全委会的委员发出《致市政协委员一封信》《如何提高反映社情民意的质量》及《反映社情民意用笺》，发动委员反映社情民意。会议期间收到委员反映的社情民意47条。截至12月底，市政协研究室收到区县政协、市级民主党派、工商联、市政协委员反映社情民意信息176条，编辑出刊《政协信息》129期。其中，向全国政协信息中心报送98条，被采用《民主党派主要领导的选任也应有群众基础》《不合理的铁路运价阻碍尿素出口》《建议在制定职工福利政策时适当照顾建国初期参加工作的干部》《关于撤销乡镇教办的建议》《机构改革后财政开支增加》《西部地区乡级政府不宜“分灶吃饭”》《泸州市各界人士盛赞中共十六大召开》《泸州市各界人民热烈欢呼中共十六大的胜利召开》《对中共十六大胜利闭幕的反映》《民主党派、工商联也要与时俱进》《新一届中共领导班子体现了专家治国》《民建会员对中共十六大报告的看法》《我国现行生育政策将导致民族素质弱化》《政府转变职能是当务之急》《农村税费改革后义务教育面临的困难和建议》《应把贯彻〈公民道德建设实施纲要〉作为大事来抓》《建立领导干部就职宣誓制度》17条；向省政协报送88条，被采用15条；向市委、市政府报送55条，被采用10条。是年，市政协信息工作被评为四川省政协系统信息工作一等奖。

《沱江大桥上游南岸大量倾倒建筑废物、严重破坏植被问题亟待解决》信息，市政府采纳，相关部门做出规定，禁止建筑垃圾向沱江岸坡倾倒，保护了百子图沱江大桥至百子图广场南岸植被。《城区公交13路车应恢复原有线路》信息，市公交公司立即恢复13路车原有线路，解决了大驿坝片区学生上学乘车难问题。《温州商团大量走人，影响泸州招商形象》信息，市委、市政府主要领导分别批示，要求有关方面了解情况，研究制定相关措施。《滨江路港区洪期船舶安全令人忧》信息，市政府主要领导批示有关部门研究办理，及时消除安全隐患。《泸州车辆入户税费高导致税费流失》《外来企业主投资西部有“十虑”》等信息，得到市领导和相关部门高度重视。

2003年2月3日，市政协向参加泸州市政协五届一次全委会的全体委员发出《致市政协委员一封信》《如何提高反映社情民意的质量》资料，发动委员反映社情民意，会议期间收到委员反映的社情民意52条。8月11日和26日，市政协两次召开信息工作会，传达全国政协信息工作赤峰会议精神，研究如何提高信息质量、社情民意出精品，部署信息工作。是年，市政协研究室开办专题讲座，对市政协和江阳区、纳溪区、叙永县、古蔺县政协委员6批500余人进行反映社情民意知识培训。截至12月，收到市级民主党派、工商联、各区县政协、市政协专门委员会、市政协委员、各界人士反映的社情民意信息234条，向全国政协信息局、四川省政协研究室、市委、市政府报送信息184条。其中，《中西部地区的市区农民贫困家庭也应享受国家的医疗救助》《关于进一步完善城市居民低保制度》《电力不足影响乡镇企业发展》《老集体企业的老职工养老金问题应该得到妥善解决》等7条信息被全国政协和中共中央办公厅采用，被中共四川省委、省政协采用26条，被市委、市政府采用20条。市政协信息工作被评为全国政协系统信息工作三等奖，四川省政协系统信息工作一等奖。

2004年3月，市政协向参加泸州市政协五届二次全委会的全体委员发出《致市政协委员一封信》和《如何提高反映社情民意信息质量》资料，发动委员反映社情民意，会议期间收到委员反映的社情民意信息58条。4月30日，市政协召开信息工作表彰会，表彰信息先进集体民建泸州市委、民盟泸州市委、纳溪区政协和9名先进个人。11月30日，市政协召开信息工作会，传达全国政协信息点第五次会议精神，研究信息报送题目、突出重点和如何提高信息质量。年内，对民革泸州市委民革党员30多人进行反映社情民意知识培训。截至12月底，市政协研究室收到市级各民主党派、工商联、各区县政协、市政协专门委员会、市政协委员、各界人士反映的社情民意信息300多条，向全国政协信息局、四川省政协研究室、市委、市政府报送信息226条。其中，被全国政协采用9条，即《应高度重视失地农民问题》《关于解决失地农民问题的建议》《自来水公司应当强化反恐意识》《国有企业资产流失应引起高度重视》《应率先取消贫困山区的农业税助农增收》《重视当前制约贫困山区农民增收的五大因素》《当前农村计划生育工作中存在的几个突出问题》《净化广告市场已势在必行》《解决车辆超限超载问题应标本兼治》，被省政协采用13条，被市委、市政府采用12条。市政协信息工作被评为四川省政协系统信息工作一等奖，被市委办公室评为信息工作三等奖。

是年2月，市政协研究室、农业委员会组织对泸州市失地农民问题调研，形成《应高度重视失地农民问题》信息。全国政协信息局将该信息和部分民主党派中央相关信息综合后形成专报，国务院领导高度重视，3月12日，国务院总理温家宝批示："建议国土资源部会同有关部门研究。"3月12—14日，3位副总理黄菊、回良玉、曾培炎分别阅示。是年，市政协被全国政协信息局采用的8条信息中，《关于解决失地农民问题的建议》《国有企业资产流失应引起高度重视》《应率先取消贫困山区的农业税助农增收》《重视当前制约贫困山区农民增收的五大因素》《当前农村计划生育工作中存在的几个突出问题》《解决车辆超限超载问题应标本兼治》6条信息被中共中央、国务院领导批示。6月，市政协研究室创刊《社情民意专报》，主要反映人民群众关注的热点、难点、焦点和迫切需要解决的问题，分别直报市委、市政府领导。截至12月底，报送《社情民意专报》7期，市委、市政府领导高度重视，27人次批示18条。

2005年2月25日，市政协向参加泸州市政协五届三次全委会的全体委员发出《如何提高反映社情民意质量》资料，发动委员反映社情民意，会议期间收到委员反映社情民意信息63条。9月，市政协召开信息工作会，传达全国政协信息点第六次会议精神，研究重点信息报送题目和如何提高信息质量。年内，市政协研究室应邀作专题讲座，对民建泸州市委会员、江阳区政协委员和信息员80多人进行反映信息知识培训。向各区县政协、市级民主党派、工商联、市政协专门委员会、市政协委员发送全国政协信息局局长陈唐晓专题讲座稿《如何提高信息质量》450份。截至12月底，市政协研究室收到市级民主党派、工商联、各区县政协、市政协各专门委员会、市政协委员、各界人士反映信息和社情民意350多条，向全国政协信息局报送150条，向四川省政协研究室报送32条，向市委、市政府领导报送《社情民意专报》10期87条。其中，被全国政协采用《关于对医疗市场进行宏观调控的建议》《国家应增加人工商品用材林抚育间伐计划》《当前民办教育存在的一些问题及建议》《当前农村土地承包中的问题及建议》《西部城市就业、农村富余劳动转移中存在的问题与建议》《西部地区民办教育工作存在的问题及建议》《县域经济存在的问题与建议》《县域经济与社会协调发展的几点建议》《发展县域经济与社会的建议》9条；中共四川省委、省政府采用4条；市委、市政府领导101人次批示56条，其中市委书记、市长批示59条次。

市政协报送的《社情民意专报》，得到市委、市政府高度重视。市委书记徐波要求市委督查室，将督办情况汇总上报，进行追踪检查。《贫困老党员需组织关怀》社情民意，市委组织部认真研究，建立健全农村贫困党员生活补助制度、走访慰问制度、党内帮扶制度，并将农村特困党员纳入救助对象和医疗补助对象。《农村电视光纤收费过高》社情民意，市物价局、市广播电视局及其网络公司商定，调整江阳区、龙马潭区乡镇用户的收视维护费，解决农村用户可以看和看得起问题。《关于拓展畜禽保险业务》社情民意，市委书记、副书记分别做出批示，要求有关部门抓紧研究，拿出办法，努力化解养殖风险，解决养殖户后顾之忧。

2006年3月1日，市政协向参加泸州市政协五届四次全委会的全体委员发出《2006年重点报送的信息题目》，发动委员反映社情民意。截至12月底，市政协研究室收到市级民主党派、工商联、各区县政协、市政协专门委员会、市政协委员、各界人士反映信息和社情民意370多条，向全国政协信息局和四川省政协研究室报送91条，向市委、市政府领导报送《社情民意专报》10期102条。其中，《建立和完善西部农村社会保障体系的建议》《人感染猪链球菌疫情折射出当前农村工作面临的诸多问题》《取消农业税后基层出现的一些情况及对策》《关于解决新农村社会矛盾的建议》《关于加强城市社区卫生服务的建议》《对西部农村孩子上学免除学杂费应有个限定》《关于西部经济发展迟缓地区加快经济发展的建议》《用好粮食直补资金的建议》8条被全国政协采用；被中共四川省委采用5条，被省政协采用7条；43条得到市委、市政府领导批示。

《建议加强长江铁路大桥的安全》社情民意，市委书记袁本朴、市长朱以庄批示后，泸州铁路有限公司（简称泸州铁路公司）积极采取有效措施，落实安全责任，加大宣传，提高沿线群众安全意识。《泸永路应高标准整治，确保场镇卫生及客货安全》社情民意，市长朱以庄、副市长李继郁批示后，市交通局认真研究，落实泸县云锦场过境公路纵横向排水系统和过境公路路面工程整治工作。《龙马潭区枫林街火灾隐患堪忧》社情民意，副市长李小端批示后，相关部门责令紧靠加气站的泸州市烟花爆竹公司搬迁他处。

2007年7月16日，市政协召开信息工作会，发布报送全国政协、省政协和市政协重点信息指南，研究如何提高信息质量，部署信息工作。是月，市政协创新反映社情民意信息工作机制，制定《关于进一步加强政协信息工作的意见》和《关于规范社情民意信息工作程序的规定》，从征集、编辑、审稿、报送、反馈各个环节实行规范化、程序化管理。年内，市政协研究室举办“如何反映社情民意”专题辅导讲座，培训市、区县政协新委员、信息员7批650人。截至12月底，市政协研究室收到各区县政协、市级民主党派、工商联、市政协专门委员会、市政协委员反映社情民意信息468条。向全国政协信息局、四川省政协研究室报送信息138条，向市委、市政府领导报送《社情民意专报》58期。其中，被全国政协采用《建议国家制定创新鼓励金和专项发明资助金政策》《当前计生工作中的新问题值得高度重视》《实行新型农村合作医疗过程中存在的问题及建议》《应积极抢救与发展乡村民间文化》《“良种补贴”的最好办法是发钱到户》《撂荒的承包地不该享受粮食直补政策》《关于改进异地干部交流工作的意见建议》《新农村建设要重视小城镇饮用水问题》《关于完善良种补贴办法的建议》及《关于长江上游珍稀特有鱼类国家级自然保护区功能区调整的建议》共10条，中共四川省委、省政府、省政协采用14条，市委、市政府领导批示45条次；市级民主党派信息被各民主党派中央采用7条，被各民主党派四川省委采用23条。市政协信息工作被全国政协评为信息工作先进单位三等奖，作为四川省政协唯一代表出席全国政协反映社情民意信息工作座谈会；被四川省政协评为信息工作先进单位二等奖，列全省各市州政协第1名。

《关于妥善解决失地老年农民社保和医保待遇的建议》社情民意，市委书记袁本朴、市长朱以庄、副书记刘国强批示后，市民政局采取多项措施，使失地老年农民社保待遇得到妥善解决。《农资市场复混化肥质量堪忧，严重坑农现象值得重视》社情民意，市长朱以庄、副市长邹蔚批示后，市、区县工商部门开展广泛检查查处，保护农村群众的权益。《关于进一步整顿南极子库房街一带小商贩乱摆占道经营的建议》社情民意，市长朱以庄批示后，工商、城管部门及时整治，制止乱摆占道经营现象。《关于加快泸州市生活小区治安管理的建议》社情民意，市长朱以庄批示后，使有关问题得到圆满解决。

2008年7月29日，市政协办公室制发《关于对市政协社情民意信息被采用稿件实行奖励的通知》。市政协创新社情民意信息工作机制，每季度向区县政协、市级民主党派、工商联、市政协专门委员会发布重点信息指南，全年发布重点信息题目 42 条。市政协研究室以专题讲座形式，培训政协新委员、民主党派成员、信息员 300 余人。截至 12 月底，市政协研究室收到各区县政协、市级民主党派、工商联、市政协专门委员会、市政协委员报送信息和社情民意 538 条，向全国政协信息局和四川省政协研究室报送信息 226 条。其中，被全国政协采用 11 条，即《关于多渠道筹措汶川地震灾后重建资金的建议》《农村土地流转实现规模经营不应忽视“粮食安全”》《对抓好农业基础设施灾后重建工作的建议》《关于建立抗灾科普教育基地和设立“减灾日”的建议》《农村劳务培训存在的问题不容忽视》《关于贯彻实施〈中华人民共和国劳动合同法〉的建议》《关于提高地震灾害防备能力的建议》《关于地震灾后重建工作的建议》《关于抗震救灾工作中存在的问题及建议》《关于建立灾后重建长效金融制度的建议》以及《建议对〈部分商品修理、更换、退货责任规定〉进行修改》，被中共四川省委、省政协采用 24 条。向市委、市政府领导报送《社情民意专报》100 期，得到市委、市政府、市政协领导 63 人次批示 53 条；市级民主党派信息，被各民主党派中央采用 20 条，被各民主党派四川省委采用 58 条。市政协被全国政协评为信息工作先进单位三等奖，被省政协评为反映社情民意信息工作先进单位一等奖。

《充分应对甜橙销售困难，减少果农损失的建议》社情民意，市委书记朱以庄、市政协主席刘俊泽、副市长陈万春批示后，市农业局立即采取应对措施：建立网络信息平台，建设市场营销网络，召开甜橙果品推介营销会，提高专合组织营销能力；通过商品化处理提高果品档次，拓宽销路，积极组织向周边橙汁加工厂销售加工甜橙；加大引进建设橙汁加工厂力度，制定促进果品营销的政策。

2009 年 2 月泸州市政协六届三次全委会期间，大会秘书处专门安排半天时间要求委员反映社情民意信息。年内，市政协研究室每季度发布重点信息指南，全年向各区县政协、市级民主党派、工商联和市政协专门委员会发布重点信息题目 20 条。泸州市政协定期发布重点信息指南的经验，在四川省政协反映社情民意采编培训班上交流，被《四川政协报》头版报道。并以信息专题讲座形式，培训政协新委员和民主党派、工商联成员 400 多人。截至 12 月底，市政协研究室收到各区县政协、市级各民主党派、工商联、市政协专门委员会、市政协委员报送信息和社情民意 632 条，向全国政协信息局和四川省政协研究室报送信息 370 条。其中，被全国政协采用 14 条，即《关于加大酒后驾车肇事处置力度的建议》《农村安装卫星天线收视问题应引起重视》《关于加大对返乡农民创业扶持力度的建议》《国家应当提高退耕还林粮价补助的标准》《乡村“断头”公路过多应引起政府重视》《应制止家电下乡出现“两头热中间冷”现象》《关于适时调整退耕还林补助标准的建议》《关于解决公办高中学校教师津贴发放的建议》《关于将种粮补贴改为售粮补贴的建议》《现行〈律师法〉与〈刑事诉讼法〉的冲突问题》《关于“参公”资格认定中问题的情况反映》《社会保险基金存在的问题应当引起重视》《农村校点调整带来的隐患应引起重视》《关于社区养老的建议》，被中共四川省委、省政府、省政协采用 22 条。向市委、市政府领导报送《社情民意专报》95 期，被市委、市政府领导 97 人次批示 80 条；市级民主党派信息被各民主党派中央采用 33 条，被各民主党派四川省委采用 66 条。市政协被全国政协评为信息工作先进单位三等奖，被四川省政协评为信息工作先进单位二等奖。

《关于在四川适宜地区扩大推广杂交糯高粱品种的建议》信息，省长蒋巨峰批转四川省农业厅领导酌研。《关于对洞窝工业遗址进行保护的建议》社情民意，市委书记朱以庄批示：“此建议很好，请市委宣传部、市文化局和泸县研究。”《加强城市公交车反扒、防盗工作势在必行》社情民意，市公安局召开专题会议研究反扒工作，制定具体的打击整治措施，使反扒工作取得显著成效。《龙马潭区部分人行道毁坏严重亟待整治》社情民意，市政府办公室召开会议，专题研究交通秩序整治中的临时占道停车管理工作。《关于修整鱼关公路确保行车安全的建议》社情民意，市委副书记杨文杰批示后，相关部门已开始对鱼关公路修整。

2010年2月泸州市政协六届四次全委会期间，大会秘书处专门安排半天时间要求委员反映社情民意信息。年内，市政协创新社情民意信息工作机制，每月由市政协研究室和秘书处定期召开舆情分析会，研究重点报送信息和社情民意，全年向区县政协、市级民主党派、工商联、市政协专门委员会发布重点信息题目50余个；由报送单位推荐，市政协聘任59名骨干信息员，建立定期培训、重点攻关、目标管理工作机制。市政协研究室以信息专题讲座形式，培训政协委员、市级民主党派、工商联成员和骨干信息员400余人。11月，全省政协反映社情民意信息工作会（川东、川南片）在泸州市召开，学习泸州市政协信息工作经验。截至12月底，市政协研究室收到区县政协、市级民主党派、工商联、市政协专门委员会、市政协委员报送信息和社情民意850条，向全国政协信息局和四川省政协研究室报送信息481条。其中，《国家应在自然灾害频发区域推行自然灾害强制险的建议》《社会矛盾纠纷大调整机制需进一步完善》《加强西部农村水利基础设施的建议》《国家对“非本地居民”贷款购房的界定应及时予以明确》《农村低保应进一步规范》《积极推进“新农保”可持续健康发展的建议》《建议国家将部分扶贫补贴资金直接用于新型农村养老保险补贴》《社保个人缴费基数和比例应适当降低》《关于抑制高房价的几点建议》《建议对上路执行紧急任务的救护车一律不收费》《完善新型农村社会养老保险制度的建议》《关于将高粱酿造的白酒纳入非粮食税范畴的建议》《关于进一步加强无偿献血工作的建议》《关于解决血液制品紧缺的建议》共14条被全国政协采用；被省政协采用63条，其中6条被全国政协采用，42条信息引起中共四川省委、省政府及相关部门重视。向市委、市政府领导报送《社情民意专报》188期，被市委、市政府领导批示督办159条，有37个部门和单位对办理情况以文件形式专题回复，推动相关问题的有效解决。市级民主党派信息被各民主党派中央采用43条。市政协信息工作被四川省政协评为信息工作一等奖，信息被采用数量在全省市州政协中名列第一。

市政协被全国政协采用的《关于加强西部农村水利基础设施建设的建议》信息，中央领导批示后，2011年中央关于农业工作的1号文件，就是解决农村水利基础设施建设问题。《完善新型农村社会养老保险制度的建议》《国家应在自然灾害频发区域推行自然灾害强制险的建议》《积极推进“新农保”可持续健康发展的建议》《建议国家将部分扶贫补贴资金直接用于新型农村养老保险补贴》4条信息，得到中央领导批示。《关于加快建设城南长江大桥的建议》社情民意，市委书记朱以庄、市长刘国强、副书记杨文杰、副市长喻双批示后，城南长江大桥建设被列入泸州市国民经济和社会发展“十二五”规划。《关于推进“二郎・名酒名镇”建设的建议》社情民意，市委书记朱以庄、市长刘国强、常务副市长杨松柏批示后，市政府办公室专题研究，决定对“二郎・名酒名镇”建设工作实地调研，及时梳理建设工作中存在的问题，召集市级相关部门专题研究，提出支持“二郎・名酒名镇”建设工作的具体意见建议，供市委、市政府领导审定实施。《加大我市新菜地建设基金征收力度的建议》和《应高度重视蔬菜基地建设和保护》社情民意，市委副书记杨文杰批示后，市政府决定从2010年起，每年从市级土地出让金中划拨500万元设立新菜地开发建设基金，且每年递增10%。

2011年2月泸州市政协六届五次全委会期间，大会秘书处专门安排半天时间，要求委员反映社情民意信息。年内，市政协完善社情民意信息策划机制，每月定期分析舆情，策划重点信息，全年向区县政协、市级民主党派、工商联、市政协专门委员会、市政协委员、骨干信息员发布重点信息题目80多个。市政协研究室以“如何提高信息质量”专题讲座形式，培训政协委员和民主党派成员7批500

多名。截至12月，市政协研究室收到区县政协、市级民主党派、工商联、市政协专门委员会、市政协委员、骨干信息员反映信息和社情民意1000多条，向全国政协信息局和四川省政协研究室报送信息588条。其中，被全国政协采用17条，即《宗教思想过度传播现象值得高度关注和重视》《别让“新农合”成为农民的新负担》《“代驾”服务行业亟须规范》《改革现行财政税收体制的建议》《中职学校“学生工”现象应引起高度重视》《保障性住房建设应更加注重质量》《不宜为西部欠发达地区乡镇政府下达财税任务》《莫让“农家书屋”成为一种摆设》《应采取有效措施加强商品预售款的监管》《制止滥用抗生素刻不容缓》《对〈个人所得税修正案〉的三点建议》《对法律援助加强监管的建议》《特殊工种人员的社保待遇问题值得关注》《辛亥革命百年纪念应避免商业化炒作和过热》《关于以市级为主体确定事业单位绩效工资结构比例的建议》《关于立刻采取措施消除群众对核辐射恐慌心理的建议》《应就界别设置和委员产生问题出台政协工作规范性文件》；被中共四川省委、省政府、省政协采用51条，其中3条被全国政协采用。向市委、市政府领导报送《社情民意专报》132期，被市委、市政府领导批示105条；市级民主党派信息被各民主党派中央采用60条。市政协信息工作被全国政协评为信息工作先进单位二等奖，冯天林被评为全国政协信息工作先进工作者；被省政协评为信息工作先进单位一等奖，位列先进单位一等奖第一名。

市政协被全国政协采用的《宗教思想过度传播现象值得高度关注和重视》信息，被中央领导批示。《关于缓解我市主城区“停车难”问题的建议》，市长刘国强批示：“民建市委的建议很好，要组织相关部门认真研究。前段时间我市搞了收费停车，缓解了停车难，同时规范了机动车的停放问题，但是，相关的问题仍存在，请酌解。”

第三节　座谈建言

1991年4月20日，市政协邀请市级各民主党派、工商联，文教、政法、青年等界别部分委员就泸州市社会治安综合治理座谈。9月，市政协召开恳谈会，专门听取市级民主党派、工商联对当前工作的建议。市级民主党派、工商联建议：市委、市政府要加强农业工作，避免农业生产再度出现马鞍型发展；扶贫工作要列入党委、政府议事日程；政府要加强市场管理，假冒伪劣商品太多，要加大打假力度；要下力气抓亏损企业，尽快使企业扭亏为盈，维护社会稳定；在城区要禁放烟花爆竹，防止污染环境和引起火灾；泸州没有市内交通地图，外地人员来泸州出行很不方便，要尽快绘制；要发挥民主党派、工商联的民主监督作用，建立特邀监察员、特邀检察员、特邀审计员、教育督导员制度。

1993年6月3日，市政协文教医卫体委员会组织委员，市政府办公室、市卫生局、市医药管理局、泸州市公费医疗办公室负责人参加，召开泸州市公费医疗改革情况座谈会。听取市卫生局关于泸州市实行公费医疗制度和拟逐步实行公费医疗社会保险制度情况通报。提出建议：建立全市医疗卫生社会保险金制度，财政要增加投入，并尽快落实；个人负担比例还可再行斟酌，要注意个别医院利用一些服务性项目增加病员隐性负担；要尽量处理好医院承包时出现的问题；加强医药卫生行政部门管理。以《简报》送市委参考，7月8日，市政协召开市级民主党派、工商联负责人座谈会，市委、市人大、市政府、泸州市军分区领导出席。会上，学习讨论中共中央总书记江泽民“七一”座谈会讲话。民主党派、工商联负责人提出建议：集思广益，制定泸州经济宏观发展战略；解放思想，加快改革开放步伐；加强党风廉政建设，铲除腐败现象，密切中国共产党同人民群众的联系；加强思想教育，在全社会倡导艰苦创业精神；制止大量“圈地”，保护耕地资源。以《简报》送市委、市政府参考。

1994 年 1 月 5 日，市政协召开文艺界知名人士座谈会，戏剧、美术、舞蹈、音乐、文学创作等方面知名人士和市文化局、泸州市文学艺术界联合、泸州市作家协会负责人 30 多人参加。文艺界知名人士认为：泸州市文化艺术事业坚持“二为”方向和“双百”方针，努力抓创作，抓各类业务培训，抓文化系统内部改革，抓出成效。但泸州的文化氛围不浓，文艺没有走进北京、走出国门，文艺人才流失较多，文化事业经费投入不足，文化工作者生活条件较差，展出和演出没有理想场地。市政协常务副主席刘光汉希望到会的有关部门，认真研究文艺界知名人士提出的意见和建议，拿出解决方案，狠抓落实。以《简报》送市委、市政府参考。

1995 年 10 月，市政协常委会、财经委员会分别召开座谈会，讨论研究加快泸州市个体私营经济发展问题。与会人员在座谈中认为，泸州市个体私营经济发展中存在问题有：一些基层领导和职能部门还存在种种偏见，思想解放不够，观念转变较差，担心个体私营经济发展了会影响公有制经济的主体地位、妨碍国营经济的发展；发展个体私营经济没有发展乡镇企业那种目标和任务，没有明确的奖惩制度，对需不需要奖惩制度，没有形成共识；涉及向个体私营经济收费的部门多，乱摊派、乱收费、乱罚款、吃拿卡要现象突出；无照经营户较多，假集体大量存在；管理人员不足，管理乏力。建议：要采取多种形式，利用一切宣传工具，充分宣传个体私营经济的典型和先进事迹；各级党委和政府要将发展个体私营经济列入议事日程，纳入国民经济和社会发展计划、规划，制定目标，狠抓落实；要加大管理监督力度，主要是监督个体私营经济的合法权益得没得到保障，监督各职能部门是否违法违规管理；要加大奖惩力度，主要是奖励那些发展好的个体私营经济，重奖那些发展个体私营经济好的区县和部门；建议市、县区、乡镇成立个体私营经济发展协调领导小组，帮助个体私营经济解决在发展中遇到的困难和问题，清理不适合发展的规定和政策。

1996 年 7 月 29 日，市政协就泸州市医疗保障制度改革召开座谈会，市政协教科文卫体委员会委员参加。与会委员建言：医疗保障制度试点在泸州首先展开，是泸州市医疗保障制度发展难得的机遇，各级党政部门要高度重视，切实加强领导，将这项改革逐步引向深入；该项改革面临问题十分复杂，涉及部门利益和广大职工切身利益，政策性强，各部门务必要统一思想，识大体，顾大局，积极为改革试点服务；该项改革，可能对医疗机构带来新的压力，各级医院要逐步强化质量、提高效益，规范医疗行为的管理责任制，将盲目的规模扩张调整到质量效益型、加强内涵建设上来。

1997 年 10 月 14 日，市政协召开非公有制经济代表人士座谈会，江阳区、龙马潭区的个体工商户、私营企业主和市工商联负责人、市私营企业协会及区个体协会秘书长参加。会上，部分私营企业经理（厂长）、个体工商户发言，提出意见和建议：市场就是财富，但泸州市场建设滞后，建议将小市杜家街的道路修好，房屋进行改造，一定能吸引大量个体工商户前去经商；泸州火葬场建议尽快搬迁，以有利该处房地产连片开发，形成新的商贸区；私营企业贷款问题，建议专业银行应“不看成分、看效益”，对发展有前景、产品有市场、企业有抵押和偿还能力的私营企业，应给予一定贷款；税收上应采取“放水养鱼”培植税源政策，克服“竭泽而渔”短期行为，政府应将培养、发展、保底多少个税源作为税务部门考核目标；政府及有关部门要转变作风，增强服务意识，加强对外资企业的管理，切实纠正行业不正之风。市委副书记徐龙治、副市长谌月华到会听取意见并讲话。21 日，市政协召开民族宗教界人士学习中共十五大精神座谈会。参加座谈的有泸州市苗族、回族、满族、蒙古族、土家族、傈僳族代表，有佛教、基督教、天主教、伊斯兰教代表30多人。民族宗教界人士在座谈中联系泸州实际建言：应加强培养少数民族干部力度，泸州市少数民族人口占总人数1.6%，民族干部只占干部总数0.99%，没有达到国家规定标准，与20世纪50、60年代相比也有下降，各级党委和政府在换届中要加强对少数民族干部的培养和选拔，以适应形势的需要；民族宗教机构应充实加强，机构改革中，民族宗教机构有所削弱，市民宗委的编制减少12人，江阳区没有民族宗教干部，古蔺、叙永是少数民族较多的县，在机构改革中县民族宗教委员会降级、人员减少，不利于民族宗教工作开展；应加强对宗教工作管理，目前到处乱建庙宇屡禁不绝，部分基层公安联防干部搞不清楚合法与非法宗教的界限；要进一步落实好归还教会房地产的政策，中央和省都先后出台了系列文件，泸州市在该方面做了大量卓有成效工作，市基督教三自爱国运动委员会濂溪路2号院子已经归还，泸州二中租用教会房产问题也得到解决，教会表示满意，但还有一些问题，如泸县万定教会的房产没有归还，市佛教协会临江路的房产还未协调好，泸州市道路运输管理处对云峰寺的车辆处以3000元的罚款过重，应学习济南交警执法以教育为主。以《简报》送市委、市政府参考。

1999年10月，市政协教科文卫体委员会组织委员与市卫生局等部门、单位进行座谈。参会委员建言：市政府尽快组织计划、卫生等部门制定泸州市区域卫生规划，对现有卫生资源调研分析、合理调整、合理配置，对设置重叠、浪费严重、不能有效发挥作用的医疗机构，实行“关、停、并、转、迁”；对缺医少药的地方，各级政府应重点投资、重点扶持。按照“政府牵头、部门配合、社区参与、卫生实施”和“块块负责、条条保证、以块为主、条块结合、齐抓共管”原则，建立以社区为中心、以社区居民为服务对象、以老人妇女儿童残疾人为重点、以全科医疗为发展方向、深入居民家庭、全过程全方位开展集预防、保健、医疗、康复、健教为一体的多元化社区卫生服务体。卫生行政管理部门要建立一支集卫生监督、传染病监督、医疗机构监督、母婴保健监督为一体的综合执法队，逐步改变人员少、兼职多的现象；要对各级医疗机构严格依法管理，对游医、巫医带有欺骗坑害性质的非法行医人员，进行拉网式、巡逻式监督检查，一旦发现，坚决取缔，彻底净化医疗市场。医疗广告涉及工商、卫生、新闻等部门，各部门必须各施其职，严格按照《医疗广告管理办法》审批，确保人民群众用药安全。加快人才培养步伐，着重对在职人员进行培训，专业技术骨干要有计划地培养；控制城区医务人员过度膨胀，稳定农村卫生院的技术骨干，有计划地培训社区全科医生。

2001年4月11日、24日，市政协两次邀请经济界政协委员20名对泸州市工业经济工作座谈。政协委员建言：进一步营造工业经济发展的良好环境，加强对工业企业的保护和指导力度；继续完善企业产权制度改革，从产权上改变国有独资模式，取消企业办社会的一切行为，进一步改革企业的分配制度，建立激励机制；泸州酒业发展应注意发挥名酒、名牌、名师“三名”效应，扩大泸州酒的市场份额；建议泸州老窖、郎酒两大名酒分别组建股份公司或集团公司；建议组建泸州的食用酒精企业，保证泸州名酒生产和加工需要；工业企业要积极转变观念，强化市场意识，向市场要效益；加快建立泸州市国有企业投资风险规避机制，为企业产品结构和产业结构调整、新产品的开发上保险；加强对泸州市周边地区工业经济优惠政策的研究，做到人无我有、人有我新，你投资、我让利，你赚钱、我收税；针对泸州市国有工业企业、大企业不大，小企业不优现状，应加强对全市工业经济整合研究。形成市政协《推动我市工业经济发展的几点建议》，送市政府参考。

2003年6月中旬，市政协农业委员会与市农业局召开农业专家和罗沙米业公司负责人座谈会，就罗沙米生产基地建设及销售问题研究。提出建议：切实抓好丘陵区为主的生产基地建设，大力培育龙头企业；加大宣传打开销路，科学确定当家品种；政府要加强扶持龙头企业政策研究，加大财政扶持力度，加大典型示范力度，促进强强联合。形成市政协《关于加快泸州米业发展的建议》，得到市委重视和采纳，市委副书记文耀友批示：市政协农业委员会关于加快泸州米业发展的建议很好，请市农业局领导和专家阅办，并认真研究落实。

2004 年 9 月至 2005 年初，市政协祖国统一联谊委员会与研究室多次召开座谈会，邀请部分市政协委员、有关专家，市县区旅游局、市委宣传部、市文化局、市规划建设局、市城管局、市交通局、市公安局、市商务局、市国土资源局等部门和部分旅游景区、旅行社、宾馆等企事业单位负责人，广泛征询对泸州市创建中国优秀旅游城市的建议和意见。参加座谈人员提出意见和建议：泸州创建中国优秀旅游城市有良好的基础，合民心，顺民意，得到泸州广大群众和社会各界的广泛支持和拥护；创建中国优秀旅游城市，对改善泸州的自然生态环境、增加就业机会、增加经济收入、带动相关产业发展、实现泸州经济的可持续发展有重要作用。为确保创建成功，与会人员提出要打造城市立体绿化工程、城市光亮工程、景区花草工程、品牌景区工程、优质服务工程 5 大工程的建议，形成市政协《关于泸州市创建中国优秀旅游城市的建议》。市政府重视，副市长李小端批示："请转市创优指挥部认真研究，以利于我市创建中国优秀旅游城市（简称创优）工作的顺利进行。"人民网将建议报告全文转载。

2005 年 4 月上旬，市政协教科文卫体委员会邀请市科技局，驻泸州市中央、省属科研院所、高等院校负责人，对泸州市科技人才队伍建设问题座谈。针对泸州市人才总量不足、结构不合理、体制性障碍很大程度上限制人才的引进和使用、人才培养能力不足等问题，与会人员向市委、市政府建言：紧紧围绕经济建设和社会发展总目标，加强科技人才队伍建设，以实施人才强市战略为总揽，以高层次人才队伍建设为龙头，以能力建设为主题，增加人才总量，提高人才素质，优化队伍结构，引进急需人才，培养拔尖人才；突出重点，加强人才队伍建设，重点是享受政府津贴的专家、科技带头人、学术带头人的培养和选拔，重点是加快事业单位的人事制度改革和职称改革、完善评价机制，重点是抓好技术创新和科技成果转化工作；进一步推行"人才资源+事业平台"、人才开发模式，积极构建事业平台，建好平台聚人才；编制泸州市"十一五"人才建设计划；要创新人才培养机制，完善相关工作制度；大力引进各类人才，充实壮大科技队伍，要认真贯彻市委、市政府《关于加快人才资源向人才资本转变的实施意见》和《泸州市鼓励引进人才暂行办法》，对特需人才引进，不受任何限制，特事特办。

2008 年，为贯彻落实中共泸州市委《关于开展"思想大解放，推动大发展"专题讨论活动的通知》精神，市政协组织广大政协委员、专家学者和领导干部围绕"思想大解放，推动大发展"主题调研，形成《站在新的起点上推动泸州大发展》《改革开放 30 年泸州非公有制经济回顾展望》系列调研报告。6 月 26 日，在酒城宾馆举行"思想大解放，促进大发展"专题座谈会。出席座谈会的有市委书记朱以庄，代市长刘国强，市委常委、宣传部部长曹建国；市政协主席会议成员、全体常委、部分委员，在泸州市的省政协委员和泸州老窖公司、北方化工公司负责人 100 余人。会上，市政协副主席、委员和企业负责人 11 人发言，提出观点和建议。1. 政府方面：真正从思想上、行动上体现和落实以经济建设为中心，将民主作为解决发展中重大问题的重要途径，将建设省会城市作为泸州奋斗的战略愿景。2. 泸州发展方面：进一步推动思想大解放，以解放思想的新突破推动泸州大发展；认真学习兄弟地区经验，以"双流的思路、眉山的魄力、永川的发展"推动泸州大发展；切实加强调研工作，以缜密的思考、科学的决策做支撑，推动泸州大发展；努力建设一支肯干事、能干事、敢干事、干得好事的干部队伍，以强有力的组织保证推动泸州大发展。3. 泸州老窖公司方面：以传统白酒产业和资本相结合寻求资本突破，承办"中国酒城泸州 2008 酒业博览会"寻求酒城影响力的突破，泸州老窖公司控股武陵酒寻求全国市场布局的突破；打造"酒城"名片，寻求更利于企业发展的机制，建设泸州酒业集中发展区寻求泸酒资源整合的突破。4. 化工方面：破除自满情绪，跳出企业看企业，进一步增强忧患意识；破除本位主义思想，强化泸州发展大局意识；破除传统经营方式，强化市场意识；破除经验主义和教条主义思想，强化创新意识。5. 构建川滇黔渝接合部商贸物流中心方面：提高对构建结合部现代商贸物流中心重要性的再认识，依托“市场方阵”撑起商贸物流中心主体骨架，通过“贸工联动”夯实商贸物流中心产业基础；倾力打造商贸物流中心洼地优势。6. 合江县域经济方面：集中精力抓工业，全力恢复振兴物流业，持之以恒抓旅游业，大力优化发展软环境，切实加强领导班子和干部队伍两大能力建设，努力推动合江县新发展、新跨越。7. 卫生事业方面：谋划泸州卫生事业大发展的实施战略，全力打造健康服务特色区，夯实人才培养、专科建设两个基础，完善公共卫生服务、社区卫生服务、惠民医疗服务三个新体系；推动泸州卫生事业大发展的政策建议：建立推动卫生事业大发展的体制机制，提升公共卫生服务能力，全面构筑农民健康工程，塑造中医中药区域特色，强化医疗质量管理，规范医院经营行为，加强卫生政风行风建设。8. 建立川滇黔渝接合部教育培训中心方面：危机自警，将思想从自我陶醉中解放出来；责无旁贷，将思想从袖手旁观中解放出来；开拓进取，将思想从迷信僵化中解放出来；统筹兼顾，将思想从片面发展中解放出来；奋发作为，将思想从消极观望中解放出来；海纳百川，将思想从自我封闭中解放出来；行胜于言，将思想从纸上谈兵中解放出来。9. 文化方面：树立忧患意识，将思想从夜郎自大的精神状态中解放出来，直面泸州文化发展的差距；树立求真意识，将思想从盲目的 GDP 崇拜束缚中解放出来，重新审视文化建设的重要性；树立机遇意识，将思想从消极悲观、无所作为的沉沦中解放出来，推动泸州文化大发展，大繁荣；树立创新意识，将思想从因循守旧的羁绊中解放出来，确立文化强市战略目标，将泸州建设成为川南文化强市。10. 政协履职方面：要更好发挥政协参政议政作用，必须解放思想，树立“想为”观念、“善为”观念、“敢为”观念、“有为”观念，创新调研、社情民意、提案工作和民主监督机制；民主监督过程中，要突出广聚民智、广收民情、广解民怨三个重点。朱以庄在讲话中指出：“这次座谈会成果丰硕，成效显著。一系列精彩的见解，就是一系列具体可行发展对策和措施，为市委今后决策提供很多有益的借鉴和参考。”

第四节　研讨　论证　论坛

1991 年 4 月 22 日，市政协召开如何发挥“国合商业的主渠道作用”研讨会，邀请市级税务、体改、商业、政策研究、金融等 12 个部门和单位参加。与会人员认为：流通领域放开以后，打破国合商业独家经营的一统天下，形成多元经营的新局面，这对于发展生产、繁荣经济、搞活流通、安排就业，起到重要作用。但是，改革需要深化，特别是国合商业的竞争条件不平等，个体、集体商业实行定额包干税费，而国合商业则实行 15%的调节税、55%的所得税；国合商业的商品价格由国家定价，个体、集体商业则是自己定价；国合商业的社会负担重，有退休人员、社会捐赠摊牌、利息负担，而个体、集体商业基本没有这些负担；当然，也有企业内部管理吃大锅饭问题。通过研讨，与会人员对国合商业发挥主渠道作用提出对策：重新确定国合商业主渠道作用必要性的再认识，认为中央对国合商业的主渠道作用是明确和肯定的，国合商业主渠道作用是社会公有制经济的根本要求；迅速增强国合商业调控市场的能力，认真整顿商业秩序，使国合商业掌握商品的批发权；国合商业内部要深化改革，建立健全各项规章制度，调动职工的积极性，打破企业内部的大锅饭。形成市政协《关于国合商业如何发挥主渠道作用研讨会纪要》，供相关部门参考。

1992 年 7 月 22—24 日，市政协召开粮食生产再上新台阶理论研讨会，收到论文 50 篇。11 月 9—10 日，市政协召开关于农业再上新台阶研讨会。市委、市人大、市政府、市纪委主要领导出席，参加研讨会的有农业专家、学者及长期从事农业工作人员 40 多人。研讨会收到论文 40 篇，会上交流论文 18 篇。归纳研讨论文观点，其主要对策建议是：1. 必须深化对农业基础地位的认识，任何时候不能动摇农业的基础地位，特别是在我国这样一个人口众多、资源短缺的国家，任何淡化和削弱农业的做法，都会导致难以挽回的严重后果。2. 明确农业再上新台阶的任务目标，农业的基本任务是将农业综合生产能力和效益提高到一个新的水平，建议将农民的纯收入从 840 元调整到 1100 元，人均占有粮食从 400 公斤调整到 500 公斤。3. 理顺农业的发展思路，粮猪是安定天下的基础产业，要确保粮食、生猪的稳定发展，同时要积极发展多种经营，大力发展乡镇企业，吃饱肚子抓票子。4. 依靠科学技术积极发展高产优质的高效农业，泸州的北部丘陵地区，可以走提高单位面积产量的路子，南部山区可以探索烤烟、肉牛、油菜“三高”农业的发展路子。5. 努力提高干部和群众的科技素质，在农业管理层，加强对乡镇干部和农业技术干部培训，每年安排相应时间组织学习农业科学技术知识；在农民中，针对农村文盲多的实际，要开办夜校，或采取送科技知识下乡上门办法，提高农民科学种田技能。6. 加强领导，改善领导，现在不是指挥农民搞生产，而是为农民提供生产服务，只有搞好服务，统筹用好各项资金，就能发挥领导干部的作用。形成市政协《关于农业再上新台阶研讨会的报告》，送四川省政协、市委参考。

1994 年 11 月 30 日，市政协召开振兴泸州财政研讨会。

1996 年 5 月 31 日，市政协召开泸州市个体私营经济发展研讨会，副市长谌月华和市财委、市工商局、市国税局、市级民主党派、工商联负责人及论文作者出席。研讨会收到论文 37 篇，16 名论文作者在会上宣读论文，探讨个体私营经济的地位、功能和作用，分析泸州市个体私营经济的现状，研讨加快泸州市个体私营经济发展的对策。针对个体私营经济发展中存在的观念陈旧、管理体制不顺、经营者素质偏低、优惠政策难以落实等问题，研讨论文提出对策建议：进一步解放思想，为个体私营经济发展创造良好的舆论环境，使全社会正确理解公有制为主体、多种经济成分共同发展的方针，正确认识个体私营经济的性质是社会主义经济不可缺少部分。加强领导和协调，为个体私营经济发展创造宽松的政策环境，各级政府要将个体私营经济列入经济发展的年度计划和中长期规划；要落实信贷政策，个体私营经济的信贷、利率、抵押、担保，要与城乡集体经济一视同仁；要放宽个体私营经济的注册登记条件，放宽或取消对个体私营经济在经营范围、经营方式上的限制。坚持发展与管理并重，要加强管理，强化执法力度，加快市场体系培育，为个体私营经济提供优质服务；营造平等竞争环境，严格制止“乱收费、乱摊派、乱罚款”，切实维护个体私营经济的合法权益。形成市政协《泸州市个体私营经济发展研讨会综述》，送市委、市政府参考。6 月 6 日，市政协农业委员会与市水利局联合召开“治水兴泸”战略研讨会。市人大、市政府有关领导，市农业局、市林业局、泸州市农业机械事业局和市辖五县一区政协、水电局负责人及论文作者 60 多人出席。研讨会收到论文 18 篇，在会上宣读。由 8 名专家组成评委，当场评出论文《治泸必先治水》等一等奖 2 篇，《充分发挥现有工程效益是泸县近期治水的主要任务》等二等奖 3 篇，其余 13 篇为三等奖。会后归纳研讨论文观点和建议，供市政府及相关部门参考。11 月，市政协组织有关方面专家、市政府有关部门负责人，对四川区划调整后泸州如何抓住机遇及发展烤烟生产进行研讨，提出加快烤烟产业化经营等建议。12 月 10 日，市政协召开泸州发展战略研讨会。市委、市政府有关领导及相关部门、市级民主党派、工商联负责人、各课题主研人员出席。研讨会收到论文22篇，20名作者在会上宣读论文。论文分析四川区划调整后对泸州的影响，对泸州的发展战略进行全方位的对策研究，提出103条意见和建议。市委常委、市纪委书记徐龙治出席，听取研讨意见和建议，指出：这次研讨会很有必要，主题鲜明，也非常富有成果，符合市委、市政府的要求，具有一定的深度、广度和可操作性，是重大的软课题，为市委、市政府决策奠定了良好的理论基础。

1997年8月5日，根据市政府关于新建江北公园须先请市人大、市政协论证可行性的意见，市政协主席会议成员、专门委员会驻会正副主任、市级民主党派、工商联负责人，在市建委对新建江北公园的可行性进行论证。听取市园林绿化局关于《泸州市园林绿化局新建泸州市江北公园的可行性报告》，查阅规划图纸。与会人员对新建江北公园可行性报告进行认真分析、研究、讨论、论证。认为市建委、市园林绿化局对新建江北公园的可行性，其中包括选址、公园体制和建设规划、资金渠道、投资估算等，多方听取和征求各方面人士意见，进行大量的调研研究，在此基础上提出的可行性报告，符合泸州实际，有群众基础，论据充分，具有科学性和可操作性。新建江北公园非常必要，完全可行，其依据是新建江北公园可以缓解城区人均占有绿地面积少的矛盾，改善城市的生态环境；有利于改善泸州市投资环境，是改革开放的需要；是人民群众的需要，特别是小市片区，已有7万多人口，尚无公园可供休息，是为市民办好事、办实事，江北公园选址在马鞍山、宝莲寺山、三华山，是城市风貌观景线，建成后能改变城区的立体景观，建设江北公园有群众基础。与会人员还就如何建设好江北公园，提出建设性意见：1. 起点要高，要将江北公园建成一个高标准、高起点的公园；要有远见，至少在建成后30年不落后，并成为泸州市的旅游新景点。2. 要有特色，公园要有山、有水、有花草树木，这些自然景观要体现泸州和川南特色；泸州市是国家历史文化名城，公园还要体现泸州的文化特色。3. 功能要齐全，要兼顾儿童、青年、中年、老年人各不同年龄层次游客的需要，要集游览、游乐、娱乐、餐饮等服务为一体。4. 时间要短，现在规划的建成时间过长，要缩短时间，加快建设，最好能在5年完成总体框架，8年基本建成。5. 要边建公园、边修路、边搞道路绿化，这样可建成一处、开放一处，早日发挥效益。6. 为解决缩短工期、经费压力大问题，可多渠道筹资；除市财政在近期加大投入外，可采取自愿集资办法，也可采取保证严格按照统一规划进行开发建设的前提下，允许其他投资者介入，鼓励谁投资、谁受益。会后，形成市政协《关于对新建江北公园可行性论证的意见和建议》，送市政府决策参考。市政府及市建委逐条采纳，付诸实施。

1999年1月7日，市政协农业委员会与市人大农业委员会、市委农工办联合举办泸州市小康建设研讨会，参加研讨会的有市、县区领导、有关部门负责人及论文作者70余人。研讨会收到论文30余篇，在会上交流。与会论文作者建议：各级干部特别是党政主要领导干部，要高度认识小康建设的重大战略意义，同时要保持清醒头脑，认清小康建设工作的艰巨性，并切实加强对该项工作的领导；各级有关部门要进一步搞好调查研究，紧密结合实际，因地制宜，实事求是地制定和完善小康建设和社会主义新农村的规划，使之更具超前性、科学性和可操作性；各级政府和有关部门要确定工作重点，选准突破方向，抓住对一个时期或一个地方有较大影响和带动作用的骨干项目，如农业产业化、小城镇建设等作为重点，从各方面予以政策支持，切实抓出成效，带动面上工作；当前要进一步贯彻落实中共十五届三中全会精神，长期稳定和完善双层经营体制，赋予农民长期而有保障的土地使用权，解除农民的后顾之忧；各级党委、政府要进一步做好农村社会治安和计划生育等工作，进一步减轻农民负担，降低农业生产费用，不断促进农业生产经济效益的提高。会上，对论文进行评奖，向获奖者颁发荣誉证书。

2000年5月19日，市政协召开抓住西部大开发战略契机、加快泸州经济发展研讨会。会前组织政协委员、民主党派和工商联成员、市级部门负责人和专家学者深入调研，撰写论文，研讨会收到论文16篇。与会人员从上升高度认识西部大开发战略意义、泸州面临的历史性发展机遇、实施西部大开发的对策措施等方面进行研讨，提出一些观点和意见建议，为市委、市政府实施西部大开发战略部署提供参考。

2004年，市政协财经委员会委员参加市出租汽车增加运力听证会和长江花园拆迁纠纷听证会，提出意见和建议。其中所提“推迟驾驶员晚餐交接班时间以缓解运力紧张”意见，得到及时采纳。

2006年，为贯彻市委、市政府确定的工业强市战略，加快泸州经济发展进程，为关心泸州经济发展的各界有识之士搭建建言献策平台，市政协举办泸州经济发展论坛。4月，进行征文、调研、约稿。至7月，征集论文74篇，直接参与调研和论文撰写200人。9月18—19日，在南苑会议中心召开泸州经济发展论坛大会。市委书记袁本朴在论坛上讲话，市长朱以庄在论坛上致辞，市政协主席徐龙治在论坛上讲话，市人大常委会常务副主任林海云、副市长李继郁出席，市政协副主席、秘书长、常委、市级相关部门、民主党派和工商联、部分大中企业负责人、外地来宾和论文作者代表140余人参会。论坛上，交流论文32篇，内容涵盖工业强市、招商引资、县域经济、科技创新、支柱产业、工业园区、金融环境、区域合作等领域。

9月19日，专家评审组对论坛论文进行评选，评选出优秀论文27篇。其中《浅析泸州经济发展总量小、质量差、效益低的成因及对策》等6篇论文被评为一等奖，《打造沿江工业经济走廊，实现江阳工业经济发展新跨越》等8篇论文被评为二等奖，《泸酒发展之我见》等13篇论文被评为三等奖，《整合五大资源，推进川渝黔经济合作》等6篇论文被评为特别奖。同时，评选出泸县政协等7个论文组织工作先进单位。市政协在论坛会上予以表彰。

9月25日，为运用好论坛的理论成果，市政协对论文的观点归纳整理，其主要意见和对策建议有：一、引进和培育项目，推动泸州工业经济大发展。泸州现有经济总量小，根本原因就是没有大项目支撑。泸州经济要实现跨越式发展，必须加快引进和培育大项目步伐，增强全市工业经济支撑力。对策措施：拓宽招商思路，创新招商理念，健全“政府为主导、企业为主体、中介为补充、全民共参与”的投资促进体系，吸引全国乃至世界知名企业落户泸州市；重点支持四川泸天化股份有限公司（简称泸天化公司）、泸州老窖集团有限责任公司（简称泸州老窖公司）、泸州北方化学工业有限公司（简称北方化工公司）、四川长江起重机有限责任公司（简称长江起重机公司）等龙头企业裂变发展，按照产业链整合与发展的要求，将具有竞争优势的产品分离出来，组建专业化公司，实现主营业务及相关多元化业务的快速扩张，早日建成上百亿的大企业、大集团；实行政策倾斜，引导优势产业项目实施，壮大产业规模。二、抓住重点，突出传统优势，做大做强支柱产业，加快泸州工业经济大发展。对策措施：借助“四川西部化工城”战略实施和泸州市作为全国循环经济试点城市的契机，扎实抓好四大化工园区建设，重点推进沥青、1，4—丁二醇和有机硅等产品的下游延伸，甲醇、二甲醚及油脂等产品的上游延伸，及泸州市硫资源和合成氨的下游延伸；发挥泸州老窖公司、四川郎酒集团有限责任公司（简称郎酒集团公司）龙头企业带动作用，搞好泸州众多散白酒资源组合，加快泸州酒业集中发展区建设，走集群化发展之路；以长江起重机公司、四川长江液压件有限责任公司（简称长江液压件公司）、四川邦立重机有限责任公司（简称邦立重机公司）为龙头，不断加大新技术、新产品开发，形成一批知名品牌，做强做大优势产业；加快古叙矿区资源开发，实行集中、集约化开发经营，走煤电、煤化工一条龙的发展路子，构建煤炭产业循环经济体系。三、构建区域合作机制，在区域经济格局中加快泸州工业经济大发展。泸州要加快经济发展，就要观念突破，树立大区域经济观念，努力融入成渝经济圈、川滇黔渝接合部经济带内，形成区域经济共同体，发展大区域经济。对策措施：通过努力将泸州培育为成渝经济区内新的增长极，发挥好成渝间经济对接与整合的“二传手”和发展载体作用，建成联结成渝、沟通周边的区域性交通枢纽和川滇黔渝接合部商贸物流中心；在兼顾各方大局利益、长远利益基础上，发挥政府推动作用，构建区域长效合作机制。四、政府主导，银企联动，多筹并举，标本兼治，共同破解“融资难”瓶颈，加速泸州工业经济大发展。解决中小企业贷款难是一项复杂的系统工程，地方政府必须加强领导，充分发挥主导作用，通过建立健全中小企业贷款工作机制等措施，逐步解决中小企业贷款难问题。对策措施：合理规划经济发展战略，实现与金融信贷政策的良性结合；做好每个项目，将项目建立在速度与效益、短期与长期结合上，建立在资源与环保、人与自然的和谐结合上，主动争取银行的支持；政府应抓紧研究出台相关政策，支持地方商业银行增资扩股，将股改同地方经济发展充分结合起来，力争双赢；加快信用体系建设，市、县区政府要制定信用环境等级评定制度、失信惩戒制度，为中小企业创造良好社会信用环境；不断加强担保机构管理，大力发展信用担保公司，规范担保机构运作。五、依靠科技创新，提速泸州工业经济大发展。大项目推动大发展，高科技促进快发展，科技创新，才能促进泸州经济快速发展。对策措施：整合创新资源，完善以企业自主创新体系为主体、科研院所和高等院校为依托、科技服务机构为纽带、科技投入为基本条件、制度创新和政策法规保障的技术创新体系；推进产学研结合，加强企业技术中心、研究中心建设，构建企业科技创新平台；加强技术攻关，抢占竞争制高点，引导有条件的企业攻克一批前沿技术、关键技术，掌握一批核心技术，在行业关键领域拥有更多自主知识产权，加大财政资金扶持力度，鼓励引导企业开展自主创新；及时建立全市的企业自主创新融资及风险保障体系；营造宽松环境，制定优惠政策，采取切实措施，培育和引进一流的科研人才，尤其是领军型科研人才。六、大力发展民营经济，力助泸州工业经济大发展。泸州关键是将中央和省市有关鼓励、扶持、引导民营经济发展的政策措施落到实处，在执行中不“跑调”、不“走样”。对策措施：将民营经济发展纳入总体发展战略，摆上全局工作的重要位置；各级党委政府要坚持政治平等、政策公平、法律保护、放手发展的方针，清除一切妨碍民营经济发展的思想观念、体制弊端、政策规定和不合时宜做法，努力营造全社会崇高创业的良好氛围，使民营企业在政治上有荣誉、社会上有地位、发展上有作为、经济上有实惠，促进泸州市民营企业跨越式发展；切实加强对民营经济发展工作的领导，市委、市政府应成立主要领导挂帅的发展民营经济工作领导组，建立领导组成员联席会议制度，设立具有权威的工作机构，定期听取民营企业家的意见，研究制定民营经济发展规划和政策，及时协调解决民营经济发展中存在的突出问题。民营经济在推进县域经济发展中具有举足轻重作用，实施“工业强县”战略，必须将大力发展民营经济摆在重中之重地位；加强信用体系建设，完善社会化服务，引导民营经济走规范化发展道路，政府可根据自身财力出资参与建立担保机构，扶持民营经济，也可探索建立在政府监管和引导下、以专业担保机构为主体、以市场化运行为基础的多种资金来源、多种组织形式参与、多层次结构的信用担保体系，为民营经济发展提供担保服务。七、培育和壮大医药产业，全面推动泸州工业经济大发展。医药产业是高附加值、高科技含量的新兴产业，泸州市医药产业已具有一定基础，但因对医药产业发展认识不足、投入不足等因素，医药产业至今没有取得突破性进展。对策措施：因地制宜搞好产业规划，利用古蔺、叙永、合江3县中医药宝库优势，充分发挥泸州医学院等科研单位作用，以肝苏、1，4-丁二醇产品链延伸为重点，大力实施优势资源转换战略，将现有资源优势转换为产业优势、经济优势；坚持以科技进步为手段，以机制创新为动力，注重高起点、高标准开发医药新产品，树立品牌形象，增强市场竞争力；制定相关优惠政策，加强政策扶持，使医药产业这一新兴产业在激烈竞争中脱颖而出，成为泸州市工业经济发展中新的亮点。八、进一步加大软环境治理力度，提高执行力，为泸州工业经济大发展提供有力的制度保障。软环境决定地区竞争力、吸引力，随着市场化的不断深入，软环境如何成为投资者选择的决定性因素之一。对策措施：尽快在全市上下建立起投资项目“一站式”审批、“一条龙”服务体系；狠抓领导作风和机关作风转变，打造优惠互利的政策环境、规范有序的执法环境、开明开放的舆论环境，形成亲商、富商、扶商的浓厚氛围；严格监督检查，加大目标考核和责任追究力度，保证各项政策、制度、措施得到及时有效落实。

9 月 27 日，形成市政协《关于加快泸州市工业经济发展的建议》，经泸州市政协五届二十一次常委会审议通过，送市委、市政府决策参考。市委书记袁本朴指出，“泸州市政协·经济发展论坛安排紧凑，内容丰富，成果丰硕，富有成效”“提出的对策建议具有许多真知灼见，也具有很强的现实针对性”“我觉得这个论坛搞得好，就是在很短时间内，把各方面的优势，把各方面的人才，把各方面的思想集中起来，加快泸州的发展”。市长朱以庄指出：“论坛上提出的建议意见，市政府相关部门要认真研究，充分吸取，用以推动我们的工作，促进泸州经济有一个更大更快有效的发展。”2007 年 2 月 15 日，市政协办公室将论文精选汇编成《泸州市政协〈经济发展论坛〉论文集粹》一书，印制 1000 册，送市委、市政府及相关部门、各区县、大中型企业参考。

2007 年，为贯彻落实市委、市政府泸酒产业大发展的战略决策，动员广大政协委员、各县区政协、市级各民主党派、相关职能部门及社会各界有识之士，深入探讨泸州酒业发展，探索加快发展的新思路、新举措，为市委、市政府决策提供参考，市政协举办泸州酒业发展论坛，市级 22 个部门协办。7 月始，筹办论坛。8 月，进行征文、调研、组稿。截至 10 月，征集论文 86 篇，直接参与课题和论文撰写 400 多人。11 月 6 日，在酒城宾馆举行泸州酒业发展论坛大会。市委书记袁本朴、市长朱以庄、市政协主席刘俊泽在论坛上讲话；市委副书记刘国强，常务副市长杨文杰，市委常委、宣传部部长曹建国出席；市政协副主席、秘书长、常委、市级 22 个协办部门、9 个金融单位、民主党派和工商联、区县党委政府政协、45 个酒类企业负责人和论文作者 200 多人参加。论坛上，交流论文 26 篇，内容涵盖酒业总论、市场营销、龙头企业带动、品牌打造、产业链条、资源优势、优化服务等方面。经专家评审组评审，评选出优秀论文 24 篇。其中《培育白酒产业集群，提高市场竞争能力》等 4 篇论文被评为一等奖，《积极拓展国际市场，实现泸酒的国际化是做大做强泸州酒业的重要途径》等 8 篇论文被评为二等奖，《发展包装印刷产业，推动泸酒做大做强》等 12 篇论文被评为三等奖。同时，评选出市委宣传部、江阳区政协等 7 个论文组织工作先进单位。市政协在论坛上予以表彰。

11 月 11 日，为运用好论坛的研究成果，市政协对论坛的主要观点归纳梳理，其主要意见和对策建议有：一、关于发展思路与发展战略的建议。在思路层面应处理好四对关系，快速发展与科学发展的关系，不能简单地认为大发展就是量的扩张，而应着力于品质的提升，走优质高效的内涵发展之路；龙头企业与中小企业的关系，泸州老窖公司、郎酒集团公司两个龙头企业与中小企业开展联合、联产、联营，推进关联企业发展，努力形成一批既互相独立、专业分工，又相互衔接的企业集群；高、中、低档品牌梯度发展的关系，要巩固和提升高端品牌竞争力，又要鼓励和扶持中小企业创造地产品牌，培育新的个性品牌来填充老窖、郎酒两大品牌拉升后腾出的空间；全市统一布局与区县协调发展的关系，加强全市酒业发展的规划引导，整合酒业资源，实现信息共享，发挥整体优势，增强整体竞争力。实施“双核椭圆”发展战略，以老窖酒和郎酒为“双核”，通过“双核”吸纳带动大批二线品牌企业成长，形成“椭圆”酒业集群；重点打好“集团化发展”“品牌”和“市场营销”三大战略。抓紧制定泸酒发展中长期规划，合理确定全市酒业发展区域布局，细化配套措施，形成发展合力。进一步研究出台酒业发展政策措施，重点解决泸酒持续快速发展的动力问题，解决如何围绕市场导向来实施政策牵引问题，如何扶优限劣、进行资源整合、实施结构调整问题，以及对白酒生产许可证和原产地标识这两大稀缺资源如何管理并最大限度发挥作用问题，并就一系列问题制定出具体政策。组建泸州酒业发展专家顾问团，聘请国内甚至国外专家、学者、营销业成功人士，建立泸酒发展“智库”。二、关于市场开拓和品牌建设的建议。迅速启动原产地地理保护工程，打造中国白酒“波尔多”；尽快发挥原产地地理保护等稀缺资源的价值，抓紧启动原产地地理保护工程，在泸酒整体营销上赢得市场发展先机。具体设想：规划连片规模高粱种植基地，建立由政府或行业协会主办的官方泸酒网站，利用中央电视台等大众媒体广泛宣传泸酒原产地地理保护金字招牌，全面提升泸酒在国内国际的公信力。整体营销“中国酒城”，确立“中国酒城”的城市定位，抓好产业工程、形象工程和对外宣传工程。用好“泸州白酒”地理保护标志，打造地产品牌，由市酒类协会申请注册“泸州白酒”地理标志证明商标，对“泸州白酒”地理保护标志进行市场运作，加强监控，确保泸酒质量和声誉。大力开拓国际市场，具体办法：建立酒类产品出口目标责任体系，建立酒类产品开拓国际市场资金，制定酒类产品出口的税收优惠政策，设置酒类产品出口专门领导机构，通过资本合作引进国外战略投资者，将白酒企业办到外国去。三、关于泸酒文化挖掘、传承和弘扬的建议。抓好泸酒文化研究，成立泸酒文化研究中心，鼓励社科单位对泸州酒文化资源进行系统研究；强化川商文化、江河文化、饮食文化、古镇文化、名人与泸酒的研究，打造一批与泸酒有关的文化产品；利用泸州展览馆场地资源，建立“酒城名优酒博展馆”；编辑泸酒文化系列丛书、期刊或专栏，提升泸酒在学术界的知名度；将酒文化带进社科论坛讲座。做好酒类文化遗产申报与保护。制定泸酒文化遗产保护规划，将市内30年以上的9100余口窖池申报成为市级文物保护单位，100年以上的1600余口窖池申报成为省级文物保护单位，将泸州民间传统手工酿造技艺申报为市级、省级非物质文化遗产；抓好世界物质与非物质文化遗产申报工作，力争通过申报世界遗产平台，将泸酒推向世界；争取在泸州召开一次涵盖联合国教科文等组织中世界级酒类文化遗产保护专家的会议，向世界宣布保护白酒传统酿造技艺和酿酒物质文化遗产的《泸州宣言》，提高泸酒在世界的知名度。打造泸酒节庆文化，每年的九月初九“杜康会”，按相应礼拜程序在国窖广场、天宝洞地宝洞、泸州酒业集中发展区举行盛大出酒节；举办酒城文化活动，打造民间酒俗、酒道表演，学酒技、品酒质、观酒礼、唱酒歌，打造经典“酒城风情”盛宴。突出“酒城”人文个性，将除历史街区外新建街巷以泸州市知名酒类企业品牌冠名，如“国窖剧院”“郎酒大道”等；将茜草长江大桥建设与国窖广场包装结合，拓展广场，将该区域打造成全国最大酒艺展示、酒道表演、酒品销售的酒文化广场；打造泸酒工业文化遗产旅游线；实施泸酒发展的“一句口号、一首歌曲、一个基金”等“二十个一”工程。四、关于泸州酒业集中发展区及产业链延伸的建议。应高度重视泸州酒业集中发展区建设中的三个问题：制度设计问题，集中发展区集白酒产业链之大成，但集成不是简单的集中，发展区及其入驻企业应按照市场经济规律要求，建立起合理、有效的利益与风险机制；园区吸引力核心泸州老窖公司的发展状况至关重要，尤其是泸州老窖公司的发展速度、质量都制约着园区的前景；集中发展区在专注于生产环节同时，销售市场把握能力、市场变化反应能力如何跟上，对生产至关重要。调整泸州酒业集中发展区建设模式，将发展区的建设模式由“政府扶持、企业主导、市场化运作”调整为“政府扶持、区县共建、企业主导、市场化运作”；征地主体由发展区一家独办调整为各区县国资公司共同参与，使各区县深度介入发展区，更有利于全市企业向发展区集中。积极争取将发展区列入国家循环经济试点单位，鼓励企业从废水、丢糟附产物中挖掘利润增长空间，实现企业经济效益和社会效益双赢，同时争取四川省科技厅支持泸州酒业集中发展区创立酒类工程技术研发中心。尽快抓好白酒原料基地建设，酒业做大做强，必须有基地提供原料作为支撑，泸州酒建设高粱集中产区势在必行；基地建设最主要的是政府要抓落实，龙头企业要带动。应将包装印刷产业、物流配送业、酒类旅游与公共服务等相关行业纳入白酒产业规划统筹发展。五、关于破解泸州酒业发展瓶颈制约的建议。用好土地政策，对酒业项目用地特事特办，实行“先期介入、预审协调、快速办理”的绿色通道；酒业发展用地可采取挂牌出让方式供地，鼓励酒类企业采取租赁方式使用国有土地，允许泸酒企业以向农民租用土地方式解决扩大规模的用地问题。盘活闲置资产，当前市内各地存在大量的闲置资产，应鼓励企业收购、重组闲置资产用于发展酒业。改进金融服务，创新金融产品，根据融资主体、融资额度、融资期限、担保方式等要素的不同，提供不同的产品组合；优化审贷机制，在有效控制风险前提下，优化审批流程，简化办贷手续，进一步提高办贷效率，减少企业筹资成本；创新担保方式，大力推广企业主、法人代表及主要个人股东个人资产抵（质）押或保证担保，积极采用企业联保、担保公司担保等方式，解决企业担保资源不足问题；推广贸易融资做法，围绕企业的上游供货商及下游经销商，对信用证项目下贸易融资采取打包放款、卖方融资和买方融资方式进行。加强银企合作，将政府的组织优势和银行的政策性融资优势结合起来，探索建立“政府推荐项目、银行独立审贷、双方联合监管”的新型政银合作模式；以政府名义像城市建设开发融资那样，由政府出面与相关国有商业银行直接签订泸酒发展资金投放协议。做大商业银行，政府要引导和鼓励财政性资金、国有企事业储蓄资金流向商业银行，通过增资扩股等方式增加商业银行资本金；引进战略投资者迅速做大商业银行，最终朝着上市公司目标迈进，使之真正成为泸州中小酒类企业信贷融资主渠道。六、加强白酒行业人才队伍建设的建议。稳定泸州老窖公司领导班子并实行终极目标考核制，坚持和完善对领导班子成员的激励政策，减少对企业的行政手段，真正让企业放胆放手经营。建立酒产业人才资源库，加强酒类产业人才资源开发工作力度，解决酒业发展人才供需信息不对称问题；开展全市酒类产业人才专项普查，制定《泸州酒类产业高层次人才培养发展规划》，统筹全市酒业人才培育和开发工作。抓好泸酒人才培训，根据泸酒发展需要，与有关高校联办“泸酒企业家”“泸酒营销骨干”和“泸酒专业技术人才”培训班；设置专门的酿酒类专业，着力培养支撑泸酒跨越发展的所需人才，特别是优秀企业家。实施酒类人才特殊优惠政策，对酿酒工程系统专业技术人才申报评审专业技术职务任职资格等实行特殊优惠，推荐选拔省市“学术技术带头人”时对酒类产业人才实行增加名额、放宽条件等政策倾斜；将民营酒类企业专业技术职称评审工作纳入全市专家职称管理工作规划；强化对优秀酒类人才的约束保护，认真做好对流失和退休酒类人才的回引返聘工作；运用法律手段，加强对企业关键性岗位人才的约束监督。

是月，形成市政协《“泸州酒业发展论坛”对我市酒业发展若干问题的建议》，市委书记袁本朴批示：“政协的建议很好，会议开得十分成功，将此文印发各市委常委。请文杰同志牵头，由市委、市政府研究室据此起草一个2008年加快泸州酒业发展的文件，力争尽快出台。”市长朱以庄批示：“请市商务局鞠丽同志及酒业行业协会认真研究，并在制订泸州市酒业发展规划时参考、吸纳。”后市委、市政府出台的《关于2008年进一步加快酒业发展的意见》，广泛吸纳了论坛的相关建议。

2008年2月20日，市政协办公室将论坛论中交流的论文精选48篇汇编成《泸州酒业的腾飞》一书，印刷600册，送市委、市政府及相关部门、各区县、大中型酒类企业参考。该书获泸州市哲学社会科学优秀成果首次荣誉奖。

第五章　文史　学习　联谊

第一节　文史资料征编

1991年4月，市政协文史资料委员会（以下简称文史资料委员会）编辑出版《泸州文史资料选辑》第19辑。收录民国时期泸州捐税1篇外，其余12篇均为新中国成立后泸州市和各县的工业、农业、医药、名特产品史料。《民国时期泸州捐税概况》，记述民国24年税种有25种，杂捐有100多种名目，泸州“国民党税多”之说，即源于此。《泸县传统名特产品简介》，发掘出泸县传统特产鸡松、鱼松、猪肉松、弥陀风雪糕、烟霞阁牌柑桔醋、玄滩手工精制空心面及制作工艺和特兴罗沙米、泸县桂圆2种大宗产品。选辑8.50万字，以内部出版图书印送500册。6月，文史资料委员会编辑出版《泸州文史资料选辑》第20辑《红军长征过泸州》专辑，收录文史资料40篇。全面记述红军长征过叙永县、古蔺县和四渡赤水的战斗历程，川南游击纵队的战斗始末。佐证毛泽东、周恩来、朱德在叙永县石厢子过年、博古交权的史实。专辑10.00万字，以内部出版图书印送1000册。

1992年2月，文史资料委员会编辑出版《泸州文史资料选辑》第21辑，收录清末以来泸州名人、革命烈士、民主人士18人。《热心造福桑梓的税西恒》记述税西恒在泸州修建全国第二个水电站（全国第一个在云南省石龙坎）洞窝发电厂的始末。《回忆许剑霜老同志》记述刘伯承领导泸州起义时，在起义部队历行新政，团营连设政治指导员，由共产党员担任，凡发布命令、通报、报告等，须经政治指导员在文件上签名盖章才能生效；记述刘伯承在泸州起义时创办泸纳军团联合军事政治学校和泸县国民师范学校的史迹。选辑8.00万字，以内部出版图书印送500册。6月，文史资料委员会编辑出版《泸州文史资料选辑》第22辑。收泸州和各县解放前后文史资料18篇。《泸州报刊简介》，记述辛亥革命时同盟会泸州分会首办《川南报》、至1949年9月泸州创办62家报刊的始末；报刊种类有日报、午报、晚报、夜报、画报、儿童报，刊期有日刊、周刊、月刊、双日刊、三日刊、半日刊、不定期刊。《合江党组织在各个历史时期开展统战工作概况》，记述了从第一次国内革命时期至新中国成立初期合江中共组织的统战工作，填补史料空白。选辑8.00万字，以内部出版图书印送500册。

1993年3月，文史资料委员会编辑出版《泸州文史资料选辑》第23辑，收录民国时期和解放初期史料16篇。《护国之役蔡锷将军在叙永》，记述护国讨袁时蔡锷驻节叙永县的史迹，记述蔡锷在大洲驿题“护国岩”并撰写《护国岩铭》及序言的产生。《川南区解放前的鸦片烟毒和解放后的禁烟肃毒运动》，记述川南行署开展禁烟肃毒工作和群众运动、遏制危害百年烟毒历史的过程。选辑9.00万字，以内部出版图书印送500册。4月，市政协办公室编纂出版《泸州市政协志》（1950—1990），四川省政协原主席冯元蔚、廖伯康和主席聂荣贵为志书题写书名和题词。志书30多万字，记述了1950—1990年间泸州市各界人民代表会议、地辖泸州市政协、省辖泸州市政协的历史及区县政协、市级民主党派、工商联的概况。由四川大学出版社出版，发行1000册，为四川省市地州政协第一部正式出版的政协志，获泸州市第三届哲学社会科学科研优秀成果二等奖。11月，文史资料委员会编辑出版《泸州文史资料选辑》第24辑，收文史资料15篇，10.00万字，以内部出版图书印送500册。是年，为全国政协编辑出版反映我国文史资料概貌的大型套书《中华文史资料文库》，文史资料委员会从《泸州文史资料选辑》1—24辑中，选政治军事、经济工商、文化教育、民俗民情、华裔华侨、地方名人6个方面文史资料25篇，17.46万字，如期报送。

1995年3月，文史资料委员会、市建委联合编辑出版《泸州文史资料选辑》第25辑《中国历史文化名城——泸州》专辑，收文史资料51篇。市委、市人大、市政府、市政协主要领导题词、作序。分地理与沿革、人物春秋、文物古迹、诗酒文化、近现代革命文化、璀璨新篇6个部分，全面反映历史文化名城的主要载体和厚重底蕴。《从古生物化石的发现到古蔺远古人类的发现》以实物印证泸州地区由海变陆的演变过程，古蔺野猫洞远古人类化石的发现，证实泸州1万年前就有人类在这块土地上生活和繁衍生息。《泸州市汉代画像石棺》记述汉棺上展现的泸州源远流长的酒文化内容，汉棺上表现的题材，有的属国内首次发现。《恽代英、萧楚女在泸州》，记述20世纪20年代初期恽代英、萧楚女任教川南师范学校时，在泸州倡导教育革新运动、举办通俗讲演、演出话剧、组织平民夜校、创办公学幼稚班、组织童子军巡回讲演团宣传新文化运动、倡议举办川南运动会等活动，一些史料首次被披露。专辑14万字，以内部出版图书印送1000册。9月，文史资料委员会编辑出版《泸州文史资料选辑》第26辑《纪念抗日战争胜利五十周年专辑》，收文史资料29篇。《抗战八年中的泸州》，记述抗战时期泸州抢修川滇东路、抢修蓝田机场、输送兵员5万名、献金献粮等贡献。《泸州人王朝闻为大汉奸汪精卫夫妇塑跪像于成都》，属首次记述。《父亲和我参加抗日战争的回顾》记述川军将领郭勋祺的抗战始末。《抗日战争后期川南四刻“还我河山”》记述1944年肖尔诚等题刻泸州长江边东岩石壁上“还我河山”经过，澄清历史误传。专辑11.00万字，以内部出版图书印送500册。

1996年1月，文史资料委员会与泸州市爱国卫生运动委员会办公室联合编辑出版《泸州文史资料选辑》第27辑《国家卫生城市——泸州》专辑，收文史资料19篇。记述泸州市创建国家卫生城市的过程，包括健康教育、市容环境卫生、环境保护、公共场所卫生、食品卫生、传染病防治、城区“除四害”、单位和居民区卫生等10项工作。《泸州的医疗卫生事业》在中西医疗、妇幼保健、疾病防疫、医药管理、卫生状况5个方面，记述清道光年间到1990年泸州的产生和发展。专辑12万字，以内部出版图书印送3000册。9月，文史资料委员会编辑出版《泸州文史资料选辑》第28辑《民族·宗教》专辑，收文史资料24篇。《泸州市少数民族》记述泸州苗族、彝族、回族的人数、习俗和经济状况。《川南苗族史稿》，探索苗族在川南的起源，记述清咸丰年间陶新春、陶三春领导的苗族起义，和苗族人民的生产、生活。《泸州宗教一览》记述泸州市道教、佛教、伊斯兰教、天主教、基督教的历史渊源、教会、场所和宗教活动。专辑12万字，以内部出版图书印送1000册。

1997年9月，文史资料委员会、市建委、市外事侨务旅游局联合编辑出版《泸州文史资料选辑》第29辑《泸州城建·旅游》专辑，收文史资料57篇。全面记述泸州三区四县的风景名胜，发掘出张坝县10万株桂圆林带、蒲灏子东汉岩墓群、鼓楼山、叙永县画稿溪、天台山、古蔺县红龙湖等风景名胜和合江县汉代画像石棺旅游资源。专辑15万字，以内部出版图书印送1000册。

1998 年 12 月，文史资料委员会编辑出版《泸州文史资料选辑》第 30 辑，收文史资料 19 篇。《战犯改造纪实》记述中国共产党改造战犯的伟绩。《人民解放军解放泸州纪实》记述泸州解放的前后历史。《泸县旧社会的“人市”概况》填补史料空白，选辑 10 万字，以内部出版图书印送 1000 册。

1999 年 7 月，文史资料委员会编辑出版《泸州文史资料选辑》第 31 辑《建国五十周年专辑》，收文史资料 25 篇。分往事回顾、工业新篇、城建发展、教改历程、农村改革、私企崛起 6 个方面。《田坎上文章的风波》，记述 1979 年泸县雨坛公社乡联 7 队私自将干田、土、田坎共 11.6 亩承包给农民，《四川日报》编发《也谈田坎上的文章》，在泸县引发的一场解放思想的论战。《改革促进发展，老窖焕发青春》记述泸州老窖酒的起源和新中国建立以来的发展历程。《建国五十年泸州的城市建设》记述泸州城市面积由 3 平方千米扩展为 63.3 平方千米的建设过程，专辑 12 万字，以内部出版图书发送 800 册。是年，文史资料委员会为四川省政协出版《共和国 50 年文史书集》组文史稿 30 件，8 万字。

2000 年 10 月，文史资料委员会编辑出版《泸州文史资料选辑》第 32 辑《抗美援朝五十周年纪念专辑》，收录文史资料 7 篇，插图 5 幅。泸州籍人贾汝功的《报国入战场——抗美援朝回忆录》、刘贻刚的《十五军血战上甘岭》、杜雨田的《上甘岭战役亲历记》，以亲身经历，记述志愿军 43 个昼夜血战上甘岭，以亲见黄继光用胸膛堵住敌人机抢射孔的英雄壮举，佐证志愿军的上甘岭战役。《和邱少云在一起的日子》，以亲身经历和亲见记述邱少云英勇牺牲的前后。专辑 12 万字，以内部出版图书印送 800 册。

2001 年 5 月，文史资料委员会编辑出版《泸州文史资料选辑》第 33 辑《泸州建国前后》专辑，收文史资料 28 篇。《建国 50 年金融物价之变革》，记述 1935 年以来国民政府物价飞涨、巨涨、暴涨的状况和币值，新中国建立后人民政府稳定物价的政策、措施和币值，印证新旧社会人民生活的巨大变化。《爱国爱教的叙永回民》记述叙永回族人民和回族英雄在鸦片战争、辛亥革命、护国战争、红军长征、抗日战争、解放战争和新中国建设中的史迹。《人民解放军泸州剿匪纪略》记述 1950 年泸州剿灭匪患的过程。专辑 12 万字，以内部出版图书印送 800 册。

2002 年 9 月，文史资料委员会编辑出版《泸州文史资料选辑》第 34 辑《建国初期专辑》，收录文史资料 43 篇。分难忘岁月、征粮剿匪、肃清烟毒、镇反运动、土地改革、抗美援朝、互助合作、对私改造、统战工作、反“右”斗争、“大跃进”运动、人民公社化 12 个方面。康群的《合江天亮前后的回忆》，以亲身经历记述合江县解放到人民政府成立中共党组织的工作。《旧社会的烟毒和新中国成立初期禁烟运动的巨大胜利》《泸州解放初期的肃清烟毒运动》《坚决、彻底、干净的肃毒运动》，记述国民党禁烟机构明禁暗运的各种弊端和新中国开展禁烟运动、禁绝烟毒的伟绩。《古蔺县“大战钢铁”运动的反思》，记述完成泸州专区任务 55%的古蔺县炼钢炼铁的经历、结果和教训。专辑 23 万字，以内部出版图书印送 1000 册。9 月 23—25 日，文史资料委员会组织合江、叙永、古蔺 3 县政协分管文史资料工作负责人，参加威信县云南、四川 8 地市政协文史资料工作协作会。交流红军在泸州文史资料 4 篇，并就如何利用川滇黔渝毗邻地区红军长征丰富史料宣传、共同开发红色旅游资源形成共识和初步意见。10 月，文史资料委员会为四川省政协出版旅游系列丛书选送泸州旅游名胜文史资料 3 篇。

2003 年 5 月，文史资料委员会组织力量，对泸州市 18 位法人代表担任政协委员的民营企业进行走访和史料征集，收集 200 多万字文字史料和数十张图片资料。11 月，文史资料委员会编辑出版《泸州文史资料选辑》第 35 辑《民营企业家委员风采专辑》，收录文史资料 18 篇、泸州民营企业家政协委员 17 人创业发展史料。专辑 18 万字，彩色插图 10 幅，以内部出版图书印送 2000 册。

2004 年 2 月，由市政协主席徐龙治倡议，文史资料委员会组织有关史志专家，编纂 20 世纪《百年泸州》一书。查阅地方志、地方史、个人专著、档案资料 3000.00 万字。11 月，编纂成《百年泸州》稿。以纪事本末体记述泸州百年重要人、事、物专题 95 个，以编年体记泸州百年大事 345 条，及泸州百年大势概略。该书的编纂，填补了泸州一些史志的空白，在全国率先记述地方 20 世纪百年历史，是文史资料编辑与地方史志编修相结合的一种探索体裁。全书 35 万字，2005 年 6 月由中国文史出版社出版，发行 5000 册。10 月，文史资料委员会编辑出版《泸州文史资料选辑》第 36 辑《中国尿素工业的旗帜》，系泸天化公司专辑，收录文史资料 31 篇，插图 16 幅，朱德、胡耀邦为四川泸州天然气化工厂的题词，展现 1963 年、1965 年、1983 年时朱德、邓小平、胡耀邦亲自考察工厂建设现场、厂房和车间的历史照片。分开放、科技、拓展、管理、关怀、辉煌、新世纪 7 篇，记述四川泸州天然气化工厂作为中国第一个天然气化工基地，在国内率先引进成套外国装置；中国化工第一个改革开放的窗口，用中国第 1 笔世行贷款进行节能增产技改，和亚洲最大的尿素生产企业的历史，完整反映企业 45 年发展历程。专辑 20 万字，以内部出版图书印送 2500 册。

2005 年，文史资料委员会组织征集和收集泸州城市建设管理史料、地方史料、报刊 200 多万字。12 月，编辑出版《泸州文史资料选辑》第 37 辑《跨越历史的突破》，系城市建设管理专辑。分历史、规划、建设、建筑、市政建设、创卫（创建国家卫生城市）、绿化、房管、公共事业 9 篇，收文史资料 28 篇、彩色插图 26 幅。完整反映泸州城市规划建设和管理的发展历程，泸县、叙永县、合江县新城建设和旧城改造，以史料记述泸州城市的变迁和城市建设规模超过泸州 2000 年历史建造总和的成就。专辑 15 万字，以内部出版图书印送 1000 册。

2009 年，按四川省政协庆祝人民政协成立 50 周年文史资料成果展览要求，市政协学习文史委员会、研究室收集报送市政协历年出版的文史资料 37 辑及部分文史图书，组织各区县政协报送文史资料 126 辑及部分文史图书，在全省政协系统最早完整报送，被四川省政协评为组织奖第 1 名。其中，《泸州文史资料选辑》第 1 辑和第 4 辑分别被评为四川省政协文史资料成果二等奖，《百年泸州》被评为优秀文史图书奖。征集整理上报“5·12”汶川特大地震口述资料 10 多篇。将市和区县政协全部文史资料目录制成电子版，报送四川省政协编入《中国文史资料·四川卷目录》。编辑《泸州市政协（1991—2006）入志资料长编》，30.00 万字，为《泸州市志》编纂提供原始资料。

2010 年 8 月，市政协学习文史委员会编辑出版《泸州文史资料选辑》第 38 辑《泸州百年古镇》专辑，收录 34 个古镇的文史资料 34 篇。分别记述每一个古镇的起源、历史和建筑现状，记述各古镇拥有的文物古迹、风景名胜、名人旧居、地方名特产，及一些名胜景点的史闻、传说，全面反映泸州古镇文化，为泸州旅游开发提供资源资料。专辑 22 万字，以内部出版图书印送 1000 册。是年，根据全国政协部署和四川省政协要求，征集编辑《三峡工程移民纪实》稿件 17 篇，11 月报送四川省政协转全国三峡移民办公室选录，其中 2 篇被选登。收集整理 1983—2008 年市政协历史，编辑《中共政协泸州市委员会党史》，共 10 多万字。

2011 年，市政协学习文史委员会征集编辑古代、近代和现代的《泸州历史文化名人》史料；征集编辑大型诗词歌赋珍藏品《历代名人咏泸州》第 1 辑。

第二节　组织“社联”人士学习

1991 年，市政协学习宣传委员会（简称学习宣传委员会）直属社联学习组，由市级民主党派成员、民族宗教人士、工商业者、社会人士和退休人员 60 余人组成。每月定期组织 1 次学习，学习内容有时事政治、祖国统一政策、民族宗教政策等。5 月 27 日，学习宣传委员会邀请社联学习组人士（以下简称社联人士）14 人，就《泸州市国经济和社会发展十年规划和“八五”计划纲要》座谈，社联人士对《纲要》执行过程中应注意解决好几个问题提出建议：重视知识，重视人才，重用人才；开源节流，对一些税应予征收；搞活大中型企业；落实教育的战略首要地位；加强精神文明建设，消除腐败现象。是年，组织社联人士参加“委员活动日”8 次，分别听取市政府、市检察院、市级部门、建行泸州分行、市人民医院关于抗洪抢险救灾、反贪污贿赂和打击经济领域犯罪活动、计划生育工作、创建国家卫生城市和爱国卫生、房改工作、学校招生、农村经济、服务经济建设等情况通报，座谈讨论。3 次组织社联人士就如何科学表述“泸州精神”座谈讨论，形成共识，认为用“自强、开拓、务实、奉献”8 个字表述“泸州精神”，是符合时代特征和要求的。

1993 年，学习宣传委员会组织社联人士参加“委员活动日”6 次，听取市政府办公室、市级相关部门关于泸州建省辖市 10 周年庆祝活动筹备安排、乡镇企业发展、引进“三资”企业和开展海外联谊、农业生产和减轻农民负担增加农民收入、贯彻《全民所有制工业企业转换经营机制条例》、市财政局 1993 年预算执行、重点建设项目等情况通报，座谈讨论。每月定期组织社联人士学习，学习内容主要是时事政治、市委市政府中心工作。

1995 年，学习宣传委员会组织社联人士参加“委员活动日”2 次，对泸州市国民经济和社会发展“九五”计划和 2010 年远景规划、泸州市体育事业“九五”期间和 2010 年发展设想座谈讨论。组织社联人士每月定期学习，学习邓小平建设有中国特色社会主义理论，中共中央十四届四中、五中全会精神，江泽民关于台湾问题和关于政协工作的重要讲话。

1996 年 4 月 4 日，社联学习组举行 1996 年开学典礼，邀请市委党校常务副校长作关于当前国际形势的报告，重点就台湾问题进行分析。学习宣传委员会组织社联人士参加“委员活动日”5 次，听取市级相关部门、人行泸州分行关于“二五”普法教育和“三五”普法构想及依法治市、商业现状与改革、目前海峡两岸形势和外事侨务工作、泸州金融改革、赤水河扶贫开发治理、泸州企业改革等情况通报，座谈讨论。组织社联人士每月定期学习，学习内容有中共中央十四届五中、六中全会精神，江泽民《关于讲政治》等讲话及中共泸州市委工作会议精神，参加学习 950 人次。

1997 年，学习宣传委员会组织社联人士参加“委员活动日”3 次，听取市级有关部门关于泸州市社会劳动保险、广播电视事业发展和《泸州政协报》工作、农业生产和减轻农民负担情况通报，座谈讨论。组织社联人士每月定期学习，学习内容有中共中央总书记江泽民在中共十五大所作的政治报告、悼念邓小平同志重要文献等。

1998 年，学习宣传委员会组织社联人士参加“委员活动日”3 次。5 月 20 日，听取市级相关部门关于泸州市下岗职工和再就业工程情况通报；8 月 20 日，听取中小学加强素质教育情况通报；11 月 20

日，听取社会治安综合治理情况通报。组织社联人士每月定期学习，学习中共十五大、中共中央十五届三中全会精神等。

1999 年，学习宣传委员会组织社联人士参加“委员活动日”11 次，听取市文化局关于文物保护等情况通报，座谈讨论。举办 2 期社联人士学习班，组织社联人士定期学习 10 次，参加人员 600 人次，学习中共十五大、中共中央十五届四中全会精神等。

2000 年，学习宣传委员会组织社联人士参加“委员活动日”10 次，听取部门情况通报。组织社联人士学习 8 次，参加人员 594 人次，学习内容主要是中共中央十五届五中全会精神和中办、国办《关于当前台湾局势问题的通知》《决不允许任何形式的“台独”》等。

2003 年，学习宣传委员会组织社联人士参加“委员活动日”4 次，听取有关市级部门和单位关于泸州市“打假”工作、抗击“非典”、旅游发展、医保工作情况通报，座谈讨论。组织社联人士学习会 8 次，参加学习 580 多人次，学习江泽民“三个代表”重要思想、中共十六大精神和泸州市政协五届一次会议精神等。

2004 年，学习宣传委员会组织社联人士参加“委员活动日”6 次。2 月，听取市文化局市场管理情况通报；4 月，听取泸州工商局关于打击“假、冒、伪、劣”产品工作情况通报；6 月，听取市综治办社会治安综合治理情况通报；7 月，听取市检察院大案、要案办理情况通报；8 月，听取市中级法院破产案件审理情况通报；10 月，听取市卫生局关于泸州市乡镇医疗卫生体制改革情况通报；12 月，听取市教育局关于泸州市教育资源重组、深化教育体制改革情况通报。组织社联人士学习会 8 次，参加学习 500 人次。学习内容主要有：中共十六大精神及江泽民“三个代表”重要思想；市政协常委会工作报告、提案工作报告；“一府两院”（即市政府、市中级人民法院、市检察院）工作报告；人民日报“五一”社论、“七一”社论、“元旦”社论及时事热点、重点。

2005 年，学习宣传委员会每月定期举办社联人士学习会，学习内容主要有中共十六大、中共中央十六届四中全会精神及时事政治等。

2009 年，学习文史委员会组织社联人士，学习邓小平理论、江泽民“三个代表”重要思想和胡锦涛关于科学发展观重要论述。邀请市委党校副教授李延平专题讲解，组织观看《科学发展观专题讲座》电视片。

第三节　祖国统一联谊

1991 年，市政协祖国统一联谊委员会（简称祖国统一联谊委员会）在中秋节前举办中秋茶话会，在春节前举办迎春茶话会，邀请在泸州的“三胞三属”和归侨侨眷代表参加，进行联谊，共话祖国统一大业。以后每年形成惯例。

1993 年 8 月 3—6 日，祖国统一联谊委员会考察泸州市 7 个三资企业。提出建议：在适当时候，以市委、市政府名义，召开三资企业工作暨表彰会，总结经验，表彰先进，扩大影响；管理要跟上，市委、市政府应将发展三资企业列入议事日程，解决好发展的软环境问题；为泸州市参股投资企业解决好流动资金信贷规模，进入信贷计划的笼子；政策要落实，兑现免城市建设配套费的承诺；利用外资方法要更加灵活，建议由市外经贸委牵头，成立泸州市三资企业协会，对三资企业实行统一管理，加强协调和服务；建议由泸州市计划经济委员会（简称市计经委）、市监察局牵头，成立三资企业政策监督组，对一系列政策进行清理、检查、督促、落实；对侵害三资企业合法权益的人和事，要严肃处理，为三资企业发展创造宽松环境。10月4—8日，以台胞张云鸣带队的“台北市九九桥牌社”，受四川省第八届“晚霞杯”桥牌组委会邀请到泸州市参加“四川省晚霞杯”桥牌比赛，11名台胞在泸州5日，受到市政协热情接待。泸州美丽、清洁的市容市貌，泸州人的热情，给台胞们留下深刻印象。离开泸州之际，台胞们专程到市政协致谢。台胞方励勤说：“此行是以牌会友，我们永远是真诚的朋友。”台胞丁兆元说：“回去后一定要动员亲戚朋友来泸州观光、考察、投资。”双方表示，今后要增加该类型的文化交流。

1994年2月15日，市政协邀请部分“三胞三属”及市委台办、市侨办负责人，学习座谈江泽民《为促进祖国统一大业的完成而继续奋斗》讲话。与会人员踊跃发言，拥护中共中央总书记江泽民提出的和平统一祖国的八项主张。11月23—25日，祖国统一联谊委员会组织委员10人，对市中区、叙永县的三资企业考察。实地考察泸州针织厂与香港金美银行、攀枝花矿务局龙洞煤焦厂联合投资的泸州金美织品有限公司、泸州老窖酒厂与香港金美银行共同投资的泸州金美商标公司、三资企业叙永县树培卫生纸厂、三资企业叙永县西浦化工有限公司、泸州海峡桥精细化工公司、台资四川维城磁能有限公司。三资企业希望市一级应设立一个专门管理他们的机构。

1995年2月，市政协召开市级民主党派、工商联负责人座谈会、“三胞三属”座谈会、部分政协委员和黄埔军校同学会会员座谈会，学习讨论江泽民关于台湾问题的重要讲话。召开三资企业经理座谈会，推进海外联谊。

1996年4月18日，祖国统一联谊委员会、学习宣传委员会召开祖国统一专题座谈会，学习讨论国务院总理李鹏《完成统一祖国大业是全体中国人民的共同愿望》讲话。9月27日，市政协举行1996年中秋茶话会，市委书记杨运洪、市长唐宁、市政协主席曹锡森在会上讲话，希望泸州的台湾同胞、港澳同胞、海外侨胞继续对家乡的改革开放和经济建设予以支持，为建设美丽文明的泸州做出贡献。12月，市政协与市台办联合对台资台属企业调研。实地调研四川寿友磁能活水公司、四川维城磁能有限公司。提出建议：通过多种形式、多种渠道、多种方法，大张旗鼓地深入开展《中华人民共和国台湾同胞投资保护法》宣传活动，使台资企业的管理走上法治轨道；努力创造条件，改善投资环境，增强对台资的吸引力；政府对台资台属企业要加强管理和指导，使其在经济活动中获得更大经济效益和社会效益；市政府应明确江阳区和龙马潭区、泸县和龙马潭区所辖台资、台属企业的隶属关系，以便更有效地加强指导和管理。形成市政协《台资台属企业调研报告》，送市委、市政府参考。是年，祖国统一联谊委员会经4年专门走访市外事侨务旅游局、市侨联、市委台办、泸州市地方志办公室等部门和单位，收集泸州市归侨侨眷及出国人员中知名人士45名，归侨侨眷、港澳同胞眷属代表30余名及部分台胞台属和归国留学人员，为重点联系人员、开展联谊活动建档。

1998年4月，祖国统一联谊委员会会同市委台办，实地到泸州台属企业泸州市川侨平板玻璃厂，考察经营环境，分析市场形势，为企业排忧解难。

1999年6月3日，市政协组织视察合资企业兆峰陶瓷公司。7月20日，市政协邀请市级民主党派、工商联负责人座谈，对台湾李登辉发表的分裂祖国谬论予以严厉谴责。市级民主党派、工商联负责人纷纷发言，对李登辉发表的“大陆与台湾的关系是国与国的关系”谬论严厉谴责，坚决拥护“一国两制”方针和江泽民解决台湾问题的“八点”主张。表示要结合自身实际，做好海外亲朋好友的工作，维护团结和稳定，为推动祖国和平统一，积极发挥参政党的作用，用实际行动捍卫祖国的统一。

2001 年，祖国统一联谊委员会组织对泸州侨台投资企业发展视察。

2002 年 9 月 20 日，市政协举行中秋茶话会。市委书记徐波、市长肖天任、市政协主席会议成员和 20 名台胞、侨胞代表出席。徐波在讲话中，向台湾同胞、港澳同胞、海外侨胞致以节日的慰问，希望“三胞三属”为祖国统一大业做出新的贡献。

2003 年，祖国统一联谊委员会根据四川省政协要求，与市台办联合对泸州市台资企业经营情况调研。形成《泸州市台资企业情况调研报告》，送市委、市政府参考。

2004 年，祖国统一联谊委员会与市人大外事侨务民族宗教委员会、市委台办联合对泸州市贯彻《中华人民共和国台湾同胞投资保护法》及相关法规情况调研，形成调研报告，送市委、市政府参考。

2005 年 4 月 12 日，祖国统一联谊委员会组织委员学习座谈《中华人民共和国反分裂国家法》，听取市台办关于台湾海峡两岸形势分析报告。与会委员认为，《中华人民共和国反分裂国家法》顺乎民意，合乎民情，深得人心，是将全体中华儿女的共同愿望集中体现在法律形式上，这对于捍卫国家主权、争取和平解决台湾问题、尽快实现祖国和平统一大业具有显著的现实意义和深远的历史意义。制定《中华人民共和国反分裂国家法》，是实现祖国统一的一项重大战略举措，为实现祖国统一提供了法律依据和保障。

2008 年，祖国统一联谊委员会组织委员听取市委台办关于台湾海峡两岸形势分析报告，座谈讨论。

2009 年 6—8 月，祖国统一联谊委员会会同市委统战部、市委台办、泸州市对外经济贸易局、市外事侨务旅游局，对泸州市港澳台侨外资企业发展现状调研。形成市政协《关于泸州市港澳台侨外资企业发展情况的调研报告》，提出建议：将对外开放纳入泸州市发展总体战略部署，研究完善开放强市战略；要整合对外开放力量，打造良好的资源整合平台，强化外商引资管理，主动参与承接东部沿海战略转移和国际竞争；打造高效投资平台，不断优化发展软环境，建立重点企业周边环境领导责任追究制，普遍推广项目代理制；瞄准重点产业，坚持招大引强，制定港澳台侨外资企业投资园区优惠政策，争取保税港区的倾斜政策，形成泸州引进外商投资的“政策洼地”；协调生产要素，促进健康发展；创新用活激励政策，不断拓展境外市场。得到市委、市政府重视，市委书记朱以庄批示：“市政协的这份调研报告很好，有说服力。请松柏同志主持研究。我市对外开放，确实需要进一步解放思想，进一步强化措施。”

第六章　宣传　诗书画

第一节　新闻宣传

1991年5月13—15日，市政协在合江县召开宣传工作会议，各县区政协分管领导、负责宣传工作人员参加。会上，各县区政协交流组织新闻宣传的情况和经验，听取泸州市新闻学会负责人和《四川日报》记者关于怎样搞好新闻宣传报道和如何组织报道队伍的辅导讲座。会议通过市政协《关于进一步加强人民政协的宣传报道工作的意见》。9月26—27日，市政协召开宣传通讯联络（简称通联）工作会议。同时成立《四川政协报》泸州通联站，通联站下由市政协机关、各县区政协、市级各民主党派、工商联，分别组成通联组。会议制定《〈四川政协报〉泸州通联站工作实施办法》，确定通联站和各通联组职责：负责《四川政协报》在泸州的征订发行，组织政协委员和民主党派成员向《四川政协报》投稿等。

1992年5月6—8日，市政协在泸县召开《四川政协报》泸州通联工作会议，各县区政协分管领导、通联组长、市级民主党派、工商联的通讯员参加。会议交流宣传通联工作的情况和经验，听取《四川政协报》通联部负责人介绍通联站的职责、《四川政协报》的版面、新闻稿件要求。会上，以市政协办公室和《四川政协报》泸州通联站名义，对泸县、叙永县政协通联组和20名优秀通讯员表彰奖励。

1993年8月11—13日，市政协在叙永县召开宣传工作会议，《四川政协报》、市级新闻单位负责人参加。市政协主席曹锡森，市委常委、宣传部部长邬书俊在会上讲话，对如何搞好人民政协宣传提出要求。

1994年2月，泸州市政协三届十次主席会研究决定，市政协创办《泸州政协报》。《泸州政协报》系内部报刊，每月出刊1期，4开4版，发送市政协委员、市级民主党派、工商联成员、市人民团体、各族各界人士和市、县区党委、政府部门，纪本旺任主编。3月25日，出刊第1期。至12月，出刊2—10期，发送1万份。8月16—17日，市政协在纳溪县方山召开宣传通联工作会议，各县区政协秘书长、市级民主党派、工商联负责人、通讯员参加。会议着重研究办好《泸州政协报》事宜。会议确定《泸州政协报》在各县区政协建立通联组，秘书长任组长，市级民主党派、工商联设通讯员，同时承担《四川政协报》和《泸州政协报》通联工作。

1995年，《泸州政协报》改为半月刊。至12月，出刊11—34期，发送2.40万份。

1996年3月1日，市政协组织专稿，以《泸州政协工作出现新局面》为题，在《四川政协报》上刊登专版，报道泸州市政协推进制度化、规范化建设，提高视察实效、提高例会水平、提高提案质量的工作。5月21日，市政协组织专稿，以《泸州向您敞开大门》为题，在《人民政协报》刊登专版，报道泸州建省辖市13年经济建设和社会发展取得的丰硕成果，反映泸州市政协履行职能、为泸州市两个文明建设献计出力的情况。8月27日，市政协召开《泸州政协报》通联工作会议，聘请特约通讯员，表彰20名优秀通讯员；调整《泸州政协报》编辑人员。是年，《泸州政协报》出刊35—59期，发送4万份。

1997年7月22—24日，以全国政协提案委员会副主任孙轶青为团长，全国政协新闻办公室主任卞晋平为副团长，有《人民日报》、新华社、中央人民广播电台、《光明日报》、中国新闻图片社、《经济日报》《法制日报》《人民政协报》8大新闻单位记者参加的采访团，到泸州市采访。市政协主席曹锡森和各位副主席、秘书长，市委副书记先开金、常务副市长甘居才、泸州军分区政委邵辑良、市委常委、宣传部部长吴永坤、市人大常委会副主任肖乾发在采访会上集体接受采访。曹锡森向记者们介绍了市政协在中共泸州市委领导下，在市人大、市政府及各部门支持下，以良好的精神状态和“贵在主动、重在参与、讲求实效”的工作作风，认真履行政协职能，不断开拓政协工作新局面的情况；先开金代表市委以《加强党的领导、发挥政协作用》为题，介绍泸州建省辖市以来，市委加强政协工作的情况；甘居才代表市政府以《积极支持政协工作、自觉接受协商监督》为题，介绍市政府积极支持政协工作的情况；市政协副主席龚明德介绍市委、市政府、市政协领导重视和支持政协委员提案工作，积极督促各级政府职能部门认真、及时办理提案的情况。并分别向记者们介绍泸州的历史、人文地理、矿产资源、风土人情及近几年改革开放、经济建设、城市建设和创建国家卫生城市等情况。记者们纷纷表示要根据自身新闻单位特点，选准题目，找好角度，做好宣传泸州的报道。采访团在泸州期间，采访和参观泸州市容市貌、隆纳高速公路建设工地、泸州老窖公司罗汉基地和四百年窖池，并到合江县采访。8月13日，市政协做出表彰决定，对支持政协宣传工作的宣传部门、新闻单位的11名个人进行表彰。是年，《泸州政协报》出刊60—83期，发送4万份。

1998年，市政协办公室与市委宣传部联合召开政协宣传工作会。《泸州日报》、泸州人民广播电台、泸州电视台、泸州有线电视台全年报道政协工作新闻480条（件）。市政协组织的《四川省泸州市政协评邮电行风，树文明新风》《泸州市政协参政议政在“实”字上下功夫》等15篇稿件被《人民政协报》《四川政协报》《四川交通报》《环境保护导报》头版刊登。《泸州政协报》出刊84—107期，发送4万份。市政协宣传信息工作获四川省政协系统宣传工作三等奖。

1999年，市政协组织的《泸州政协新气象》《泸州市政协致力再就业工程有成效》等18篇稿件，在《人民政协报》《四川日报》《四川政协报》刊登。其中，获四川省宣传中国共产党领导的多党合作和政治协商制度第三届好新闻一等奖1篇、《下岗职工冷暖，最是我们情切》获得二等奖。《四川政协报》通联发行量占泸州市、区县委员总数的80%以上。《泸州政协报》出刊108—131期，发送4万份。市政协宣传工作获1999年度四川省政协宣传工作先进单位一等奖。

2000年，市政协组织的新闻稿《四川泸州市政协与政府部门对口联系卓有成效》《四川省泸州市政协为改善软环境献计出力》《泸州市政协评议行风效果好》《中共泸州市委大力支持政协履行职能》《泸州市政协为旅游产业建言献策》和言论《认真履行民主监督职能，努力提高参政议政水平》等31篇被《人民政协报》《四川政协报》刊登。7月19日，市政协与市委宣传部联合召开宣传政协工作好新闻表彰大会，表彰好新闻一等奖6篇、二等奖12篇、三等奖18篇、优秀奖22篇。9月17日，市政协机关《为旅游产业建言献策》消息，获四川省宣传中国共产党领导的多党合作和政治协商制度第四届好新闻三等奖。是年，《四川政协报》通联发行量占泸州市、县区委员总数的95%以上，获《四川政协报》通联发行工作特等奖。《泸州政协报》出刊132—155期，发送4.50万份。市政协宣传工作获2000年度四川省政协宣传工作先进单位一等奖。

2001年1—2月，《泸州政协报》出刊156—159期。3月，《泸州政协报》停刊。4月，市政协办公室与市级新闻单位共同商定市政协及专门委员会全年重要工作和活动宣传计划。20日，市政协与市委宣传部联合召开政协宣传工作会议。是年，市级新闻单位全年报道市政协工作和活动的消息319条，《人民政协报》《四川日报》《四川政协报》、四川人民广播电台报道消息15条。《四川政协报》通联发行量占泸州市、区县委员总数81%，市政协获四川省政协办公厅通联工作先进集体奖。

2002年12月，市政协与市委宣传部联合举办“宣传政协工作好新闻”活动，评选出《扶持不包办，目的在示范》一等奖12篇、二等奖15篇、三等奖18篇，宣传通联工作先进集体8个、先进个人15名。12月25日，召开大会表彰。是年，市级新闻单位全年报道市政协工作和活动的消息323条，《人民政协报》《四川日报》等报道消息18条。《四川政协报》通联发行量占泸州市、区县委员总数80%，市政协和江阳区、纳溪区、泸县、合江县、叙永县政协获四川省政协办公厅宣传通联工作先进集体奖。

2003年12月9日，《四川政协报》泸州工作站和各区县政协通联站成立。是年，市级新闻单位全年报道市政协工作和活动的消息382条，《四川政协报》、四川人民广播电台报道消息20多条。组织各区县政协在《四川政协报》上刊发新闻130多条。市政协撰写的《努力开创政协工作新局面》文章，获四川省宣传中国共产党领导的多党合作和政治协商制度第五届好新闻二等奖，市政协机关《政协信息工作管用》和泸州电视台报道政协新闻分获三等奖。《四川政协报》通联发行量占泸州市、区县委员总数84%，市政协和江阳区、纳溪区、泸县、合江县、叙永县政协获四川省政协办公厅宣传通联工作先进集体奖。

2004年年初，市政协尝试将民主监督与舆论监督相结合，与市委宣传部、市级各新闻媒体协商，得到赞同和支持，形成方案实施。泸州市政协五届三次全委会前，新闻媒体对2003年办理提案较好的部门，在《泸州日报》上报道表扬，对提案办理较差的部门，进行点名批评，新闻曝光。会中，选择质量较高、关系泸州经济发展和群众关心的热点问题提案，由《泸州日报》原案刊登，由泸州电视台、泸州人民广播电台采访提提案的委员；《泸州晚报》对2003年10件影响较大的提案办理，进行追踪报道。会后，又精选当年委员新提的12件提案，在《泸州日报》分期刊登。是年年底，对原案刊登的12件提案逐一追踪，检查部门办理情况，进行报道。是年，市政协和组织各区县政协在《人民政协报》《四川政协报》发表新闻稿件、政协言论等256篇。市政协的《关于泸州市小城镇建设的视察调研报告》，被评为《四川政协报》“人民政协理论与实践优秀论文”建言献策奖，《创新民主监督工作》在四川省政协第六届好新闻评选中获三等奖。泸州市各级政协全年征订《四川政协报》1705份，占全体委员总数99%。市政协和江阳区、龙马潭区、纳溪区、泸县、合江县、叙永县、古蔺县7区县政协全部被评为四川省政协办公厅宣传通联工作先进集体。

2005年，市政协和组织各区县政协在《人民政协报》《四川政协报》等发表新闻稿件、政协言论、调研建言等300多件。泸州市各级政协全年征订《四川政协报》1805份，占全体委员总数105%。市政协和三区四县政协全部被评为四川省政协办公厅宣传通联工作先进集体。

2006年3月1—5日，泸州市政协五届四次会议期间，组织《泸州日报》《泸州晚报》、泸州人民广播电台、泸州电视台刊播政协提案20多件，将政协民主监督与新闻舆论监督结合，加大对政协提案办理的监督力度。9月25日，市政协召开宣传工作会。是年，市政协和组织各区县政协在《人民政协报》《四川政协报》等报刊发表新闻稿件、政协言论、调研建言等400多件。《四川政协报》在泸州市、区县征订发行1765份，占委员总数103%。市政协和3区4县政协全部被四川省政协办公厅评为宣传通联工作先进集体。

2007年9月，市政协召开宣传工作会，会上交流各区县政协宣传通联工作做法和经验。是年，市政协和组织各区县政协在《人民政协报》《四川政协报》等报刊发表新闻稿件、政协言论等300多件。《四川政协报》在泸州市、区县征订发行1725份，占委员总数100%。市政协和3区4县政协全部被四川省政协办公厅评为宣传通联工作先进集体。

2008年，市政协组织泸州市宣传人民政协好新闻评选活动，收到各单位推荐新闻作品78件，评出《泸州市政协举办酒业发展论坛》等一等奖13篇、二等奖20篇、三等奖30篇，市政协办公室做出《关于表彰泸州市宣传人民政协好新闻的决定》表彰奖励。市政协和组织各区县政协在《人民政协报》《四川政协报》《泸州日报》等报刊发表新闻稿件、政协言论等590篇。泸州日报社记者采访新闻在四川省宣传中国共产党领导的多党合作和政治协商制度第八届好新闻评选中获三等奖。《四川政协报》在泸州市、区县征订发行1768份，占委员总数103%。市政协和三区四县政协全部被四川省政协办公厅评为宣传通联工作先进集体。

2009年，市政协和组织各区县政协在《人民政协报》《四川政协报》《泸州日报》等报刊发表新闻稿件、政协言论、调研建言等500件。《四川政协报》在泸州市、区县征订发行1788份，占委员总数104%。市政协和三区四县政协全部被四川省政协办公厅评为宣传通联工作先进集体。是年，召开全市政协信息化工作会议，对市政协网站全面改版，同年在网上发布工作信息800条。

2010年，市政协和组织各区县政协在《人民政协报》《四川政协报》《泸州日报》等报刊发表新闻稿件、政协言论、调研建言等500件。《四川政协报》在泸州市、区县征订发行1788件，占委员总数104%。市政协和三区四县政协全部被四川省政协办公厅评为宣传通联工作先进集体。市政协在政协网站刊载工作信息800条、理论文章30篇，均被四川政协网采用。

2011年，市政协和组织各区县政协在《人民政协报》《四川政协报》《泸州日报》等刊物上发表新闻稿件、政协言论、调研建言500多篇。《四川政协报》在泸州市、区县征订发行2008份，占委员总数103%。市政协和三区四县政协全部被四川省政协办公厅评为宣传通联工作先进集体。市政协在四川省政协网站刊载工作信息1500条、理论文章60篇，信息数量名列四川省市州政协第一。

第二节　诗书画创作研究

1991年，泸州诗书画院（以下简称诗书画院）设有顾问、诗词、西画、国画、书法5个组。聘有顾问王朝闻、蒋兆和等11人，创作研究员218人，其中诗词128人、美术42人、书法48人。诗词组有中华诗词学会会员24人，四川省诗词学会会员26人；中国楹联学会会员3人，四川省楹联学会会员14人；国画组、西画组有四川美术协会会员11人。市政协常务副主席张婉萍为名誉院长，谢守清、罗恢绪、戴炜群、余安中、林绍基为副院长。1月，中国旅游出版社出版《花鸟诗歌鉴赏辞典》，诗书画院创作研究员谢守清、蓝启发等12人撰写的26篇鉴赏文章收入辞典。

1992年端午节前，诗书画院举办泸州市第一届“屈原魂”学生诗词大赛。是年，诗书画院设立女子诗词组，每月举行一次小型诗词创作研究会，编印女子诗集《巾露集》第1、2册。

1993年，市政协组织诗书画院、文史资料委员会和传统文化专家，对泸州名胜景点百子图的堡坎修建艺术墙进行可行性研究。2月4日，形成市政协《关于建塑百子图、滨江路艺术墙的报告》，向市政府提出建议：百子图堡坎右端有30米左右坎壁，可用以书画《诗酒河山百子图》为百子图名胜添彩；泸州为国家历史文化名城，应该有艺术墙，建议在滨江路合适堡坎上建塑艺术墙，艺术墙以泸州悠久的酒文化为主线，贯穿古今，统领全图，用诗意画图文并茂，以阴纹浮雕为表现形式；艺术墙的设计和施工，除文化和城建部门外，诗书画院愿尽绵薄之力。5月，张婉萍任诗书画院院长。诗书画院举办第二届“屈原魂”学生诗词大赛。是年，创作研究员林佶中国画作品1件被《美术》刊登，1件入选全国第二届山水画展。

1994年5月，诗书画院举办第三届“屈原魂”学生诗词大赛。7月，创作研究员林绍基、林佶应中央军委艺术委员会邀请，为天安门城楼作巨幅山水画《蜀山晓雾》。是年，北京举办全国第八届美术展览，创作研究员庞家夷的漫画《生财有道》、林佶的中国画《蜀乡》、魏闻声的油画《夕阳》入选参加展览。女子诗词组编印《巾露集》第3、4册。

1995年，诗书画院举办第四届“屈原魂”学生诗词大赛。

1996年，诗书画院举办第五届“屈原魂”学生诗词大赛。9月，编印泸州诗书画院成立10周年诗词专辑《怡园》，收录近100位作者传统诗词近1000首，由四川文艺出版社出版，发行1400册。是年，创作研究员《林绍基行楷千字文》《陈天啸楷书千字文》分别由重庆出版社、贵州出版社出版。屈仲樵书法作品“小康兆亿人家庆天生圣，平静万千邦郡望月长明”(嵌字联藏小平圣明)，获全国书画摄影艺术大展特等奖，由广安市邓小平业绩展览馆收藏。

1997年，诗书画院举办第六届“屈原魂”学生诗词大赛。编印《怡园》诗集，时值邓小平逝世，诗集特编悼念专辑，收录14位作者14首诗词；特编《迎香港回归》专辑，收录诗词42首，讴歌邓小平为香港回归作出的贡献。12月，编印《巾露集》1册，收录女子诗词组24位作者诗词37首，及“屈原魂”学生诗词大赛女学生获奖诗词37首。是年，创作研究员庞家夷、庞家俄合作漫画《聚与散》，参加全国体育美术作品展览，获金奖，并被国际奥委会主席萨马兰奇签名收藏，陈列于美国亚特兰大奥运博物馆。

1998年，诗书画院举办第七届“屈原魂”学生诗词大赛。8月15—17日，市政协办公室、诗书画院协助市政府举办“刘止庸山水故乡展暨艺术研讨会”，文化部、中央美术学院、天津美术学院等40多名领导、著名书画家、专家、教授出席。展出寓居天津市50年的泸州籍画家刘止庸书画精品60多件，就刘止庸书画艺术进行研讨。是年，诗书画院创作研究员的画作在奥地利、法国、埃及、美国等10多个国家举办展览和艺术活动。

1999年，诗书画院举办第八届“屈原魂”学生诗词大赛。时值国民党元老陈立夫百岁生日，由诗书画院谢守清撰诗、林绍基书写一幅书法中堂，寄到中国台湾地区为陈立夫祝寿；诗曰：“百年风雨谈千秋，日月潭边几度秋，心事若堪回首处，茗江云水旧家楼。”6月，为纪念中国人民政治协商会议成立50周年，诗书画院编辑《怡园》诗词专辑，收录诗词300首，印刷600册。10月29日，市政协召开四届二十次主席会议，听取诗书画院院长张婉萍《关于泸州市诗书画院的情况汇报》，对诗书画院成立以来的工作和成绩给予充分肯定，对今后工作提出要求。会议决定：每年市政协主席会议听取和研究诗书画院工作2次；诗书画院工作由副主席陈修伍和秘书长分管，市政协教科文卫体委员会协调。是年，林绍基、林佶父子历时3年分别创作的中国山水画《长江三峡风光》百米长卷和《大宁河上小三峡风光》百米长卷，在北京市和昆明市展出后，捐献给泸州市博物馆永久性收藏。

2000年5月，诗书画院举办第九届“屈原魂”学生诗词大赛。7月19—24日，与山东省菏泽市政协、工行泸州支行在市老干部活动中心举办菏泽市牡丹书画展，展出国家一级美术师梁兆存《大富贵图》等书画作品70件，4000多人次参观展出，并组织创作研究员与菏泽诗书画作者进行艺术交流。是年，诗书画院安排魏闻声为抗战时期美国飞虎队总指挥陈纳德作《飞虎将军陈纳德》肖像画。9月，张婉萍与魏闻声到北京向陈纳德夫人、美国国际合作委员会主席、著名美籍华人陈香梅赠送《飞虎将军陈纳德》肖像画，新华社、《人民日报》《人民政协报》《中国文化报》、中央电视台等20多家新闻媒体报道。陈香梅与华盛顿电视台共同邀请作者去美国办画展。

2001年5月，诗书画院举办第十届“屈原魂”学生诗词大赛。7月19日，魏闻声美术作品展在美国华盛顿艺术中心举行，展出作品有《飞虎将军陈纳德》《春天使者陈香梅》等，作者应邀参加。陈香梅、美中航空公司董事长郝福满、中国驻美大使馆公使参赞孙维学出席开幕式。是年，诗书画院举办纪念建院15周年活动，召开创作研究员恳谈会，市委、市政府有关领导出席；举办诗书画院院藏书画精品展览，展出作品60幅；编辑印刷《怡园》诗词专集，收录诗词730首。创作研究员叶永兴书法作品入选全国科技文化成果博览会展出，获金奖。

2002年，诗书画院与市教育局、市教育学会举办第十一届“屈原魂”学生诗词大赛，参赛学校20所，参赛学生2000人，参加决赛200人，评出一、二、三等奖56名，优秀奖114名。3月，举办女子书画展，展出作品80件。为迎接中共十六大召开和纪念毛泽东《在延安文艺座谈会上讲话》发表60周年，组织创作研究员开展创作活动，创作诗词作品100多首，发表于全国、省、市报刊。4月，魏闻声作品《春潮》参加纪念中埃建交中国当代书画名家作品展，获金奖。9月，魏闻声作品《飞虎将军陈纳德》《春天使者陈香梅》参加香港世界华人艺术中国画展览，谢守清等3人的论文在重庆市纪念杜甫1290周年诞辰诗词研讨会上宣读交流。11月，举办张婉萍收藏书画展，展出书画作品48件，其中有中国美术家协会副主席李焕民的《八哥》、中央美术学院教授杜哲森的《草虫》、书法大家吴丈蜀的书法作品、天津画家刘止庸的《渔》。是年，叶永兴书法作品获“环保世纪行情系中华中国美术书法大展”金奖。诗书画院编印创作研究员个人诗集，有陈天啸的《天啸诗联》、靳朝济的《三余斋诗文选》、张婉萍的《婉萍诗文（续）》、郭治平的《淡墨痕》、黄平波的《清露集》。

2003年，诗书画院举办第十二届“屈原魂”学生诗词大赛。汇集6—10届“屈原魂”学生诗词大赛获奖作品，编辑《雏凤集（二）》，由中国文联出版社出版。编辑出版《怡园》第7期，《纪念泸州建市20周年诗词集》。编辑创作研究员龙希文专集《云溪野草》、刘盛源专集《盛源诗词》、许文榜专集《可庐吟草》、吴西萍专集《釜水飘萍》、张婉萍专集《婉萍诗词II》，由中国文联出版社出版。时值邓小平100周年诞辰，张婉萍建议用绘画表现1982年邓小平在钓鱼台国宾馆会见陈香梅的历史性瞬间，得到陈香梅支持，从美国寄来会见时照片，魏闻声据此创作中国工笔画《难忘的会见》，寄送陈香梅，陈香梅回赠新版《陈香梅传》。是年，诗书画院举办余安中书法作品展览和艺术研讨会，展出书法精品80余件，参观、参会1000人；举办刘远玉美术作品展，展出作品160件。在全国兰亭书法大赛、全国正书大赛、全国楹联书法大赛、全国书法电视大赛中，创作研究员艾斌、吴朝晖、朱玉华作品分别获奖或入展。

2004年5月，诗书画院与市教育学会举办第十三届“屈原魂”学生诗词大赛，参赛学生2000余人，参加决赛190人，评出一等奖8名、二等奖16名、三等奖31名，被《四川日报》报道。编辑出版《怡园》第8期诗词专辑，其中辟有纪念邓小平百年诞辰专刊，印刷500册。精选魏闻声工笔画《难忘的会见》；李韵“小平长寿”嵌字联：平畴千里荡春风、年丰人寿，小康万户怀党泽、山高水长；谢守清歌颂邓小平诗2首。由市政协送去广安市，收藏于广安邓小平纪念馆。是年，女子诗词组创作诗词306首。创作研究员唐仁健版画《空谷》、谢跃荣漫画《投保》，入选全国第八届美术展览。

2005年5月22日，诗书画院与市教育局举办第十四届“屈原魂”学生诗词大赛。是年，在全国高考中原“屈原魂”诗词大赛获奖者、泸州高中学生唐汉霖以古体诗词形式写作的高考作文《永远的谭嗣同》，获作文满分。诗书画院成立诗词学会，8月25日，《泸州诗词》创刊。是年，诗书画院举办纪念中国人民抗日战争暨世界反法西斯战争胜利60周年书画展览。

2006年5月，诗书画院举办第十五届“屈原魂”学生诗词大赛，新华社、《人民日报》报道，香港阳光卫视做专题节目。10月，诗词学会编印《巾露集》第3集，收诗词300首，印刷550册。诗书画院编印《怡园》第10期。创作研究员杨廷举编撰《泸县古今联》，收对联3000联，由中国文联出版社出版。是年，举办泸州诗书画院建院20周年纪念大会。总结诗书画院20年创作研究成果：出版《江阳草》《怡园》诗词集20本，收录作品5万件；出版个人诗词作品集40种，数百件诗作在《中华诗词》《峨眉诗稿》等发表，多次在全国各种诗词大赛中获奖；举办“屈原魂”学生诗词大赛，参赛学生1万多人；举办市级书法、绘画展览40次，一批美术作品入选全国作品展览；以诗画联谊，增进与新加坡驻日本、韩国全权大使黄望青，国民党元老陈立夫，美国国际合作委员会主席、原飞虎队总指挥陈纳德夫人陈香梅的翰墨情缘。

2007年，诗书画院与市教育局、市诗词学会联合举办第十六届“屈原魂”学生诗词大赛。承办全国22城市政协工作联系会书画作品展览，举办“黄龙阁”书画精品展，与市诗词学会联合编辑出版《怡园》诗词专辑第11期，组织重阳菊花诗会，举办泸州诗书画院作者作品艺术研讨会。

2008年，诗书画院与市教育局、市诗词学会举办第十七届“屈原魂”学生诗词大赛。3月，与泸州老窖公司举办“中国酒城·泸州酒业博览会书画名家义卖活动”，10余位书画名家义卖作品20.00万元，全部捐献给叙永县灾区学校。5月，组织20位泸州书画名家作品40件，在市政协举行“5·12”地震赈灾义卖活动，义卖金额5.67万元，全部捐献汶川地震灾区。

2009年，诗书画院与诗词学会举办第十八届“屈原魂”学生诗词大赛。

2010年，诗书画院整理张婉萍诗词800多首，编辑《婉萍诗词》5卷，由中国文化出版社出版。

第七章　党委领导　政协建设

第一节　党委领导

一、中共泸州市委对政协工作的领导

1991年3月，泸州市政协二届四次全委会召开。市委书记刘育仁在会上讲话，对人民政协围绕泸州市经济发展和社会进步履行职能作用，提出希望和要求。至2011年，市政协每年召开一次全委会，时任市委书记均出席讲话，对人民政协围绕市委、市政府中心工作、服务地方经济社会发展，充分履行职能作用，提出希望和要求。此间，市委坚持把政协工作纳入重要议事日程。每年政协全委会前，市委常委会议都要专题研究部署政协全委会的筹备工作，做出决定。

1993年12月25日，中共泸州市委（简称市委）召开政协工作会议。会上，市委书记刘育仁讲话，强调各级党委一定要从建设有中国特色社会主义民主政治的战略高度，提高对人民政协的认识，进一步增强重视政协工作的自觉性和主动性，加大贯彻落实《中共中央关于坚持和完善中国共产党领导的多党合作和政治协商制度的意见》精神的力度，提升政协委员的事业心和责任感，开创政协工作新局面。要求各级党委要充分发挥人民政协在各族各界人士中的团结协调作用，在改革建设和各项社会事业中的咨询出力作用，在广开言路、博采众议意见中的民主渠道作用，在祖国和平统一进程中的促进作用。

1994年1月24日，中共泸州市委制发《关于进一步加强政协工作的意见》，明确规定：市、县、区党委宣传部、组织部、党校必须把政协、统战理论政策的宣传教育，列入党员教育和干部培训计划，作为必修课程。市、县、区党委必须把政协协商监督纳入决策程序，做到协商于决策之前，监督在实施之中，使协商监督逐步走向经常化、规范化、制度化；政府常务会议要研究与政协工作联系的有关问题，政府召开涉及全局性的工作会议，要请政协领导或政协专门委员会负责人参加；党委、政府及有关部门要向政协及专委会通报重要情况，党政所属各部门要同政协专门委员会建立对口联系制度，开展对口协商和联合调研；党政部门要切实保障政协委员的民主权利，对政协和政协委员提出的建议案、批评、意见和提案采取不负责任态度、造成严重后果的要严肃处理；市委1年研究政协工作至少2次，党委有1名副书记，政府、人大各有1名领导同志负责联系政协工作；坚持邀请不是党委常委的政协主席列席同级党委常委会议，各有1名政协副主席分别列席人大和政府重要会议，并形成制度；

把研究检查政协工作纳入党政领导的目标管理范围，年终考核。文件还对尊重党外人士的权利，加强政协委员队伍、组织、机关自身建设做出规定。

1995年9月5日，中共泸州市委批转《政协泸州市委员会贯彻〈政协全国委员会关于政治协商、民主监督、参政议政的规定的意见〉的通知》。通知要求：各级党委必须充分重视人民政协在建设有中国特色社会主义中的重要作用，进一步加强和改善对政协工作的领导。对国家和地方的大政方针以及政治、经济、文化和社会生活中的重要问题，要在决策之前在政协进行协商。要为政协开展工作积极创造条件，进一步推进政治协商、民主监督和参政议政的规范化、制度化。

1996年7月26日，市委常委会专门听取市政协党组的汇报，认真讨论市政协工作。对所请示的召开委员表彰会、开展人民政协外交活动及机构人事等问题，一致表示支持和同意。对所反映的民主党派有关问题，市委责成有关部门专题调研，协调处理，并请有关部门向上请示汇报解决。12月24日，市纪委制发《关于支持政协履行民主监督职能的实施意见》，引起省政协重视，并用《简报》转发全省政协系统参考。

1997年2月，市委常委会听取市政协党组工作汇报，认真研究讨论政协工作。常委们热诚希望政协和党委、政府同唱一台戏，围绕两个文明建设的各项任务选准角度，发挥优势，积极发挥职能作用。市委、市政府主要领导特别提出两点要求：一要进一步搞好联系和协商，今后凡属全市性重大问题和群众关心的热点问题，市委、市政府在决策之前，有关方面要主动与政协或有关专门委员会进行协商，广泛听取意见，集思广益，促进决策的科学化和民主化；二是加大民主监督的力度，来自政协和民主党派的民主监督很有必要，这对加强党风廉政建设、改进党政部门工作、转变干部作风具有很强的现实意义，党政干部要增强监督意识，自觉接受民主监督，政协要积极履行监督的职能，充分发挥监督作用。7月23日，市委发出批转《〈政协泸州市委员会关于进一步加强民主监督工作的意见〉的通知》。通知要求，各级党政机关特别是领导干部，要加强同各级政协的工作联系，建立健全各项工作制度，要有组织、有计划地开展多层次、多渠道的协商和监督活动，并注意讲求实效，提高工作质量。要加强和改善对政协工作的领导，积极为政协充分发挥作用创造条件，以推进泸州市政协民主监督工作的经常化和制度化。

1998年10月20日，中共泸州市委召开政协工作会议。会上，市委书记杨运洪讲话，强调各级党委要把握如何加强和改善党对政协工作的领导，使政协工作始终有明确的政治方向；要充分发挥党组在政协工作中的核心领导作用；各级党委要把政协工作当成党委工作的一部分，切实加强领导，支持政协发挥好政治协商、民主监督、参政议政的职能作用；对政协委员重要的建议案、提案、调研报告，党委主要领导或分工联系政协领导要亲自处理；凡是事关全市改革和经济发展重大问题，制定地方经济和社会发展中长期规划，重要人事安排，解决人民群众生活重大问题的措施办法，以及平时出台的地方重大政策措施和规定条例，应该先协商或征求意见后决定。11月6日，中共泸州市委制发《关于进一步加强人民政协工作的决定》。明确规定：人民政协工作是全党的工作，是全局性的工作，加强对政协工作的领导，是各级党委的重要职责。要把政协宣传工作作为党委宣传工作的重要内容，认真实施；广播、电视、报刊等新闻媒体要加大对人民政协、统一战线的宣传力度，并用开辟专题专栏等多种形式，把对政协的宣传搞得生动活泼；要把政协工作摆在重要议事日程，每年2次定期听取汇报，研究检查政协工作。党委负责人要亲自抓人民政协工作；各级党委要善于运用政协该种组织形式开展协商活动，并在协商中认真听取各方面的意见，该项工作要纳入党委、政府的决策程序；要把做好人民政协和统一战线工作作为考察党委政绩的一项内容，纳入目标管理；各级党委在讨论政协的机构设置、人员编制、干部配备时，要按照规定征求政协党组的意见；政协党组应协助党委搞好政协换届的人事安排工作，配合组织部、统战部做好协商政协委员的人选和政协领导班子的人选。进一步加强政治协商、民主监督、参政议政的规范化、制度化，在开展政治协商的工作中，要切实做到凡是重大的决策，应该主动协商或征求意见在党委决定之前、人大通过之前、政府实施之前；凡是事关全市改革和经济发展的重大问题，制定地方经济和社会发展中长期规划，重要人事安排，解决人民群众生活重大问题的措施办法，以及平时出台的地方重大政策措施和规定条例，应该先协商或征求意见后决定。

1999 年 4 月，中共泸州市委以泸委发〔1999〕22 号文件，批转市政协党组关于民主评议市建委的请示，要求各县区和市级各部门认真贯彻执行。在全市建设工作会议上，市委书记杨运洪专题阐述民主评议的目的和意义。

2000 年 3 月 1 日，市委常委会听取政协党组专题政协工作汇报。市委同意市政协全年的工作安排。决定派出检查组，对各区县党委贯彻落实省、市委政协工作会议精神情况进行检查；通过检查，市委将召开经验交流会，进一步加强政协工作。同意市政协在 8 月举办中心组学习班，集中学习 7 天，学习中共中央总书记江泽民关于"三讲"教育的讲话和中央关于西部大开发的方针政策。4 月上旬，市委派出 5 个检查组，对 4 县 3 区党委、政协贯彻落实市委政协工作会议精神和泸委发〔1998〕43 号文件情况检查。5 月 18 日，市委召开贯彻市委政协工作会议精神经验交流会。省政协副主席史志义及地方政协工作委员会负责人到会指导。会上，市委联系政协工作的副书记徐龙治对全市贯彻省、市委政协工作会议精神情况进行全面总结，强调指出还存在的一些具体问题，并对如何进一步解决问题，全面深入落实省、市委政协工作会议精神，提出要求。中共泸县县委、纳溪区区委，合江县政协、古蔺县政协在会上交流经验。史志义在讲话中，对市委及各县区委、政协在贯彻落实省委政协工作会议精神中的果断行为、求真务实作风、认真积极工作态度和取得的显著成绩给予充分肯定，认为召开这次经验交流会在全省是一个先例，对全省政协工作的开展将产生良好影响和辐射作用。

2003 年 12 月 25 日，中共泸州市委召开政协工作会议。会上，市委书记徐波讲话。要求各级党委、政协，积极推进政协履行职能的制度化、规范化、程序化。政治协商要坚持"三在前""三在先"原则，即对重大的决策要协商或征求意见在党委决策之前、人大通过之前、政府实施之前，制定地方经济社会发展中长期规划要先协商后决定，对出台的地方重大政策和法规要先协商后定案，切实把政治协商列入重大决策的必要程序。要加大民主监督力度，对党政机关、司法机关及其工作人员履行职责、遵纪守法、勤政廉洁情况加强监督。坚持和完善全委会议整体协商、常委会议专题协商、主席会议重点协商和专门委员会会议对口协商制度，形成多层次、全方位的协商议政格局。加强和改善对政协工作的领导，党委负责人要亲自抓政协工作。完善政协主席列席各级党委书记办公会、常委会制度。对政协或政协组成单位名义提出的重要建议案、提案和调研报告，党委主要领导要亲自处理，责成有关部门搞好督办落实。各级党委要以人民政协的理论、方针、政策作为中心组学习重要内容和各级党校的必修课及公务员招考、考核的必要内容。在政协机关的人员编制数额、财政预算安排等方面切实给予保证和加强，使政协工作经费逐步有些增加。要把做好政协工作作为考察党委（党组）工作业绩的一项重要内容，纳入目标管理，加大检查考核力度。市委副书记、市长肖天任讲话，要求各级政府和部门，自觉接受政协的民主监督，进一步支持和推动政协工作。江阳区政协、合江县政协和中共龙马潭区委、纳溪区委、泸县县委、叙永县委、古蔺县委作书面发言。

2004 年 2 月 16 日，中共泸州市委制发《关于认真贯彻〈省委加强新世纪新阶段人民政协工作的意见〉的实施意见》。实施意见明确对新世纪新阶段政协工作的基本思路、主要任务和履行职能的制度化、规范化、程序化作出界定。在制度化、规范化、程序化和履行职能的方式方法改进上，提出新的更高要求。政治协商要坚持“三在前”“三在先”，对协商内容也作了清晰划分。要求党委每年要给政协出题目、交任务；坚持和完善整体协商、专题协商、重点协商和对口协商制度。采取民主评议、委员视察、政协委员担任特邀监督员、检察员、审计员、教育督导员等方式，加强政协民主监督。规范和创新政协工作程序，把政协委员的智慧和力量凝聚到推进泸州发展新跨越、全面建设小康社会上来。要求各区县党委要制定贯彻落实市委“实施意见”的实施细则；每年年终对“实施意见”的执行情况进行检查，写出专题报告，并通报同级政协。

2007 年 9 月 21 日，中共泸州市委制发《关于贯彻〈中共中央关于加强人民政协工作的意见〉的实施意见》。明确规定：人民政协事业是中国特色社会主义事业的主要组成部分，要把促进发展作为人民政协履行职能的第一要务，坚持把实现和维护最广大群众的根本利益作为人民政协工作的出发点和落脚点；要支持政协围绕团结和民主两大主题履行职能，把加强团结和发扬民主贯穿于政协工作的各个方面。把政治协商纳入决策程序，就国家和地方的重要问题在决策之前和决策执行过程中进行协商，是政治协商的重要原则；各级党委要高度重视人民政协的政治协商，统一部署和协调，并认真组织实施。政治协商的主要内容是：地方的大政方针政策以及政治、经济、文化和社会生活中的重要问题，各党派参加人民政协工作的共同性事务，政协内部的主要事务以及有关爱国统一战线的其他主要问题。政治协商主要形式有：政协全体会议，常务委员会会议，主席会议，常务委员专题协商会，政协党组受党委委托召开的座谈会，秘书长会议，各专门委员会会议，根据需要召开由政协各组成单位和各界人士参加的内部协商会议。人民政协民主监督的主要内容是：国家宪法、法律和法规的实施，重大方针政策的贯彻执行，国家机关及其工作人员的工作。主要形式有：政协全体会议、常委会议、主席会议向党委和政府提出建议案，各专门委员会提出建议或有关报告，委员视察、委员提案、委员举报、大会发言、反映社情民意或以其他形式提出批评和建议。要完善民主监督机制，在知情环节、沟通环节、反馈环节上建立健全制度。各级党委和政府要为人民政协参政议政创造良好条件，对政协提出的重要意见和建议，要认真研究、积极采纳。是年，市委决定市政协主席列席市委书记办公会。

2008 年 10 月 30 日，中共泸州市委召开政协工作会议。会上，市委书记朱以庄讲话。中共纳溪区委、江阳区委、泸县县委就贯彻中发〔2006〕5 号和川委发〔2006〕18 号文件精神作经验交流大会发言。

二、党组对政协工作的领导

1991 年，中共二届泸州市政协党组（简称市政协党组）决定政协工作和人事任免的重大事项。1 月，市政协党组向市委报告，建议在 3 月召开政协泸州市二届四次会议，就会议的指导思想、时间地点、议程日程安排、出席列席人员及经费预算等请示市委，得到市委批准。至 2011 年，历届历次政协全委会召开前，市政协党组均向市委报告，请示会议召开的若干事项，均得到市委批准或原则同意。市政协机关干部的任免，均由市政协党组研究，提出建议，报市委和市委组织部任免。

1993 年，市政协党组根据经济形势发展和工作需要，向市委报告，建议撤销市政协经济科技委员会，分别建立财经委员会和农业委员会，得到市委批准。

1994 年 12 月，市政协形成《关于严格控制支出逐步减少财政赤字的建议案》。市政协党组向市委报告，得到市委书记批示，肯定和赞扬政协的建议案，指出其工作的重要意义，提出落实建议的措施和办法。财政部门认真执行，1995 年，泸州财政就节支数千万元。

1995 年，市委书记杨运洪在市委常委会上，向市政协提出如何进一步加强民主监督力度的课题。市政协党组立即组织委员、有关专家学者座谈、学习、研讨，形成《政协泸州市委员会贯彻〈政协全国委员会关于政治协商、民主监督、参政议政的规定〉的意见》，报送市委，市委常委会研究同意，市委书记亲自批示转发。是年，根据市级各民主党派、工商联共用 1 部小车情况，市政协党组向市委反映，建议增加各民主党派用车。市委常委会研究决定：每年增加 1 个民主党派的用车，5 年全部配齐各民主党派、工商联的用车。市政协党组反映的市级民主党派、工商联学习、工作经费困难问题，市委高度重视，做出增加各民主党派、工商联办公经费平均 5000 元和定期组织各民主党派、工商联驻会负责人赴省外考察学习的决定。

1996 年 6 月，市政协党组向市委提出《关于我市行政区划调整中有关新建、更名区政协的几点建议》报告，对江阳区、纳溪区政协的更名提出建议，对新设立的龙马潭区政协委员名额，政协主席、副主席职数提出具体建议。得到市委批准。7 月 26 日，市政协党组向市委报送《关于市政协上半年工作情况的报告》，请示第四季度召开泸州市政协委员、各界人士为“两个文明”建功立业表彰会，表彰先进人物 100 名；市政协拟开展组团出访、经济考察等人民外交活动，请市委将其列入泸州市外事工作总体安排；请市委解决财经委员会、提案委员会副主任配备问题。均得到市委同意。10 月，市政协党组根据市委“关于党政机构改革的实施意见”和省政协机关机构改革方案，结合市政协工作实际，向市委报送《泸州市政协机关机构改革方案》，提出在市政协办公室框架内设置秘书处、行政处、人保处和专门委员会一处、二处，得到市委批准。

1997 年 2 月，市政协党组向市委常委会汇报工作时，提出“每隔 2 年，有计划地组织民主党派、工商联负责人外出考察”建议。市委常委会同意。7 月 15 日，市政协党组向市委报送《关于市政协上半年工作情况的报告》，提出需请示的问题。1. 市政协党组积极协助市委搞好换届工作，建议安排市政协委员人选时，听取市政协党组的意见和建议；建议安排下届政协委员时，委员要具备素质好、有参政议政能力、热爱政协工作、有广泛的代表性等条件。2. 市级民主党派、工商联办公经费比较困难，建议从 1998 年起每个党派机关增加 5000 元，列入财政预算。是年，由市委书记出课题，市政协举办重庆升位后泸州发展战略研讨会。市政协党组形成专题报告，针对泸州的发展机遇和问题，提出 103 条对策措施建议，报送市委参考。

1999 年 2 月 9 日，市委召开十七次常委会议。会上，听取市政协党组关于市政协工作汇报。对市政协党组几个问题的请示，常委会原则同意组织市级民主党派、工商联驻会负责人外出考察学习一次；适当时候表彰 50 名为泸州市两个文明建功立业的先进政协委员、各界人士代表；同意增加民主党派、工商联业务活动经费 3 万元配套微机、复印机、传真机，以改善办公条件。是年，市政协党组向市委报送《关于组织政协委员民主评议泸州市建委的规划、房管和自来水公司行风工作方案的报告》。市委同意，发出批转通知。

2000 年 1 月 10 日，市政协党组印发《市政协党组成员联系市级各民主党派、工商联负责人制度》。负责联系主要任务是：听取各民主党派、工商联负责人对市政协工作的意见、要求、批评和建议；开展交心谈心活动，联络感情，增进团结；帮助市级各民主党派、工商联呼吁和解决一些实际困难；协商研究统一战线内部一些需要共同研究的问题。规定党组成员每年至少和各民主党派、工商联联系 2 次以上。13 日，市政协党组向市委报送《关于请示市委安排时间听取市政协工作汇报的请示》，建议以市委名义，对各县区贯彻市委政协工作会议精神情况进行一次检查；并在检查基础上，在适当时候以市委名义召开贯彻落实市委政协工作会议经验交流会。市委同意。6 月 26 日，市政协党组以书面形式向市委汇报《关于贯彻落实中共泸州市委四届四次全委会议精神的意见》，提出5条措施：认真组织学习文件，深刻领会其精神实质；以“三个代表”重要思想为指导，促进政协工作，为西部大开发作贡献；加大调研力度，积极建言献策；保持良好精神状态，从不同角度为西部大开发献计出力；加强自身建设，带头做好团结方面的工作。是年，市政协党组根据市委常委会的决定，组成5个检察组，对4县3区党委、政协贯彻落实市委第2次政协工作会议精神的情况进行检查。从检察情况看，市委第2次政协工作会议召开后，区县党委普遍加强了对政协工作的领导，促进了政协工作的规范化和制度化建设，帮助政协解决了一些实际困难和问题，帮助政协加强组织建设，增强了政协工作的活力，县区政协作为工作班子进入经济工作主战场。但县区政协工作仍有一些亟待解决的问题：对区县政协的性质、地位和作用在认识上还有差距，重视的程度还不够；区县政协对口联系协商落实较差，政协干部的交流普遍较难，区县政协干部年龄偏大；政协工作经费普遍不足。市政协党组将检查情况形成专题报告，向市委汇报。

2001年5月18日，市政协党组向市委报告《关于市政协办公楼迁建问题的请示》。提出：市政协现有办公楼建筑结构不合理，面积浪费大，使用率低，连一个100人的会议都安排不下。为扬长避短，充分发挥现有办公楼处于黄金口岸的优势，市政协党组研究决定，拟将现有办公楼权属整体转让，市政协办公楼迁建龙马潭区南光路。新建办公楼的资金，来源于转让现有办公楼及土地的收入，不要财政另外安排资金。同时，政协党组向市政府报送《关于整体转让市政协办公楼及土地权属的报告》。得到市委、市政府同意，市委、市政府主要领导在请示和报告上做出批示：资产转让，是经过国有资产管理部门指定的评估机构评估，评估结果得到国有资产管理部门的确认，迁建办公楼符合有关政策规定。11月26日，市政协党组向市委报送《关于泸州市政协今年工作汇报及明年工作意见的请示》，建议在适当时候召开市委政协工作会。市委同意。

2002年，市政协换届人事安排、政协委员名额及人选、政协常委名额及分配，市委组织部、统战部与市政协党组共同研究决定。10月14日，市政协党组向市委报告《关于召开政协泸州市五届一次全体会议的请示》，就会议的指导思想和任务、会议安排、会议的组织、五届政协人事安排建议、政协委员名额、政协常委名额及分配以及会议经费预算，向市委请示。市委批准。

2003年3月18日，市政协党组对联系市级各民主党派、工商联分工。

2007年8月上中旬，经市政协党组研究决定，市政协组织3个调研小组，由3名任党组成员的副主席带队，调研泸州市贯彻《中共中央关于加强人民政协工作的意见》情况。调研小组到各区县召开座谈会，听取区县党委、政府及相关部门和政协的情况介绍，召开市级民主党派、工商联座谈会，并分别听取市委统战部、市台办、市民宗局、共青团泸州市委（简称团市委）、泸州市妇女联合会（简称市妇联）、市侨联的意见。形成市政协党组《关于我市贯彻〈中共中央关于加强人民政协工作的意见〉调研情况的报告》，提出：制定贯彻中共中央〔2006〕5号文件的实施意见，认真贯彻“三在前”“三在先”的政治协商原则，建立政协协商建言的管理机制和反馈程序，把政协工作纳入全市责任目标考核体系，重视政协专门委员会工作，加大对民主党派、工商联工作的支持力度，加大党外干部的培养力度，进一步加强政协机关干部交流工作等意见，向市委报告。

2008年3月27日，市政协党组召开会议。讨论将市政协学习宣传委员会与文史资料委员会合并，设立市政协学习文史委员会，报中共泸州市委批准。5月19日，市政协党组召开会议。研究“5·12”汶川大地震后抗震救灾工作，决定办公室24小时值班，举行一次政协委员捐款活动，举行集中悼念活动。6月19日，市政协党组召开会议。研究决定市政协副主席分工和专门委员会办公室人员配备。7

月 15 日，市政协党组召开会议。研究中共泸州市委政协工作会议方案，决定社情民意信息奖励办法和泸州市宣传人民政协好新闻评选活动方案。10 月 24 日，市政协党组召开扩大会议。讨论研究中共泸州市委政协工作会议有关事项，研究决定市政协委员集体视察方案、内容和形式。11 月 27 日，市政协党组召开会议。研究调整增补市政协委员，报中共泸州市委批准。

2009 年 2 月 11 日，市政协党组召开会议。听取市委常委、组织部长张林祥通报市政协人事安排的有关事项。3 月 5 日，市政协党组召开会议。研究决定市政协 2009 年重点工作，研究决定市政协庆祝人民政协成立 60 周年暨泸州市政协成立 26 周年座谈会有关事项。4 月 15 日，市政协党组召开扩大会，听取市委常委、组织部长曹建国通报市级领导调配情况，协商讨论。

2010 年 2 月 10 日，市政协党组召开会议。听取市委常委、组织部部长曹建国通报市级领导调配和市政协委员安排事项，协商讨论。3 月 3 日，市政协党组召开会议。研究决定市政协主席、副主席分工。7 月 22 日，市政协党组召开会议。听取市委常委、组织部部长曹建国通报市级领导和部门负责人调配情况，协商讨论。10 月 9 日，市政协党组召开会议。听取市委常委、组织部部长曹建国通报市政府机构更名和部门负责人情况，协商讨论。12 月 21 日，市政协党组召开会议。研究增补党外副主席问题，研究决定 2011 年政协泸州市第七届委员会第一次会议筹备事项。

2011 年 12 月，市政协换届人事安排、政协委员名额及人选、政协常委名额及分配，市政协党组与市委组织部、统战部共同研究。向市委请示，市委常委会研究同意。

第二节　政协建设

一、制度化、规范化、程序化建设

1993 年 5 月 13 日，市政协制定并经泸州市政协三届二次主席会议通过 6 项制度。（一）全体委员会议制度。政协全体会议是政协最高领导机构，按《中国人民政治协商会议章程》每年举行一次，由常务委员会召集；如果常务委员会认为有必要，也可以临时召集全体会议。全体会议主要行使职权：选举该会主席、副主席、秘书长和常委；听取和审议常务委员会工作报告，审议全体会议的议案，讨论确定该会的重要工作方针、任务，并做出决议；参与对国家和地方事务的重要问题讨论，并提出建议和批评。（二）主席会议制度。主席会议由主席、副主席、秘书长出席，必要时顾问、副秘书长、驻会常委、专门委员会负责人列席。每月 1—5 日举行，必要时可临时召集；会议由主席主持，或由主席委托的副主席主持；会议议程由主席提出或由秘书长和秘书长会议提出建议，报主席决定。主席会议任务：讨论处理常务委员会闭会期间的日常重要工作及每月工作安排；贯彻执行全国政协、四川省政协规定的任务及做出的决定、决议；贯彻执行市委的决定，完成党委部署的工作，协商讨论市委、市人大和市政府提交的协商问题；协调统一战线内部关系，做好各民主党派、人民团体之间协调工作，定期或不定期召开各党派、团体负责人联席会议；做好该会专门委员会和机关办事机构之间协商、指导工作；审查提交常务委员会审定的文件、议案及政协机关机构设置和人事任免事项；讨论决定组织委员视察、参观、调研和机关重要活动安排；审议提交常务委员会会议决定的计划或工作要点、工作总结；审议决定本会专门委员会工作计划和工作总结；决定常务委员会会议举行日期、议程和列席人员；负责审议、处理常务委员会的其他重要日常工作。会议程序：会议决定问题，一般采用协商一致的方法决定，特殊情况，可以采取表决方式决定；会议由指定工作人员做好记录，会议纪要或会议简报应上报下发。（三）常务委员会会议制度。常务委员会会议由主席、副主席、秘书长和常委出席，在泸州的省政协委员、顾问、县（区）政协主席列席；每季度举行一次，在每季度的第1月上旬，必要时可临时召集；根据常务委员会会议议程需要，经主席会议确定列席人员列席会议；会议举行日期、会期、议程由主席会议决定；会议由主席、副主席轮流主持。常委会议任务：讨论决定常务委员会工作中的重大问题；听取中共泸州市委、市政府及有关部门关于泸州市两个文明建设及其他重大问题的报告、通报或说明，并进行协商讨论，提出建议和意见；听取和审查本会重要的视察报告、专题报告、提案报告以及议案审查、决定。工作程序及办法：召开常务委员会会议，应在开会前将会议日期、议程，通知参加会议人员，一般应在会前10天发出通知；常务委员会如需请市委、市政府及有关部门负责人做报告或通报情况，应当提出报告题目和报告人的建议，并提前通知对方；常务委员会做出的决定事项，要按民主集中制原则办理，经协商一致后，可用表决方式，但必须超过半数以上同意，才能形成决定或决议，一经决定后，应自己维护。（四）双月座谈会议制度。双月座谈会是政协领导同市级民主党派、工商联负责人的座谈会，每两月召开一次，由政协主席主持会议，也可由主席委托的副主席主持。会议主要任务：政协与各民主党派、工商联就团结合作中的重要问题交换意见，互通情况，以便更好地发挥民主党派在政协工作中的作用。（五）专门委员会汇报制度。专门委员会是在常务委员会和主席会议领导下组织委员进行经常性活动的工作机构；专门委员会根据每年全体会议、常务委员会会议提出的各项任务，制定年度计划，总结年度工作，分别向常务委员会或全体会议报告。专门委员会主要任务：根据《中国人民政治协商会议章程》，以及全体会议、常务委员会会议提出的各项任务，分别组织实施；并就全市政治、经济、文化教育、科学技术、社会生活以及统一战线内部关系等方面的重要问题，进行调查研究，提出建议和意见。（六）政协领导看望市政协委员制度。该会领导每年春节前到本市各县（区）看望当地的市政协委员及县（区）政协机关全体同志，并召开座谈会，听取工作在基层的市政协委员反映情况和建议，以加强同委员的联系，增进感情，帮助委员解决工作和生活中的一些实际问题。

1994年9月12日，市政协为健全秘书长、副秘书长制度，制定《政协泸州市委员会秘书长副秘书长工作规则》。总则：根据《中国人民政治协商会议章程》第42条和48条的规定，政协泸州市委员会设秘书长1人、副秘书长若干人，秘书长协助主席工作，副秘书长协助秘书长工作；参照《中国人民政治协商会议章程》第37条的规定，市政协机关在秘书长领导下进行工作，秘书长、副秘书长实行集体领导分工负责制。分工：秘书长协助主席工作，并负责组织政协工作人员为全体委员会议、常务委员会会议、主席会议、常务委员会专题座谈会及各专门委员会的工作和活动服务，为委员履行职责服务；副秘书长参加秘书长会议的集体领导，专职副秘书长分工负责机关一个方面的工作，兼职副秘书长负责联系各自党派，沟通情况；经办涉及全机关或需要向主席、副主席报告的事项，要经过秘书长审核；以市政协办公室名义发出的文件，重要的由秘书长签发，一般的由主管副秘书长签发。主要职责：负责全体委员会议、常务委员会会议、主席会议、常务委员会专题座谈会的准备工作，向主席提出召开这些会议日期、议程的建议，组织起草有关文件和会议材料；协助主席、副主席组织实施常务委员会会议、主席会议的决议；调查研究政协工作经验和存在问题；议定政协办公室内部机构的设置及其负责人任免；加强同党委、政府机关、市级民主党派和各人民团体及其有关部门的联系，沟通情况，协调工作。会议：秘书长会议由秘书长、副秘书长组成，一般2个月举行一次，如有需要可临时召集，会议的日期、议题由秘书长决定；秘书长办公会由秘书长和专职副秘书长组成，一般每两周举行一次。10月22日，市政协制定并经泸州市政协三届八次常委会通过《泸州市政协关于加强常委会建设的若干规定》。

1995年6月29日，市政协制定并经泸州市政协三届十一次常委会议通过《政协泸州市委员会贯彻〈政协全国委员会关于政治协商、民主监督、参政议政的规定〉的意见》。对逐步实现履行政治协商、民主监督、参政议政的规范化、制度化制定30条可操作性的实施细则：全市贯彻执行中国共产党和国家大政方针、政策和法律的重要部署和重大措施，全市两个文明建设、民主法制建设和改革开放的重要举措和决定，城乡建设的总体规划以及五年计划等，在决策之前，应提交市政协协商；政府工作报告（初稿）在市人大会议召开前送市政协常委会协商讨论，市财政预算、全市国民经济和社会发展计划应在市政协全委会进行协商；市人民政府提请市人大及其常委会审议的具有地方性的重要规定和行政规章草案，在送市人大常委会前应提交市政协协商；有关部门对重要的专业性问题，在做出决定前，应同市政协有关专门委员会进行协商，发挥政协专门委员会在决策咨询中的作用；中共泸州市委提出市级领导人事的安排，按中发〔1995〕4号文件的有关规定交市政协协商。上述必须协商问题，应分别纳入党政和政协的全年工作计划，认真按计划执行，切实做到在决策之前进行协商和就决策过程中的重要问题进行协商。协商后的意见和建议，市政协以书面形式送达有关领导和部门。市政协主席会议、常务委员会会议根据会议内容，邀请中共泸州市委、市人大常委会、市人民政府的领导和有关部门的负责人参加会议，并请有关负责人就提交协商的问题进行通报和说明，听取委员的意见和建议。中共泸州市委委托市政协党组举行的协商会议，由市政协党组负责组织协商，并向市委做出报告。9月15日，中共泸州市委以泸委发〔1995〕22号文件予以批转。

1996年9月18日，市政协制定并经泸州市政协三届十八次常委会通过《政协泸州市委员会常务委员会工作规则》，共19条，对常务委员会职能、职权、组成人员、会议、主要任务做出规定；制定并经泸州市政协三届十八次常委会通过《政协泸州市委员会专门委员会工作通则》，共18条，对专门委员会的设置和变动、人员组成、职能、任务、工作做出规定。

1997年，市政协制定《关于进一步加强民主监督工作的意见》，对政协民主监督制度化、规范化提出意见：民主监督的主要内容是国家宪法、法律、法规在本市的实施情况，中国共产党的方针政策贯彻执行情况，市国民经济及财政预算执行情况，重大改革措施及重要政策调整的实施情况，党政领导机关及工作人员履行职责、遵纪守法、为政清廉等方面的情况，政协委员提案的办复、委员举报或以其他形式提出的批评和建议的落实情况，参加政协的各个单位和个人遵守政协章程和执行政协决议的情况。民主监督的主要形式有：政协泸州市委员会的全体会议、常务委员会会议或主席会议向中共泸州市委、市人民政府提出的建议案，各专门委员会提出的建议或有关报告；委员视察、委员提案、委员举报或以其他形式提出的批评和建议；参加中共泸州市委、市人民政府及其有关部门组织的调研和检查活动；通过各种宣传工具进行舆论监督。开展行风评议活动，着重选择经济建设、精神文明建设和社会生活的窗口行业和部门反映的一两个比较突出的问题，与有关单位联合开展检查评议活动，肯定成绩，提出改进问题的意见，促进问题的解决和落实。对委员的举报，提交并催促有关部门认真研究处理，及时予以答复。在政协各种会议上，委员有提出批评的权利，发表不同意见的自由；对压制民主、打击报复的行为，委员有权申诉，政协组织应督促有关方面在查实后分别情况进行处理。7月23日，中共泸州市委以泸委发〔1997〕30号文件予以批转。

1998年3月30日，市政协制定并经泸州市政协四届一次常委会通过《常务委员会工作规则》和《专门委员会工作通则》，对推进常务委员会、专门委员会工作的制度化、规范化做出规定。常务委员会：主持泸州市政协的会务，在市政协全体会议闭会期间，行使市政协职权，处理市政协重要工作；常务委员会由市政协主席、副主席、秘书长、常委组成；市政协主席主持常务委员会工作，副主席、秘书长协助主席工作。职权：召集并主持市政协全体会议，每届第一次全体会议由会议选举大会主席团主持；组织实施《中国人民政治协商会议章程》规定的任务，全国政协所作的全国性决议，以及四川省政协所作的全省性决议；执行市政协全体会议决议；市政协全体会议闭会期间，审查通过提交中共泸州市委、市人民政府的重要建议案；根据秘书长的提议，任免市政协副秘书长；决定市政协工作机构的设置和变动，并任免其领导成员；协商决定本届政协参加单位、委员名额和人选的变更及下届政协参加单位、委员名额和人选。常务委员会会议一般每季度举行一次，遇有特殊情况，由主席会议决定可临时召集；会议的议题和议程由主席会议拟订，于会前一月将会议的有关事项，包括会议议程、视察调研安排意见，通知参加常务委员会会议人员，并提供与议题有关的资料，临时举行的会议可临时通知；会议由主席主持，也可由主席委托副主席主持。会议主要任务：讨论决定市政协及其常务委员会会务和工作中的重大问题；组织常务委员会组成人员会期视察和会前调查研究；协商讨论泸州市地方重要事务、群众关注的重大问题和统一战线内部的重要问题，听取中共泸州市委、市人民政府以及有关部门负责人对有关重要问题的报告和说明，提出意见和建议；审议提交市政协全体会议的文件；审查重要的建议案、视察报告、调研报告和其他报告。常务委员会举行会议时，市政协各专门委员会驻会主任、副主任、市政协副秘书长列席，邀请在泸州市的省政协委员、市级民主党派、工商联、市辖各区县政协负责人及与议程有关的人员列席。会议必须有全体组成人员的过半数出席方能举行；会议要发扬社会主义民主，对议题进行充分协商讨论，全面反映各方面的意见和建议；需要会议做出决定和决议时，按民主集中制原则办理；会议的议案或其他需要表决的事项，须经常务委员会全体组成人员过半数通过方能生效。会议采取全体会议和分组会议相结合的方式，在会议上，可由民主党派、人民团体、专门委员会、委员小组、区县政协和讨论小组推举代表发言，也可由个人或数人联名发言。根据需要，可举行专题座谈会，就某项专题问题进行协商座谈，提出意见和建议；专题座谈会由有关常委和其他有关人员参加。常务委员会组成人员要严格执行各项规章制度，遵守常务委员会会议制度；因病或因公外出不能出席会议，会前须向市政协办公室请假；常委出席会议情况，每年由办公室通报1次；在本届任期内未经请假不参加常务委员会会议5次以上的，视为自动辞去常委职务。专门委员会：专门委员会是在市政协常务委员会和主席会议领导下，组织委员进行经常性活动的工作机构；其设置和变动，由常务委员会决定，提案委员会按全国政协《提案工作条例》规定设置；专门委员会按照有利于联系各界、各方面人士，便于组织经常性活动和自愿、协商、统筹安排的原则，由市政协委员组成，参加各专门委员会的委员原则上不交叉。其日常工作，由主任或主任委托的驻会副主任主持，市政协秘书长或分管副秘书长负责协调。专门委员会工作：根据《中国人民政治协商会议章程》的要求，以及市政协全体会议、常务委员会和主席会议提出的各项任务，团结和联系委员及各族各界人士，学习、宣传中国共产党和国家的方针政策，积极收集和反映社情民意；就泸州市改革开放和政治、经济、文化教育、科学技术、社会生活中的重要问题进行调查研究、专题座谈、专题研讨，提出意见、建议和提案，推动改革开放进程和两个文明建设；维护社会稳定和民族团结，促进祖国和平统一大业；组织各种活动，积极为委员知情出力、履行职责创造条件。专门委员会要加强同市人民政府各有关部门的对口联系和协商，推进对口协商的规范化、制度化。各专门委员会与对口联系部门每年召开1—2

次对口协商联席会议；根据需要，与市政府有关部门相互邀请负责人列席会议，交换文件资料，联合进行调研或举办有关重要活动。专门委员会的文件以市政协办公室名义发出，由秘书长或有关副秘书长签发；以市政协名义发出的，由主席或主席委托常务副主席签发。专门委员会根据市政协全体会议和常务委员会的决议精神，制订年度工作计划，每年年末向常务委员会提交工作报告；可根据不同情况，向市政协全体会议报告。

2001 年 3 月，市政协提案委员会对《泸州市政协提案工作条例》《关于重要提案阅示督办的暂行规定》《关于评选表彰优秀提案、先进承办单位和先进提案工作者的办法》进行修改，从制度上保证提案工作的规范化。

2003 年 3 月 1 日，市政协制定并经泸州市政协五届一次常委会通过《政协第五届泸州市委员会常务委员会工作规则》和《政协第五届泸州市委员会专门委员会工作通则》，修改、健全有关规定。9 月 16 日，市政协制定并经泸州市政协五届三次常委会通过《关于创新形式，进一步加大民主监督力度的决议》，对民主监督形式创新、主要内容、结果办理的规范化、程序化做出规定：改进和创新民主监督形式，采取以市政协常委会听取市政府职能部门通报情况、开展协商讨论、提出批评、意见、建议的方式，拓宽民主监督领域，加大民主监督力度，提高民主监督实效。通报的主要内容：市政府职能部门贯彻执行中共中央、国务院和四川省委、省政府制定的重要方针、政策的情况，特别是贯彻落实市委、市政府制定的各项重要政策、决定、规定、命令、指示等方面的情况；市政府职能部门的依法行政，贯彻落实国家宪法、法律、法规等方面的情况；市政府职能部门及其公务人员，特别是党政领导干部履行职责、遵纪守法、贯彻落实中国共产党的反腐败斗争各项方针、政策、措施、纪律等方面的情况。结果处理，根据市政协常委会的评议意见，本着有利于团结、有利于大局稳定、有利于改进工作和注意维护党政机关威信的原则，采取内外有别的办法，在适当时候，以适当方式，分别向市委、市政府和组织、人事部门报告、通报情况；并向被评议的市政府职能部门反馈市政协常委们的有关批评、意见和建议；对个别突出的问题，可采取民主监督与新闻舆论监督相结合的办法，必要时进行曝光。

2005 年 9 月 20 日，泸州市政协五届十五次常委会修订《中国人民政治协商会议泸州市提案工作条例》。根据全国政协和四川省政协提案工作条例，对市政协提案委员会、提案的提出、提案的审查和处理、提案的办理等进行修改。

2007 年 7 月 18 日，市政协办公室制定《关于进一步加强政协信息工作的意见》和《关于规范社情民意信息工作程序的规定》，对反映社情民意信息的制度化、规范化、程序化作出规定。加强信息工作：必须将信息工作贯穿于政协工作的全过程，设专门工作机构；市政协研究室要根据全国政协和省政协的要求，市委、市政府工作重点，向各县区政协、市级各民主党派、工商联、市政协各专门委员会等信息报送单位，发送阶段性信息报送重点指南，提出导向性信息指导意见；要在信息报送单位和市政协委员中，聘请一批信息员，明确职责，加强培训，落实任务；对换届后的政协新委员，要分批进行信息知识培训。建立工作制度：建立信息的报送、采用反馈制度，领导对社情民意的批示和相关单位的办理情况，要及时反馈给反映单位和委员；建立重大信息办理跟踪制度，涉及重大民生民利等惠民信息，领导签批后，职能部门要跟踪信息办理情况；建立保障和激励机制，从时间上和经费上给予保证；建立评比表彰制度，市政协将每年评比社情民意信息组织工作先进单位，并对被中共中央、国务院和全国政协、四川省政协采用，市委市政府领导批示的有价值的社情民意信息，给予表彰奖励。规范信息工作程序：凡报送全国政协、四川省政协的信息和报送市委、市政府领导的社情民意，一般社情民意信息报送分管的常务副主席审签，重大问题信息要送市政协主要领导审签。市政协专门委员会信息由分管领导把关签报。市政协有关专业信息要送涉项专门委员会，征求专门委员会负责人或分管领导的意见。县区政协报送的社情民意信息，要送分管领导审签；县区政协专门委员会信息要由分管领导把关签报；县区政协专门委员会成员报送的社情民意信息，相关专门委员会负责人要进行政策、专业知识把关，确保无误；重要的社情民意信息，需送专门委员会分管领导审签，以使信息达到准确性、客观性、不重复性的高质量要求。市政协研究室对收集的社情民意信息要进行造册登记、筛选；对选择出的有价值的社情民意信息，要进行整理、修改、综合、编辑；对有的信息要补充调研、座谈、整理上报；对报送全国政协、四川省政协的信息，以《政协信息》及时报送；对报送市委、市政府领导的社情民意，以专刊专报形式，编辑报送。

2008 年 1 月 14 日，市政协制定《关于加强和改进提案工作的意见》（试行）。对提案及办理的制度化、规范化、程序化提出意见：建立健全政协领导领衔督办重要提案的制度，结合党委、政府的工作重点，群众普遍关注的热点，找准有利于推进党委和政府工作的重点，每年通过必要的程序精心选择若干件重要提案，采取政协专门委员会、提案者、承办单位“三结合”的办理协商会进行重点督办。各级政协要建立健全主要负责人阅批民主党派提案和集体提案制度，及时通过《重要提案摘报》等形式向中共党委、政府报送，加大对办理情况的跟踪督办力度。进一步细化完善提案的审查立案标准及提案办理的评价标准、重要提案的产生办法和办理规定、优秀提案和先进承办单位的评选表彰制度，规范提案的征集、审查、办理、答复、督办工作程序。

二、委员队伍建设

1992 年 12 月 3 日，泸州市政协委员、各界人士为四化服务经验交流暨先进表彰会在酒城宾馆召开。市委、市人大、市纪委、泸州军分区领导刘育仁、叶怀祥、陈世荣、王正清出席。16 位先进代表作大会发言。会议宣读《政协泸州市第二届委员会关于泸州市政协委员、各界人士为四化服务先进个人的表彰决定》，对 79 名代表颁发奖品和荣誉证书。先进个人是：丁保罗、刘小炼、赖高循、张文思、陈良栋、潘学贤、聂勋潮、胡建汉、杨征洪、王在庭、戴炎林、龙云明、钟品伦、熊先骥、刘奇、黄永泉、唐俊芬、何英才、张辉福、曾德余、陈立君、傅以谦、朱厚利、杨才彬、赵诚、张应阔、张元龙、尚文焕、卢北苇、白明仿、霍义厚、焦启珍、古伦辉、李邦德、袁达明、程文华、杜淑君、张朝梁、罗惠群、李宗菊、闵弟聪、曾凡勋、李绍军、袁小平、郑守莲、王伟、朱花朝、杨炳文、李克猷、易润生、徐启中、李开毅、余安中、谢守清、陈大道、周贞玉、丁涛、游虎、张鸣凤、彭国亮、马元义、王炳洲、侯平玺、杨霖、黄开英、陈文涛、唐思齐、鲁宗仁、卢光友、简树玉、吴敬业、刘亦可、车有荣、聂恒萃、周明珠、贺进军、曹国权、蔡文泽、王毓江。

1993 年 8 月 10—14 日，市政协举办泸州市政协邓小平理论学习班。参加学习的有市政协中心学习组成员、新任常委、县级以上干部、机关干部、区县政协正副主席 80 人。邀请有关专家作“以中共十五大精神重新领会邓小平关于社会主义本质的论述”“中共十五大对政协提出的新要求”“社会主义市场经济条件下的观念转变”“人民政协与多党合作”“统一战线的几个基本问题”等专题讲座。

1994 年 7 月 4 日，市政协召开三届十九次主席会议，通过《关于建立市政协委员小组的意见》。16 日，市政协发出《关于建立和健全市政协委员小组的通知》。内容为：建立委员小组的原则和范围。从市政协委员各自的实际情况出发，本着利于工作和便于委员开展活动的原则，分别建立委员小组。按县（区）建立委员小组，市政协委员市中区有 24 名、泸县有 31 名、合江县有 20 名、纳溪县有 20

名、叙永县有21名，古蔺县有21名，分别建立委员小组。按单位建立委员小组，凡有6名市政协委员以上的单位，泸州医学院有12名、川南矿区有7名、泸天化公司有6名，分别建立委员小组。按系统建立委员小组，凡有6名市政协委员以上的系统，市教育系统有14名、市医药卫生系统有9名、市文艺系统有8名，分别建立委员小组。按片区建立委员小组，市政协委员比较分散的单位，分为安富、蓝田、茜草、瓦窑坝、小市、高坝6个片区，分别建立委员小组。市级相关各部门领导干部中的市政协委员，绝大多数是各专门委员会成员，直接参加专门委员会活动，不再建立委员小组；市中区的市政协委员大多直接参加市政协活动，不再建立委员小组。委员小组活动的内容和任务。组织委员学习中国共产党和国家的重大方针政策和政协章程，提高委员政策水平；传达贯彻市政协全委会、常委会等重要会议精神，提高委员参政议政能力；请县（区）、各单位、各系统领导通报改革、发展、稳定等方面重要情况，发挥委员知情献策作用；组织委员对本县（区）、本单位、本系统、本片区工作中主要问题和群众关心的问题调研，提出建议和意见；密切联系群众，团结各界人士，化解社会矛盾，通过各种形式反映社情民意；组织委员在政协全委会期间，积极提出提案和建议。委员小组活动的要求和组织领导。委员小组一般一个季度开展一次活动，活动内容根据实际情况确定，但务必讲求实效，年终进行检查总结；市政协对委员小组活动，应加强检查和指导，每年召开2次委员小组组长联席会议，总结交流经验，表彰开展活动成绩突出的小组和个人；委员小组由市政协确定组长和副组长，负责组织委员小组开展活动；市政协对委员小组的学习，要提供资料，对委员小组活动，要提供一定的经费；各县（区）、各单位、各部门对市政协委员小组活动，要给予大力支持，在时间上妥善安排，在经费上给予必要帮助。12月8—9日，市政协召开为四化服务做出突出成绩政协委员表彰会，市委、市人大、市政府、市纪委、泸州军分区主要领导出席，表彰政协委员和各界人士91名。其中，市级民主党派、工商联28名：邹新学、邓维莉、王河川、张文思、刘晓炼（原名刘小炼）、江世华、杨家乐、聂勋潮、黄培鑫、付开智、杨征洪、龙云明、戴炎林、陆世和、周显义、刘其昌、刘奇、李幸三、刘平、刁大才、黄永泉、唐俊芬、谭宁、李安玲、陈明、张德平、温祖蓉、龙泽华；县（区）政协38名：雷鸣、高绍成、古登明、雷力、梁世铭、杨才彬、邓竟灿、姚蜀生、童则庸、秦定芬、杨济辛、邓佐才、陈锦琪、张国成、余嗣宣、贾大村、闵弟聪、李宗菊、朱开文、罗云超、张元龙、王志成、李炳兴、张独山、李均启、王成禄、唐恩智、陈立君、杨乐平、张开富、吴良华、王绍明、严巨培、蒋廷中、罗其芳、杨晓天、方光玉、梁昌弟；市政协各专门委员会25名：朱花朝、庞家渝、李硕君、颜林、尚文焕、李莹、吴斗树、舒佑成、潘云秀、郑国民、刘康、张燕、刘亦可、朱麟恒、傅以谦、李开毅、王南、唐梅、陈昌雄、李仁、周旭萍、邓绍荣、王毓江、刘晓红、何英才。会上，出席市领导向获奖者颁发荣誉证书，10名获奖人员介绍参政议政、为四化服务的经验。

1996年11月22日，政协泸州市第三届委员会做出《关于表彰泸州市政协委员、各界人士为两个文明建设建功立业先进代表的决定》。市政协召开表彰大会，市委、市人大、市政府、市纪委、泸州军分区领导出席。表彰为两个文明建设建功立业的政协委员和各界人士100名：有姚寿川、杨乐平、代儒凡、张开富、李华福、王长海、李玉和、张林、杨真秀、陈曼均、李素娟、杨济辛、王跃星、王克勋、高绍成、邓绍荣、段贵祥、万致英、李光富、刘芹、王志成、何天仲、郑瑞英、张独山、王开煜、海内盛、鞠丽、肖金先、吴兆平、严先成、汪元亨、杨大金、黄兴勤、邓云英、刘宗楷、李开毅、张文思、李朝明、余国雄、刘克林、丁国祥、黄培鑫、曹大萱、刘承燕、陈昌海、王在庭、邓旭东、杨敬聪、杨纯琪、刘平、周正孝、刘铭镛、周旭晟、张如川、钟定坤、温祖蓉、陈立君、周其强、姚家伟、刘晓炼、吴平、葛良杰、白云松、李硕军、邹新学、王毓江、游明全、李烈言、张霞、赵永康、龙禹门、邱正民、陈珍福、蒋廷中、朱麟恒、马良江、代祖行、周显义、张鸣凤、简树玉、周明珠、谭英德、张长玲、林绍基、朱楠、廖文俊、张玉川、郑守莲、陈世芝、彭正之、胡秀基、马文义、黄开英、王仲言、唐梅、王学鸣、郑敏初、陈小平、陈刚、左建坤。出席市领导向获奖人员颁发荣誉证书。

1998 年 4 月 9 日，市政协将全体市政协委员按界别和地域组建成 19 个政协委员活动小组。其中江阳区、龙马潭区、纳溪区、泸县、合江县、叙永县、古蔺县各组建 1 个小组，提案、学习宣传、文史资料、财经、农业、教科文卫体、社会法制、祖国统一联谊界别各组建 1 个小组，组织委员就地就近参加活动。通过报告会、专题座谈会、委员活动日等形式，以会代训，推动委员学习统战理论、政协知识，掌握履行职能的方法和途径。

1999 年 9 月 20 日，政协泸州市第四届委员会做出《关于表彰泸州市政协委员为两个文明建设建功立业先进代表的决定》，对积极履行政治协商、民主监督、参政议政职能，为泸州市两个文明建设做出贡献的政协委员进行表彰。表彰政协委员 50 名：有沈际金、周显义、陈立君、张朝元、陈纪芬、任中榕、王克勋、陈曼均、周德荣、邓绍荣、梁经训、雷力、钟定坤、赵宇川、石桥云、周新明、海内盛、肖金先、吴光大、汪元亨、彭追远、冷晓琴、夏正梁、刘旭晴、李莹、郭渝南、江晓方、李牧玲、曾维健、张如川、魏朝彬、陈珍贵、王德彬、熊国铭、沈治鸣、李洪、张进军、李洋杰、关键、官长钧、李文智、张于、马良江、王崇宁、刘劲松、张燕、邱正民、刘先赋、马宗慧、李开毅。10 月 31 日，泸州市政协四届二十次主席会议研究，决定建立市政协主席、副主席、秘书长接待市政协委员日制度。以加强市政协与市政协委员的联系，听取市政协委员的意见、建议和要求，积极反映社情民意。委员接待日定于每月 26 日（若遇周日顺延至星期一），接待地点在市政协三楼接待室。

2001 年，市政协举办 2 期新委员培训班，培训委员 100 名，培训内容有人民政协的历史、性质、地位、作用、任务和提案工作、反映社情民意信息等。9 月 19 日，泸州市政协四届四十次主席会议研究决定，为推动政协委员更好地履行职能，对政协委员视察活动统一安排部署，将 391 名市政协委员划分为 17 个视察组，由市政协专门委员会和各区县政协组织。视察时间安排在 10—11 月，视察内容有：市政府的工作重点、群众关心的热点难点问题、区县政协学习和宣传工作、城北新区建设、环境保护、社区建设、医疗保险、医疗机构、历史文化名城保护、化工企业、农业产业化、社会治安综合治理、侨台投资企业等。并将组织全体市政协委员每年四季度集体视察形成制度。

2002 年 6 月 11—13 日，市政协在龙马潭区九狮山市纪委培训中心举办第 3 期委员培训班。参加培训委员 46 名，多数是四届市政协新委员，由各界别提名安排。培训内容为学习人民政协基本知识，学习撰写提案和反映社情民意，深化认识委员的职责任务，增强委员履行职责的能力。

2003 年 4 月，为更好地组织市政协委员履行政治协商、民主监督、参政议政职能，市政协调整委员小组，将全体市政协委员划分为 15 个小组。划分委员小组原则是：按区县分布建立委员小组，建立江阳区、龙马潭区、纳溪区、泸县、合江县、叙永县、古蔺县 7 个小组；按专门委员会职能划分委员小组，建立提案、学习宣传、文史资料、财经、农业、教科文卫体、社会法制、祖国统一联谊 8 个小组。委员小组的活动内容和任务是：组织委员学习中国共产党和国家的重大方针政策和政协章程，明确政协的性质、地位、作用，提高委员的政策和理论水平；传达贯彻市政协全委会、常委会等主要会议精神；听取各区县、各部门、各单位通报改革、发展、稳定等方面的重要情况，发挥知情出力、献计献策作用；组织委员对当地工作中一些主要问题和人民群众关心的重要问题进行视察、调研、举办小型座谈会、研讨会等，提出意见、建议；密切联系群众，团结各界人士，化解社会矛盾，维护社会稳定；组织和发动委员积极撰写和反映社情民意，要求每位委员每年至少提供 1 条信息。委员小组原则上每季度或半年开展 1 次活动，每位委员每年至少应参加 1～2 次活动。委员小组开展活动应本着量力而行、尽力而为的原则，明确问题，讲究实效。城区各委员小组开展活动，应请市政协主席、副主席到会指导；委员小组工作，由市政协常务副主席分管，市政协人保处负责联系协调，市政协办公室积极创造条件，提供服务。

2004 年 6 月 23—24 日，市政协召开五届七次常委会议，审议通过《政协泸州市委员会关于优秀政协委员评选表彰暂行办法》。确定市政协每届委员会评选表彰 2 次政协委员，每次表彰 30 名。优秀政协委员条件是：1. 政治表现好，拥护中国共产党的领导和社会主义事业，求真务实，开拓创新。2. 参政议政好，积极通过政协会议和其他形式发表意见，参加讨论全市经济社会发展中的重大事务，深入调查研究，通过提案、建议案、调研报告等建言献策，撰写提案或建议案数量多、质量高，所撰写提案被市委、市政府领导或上级领导重视采纳，社会反映较好。3. 遵章守纪，自觉遵守市政协的一系列规章制度，认真参加市政协的全体会议、常委会议和其他会议，积极参加委员小组活动，一年请假不超过 2 次。4. 本职工作好，委员在各行业、各条战线的岗位上表现突出，有一定的模范带头作用，得到单位领导和群众的公认，是各行业的优秀分子。优秀政协委员评选表彰办法是：采取政协委员自荐申报或委员小组、参加政协单位推荐相结合的办法产生，由市政协主席会议研究决定；受到表彰的优秀政协委员，发给荣誉证书和给予物质奖励。

2005 年 1 月 27 日，泸州市政协五届十次常委会通过《关于表彰优秀政协委员的决定》，表彰优秀政协委员 30 名：有陈亚辉、陈善新、熊国铭、陈立君、晏天佑、罗太银、蒋开锋、许国权、朱勤、曾永涛、孙晓红、郭渝南、樊勤、刘旭晴、左建平、郭湘润、刘承燕、梁锦春、夏正梁、刘佳佳、古富伟、冯天林、刘卉、郭道超、赖朝祥、王跃泽、段贵祥、罗贵生、海内盛、罗燕。7 月 5—6 日，市政协在纳溪区召开区县政协工作联系会，主题是研讨如何进一步加强政协委员队伍建设。针对有些委员任职不尽责现象，参会人员提出对策建议：各界推荐政协委员应附设若干限制条件，其主旨既要注意代表性，又要确保素质优良，能有效履行职能；在推荐阶段，适当引入竞争机制，将组织推荐与自荐相结合，从而增强委员的参政议政意识和责任心；向全国政协呼吁，在修改政协章程时，形成政协委员权利与义务对等的原则；完善界别设置和人选调整，建议根据新时期社会各阶层的状况，重视各种社会利益群体的变化，从实际出发，科学合理地设置界别，并适时合理地调整界别委员人选；增强政协委员综合素质是提高人民政协参政议政水平的前提和保证，要采取各种措施，促使委员加强学习，学习政治理论和现代科学文化知识，加强委员自身的人格修养，正确处理好政协工作与本职工作的关系，认真履行自己的权利和义务。9 月 20 日，泸州市政协召开五届十五次常委会，讨论如何进一步加强政协委员队伍建设。

2007 年 6 月 7—8 日和 9 月 27—28 日，市政协学习宣传委员会举办 2 期六届市政协新委员培训班，学习统一战线的理论、方针、政策，政协章程和政协业务知识，以及如何撰写提案和反映社情民意信息等知识，参加培训新委员 173 名。

2008 年 8 月 26 日，市政协制定《关于进一步发挥驻县区市政协委员作用的意见》，对建立驻县区市政协委员联系制度、组织驻县区市政协委员开展活动、维护驻县区市政协委员履行职责的权利做出规定。

2010 年 7 月 18 日，市政协制发《关于深入开展“五个一”活动的意见》，在市政协委员中深入开展“五个一”活动。要求每位市政协委员每年提交一件提案、反映一条社情民意信息、参加一次调研或视察、办一件实事好事、承担一项专门任务。市政协办公室对委员参与“五个一”活动情况实行个人登记建档、年末考核通报、届末表彰管理制度。9月20日，市政协制定并经泸州市政协六届十八次常委会通过实施《关于充分发挥委员主体作用加强委员履职服务管理的（试行）办法》《政协委员行为规范》。《试行办法》规定委员的主要职责：政协委员应热爱祖国，拥护中国共产党的领导和社会主义事业，维护民族团结和国家统一，遵守宪法和法律，履行《中国人民政治协商会议章程》的规定，执行上级政协和本会全体会议、常委会议的决议，遵守政协的各项规章制度和纪律要求；要加强学习，增强大局意识、政治意识、责任意识，不断提高服务发展的履职能力；要珍惜荣誉，认真履职；要密切联系群众，倾听和了解群众的愿望和诉求，通过反映社情民意等形式，协助做好协调关系、化解矛盾、凝聚人心的工作；要积极参与“五个一”活动。委员履行职责的平台保障。通过举办委员培训会、常委会专题讲座、政协知识讲座、形势报告会、印发学习资料等形式，加强委员学习培训，为委员履职和知情明政创造条件，提供服务；保障委员合法权益，切实保障委员在政协各种会议上充分发表意见。对委员的建议、批评和监督，有关部门应予以重视，认真研究办理，对委员反映的问题，相关部门应予以解决或加以解释；委员因履行职责而受到打击或受到其他损失的，市和县区政协要协助有关部门给予保护；对委员因违纪违法须采取纪律和司法措施时，纪委、司法机关应事前按程序向市政协党组通报情况，确属情况紧急的，应同时或事后及时通报。委员履行职责的服务管理。实行委员参加活动请假制度及考勤通报制度；加强委员基本情况档案管理，建立委员履职情况登记考核制度，实行表彰制度；委员不参加活动的处理，常委会组成人员年内不假1次或连续请假2次未参加市政协常委会议的，由市政协主席进行提醒谈话，3次未参加，劝其辞去常委职务；委员届中1次无故未参加全体会议，予以通报批评，2次未参加，进行提醒谈话，累计无故缺席3次全体会议，视为自动失去委员资格；实行委员辞职制度。7月18日，市政协制定《关于推荐市政协委员担任特邀、行风、效能等社会监督员的实施办法》。市政协办公室负责对担任市级监督员的委员进行日常管理，建立担任监督员的委员管理制度，建立委员提出提案和民主评议活动的工作台账。

三、经验交流，理论研讨

1991年5月13—15日，市政协第三次县区政协工作经验交流会在合江县召开。市政协主席会议成员，五县一区政协主席、副主席、秘书长，市委副书记李锡炎出席。会议总结交流泸州市各县区政协贯彻落实《中共中央关于加强人民政协工作的意见》和全国统战工作会议精神的情况和经验，探讨如何进一步发挥政协职能作用，为改革开放和经济建设服务。会上，合江县政协交流不断加强自身建设，牢固树立为经济建设这个中心服务的指导思想，宏观上参与决策、微观上参与实施的经验；叙永县政协交流政协积极为专门委员会工作创造条件，通过召开对口协商专题座谈会，理顺专门委员会与党政职能部门的关系，初步建立起对口协商渠道的经验；古蔺县政协交流发挥政协建议案独特功能，对关系全县经济发展战略的4个重大问题，以常委会或主席会建议案形式，向县政府提出均受到采纳的经验；纳溪县政协交流积极开展横向联系，为振兴纳溪县经济牵线搭桥，充分发挥人民政协独特优势的经验；泸县政协交流依靠全体政协委员，在委员中普遍开展“五个一”活动，发挥政协整体功能，收到良好效果的经验；市中区政协交流抓住社会关注的热点问题，深入开展调查研究，形成高质量调研报告的经验。

1992年5月6—8日，市政协第四次县区政协工作经验交流会在泸县召开。市政协驻会主席会议成员，各县区政协主席、副主席、秘书长，通讯组长出席。市委书记刘育仁、副书记杨运洪到会讲话。

会上，各县区政协交流加强对口协商联系和调查研究、发挥政协专门委员会作用的经验。对市中区政协专门委员会建立由委员、民主党派成员和科技界骨干组成专家组，参与一些难度较大的调研、论证、咨询的做法，会议认为有利于加强专门委员会建设、充实专门委员会力量、提高专门委员会工作质量。会议认为政协的调查研究，选题要准确，要紧紧围绕经济建设、改革开放、精神文明建设、群众生活中突出的“热点”“难点”问题；调研要深入，各方面的意见都要听，切实掌握实际情况，切忌走马观花；调研队伍要精干，人员不宜多，要注意吸收政协委员中与调研内容有联系的科技骨干参加；调研报告的建议要有针对性、可行性，特别要注意收集各方面对调研报告的反馈信息。7 月 23—24 日，市政协召开首届理论研讨暨工作经验交流会。参加会议的有市委统战部、党校、政策研究室和市社科联负责人，市委分管领志出席并讲话。会上交流论文 41 篇，经验材料 11 篇。其论文主要观点有：邓小平同志南行讲话中提出的 3 条标准，对政协工作有指导意义。实践中的理论思考。基于新时期政协工作的突破，协力、协助、协调应成为政协的功能之一；新时期政协的优势和作用，需要在实践中再认识。民主党派的服务问题。民主党派为经济建设和改革开放服务，是新时期多党合作形式的发展，开辟了民主党派参政议政的又一途径，有其客观必然性等。形成《困惑与探索——泸州市政协理论研讨暨工作经验交流会综述》，送市委、市政府参考，在《江阳论坛》上发表。

1994 年 4 月 26—28 日，市政协第六次县区政协工作经验交流会在市中区召开。市政协主席会议成员、顾问，各区县政协主席、副主席、秘书长，市级各民主党派、工商联驻会负责人；市委书记杨运洪、市人大常委会副主任肖乾发、市政府副市长谌月华和各区县党委联系政协工作副书记出席。四川省政协地方委员会副主任蒋进到会指导。五县一区的党委、政协负责人就贯彻中共四川省委、中共泸州市委政协工作会议精神发言，其经验是：省委、市委政协工作会议后，各县区认真传达贯彻，并制定贯彻省委、市委关于加强人民政协工作的意见，各县区政府与政协相继建立对口联系协商制度，推进政协工作的规范化、制度化建设；加强人民政协宣传，提高各级领导和社会各界人士对人民政协性质、地位、作用及职能的认识和了解；党委重视、政府支持政协发挥政治协商、民主监督作用，政协围绕经济建设中心积极参政议政，自身建设进一步加强；各县区党委、政府还积极帮助政协解决工作中存在的困难和问题，政协机构得到充实和完善。会议期间，与会人员参观百子图沱江大桥建设、泸州老窖酒厂罗汉基地、长江起重机厂、长江挖掘机厂、市中区罗汉镇和红星村、建国村等。

1996 年 5 月 29—30 日，市政协县区政协工作经验交流会在纳溪县召开。市政协主席会议成员，各县区政协主席、副主席、秘书长，市级各民主党派、工商联驻会负责人，各县区党委联系政协工作副书记出席。四川省政协副主席章玉钧、副秘书长陈宏志、市委书记杨运洪、市政府联系政协领导出席开幕式。纳溪县委、合江县委交流如何加强党对政协工作的领导、积极发挥政协职能作用的经验。市级民主党派、工商联驻会负责人分别就如何适应政协推进规范化、制度化建设介绍情况。与会人员还反映了政协委员协商监督、参政议政水平有待提高、少数县区政协工作条件有待改善等问题。

1997 年 5 月 21—23 日，全国 20 城市政协横向联系二十一次会议在泸州市举行。出席会议的有九江、辽阳、大庆、三明、石河子、上海市长宁区、克拉玛依、抚顺、梧州、威海、连云港、蚌埠、滁州、温州、漳州、景德镇、满洲里、枣庄、泉州、泸州共 20 城市（区）的领导和工作人员。四川省政协副主席刘绍先到会指导。会议座谈学习李瑞环在全国政协八届五次全委会上的讲话精神，研讨民主监督的意义、作用、内容和形式，交流各地政协加强民主监督的新做法和新经验。市政协常务副主席刘光汉作《我们开展民主监督的主要做法和体会》发言。会议期间，组织考察参观泸州市容、泸州老窖公司、泸天化公司。是月，市政协区县政协工作经验交流会在合江县召开，市政协主席会议成员，各区县政协主席、副主席、秘书长，市级各民主党派、工商联驻会负责人出席。市委副书记徐龙治到会讲话，四川省政协地方政协工作委员会负责人到会指导。各区县政协交流贯彻省委、市委政协工作会议的经验，主要有4点：各区县抓住“要解决党委领导和从事政协工作同志对人民政协的认识”这个关键问题，通过召开例会、专门会、座谈会、举办学习班等形式，集中解决问题；在制度上进一步完善，各区县政协要建立规范政协工作的制度；在履行政协职能上有新的发展，使政协会议和活动收到实效；在振奋精神、抓自身建设上有新的变化。11月3—6日，市、区县政协主席学习会在古蔺县召开。会议学习中共中央总书记江泽民在中共十五大上所作的报告，交流各区县政协在加强自身建设方面的做法和经验，组织考察参观古蔺县交通基础设施建设、古蔺县水泥厂技改工程、古蔺县郎酒厂、古蔺县仙潭酒厂和红军四渡赤水纪念馆、古生物展览。

1998年5月19—21日，泸州市区县政协工作经验交流会在叙永县召开。市政协主席会议成员，各区县政协主席、副主席、秘书长，市级民主党派、工商联驻会负责人出席。市委副书记徐龙治到会讲话，四川省政协地方政协工作委员会副主任张兴廷、提案委员会副主任陈国伦到会指导。会上，市和各区县政协交流换届以来政协工作的经验和工作设想。会议期间，组织考察参观叙永县的城市规划、小区建设、市场建设及名胜古迹春秋祠。

1999年5月12—13日，泸州市区县政协工作经验交流会在合江县召开。市区县政协主席、副主席、秘书长，市政协副秘书长、专门委员会驻会正副主任，市级各民主党派、工商联驻会负责人出席。市委副书记徐龙治到会讲话，四川省政协地方政协工作委员会负责人陈国伦等到会指导。会上，各区县政协交流贯彻市委政协工作会议精神的做法、体会和经验。会议期间，组织考察参观合江县农村经济大户、商业街和滨江路建设工程、县政协办公大楼。8月19—20日，四川省8市地政协工作经验交流会在泸州市南苑会议中心召开。成都、自贡、内江、宜宾、乐山、眉山、资阳、泸州8市地政协主席、秘书长出席，市委、市人大、市政府、市纪委、泸州军分区领导出席，四川省政协副主席郝振贤、地方政协工作委员会负责人陈国伦等到会指导。与会各市地政协分别作经验交流发言，市委副书记徐龙治就市委一年来贯彻中共四川省委政协工作会议精神和川委发〔1998〕36号文件的精神、措施、成效和经验作汇报，市政协主席曹锡森就认真贯彻落实省委政协工作会议精神、努力提高泸州市政协参政议政实效情况作汇报。

2000年5月18日，中共泸州市委召开贯彻市委政协工作会议精神经验交流会。市委副书记徐龙治、常务副市长肖天任、市政协主席会议成员，区县委联系政协工作副书记、统战部部长、政协主席、秘书长，市级有关部门负责人出席。四川省政协副主席史志义、地方政协工作委员会负责人陈国伦等到会指导。中共泸县县委、纳溪区委和合江县政协、古蔺县政协在会上交流经验。

2001年7月3—6日，泸州市人民政协理论研讨暨区县政协主席联系会召开。市政协主席会议成员，各县区政协主席、统战部部长，市级各民主党派、工商联驻会负责人及论文作者出席。会议学习中共中央总书记江泽民在全国统战工作会议上的讲话。四川省政协地方政协工作委员会主任陈国伦到会作“人民政协历史与发展”讲座。会议交流政协理论研讨论文37篇，分别就政协性质、地位、职能、任务、作用及坚持中国共产党的领导、人大和政府支持等方面进行研讨。区县委书记、市纪委副书记亲自撰文到会研讨。市委副书记陈善强在讲话中，就泸州市各级政协加强政协理论学习和探讨提出意见和要求。是年，为总结近几年市政协开展民主监督工作的经验和体会，以泸州市政协名义撰写的《积极探索，大胆突破，切实有效履行民主监督职能》交流材料，被四川省政协采用，以《简报》形式全文转发。

2003年9月11—12日，市政协在江阳区召开学习研讨会。市政协主席会议成员、副县级以上领导干部，区县政协主席、副主席、秘书长，市级民主党派、工商联负责人80人参加。会议学习中共中央总书记胡锦涛在“三个代表”重要思想理论研讨会上的讲话、全国政协主席贾庆林在全国政协专门委员会主任会议上的讲话，邀请市委党校常务副校长作“三个代表”重要思想辅导报告。市工商联，合江、叙永、江阳、古蔺4县区政协，市政协教科文卫体委员会在会上作交流发言。10月27—28日，川南7市政协工作第十四次联系会在泸州市召开。自贡、宜宾、内江、乐山、资阳、眉山、泸州7市政协主席或副主席、秘书长出席，四川省政协研究室副主任钟钢到会指导。会议就如何开展反映社情民意工作交流经验，研讨如何加强反映社情民意工作，提高信息质量。会议期间，组织考察参加泸州老窖公司四百年窖池、泸州市博物馆，张坝桂圆林和泸天化公司。

2004年8月30日—9月2日，市政协在泸县召开学习会。市政协主席会议成员、副县级以上领导干部，各区县政协主席、副主席、秘书长参加。会议学习全国政协秘书长郑万通《关于中国人民政治协商会议章程（修改案）的说明》，国务院总理温家宝在首都省部级领导干部“树立和落实科学发展观”专题研究班结业式上的讲话。会议组织大会交流发言。

2005年3月14—15日，市政协区县政协工作联系会议在古蔺县召开。市政协主席会议成员、各专门委员会负责人，各区县政协主席、副主席、秘书长出席。会议交流区县政协工作经验，研究如何增强市政协与区县政协之间的联系和工作上的上下互动。5月10—11日，市政协区县政协工作经验交流会在叙永县召开。市政协主席会议成员、副县级以上领导干部、各区县政协主席出席。会上，市政协各专门委员会交流开展工作的做法和经验，叙永县政协作政协工作经验介绍。

2007年5月21—23日，全国22城市政协联系会第四十次会议在泸州市酒城宾馆召开。全国13个省（区）的漳州、连云港、九江、石河子、蚌埠、泉州、滁州、辽阳、克拉玛依、抚顺、梧州、威海、台州、怀化、盐城、三明、大庆、枣庄、满洲里、泸州20城市政协领导和有关人员出席。四川省政协原主席秦玉琴到会指导并讲话，市委书记袁本朴到会讲话并介绍市情。会上，5个城市政协作大会发言，14个城市政协作书面发言，交流政协工作经验，探讨新形势下政协工作的新思路、新举措和人民政协为构建社会主义和谐社会服务的经验和做法。会议组织考察参观泸州城市建设、泸州老窖公司四百年窖池、张坝桂圆林和蜀南竹海，观看“魅丽泸州”文艺晚会演出。

2011年4月13—14日，川南7市政协工作第二十二次联系会在泸州市召开。内江、乐山、宜宾、眉山、资阳、自贡、泸州7市政协代表团参会。四川省政协副主席曾清华、地方政协和委员联络委员会主任韩凯明到会指导，市委书记朱以庄、副书记杨文杰出席。会上，7市政协就积极探索政协围绕中心服务大局的新思路、新方法和新举措，不断推动政协工作创新发展交流经验。曾清华、韩凯明就加强政协联系协作、上下互动提出指导性意见。会议组织考察参观泸州老窖公司国宝窖池、泸州酒业集中发展区、泸州港国际集装箱码头和城市建设。

四、考察学习

1991年4月25日始，由市政协副主席何宗辉带队组成考察组，考察市政协委员林善彬1989年承包的盐源县马棚子种植场。种植场由马棚子水库库区建成，水域面积800亩，土地面积2000亩。林善彬已种植苹果1500亩、6.50万株，水库投放鱼苗10万尾，建成8千米生产围墙、22间生活用房。针对是时种植场只有投入、产出很少的困难状况，考察组提出建议：马棚子种植场在凉山彝族自治州影响大，州、县领导重视，承包成败与否，影响到泸州声誉，鉴于当前资金缺口大，有关部门和银行支持是完全必要的；种植场应理顺与当地的关系，争取盐源县更大的支持。经考察组与当地党委政府协调，盐源县县委书记表态：要召开有关部门办公会，专门解决遗留问题，将种植场作为一个部门同等对待；群众工作问题，由县委、县政府领导负责解决。5 月 3—10 日，由市政协副主席张婉萍、屈尚先带队，文化教育委员会组成考察组，到遂宁市、绵阳市、新都县等地考察剧团体制改革和振兴川剧问题，学习在剧团调整、体制改革、领导班子建设、财政补贴、艺术生产、人才培养、以文补文、振兴川剧等方面的突破和经验。考察组提出建议：加强对振兴川剧的领导，及早建立泸州市振兴川剧领导组；设立振兴川剧基金，用以奖励川剧优秀剧目和拔尖人才。适应当代观众审美需求，对川剧大胆改革，拿出高质量的拳头产品；市川剧团应开办川剧表演专业班，通过培训，发现人才，择优录用，并选拔尖子充实艺术队伍，以改变市县剧团青黄不接状况。适应省辖市和为经济服务需要，应办好和保留剧团，特别是重点办好市属剧团；每年有计划引进艺术院校毕业生或调进有艺术造诣的编剧、导演、演员充实剧团；对拔尖人才和贡献突出者，要给予适当的政治待遇，解决住房、晋级、转干、农转非等奖励；对创作的重点戏，财政要给予资金支持，对获奖剧目，要给予重奖。形成市政协《关于振兴泸州川剧的建议》，送市委、市政府参考。10 月 10 日至 11 月 14 日，由市政协主席王述增，副主席田润之、何宗辉带队，组织有泸县、纳溪、合江、叙永 4 县政协主席参加的考察组，行程 7000 里，到陕西、山西、河北、山东、河南 5 省考察学习政协为经济建设服务的经验，重点考察长治、太原、德州、潍坊、开封等市的政协工作。考察组提出建议：为加快振兴泸州经济，必须重视科学技术是第一生产力的作用，切实加强对科技进步和发展的领导，使泸州市经济发展真正逐步转移到科技进步的轨道上来；在抓好搞活大中型企业同时，要从泸州市实际出发，重视发展地方企业和城乡集体经济，特别是对原有企业加强技术引进、开发和技术改造，面向市场，不断提高竞争能力，利用泸州面向滇黔、背靠渝蓉的地理位置，加强市场建设，将泸州建设成为有较强的农业实力、商贸云集货畅八方的商品流通基地；建议市委、市政府在适当时候组织有关部门负责人到德州市、侯马市、长治市考察学习；建议市委和县区党委进一步加强对政协工作的领导，市、县区政府进一步加强对政协工作的支持。形成市政协《关于赴省外学习政协工作经验的情况汇报》，送市委、市政府参考。

1992 年 4 月 2—16 日，由市政协副主席张婉萍带队，群众工作委员会组成考察组，到重庆市北碚区、南充市、广元市、德阳市、广汉市考察妇女工作。学习这些地区党委政府重视培养选拔妇女领导干部，制定政策和采取措施，调动政协女委员和女知识分子在经济建设和各项工作中的积极性，充分发挥妇女们在参政议政中的作用，以及积极营造关注和支持妇女工作社会氛围的经验；并与四川省政协副主席王于等有关领导座谈。考察组向市委提出建议：各级党委和组织部门要进一步提高对培养选拔妇女干部工作重要性和必要性的认识，选拔和培养女干部，是社会主义民主政治的需要；培养选拔女干部要有切实可行的政策和措施做保证，建议市委组织部配备 1 名女组织部长，力争在县乡两级人大代表、市县两级政协委员中，女性比例应提高到 25%以上，市级四套班子中，至少要有 1 名女领导干部。形成市政协《关于赴外地学习妇女工作经验的情况汇报》，送市委参考。

1993 年 5 月，由市政协副主席何宗辉带队，财经委员会组成考察组，到贵州省毕节地区考察农业生产。学习毕节地区解决好各级干部认识问题，每年有几百名干部到基层分片包干组织落实农业生产任务，地膜玉米工程上得快、规模大、规格高，以优惠政策和财政贴息贷款扶持发展等经验。考察组提出建议：要始终将粮食生产摆在农业的首位，确保粮食生产稳定增长，在此前提下，搞好多种经营；各级干部要面向基层，转变作风，真抓实干；在制定农业发展规划时，要树立大农业观念、效益观念和长远利益观念；要从根本上改变农业的面貌；泸州市古叙山区玉米种植连年滑坡，要学习毕节地区制定稳定而优惠政策扶持地膜玉米生产的经验。形成考察报告，送市委参考。

1995 年 12 月 4—8 日，由市政协主席曹锡森，副主席刘光汉、龚明德带队，提案委员会组成考察组，到重庆市政协、成都市政协考察学习提案办理工作经验。

1996 年 10 月 7—23 日，由市政协副主席徐浩然带队，龙马潭区、纳溪区、合江县政协负责人一行 6 人，到上海市、浙江省、江苏省考察学习经济发展和政协工作经验。

1997 年 4 月 14—20 日，由市政协副主席何宗辉带队，市政协农业委员会、市委农工办、各区县政协一行 11 人，到四川省农业产业化试点地区仁寿县、郫县、绵阳市考察学习。考察组向市委、市政府建议：要将农业产业化发展作为深化农村体制改革的重要内容抓紧抓好，建立健全首长责任制，定期不定期研究农业产业化的发展；要建立各种竞争激励机制，做到责权利结合；搞好泸州市农业产业化发展规划，在分析资源优势、人才优势基础上，找准适合自己发展的产业化项目，一经确定就要坚持不懈抓下去；要围绕市场定项目，开拓市场发展产业，积极扶持龙头企业的发展；巩固泸州市农业产业化发展成果，将一些具有发展潜力的产业化雏形，做强做大。

1998 年 5 月 11—16 日，市政协副主席袁达明带领市政协祖国统一联谊委员会、市外事侨务旅游局、市台办负责人，到成都、德阳、绵阳 3 市考察学习招商引资工作。对泸州市招商引资工作提出建议：进一步解放思想，转变观念，形成对外开放的良好氛围；党委政府要将招商引资工作摆上议事日程，市政府主要领导亲自抓，明确 1 名副市长具体抓，下决心扭转招商引资工作的落后局面；改善投资软环境，增强投资吸引力，泸州要充分打好“国家卫生城市”“国家历史文化名城”“全国双拥模范城”3 张牌，利用好国家、四川省招商引资的优惠政策；外商投资企业的服务和管理，应纳入全市目标管理进行考核，坚决奖惩兑现；建立重点外商投资企业领导联系制度，依据创汇的多少，由市四套班子领导分别定点联系，切实帮助企业协调解决生产和生活中的实际问题；由市外经贸委牵头，对泸州市外资企业进行一次详细调研，有针对性地制定相应的政策和措施；加强“三资”企业负担的监督管理，市级有关部门定期召开联席会议，发现问题及时解决，对重点企业实行挂牌保护；提高办事效率，端正服务态度；成立“外商台商投诉中心”，此机构建议以市司法局为主。形成考察报告，送市委、市政府参考。

1999 年 5 月 9—29 日，由市政协副主席刘光汉带队，组织民革泸州市委、民盟泸州市委、致公党泸州市委、九三学社泸州市委驻会负责人，到全国政协北戴河干部培训中心进行为期 20 天学习。并沿途经北京市海淀区和陕西省西安市等地，考察学习政协工作和民主党派工作经验。

人　物

人物传

屈尚先

屈尚先（1924—1995 年），重庆綦江县人，1924 年生。1943 年，考入四川大学经济系。1945 年，参加中国民主同盟，任四川民盟 29 区分部委员。成都的进步学生运动，他多数都参加过。并与盟员李实育组织《义锋》壁报社，任编辑。1947 年四川大学毕业后，在綦江、重庆、秀山等地当中学教员。与几位进步青年创办地方小报《綦江日报》，分管重庆驻綦江报道工作；协助共产党员许智伟在重庆编印地下刊物《突击》。1950 年，选为綦江县各界人民代表会议代表，任县生产委员会委员。1951 年，参加西南革大民主党派干部训练班学习。1952 年后，任民盟川南临工委组织部副部长，民盟泸州市委主任委员，泸州市人民委员会委员，文教局副局长，政协泸州市五届、六届副主席。1983 年后，任省辖泸州市一、二、三届政协副主席，民盟泸州市委主任委员。曾任民盟四川省五、六、七届委员会候补委员、委员。

作为新时期泸州市民主党派的代表人物，屈尚先积极践行中国共产党与民主党派“长期共存、互相监督、肝胆相照、荣辱与共”的方针，始终坚持共产党的领导，与中国共产党在政治上保持高度一致，领导和引导民盟泸州市委坚守正确的政治方向。大胆开展民主监督，向中共泸州市委、市政府建诤言。晚年，不顾身体日渐病弱，积极履行政协参政议政职能，对泸州市教育、文化、医疗卫生、科学技术事业的发展，经常深入乡镇、学校，开展视察、调研活动，献计献策。1995 年病逝，终年 71 岁。

秦石香

秦石香（1902—1996 年），重庆市忠县人，1902 年生。1928 年，就读华西大学宗教科。1930 年毕业后，在长寿、涪陵等地基督教会任传道员、副牧师。1939 年至 1949 年，任中华基督教会四川大会泸县教区会长、三道拐（濂溪路）礼拜堂堂长。

1951 年，秦石香出席政务院文教委员会在北京召开的“处理接受美国津贴的基督教团体会议”，参加“三自”革新签名活动。5 月，川南区党委统战部邀请宗教界座谈教会革新问题，他传达全国会议精神，使各宗教教派神职人员和教友纠正了“只与神联合、不与人联合”的错误观点。他积极支持脱离帝国主义控制，坚持走独立自主、自办教会道路的原则。是年，泸州市基督教三自革新运动委员会成立，秦石香任主任委员，并任川南抗美援朝分会常委、泸州市各界人民代表会议协商委员会委员。1958 年至 1996 年，他当选四川省基督教教会（协会）一、二、三、四届委员、常委。1958 年至 1996 年，任泸州市三自爱国运动委员会主任委员、主席、名誉主席，并任地辖泸州市政协一、二、三、四、五、六届委员，六届常委，省辖泸州市政协一、二、三届委员、常委。在省辖泸州市二届政协期间，他积极呼吁归还泸州市濂溪路 2 号礼拜堂宗教被占房产。1990 年，提出《关于请求落实归还市基督教三自爱国会濂溪路 2 号院土地使用权》提案。引起市政府、市政协领导高度重视，多次召开会议研究，亲自督促办理，1994 年市政府在财政困难情况下，落实 140 万元资金，搬迁安置 32 户居民，解决了历史遗留下来近 30 年的老大难问题。1996 年 1 月病逝，享年 94 岁。

龙禹门

龙禹门（1914—2006 年），泸州城厢人，1914 年生。1938 年，参加国民党、三民主义青年团。1940 年后，在国民党中央军校政治训练班、中央训练团（黄埔军校）党政训练班学习，任国民党新十八师特别党部秘书。1943 年后，历任四川粮食储运局视察、泸县永和商行经理、蜀丰实业公司总稽核。1947 年后，任国民党内政部第二警察总队秘书、保防室主任、政工处长。1949 年 12 月，在灌县积极联系警察总队起义事项。24 日，警察总队起义，改编为解放军十六军教导团。1950 年至 1952 年，在解放军西南军区高级研究班学习。1952 年，因历史问题被判刑。1980 年，成都军区军事法院复查纠正，撤销原判。1975 年，任政协泸州市委员会委员。1980 年，加入中国国民党革命委员会。1983 年后，历任省辖泸州市一、二、三、四、五届驻会委员、常委，一、二、三、五届文史资料委员会副主任。

在任政协文史资料委员会委员、副主任期间，龙禹门积极参加《泸州文史资料选辑》的征集编辑，参与编辑出版 20 多辑，撰写《抗战初期的重庆新生活运动促进会》《抗战八年中的泸州》《国民党内政部第二警察总队起义前后》《旧社会的烟毒和建国初期禁烟运动的巨大胜利》等文史资料 20 多篇。2006 年逝世，享年 92 岁。

邱正民

邱正民（1909—2008 年），四川阆中市人，1909 年生。1926 年后，考入南部县立乡村师范、二十八军军事政治分校、二十一军军官教育团参谋班学习，任上尉参谋、少校参谋、作战课长等职。抗战时期，任副团长、军务处处长兼代副参谋长等职，参加过武汉会战、襄樊会战、常德会战。1946 年，任国民党四十四军上校参谋长。1948 年 11 月，淮海战役中在碾庄被解放军俘虏。1949 年，后作为战犯改造。1973 年被特赦。1975 年，任政协泸州市委员会委员。1980 年，加入中国国民党革命委员会。1983 年，后任省辖泸州市政协一、二、三、四、五、六届驻会委员。

在任省辖市政协委员期间，邱正民认真履行委员职责。90 岁高龄后，仍坚持要参加政协的全委会、对口协商、听取通报协商、视察和委员学习等活动，撰写《第二十九集团军出川抗战纪实》《常德会战中英勇牺牲的川军柴意新团长》《回忆王震将军南征》《我的半生历程》（战犯改造纪实）等文史资料 10 余篇。2008 年逝世，享年 99 岁。

杨世勋

杨世勋（1930—1997年），苗族，叙永县赤水镇人，1930年生。1949年12月，任村农民协会主任。1953年，加入中国共产党，入重庆西南团校学习。1955年后，任古蔺县8区团委副书记、副区长、区党委副书记、区长。1956年，入中央民族学院政治系干训班学习。1958年毕业后任中共摩尼区委书记、古蔺县副县长、代县长、县长；古蔺县革委副主任、县委副书记、县委书记。1979年至1983年，任宜宾地委统战部副部长，兼四川省民族宗教事务委员会副主任。抽调参加四川省组织的云南、贵州少数民族地区调研，进行苗族文字改革。积极抓好宜宾地区落实党的民族政策、宗教政策，使全地区少数民族中应落实的问题，已基本落实。1983年后，任泸州市委统战部部长，省辖泸州市政协一、二届副主席。其间，积极呼吁和参与古蔺县、叙永县国家贫困县的扶贫开发，赤水河流域河谷地带治理开发和解决少数民族贫困户住房问题，使许多问题得到落实。1997年逝世，终年67岁。

田润之

田润之（1927—2009年），四川巴中县人，1927年生，高中肄业。新中国成立前在泸县大中公司、同声药行当学徒、店员。1950年至1955年6月，在泸州市益昌国药号、一新国药联运社、皮仁仁堂国药号任经理。在“五反”和公私合营高潮中，协助中国共产党和政府做了不少工作，对推动泸州市私营工商业者的社会主义改造，发挥了教育、引导作用。1952年，加入中国民主建国会。1954年，任泸州市民主青年联合会副主席，四川省民主青年联合会执行委员，选为全国青年代表大会代表。1955年，任泸州市工商联副主委兼秘书长。1959年至1981年，任泸州市中药材公司饮片加工厂副厂长、厂长、副经理。其间，千方百计完成中国共产党和政府交与的各项任务，带领职工不断扩大加工品种，提高品种质量，改进经营管理，为企业增加积累和人民防病治病做出贡献。

1981年，任泸州市医药管理局副局长，泸州市政协六届副主席，民建泸州市委主任委员。1983年至1988年，任省辖泸州市副市长。曾被选为四川省六届、七届人民代表大会代表。1988年至1998年，任省辖泸州市政协二届、三届副主席，民建泸州市委主任委员。他围绕政协职能，尽职尽责，努力开展工作。除认真负责抓好分管工作，还经常深入基层、农村、企业调查研究，为泸州市“两个文明”建设，提出各种提案、建议和意见200余条。2009年逝世，享年82岁。

张婉萍

张婉萍（1930—2011年），女，四川宜宾市人，1930年生，高中文化。1950年，考入宜宾干部训练班学习。1951年，加入中国共产党。后在宜宾市公安局、宜宾地区公安处、川南行署公安厅工作。1952年，任泸州市公安局副局长。1953年，被评为公安英模。1957年后，任泸州市民政科副科长、建设局副局长、科委副主任。1965年，任泸州市政府副市长。“文化大革命”中，被关进牛棚监狱。1970年后，任泸州市革委生产指挥组副组长、民卫系统党委书记、市革委副主任兼市委办公室主任、副市长、市委常委，分管的计划生育工作被评为四川省和宜宾地区一等奖。1983年后，任省辖泸州市政协一、二届常务副主席、党组副书记。

1986年，她倡导建立泸州诗书画院，先后任名誉院长、院长。团结诗书画界人士300多人，致力于弘扬中华民族传统文化，诗书画院创作研究员至2011年已创作古体诗词、楹联、书法、绘画作品6

万多件。首倡和组织泸州市“屈原魂”学生诗词大赛，历经18届，培养和影响中小学生上万名。加强海外联谊，亲自组织以古体诗词与新加坡驻日驻韩全权大使黄望青，以绘画与原飞虎队总指挥陈纳德的夫人、美国国际合作委员会主席陈香梅，以诗词书法与台湾国民党元老陈立夫结翰墨情缘，宣传泸州和泸州文化。张婉萍是中国世界民族文化交流促进会副主席，中华诗词学会、中国楹联学会、中国文学研究会会员，一生创作古体诗词1000多首，出版个人专著有《婉萍诗文》《婉萍诗词》5卷。2011年逝世，享年81岁。

在泸州市的全国政协、四川省政协委员

1988—2011年，全国政协安排泸州全国政协委员1名，四川省政协安排泸州市省政协委员78名。其中，六届省政协委员13名，七届13名，八届14名，九届15名，十届18名。

在泸州市的全国政协、四川省政协委员一览表

表8-1

政协名称	届别	政协委员
全国政协	第九届	赖高淮
四川省政协	第六届	王述增、李锡炎、屈尚先、何英才、汤仲篪、张　俊、熊先骥、周强中、周德源、童世学、李德才、陈大道、张爱群（女）
四川省政协	第七届	曹锡森、屈尚先、田润之、张　俊、潘学贤、熊先骥、严明学、刘红卫（女）、谭文劲、杨世勋、聂勋潮、钟品伦、李小端（女）
四川省政协	第八届	曹锡森、徐龙治、熊先骥、江相麒、潘学贤、杜　襄、任晓善、吴伯融、滕耀彬、张荣禄、毛乐平、刘红卫（女）、李志远、刘克斌
四川省政协	第九届	徐龙治、张方正、张国志、潘学贤、任晓善、魏　嵋、徐志兰（女）、刘先赋、申亚平、董善浦（女）、沈才洪、李志远、张　云（女）、鞠　丽（女）、傅永全
四川省政协	第十届	刘俊泽（女）、刘国强、喻　双、张方正、何仁均、徐　利（女）、刘先赋、蒋开峰、巫骏川、李白燕（女）、徐志兰（女）、沈才洪、王　毅、魏　嵋、杜旭林、张　云（女）、李殿璞、傅永全

附　录

文件选编

中共泸州市委
《关于进一步加强政协工作的意见》

泸委发〔**1994**〕**7** 号

党的十一届三中全会以来，我市人民政协在党委的领导下，以建设有中国特色的社会主义理论为指导，高举爱国主义、社会主义两面旗帜，坚定不移地贯彻党的基本路线，在推进全市两个文明建设和民主政治建设、维护社会稳定、促进祖国和平统一的事业中发挥了重要作用。当前，我市正进入一个加快改革和建设的新阶段，政协工作必须有新的进展。为此，特提出以下意见。

一、进一步提高对人民政协的认识

中国共产党领导的多党合作和政治协商制度，是我国的一项基本政治制度。人民政协作为最广泛的爱国统一战线组织，是实现这一基本政治制度的重要组织形式。我们一定要从建设有中国特色社会主义民主政治的战略高度，从安定团结、长治久安、实现四化、统一祖国的战略高度，认识人民政协在我国政治生活中的必要性、重要性和长期性，进一步增强重视政协工作的自觉性和主动性，采取切实措施，加强政协工作。

当前，要广泛深入地宣传新时期人民政协的性质、地位和作用。各级干部尤其是市、县（区）领导干部，要带头学习中发〔1989〕14 号和川委发〔1990〕19 号文件，学习中共十四大关于政协、统战工作的精神，学习毛泽东、邓小平等老一辈无产阶级革命家和江泽民同志关于政协、统战工作的论述，提高认识，统一思想，这是进一步做好政协工作的重要前提。

市县（区）党委宣传部、统战部、组织部、党校和新闻单位，都要重视和加强对人民政协的宣传工作。要把政协、统战理论政策的宣传教育，列入党员教育和干部培训计划。党校要把政协、统战理论政策的学习列为必修课程，并加以考核。要运用报刊、广播、电视等宣传工具，积极宣传政协工作，报道政协的重要活动，介绍政协和政协委员参政议政的成果和为现代化建设做贡献的先进事迹。政协要积极予以配合。

二、坚持和完善政治协商、民主监督制度，充分发挥人民政协的职能作用

政治协商、民主监督是人民政协的主要职能。市县（区）党委、政府必须把政协的协商监督纳入决策程序，真正做到协商于决策之前，监督在实施之中。凡是有关地方重要事务和群众生活、统一战线中的重大问题，重要法律、法规的实施和重大方针政策的贯彻执行，人大、政府、政协换届时的重要人事安排和换届后个别领导成员的人事变动，都应认真征求政协的意见。当前，尤其要在贯彻实施《中共中央关于建立社会主义市场经济体制若干问题的决定》、开展反腐败斗争、抓好廉政勤政等方面，提请政协监督。要建立起有规范性和约束性的机制，使政协的政治协商、民主监督逐步走向经常化、规范化、制度化。要坚持党委、人大、政府、政协秘书长（办公室主任）和统战部长季度联席会议制度，通报情况，协调处理协商监督的有关具体事项。

市、县（区）政府要进一步加强同政协的联系，主动开展协商，自觉接受监督。政府常务会议要研究与政协工作联系的有关问题。政府召开涉及全局性的工作会议，要请政协领导或政协有关专门委员会负责同志参加。党委、政府及有关部门要向政协的重要会议通报重要情况，以便政协委员知情出力，参政议政。党政所属各部门要同政协的专门委员会建立对口联系制度，积极开展对口协商和联合调研。

人民政协是各民主党派、各人民团体、各族各界代表人士参政议政的场所。市政协要坚持每季度举行各民主党派、工商联负责人参加的协商座谈会，市、县（区）政协要开好有各方面人士参加的情况通报会，通过会议听取社会各方面的要求和意见、建议、批评。要坚持市政协、各民主党派、工商联秘书长联席会议制度。

调查研究是政治协商、民主监督的基础工作。政协要组织委员和有关人士，对我市政治、经济、文化和人民生活方面的重大问题，开展调查研究，提出有价值的意见和建议，供党政领导决策参考。

党政部门要切实保障政协委员的民主权利。凡政协提出的建议案、批评和意见，以正式文件送达党政有关部门后，要认真研究，督促办理，并将办理结果以正式文件作出答复。政协委员的提案，有关部门应认真办理，予以答复。对政协和政协委员提出的建议案、批评、意见和提案采取不负责任的态度，造成严重后果、影响很坏的，要严肃处理。

各级党委要根据政协工作特点，结合实际，积极支持政协着重在以下方面充分发挥作用。

（一）充分发挥人民政协的团结协调作用。党委要根据政协团结面宽、影响面大、代表性强、通畅民意的有利条件，加强同各民主党派、各人民团体、各族各界人士合作共事，交心通气。要善于依靠政协团结一切可以团结的力量，协调好社会各方面的关系，妥善处理和化解各种社会矛盾，化消极因素为积极因素。当前，尤其要发挥政协广泛联系各方面人士的优势，对新旧体制转变过程中出现的利益调整和认识问题，多做思想工作，化解矛盾，维护我市安定团结的政治局面。

（二）充分发挥人民政协在改革、建设和各项社会事业中的咨询出力作用。人民政协是高层次、多学科的综合智力库，党委要积极支持政协在为加快改革和建设服务中开展专题调研、项目论证、科技咨询、科学示范、社会办学、支边扶贫、牵线搭桥、引进技术资金人才等项活动。政协要从我市改革和发展的实际出发，围绕党和政府中心工作，根据尽力而为、量力而行原则，为加快改革和建设办实事。

（三）充分发挥人民政协的民主渠道作用。党委要积极支持政协就国家大政方针、地方重要事务、人民群众普遍关心问题进行的协商监督，积极支持政协组织的视察、考察和调研，积极支持政协反映社会各方面的意见、愿望和要求。党政领导干部一定要广开言路，博采众议，热忱欢迎和虚心听取意

见，特别是不同意见，这是贯彻执行群众路线的具体体现。

（四）充分发挥人民政协在祖国和平统一进程中的促进作用。人民政协具有广泛联系海外人士的优势，党委要积极支持政协开展海外联谊。政协要积极开展多种形式的联谊交友活动，不断扩大同台湾同胞、港澳同胞和海外侨胞的联系，广交朋友，加强宣传，共同致力于祖国统一大业。党和政府的一些外事活动，也可邀请政协领导和民主党派负责人参加。

三、加强党委对政协工作的领导，开创政协工作新局面

党委要加强和改善对政协工作的领导，把政协工作列入重要议事日程，一年至少研究两次。要及时听取政协党组的工作汇报，解决工作中存在的问题。市、县（区）党委要有一名副书记联系政协工作，政府和人大也要有一名领导同志负责联系政协工作。要坚持邀请不是党委常委的政协主席列席同级党委常委会议，各有一名政协副主席分别列席人大和政府重要会议，并形成制度。要把研究检查政协工作纳入党政领导的目标管理范围，年终考核。

政协党组要在贯彻执行党的方针政策中充分发挥政协的职能作用。要真诚尊重党外同志的权利，虚心听取党外同志的意见，积极支持党外副主席大胆负责地工作，保证他们有职有权有责。

政协工作要适应新形势需要，必须加强政协自身建设。

加强思想建设。要有计划地组织政协委员和机关干部，坚持学习马克思列宁主义、毛泽东思想，学习邓小平同志建设有中国特色的社会主义理论，学习党的统一战线理论政策。当前，要认真学好《邓小平文选》第三卷和《中共中央关于建立社会主义市场经济体制若干问题的决定》。以提高政协组织的整体素质，增强委员参政议政能力和机关干部的事业心和使命感。

加强组织建设。政协委员、常委和领导班子的人事安排，必须按中央关于党内外的比例规定执行。政协委员的安排，要注重其广泛性、代表性和参政议政能力。政协领导班子的配备，要注意各方面代表人物的代表性和影响力，同时注意形成梯形结构，以保持政协工作的连续性和稳定性。在政协兼任副主席的党员干部和党外人士，应享受副主席的待遇。政协党组应参与政协换届的人事安排工作，要与组织部、统战部一道共同制定方案，协商拟定委员人选和政协领导班子人选。政协每个专门委员会应配备专职主任或副主任。

加强政协机关建设。政协机关干部的选配要坚持干部“四化”方针和德才标准。注意使用和提拔党外干部；政协机关干部要按干部交流的原则，有进有出；要在培训、教育、使用和提拔上同党政机关一视同仁。政协机关的人员、编制数额，应与同级人大机关大体相同。政协的办公用房、交通工具和办公经费等方面存在的困难，政府要尽力帮助解决。政协的全体委员会议、常委会议及委员视察等专用经费，要列入政府财政预算，予以保证。政协机关干部要做到政治坚定，廉洁奉公，兢兢业业做好各项服务工作。

以上意见，各级党委、政府及各部门要结合实际，认真贯彻执行。在执行过程中，要加强督促检查，认真落实，发现问题，及时解决。市委在今年第四季度要对各地各部门贯彻执行情况进行一次检查，总结经验，推动意见的贯彻落实。

中共泸州市委

1994 年 1 月 24 日

中共泸州市委
《关于贯彻〈中共中央关于加强人民政协工作的意见〉的实施意见》

泸委发〔2007〕41号

《中共中央关于加强人民政协工作的意见》（中发〔2006〕5号，以下简称《意见》），是指导新世纪新阶段人民政协事业发展的纲领性文件。中共四川省委从四川的实际出发，制定了《关于贯彻〈中共中央关于加强人民政协工作的意见〉的意见》（川委发〔2006〕16号，以下简称《贯彻意见》），对加强政协工作做出了更加具体明确的规定。为认真贯彻落实中央“意见”和省委“贯彻意见”，充分发挥人民政协在全面建设泸州小康社会与构建和谐社会中的重要作用，结合我市实际，特提出如下实施意见。

一、充分认识加强人民政协工作的重大意义

1. 人民政协是中国人民爱国统一战线的组织，是中国共产党领导的多党合作和政治协商的重要机构，是我国政治生活中发扬社会主义民主的重要形式。中国共产党领导的多党合作和政治协商制度是我国的一项基本政治制度，人民通过选举、投票行使权利和人民内部各方面在重大决策之前进行充分协商，尽可能就共同性问题取得一致意见，是我国社会主义民主的两种重要形式，在我国政治生活中具有不可替代的作用。加强新世纪新阶段人民政协工作，支持人民政协高举爱国主义和社会主义两面旗帜、围绕团结和民主两大主题履行政治协商、民主监督、参政议政职能，有利于提高党的执政能力和执政水平，有利于促进党和政府决策的科学化、民主化，有利于把方方面面的智慧和力量凝聚到全面建设小康社会的实践上来。泸州作为西部欠发达地区，要推进“五大战略”、实现新跨越、建设新泸州，应进一步加强政协工作，充分发挥人民政协的作用，动员全市各族群众和社会各方面的力量，同心协力，共同奋斗。

二、进一步规范和完善政治协商的内容、形式和程序

2. 政治协商是中国共产党领导的多党合作的重要体现，是实行科学民主决策的重要环节，是提高执政能力的重要途径。各级党委要高度重视人民政协的政治协商，把政治协商纳入决策程序，对重大决策要主动协商或征求意见在党委决策之前、人大通过之前、政府实施之前，制定经济社会发展规划先协商后决策，对重要人事安排和人民生活中的重大问题先协商后决定，制定地方重大政策和行政措施先协商后定案。

3. 政治协商的主要内容：党委提交党委全委会等重要会议讨论的关系工作全局和国计民生等重大问题的文件，政府工作报告、财政预决算及预算调整方案、国民经济与社会发展计划和规划、人民法院和人民检察院工作报告及城市总体规划、行政区划的重大调整方案、重大改革方案、重要人事安排、重大投资项目、关系国计民生的重大决策等“三重一大”问题。

4. 政治协商的主要形式：政协全体会议、常委会议、主席会议、专题协商会、秘书长会议、专门委员会会议等。

5. 政治协商的主要程序：党委根据年度工作重点和政协党组提出的建议，确定政治协商的议题。政协党组根据确定的议题安排协商活动，党委、政府及有关部门应在协商会议前将协商材料送达政协。党委、政府及有关部门负责人参加协商活动，通报情况，听取意见。政协要将协商意见报送党委、政府及有关部门，党委、政府及有关部门要反馈处理情况。

三、进一步健全和完善民主监督的内容、形式和机制

6. 人民政协的民主监督是我国社会主义监督体系的重要组成部分，是在坚持四项基本原则基础上通过提出意见、批评、建议进行的政治监督。各级党委、政府要按照中央“意见”和省委“贯彻意见”精神，积极支持人民政协依照政协章程开展民主监督，认真倾听来自人民政协的批评和建议。

7. 民主监督的主要内容：国家宪法、法律、法规的实施情况，地方党委、政府贯彻执行党的路线、方针、政策和上级党委、政府的决定情况，本地区国民经济和社会发展规划及财政预决算执行情况，党政机关和司法机关工作人员履行职责、遵纪守法、勤政廉政的情况，人民群众最关心、最直接、最现实的民生问题，重大工程建设问题等。

8. 民主监督的主要形式：政协全体会议、常委会议、主席会议向同级党委、政府提出建议案；政协各专门委员会提出建议或有关报告；委员视察、委员提案、委员大会发言、委员举报、反映社情民意、民主评议或以其他形式提出批评和建议；政协委员参加党委、政府及部门组织的有关调研和检查活动；政协委员应邀担任司法和政府部门特约监督人员。

9. 民主监督的工作机制：知情环节，建立重要情况通报制度，政府每半年向政协通报一次经济社会发展情况；应政协要求，政府有关部门和执纪执法部门应向政协作专题情况通报；党委、政府召开的重要会议、组织的大型调研和专项考察等活动，邀请政协领导和有关专门委员会负责同志参加。沟通环节，建立职能部门同政协专门委员会的对口联系制度，每年至少召开两次对口协商会；邀请政协参加政府部门开展的政风、行风评议活动。反馈环节，建立政协建议案、提案、调研报告、社情民意信息的交办、督办和回复反馈机制。提案应在 3 个月内书面答复，最迟不超过 6 个月；党委、政府领导签批的政协建议案、调研报告、社情民意，承办单位应将办理情况在 1 个月内做出书面答复，涉及经济社会发展重大问题、重大决策的，应在 3 个月内答复。

四、进一步重视和发挥人民政协的参政议政作用

10. 参政议政是人民政协履行职能的重要形式。各级党委、政府要支持政协围绕本地经济、政治、文化和社会生活中的重要问题以及人民群众普遍关心的问题，开展调查研究，反映社情民意，进行协商讨论；支持政协通过建议案、调研报告或其他形式提出意见和建议；支持政协开展各种形式的社会服务活动。政协建议案、重要提案、调研报告和重要社情民意信息，党委、政府领导要认真阅批并提出处理意见，特别重要的应提交党委常委会议或政府常务会议讨论。

11. 各级政协要选择本地经济社会发展中具有综合性、全局性、前瞻性的课题，深入调研，开展咨询论证，提出意见和建议。利用包容各界、联系广泛、人才聚集的优势，了解和反映社会不同阶层、不同群体的愿望和要求。积极开展政协组织之间的交流与合作，就共同关心的问题联合进行调研，开展交叉视察。各级党委、政府要支持政协围绕党委、政府的中心工作参政议政，广泛听取党派团体和各界人士对党委、政府工作的意见和建议。

五、进一步搞好人民政协的自身建设

12. 充分发挥各民主党派、无党派人士在人民政协中的作用。支持各民主党派、无党派人士参与国家和地方大政方针政策的讨论协商及其履行职责的各种活动，尊重和保障各民主党派在政协会议上以本党派名义发表意见的权利，尊重和保障各民主党派和无党派人士开展视察、提出提案、举报、反映社情民意以及参与调研和检查活动的权利。保证民主党派成员和无党派人士在政协委员、常务委员和政协领导成员中占有较大比例，政协各专门委员会要有民主党派和无党派人士参加，政协机关中应有一定数量的民主党派和无党派人士担任专职领导职务。人民政协的重要考察活动及重大外事活动可邀请民主党派有关负责人参加。

13. 注重发挥政协的界别优势。进一步完善政协界别活动的组织机制，探索党政职能部门与政协界别的联系机制，为发挥界别作用创造条件，充分调动各界别参政议政的积极性。适应改革开放和经济社会发展的实际情况，根据政协章程的有关规定，研究并合理设置界别，扩大团结面，增强包容性。通过界别渠道密切联系群众，充分运用界别视察、调研、发言、提案等形式，向党委、政府反映各界群众的诉求，做好协调关系、化解矛盾、理顺情绪的工作，促进社会各阶层和不同利益群体之间的团结和谐。

14. 加强政协专门委员会建设，充分发挥政协专门委员会在政协工作中的基础性作用。政协专门委员会设置应符合工作需要，便于上下对口联系，指导工作。支持专门委员会就有关议题开展调查研究、咨询论证，提出意见和建议，党委和政府有关部门召开专题会议、组织专项活动时，应邀请同级政协相关专委会负责人参加，印发文件资料应抄送同级政协相关专委会，为专委会领导干部参加会议、阅读文件、开展工作创造必要的条件。

15. 加强政协委员队伍建设，发挥政协委员在履行政协职能中的主体作用。要严格政协委员的提名条件，注重挑选那些素质好、有参政议政能力、热爱政协工作的人作为政协委员。要加强对政协委员的学习和培训，保证每位政协委员在任期内至少参加一次专业培训。保证和扩大政协委员的知情权，适时通过举办报告会、研讨会、座谈会、专题讲座及印发学习资料等，为政协委员履行职能提供信息。尊重和依法保护政协委员行使各项民主权利，支持政协委员对当地党政机关和有关单位的工作进行调研，了解情况。有关机关对涉嫌违纪违法的政协委员立案调查和依法对有犯罪嫌疑的政协委员采取强制措施前，除特殊情况外，一般应书面向该委员所在政协党组通报情况。政协委员所在单位要大力支持委员的工作，在时间、经费等各方面提供保障。要建立健全政协委员活动考核和管理制度，对违纪违法或长期不履行职责、严重违反政协章程和决议的委员，依据有关规定做出相应处理。

16. 加强政协机关建设。坚持用邓小平理论和“三个代表”重要思想武装政协机关干部头脑，全面落实科学发展观，弘扬与时俱进和改革创新精神，大兴求真务实之风，增强全局观念、服务意识，提高政策水平。各级党委要把政协机关干部的教育、管理、选拔、交流和使用，纳入干部队伍建设的总体规划，有计划地安排政协机关干部，特别是年轻干部参加党校、社会主义学院和其他形式的学习培训。要着眼于统一战线和人民政协事业的长远发展，高度重视政协组织的干部队伍建设，加大政协机关干部与党委、政府机关干部的交流力度，做到能进能出、合理流动。要健全和完善政协机关工作制度，提高工作质量和效率，保证政协机关工作协调统一、规范有序、精干高效运行。

六、加强和改善党对人民政协的领导

17. 各级党委要进一步加强和改善对人民政协的领导，支持人民政协依照章程独立负责、协调一致地开展工作。要把政协工作纳入重要议程，每届党委至少要召开一次政协工作会议，党委常委会议每年至少听取两次政协党组的工作汇报，研究解决政协工作中的重大问题。不是党委常委的政协主席或党组书记列席同级党委常委会议和其他有关重要会议。政府召开全体会议、常务会议和其他重要会议时，应邀请政协有关领导列席。党委、政府组织的重要考察及重大外事活动应邀请政协领导参加。各级党委、政府要加大对政协干部的交流力度和活动经费的保障力度，切实帮助解决政协工作中的问题和困难。要进一步完善党委、人大、政府、政协秘书长联席会议制度。要重视政协的理论宣传工作，把中央“意见”和统一战线、多党合作等政协理论作为党政领导干部学习的重要内容，纳入各级党校、行政学院干部培训的教学计划。新闻媒体要加大宣传力度，广泛宣传人民政协的性质、地位、作用和政协履行职能的重大成果，形成有利于人民政协事业发展的良好氛围。各级党委要把是否重视政协工作、能否发挥好政协的作用作为检验领导水平和执政能力的一项重要内容，纳入党政领导班子目标管理体系，并作为干部考核的依据。

18. 发挥政协党组在政协组织中的领导核心作用。政协党组是党在人民政协中的派出机构，肩负着实现党对政协领导的重大责任，必须坚定不移地贯彻党的基本理论、基本路线、基本纲领、基本经验，坚定不移地贯彻执行党关于人民政协的方针政策，把党的有关重大决策和工作部署落实到政协的全部工作中，团结各党派、团体和各族各界人士，自觉接受中国共产党的领导，使党的主张成为广泛共识。党委、政府要支持政协党组开展工作，及时通报情况，回复和解决政协党组提出的问题和报告。各级政协党组要按照党委统一部署和政协章程的规定，配合党委有关部门研究换届时有关界别设置、政协委员名额、人选和常务委员人选以及届中委员调整的有关问题，并提出建议。

19. 充分发挥共产党员在政协组织中的先锋模范作用。政协委员和政协机关中的共产党员要增强政治意识、大局意识、责任意识和合作意识，认真贯彻执行党的方针政策，带头遵守政协章程，继承和发扬人民政协的优良传统，广交、深交党外朋友，自觉接受党组织和党外人士的监督，努力成为履行职能的模范、合作共事的模范、发扬民主的模范、廉洁奉公的模范。

20. 切实改善政协工作条件。各级政协机关的机构设置和人员编制，要适应工作需要。各级政协开展各项工作所需经费，同级财政要纳入预算切实予以保证，并根据工作需要和财力增长情况逐年增加。要切实解决好政协机关的办公用房、办公设施、工作用车等问题，进一步改善政协工作条件。

中共泸州市委
2007 年 9 月 21 日

泸州市人民政府
《关于建立市政府与市政协对口联系和协商制度的通知》

泸市府发〔**1994**〕**32** 号

为了进一步加强市政府及其所属各工作部门同市政协及其各专门委员会之间的对口协商和工作联系，共同促进社会主义民主政治建设的发展，逐步实现政治协商和民主监督的经常化、制度化，经市政府和市政协研究，决定建立对口联系、协商制度。现将有关具体事项通知如下：

一、明确对口部门，实行对口协商

市政府对口市政协。

市政府各序列部门和部分综合部门按其性质、职责分工分别对口市政协各专门委员会。即：

市政协农业委员会主要对口联系部门：农委、农业局、水电局、林业局、国土局、乡镇企业局、扶贫开发办、畜牧局、蔬菜办；

市政协财经委员会主要对口联系部门：计委、经委、财委、建委、体改委、经贸委及其归口的局、办；

市政协教科文卫体委员会主要对口联系部门：教委、科委、文化局、广播电视局、体委、计生委、卫生局、医药局；

市政协提案委员会主要对口联系部门：市政府办公室；

市政协祖国统一联谊委员会主要对口联系部门：外办、侨办；

市政协社会法制委员会主要对口联系部门：公安局、司法局、监察局、民委、民政局、精神文明办、法制局；

市政协文史资料委员会主要对口联系部门：档案局、市志办。

二、对口联系协商的主要内容

1. 国家大政方针的贯彻实施；

2. 经济、科技和社会发展战略、计划；

3. 政治、经济体制改革的方案和部署；

4. 城市建设和经济建设的重大项目；

5. 行政区划的重大变动；

6. 有关群众生活中的突出问题；

7. 涉外工作中的重要问题；

8. 民主和法制建设的重要事项；

9. 物质文明建设和精神文明建设中的重大措施；

10.《政府工作报告》《国民经济和社会发展计划（草案）及其执行情况的报告》《财政预算（草案）及决算情况的报告》。

三、对口联系协商的主要形式

1. 市政协全委会、常委会和其他重要会议，凡市政协邀请了的，市政府及有关部门的领导同志应及时到会通报有关情况，听取委员们的意见；

2. 市政府全体会议、常务会以及其他重要会议，应邀请市政协领导同志列席会议；

3. 市政府各部门召开涉及全局性的工作会议和有关专业会议，应邀请市政协对口专门委员会负责人和本部门的市政协委员参加。

4. 市政府各部门对市政协及其专门委员会组织的考察、调研、视察活动应予支持和协助，热情接待，如实介绍情况。

5. 市政协组织的廉政、财政、税收、物价等检查活动和对重大案件的查处，应吸收市政协及其有关专委会或委员参加。

6. 市政府及其所属各部门对市政协及其各专门委员会送交的建议案、调研报告和委员书面提出的提案、意见、建议，要认真研究办理，及时作出答复。

7. 市政府及其所属各部门印发的有关重要文件、资料和提请市人大常委会审议的有关报告材料，应送市政协及其相关专门委员会参阅。

四、几点要求

1. 人民政协是我国爱国统一战线组织，是实现共产党领导的多党合作和政治协商这一基本政治制度的重要组织形式。市政府各部门要充分认识加强同市政协对口联系协商的重要意义，增强民主意识、统战意识和法制观念，自觉地把政治协商纳入决策程序，做到协商于决策之前。

2. 市政府各部门要根据本部门的工作性质和实际情况，建立健全同市政协及其专门委员会联系协商的具体制度，并纳入议事日程，确定一名领导同志分管，指定专人负责经办，加强督促检查，保证落到实处。

3. 市政府各部门在开展同市政协对口联系协商工作中，要定期或不定期地召开专题会、座谈会、总结会，认真检查协商事项的落实情况和办理效果，从1994年起，在每年年底前，将当年开展同市政协对口协商的内容、时间、效果等，以书面形式报告市政府。

泸州市人民政府
1994 年 3 月 3 日

中共泸州市委转发政协泸州市委员会《关于进一步加强民主监督工作的意见》

泸委发〔**1997**〕**30** 号

民主监督是我国发扬社会主义民主的一项重要内容，是人民政协的主要职能之一。党的十一届三中全会以来，由于市委、市政府的重视和有关部门的支持，市级各民主党派、工商联和有关人民团体的共同努力，我市的民主监督同政治协商、参政议政工作一样有了较大发展。但是，就政协工作的全局性而言，民主监督仍是一个较为薄弱的环节。为了进一步贯彻执行“长期共存、互相监督、肝胆相照、荣辱与共”的方针，推进社会主义民主政治建设，更好地发挥政协的民主监督职能，根据人民政协章程及中共泸州市委批转《政协泸州市委员会贯彻〈政协全国委员会关于政治协商、民主监督、参政议政的规定〉的意见》的通知精神，特提出以下意见。

一、提高对民主监督的认识

民主监督是对国家宪法、法律和法规的实施，重大方针政策的贯彻执行，国家机关及其工作人员的工作，通过建议和批评进行监督。邓小平同志指出，共产党作为执政党，“更加需要听取来自各个方面包括民主党派的不同意见，需要接受各个方面的批评和监督，以利于集思广益，取长补短，克服缺点，减少错误”。民主监督与政治协商、参政议政，都是政协的主要职能，目的是一致的。协商和监督的目的是发扬社会主义民主，反映社会各方面的意见和要求，促进我市重大决策的民主化和科学化；协助并推动我市各级机关改进工作，提高工作效率，克服官僚主义，加强廉政建设，监督国家法律和方针政策的贯彻执行；推动我市两个文明建设和民主法制建设，促进社会生产力的发展，协调和沟通社会各方面的关系，加强共产党领导的各党派团结合作；贯彻执行“一国两制”的方针，促进祖国统一大业的实现。协商和监督既有区别又紧密联系，相互影响，相互依存，相互促进，不能截然分开，在协商中有监督，在监督中有协商，一般来讲，协商于决策之前，监督于决策后的执行过程中。民主监督具有广泛的代表性、鲜明的党派性和一定的权威性，是我国社会主义监督体系中的一个组成部分，与其它监督相辅相成，构成一个有机的监督整体。切实搞好民主监督，是党中央的一再要求，广大人民群众的迫切愿望，建设社会主义民主政治的客观需要。政协自身要充分认识加强民主监督的必要性、重要性，提高自觉性和主动性，切实加强领导，搞好民主监督。

二、民主监督的原则

履行政协职能，应遵守国家宪法、法律，坚持党的基本路线。在开展民主监督工作中，必须遵循下列原则：一是必须坚持中国共产党的领导。人民政协是共产党领导的多党合作和政治协商机构，共产党的领导是人民政协在我国政治生活中正确发挥作用的根本保证。市政协对重大的民主监督内容和部署都要主动向市委请示汇报；对监督进展情况和遇到的重大问题，及时反映，接受市委的指示；不论是谏言献策还是批评监督，都要从有利于加强和改善党的领导出发。二是围绕大局履行民主监督职能。在民主监督中要自觉树立大局意识，找准政协在大局中的位置，使政协民主监督活动为推进改革开放和现代化建设、维护安定团结的政治局面这个大局服务。在提出各种意见和建议时，要注重调查研究，善于从大局出发观察和判断问题。三是要从实际出发。开展民主监督活动，从选择题目、工作方式，到组织力量、提出建议，都要注意从我市实际出发，既充分考虑实际情况、实际需要，还要考虑可能产生的实际效果；重视对客观实际的调查研究，坚持实事求是、循序渐进、积极稳妥的态度。四是要加强同有关部门的配合。要主动加强同有关部门的沟通协调，使政协的民主监督与其他方面的监督相结合，提高民主监督的实效性。要选好角度，理顺各方面的关系，为履行民主监督职能创造良好的外部环境。

三、民主监督的主要内容、形式

民主监督的主要内容是：国家宪法、法律、法规在本市的实施情况，党的方针政策贯彻执行情况，本市国民经济和社会发展计划及财政预算执行情况，重大改革措施及重要政策调整的实施情况，党政领导机关及其工作人员履行职责、遵纪守法、为政清廉等方面的情况，政协委员提案的办复、委员举报或以其他形式提出的批评和建议的落实情况，参加政协的各单位和个人遵守政协章程和执行政协决议的情况。

民主监督的主要形式有：政协泸州市委员会的全体会议、常务委员会议和主席会议向中共泸州市委、泸州市人民政府提出的建议案，各专门委员会提出的建议或有关报告；委员视察、委员提案、委员举报或以其他形式提出的批评和建议；参加中共泸州市委、市人民政府及其有关部门组织的调研和检查活动；通过各种宣传工具进行舆论监督。

四、加强民主监督工作的主要措施

1. 开好政协例会。把民主监督同政治协商、参政议政结合起来，在协商讨论全市重要的政治、经济和社会问题时，既要充分反映委员和各界人士的建议和呼声，又要注意反映他们的意见和批评，做到寓民主监督于政治协商和参政议政之中，加大监督的力度。

2. 组织委员视察。要提高视察质量，注重视察效果。对视察中委员提出的批评、意见和建议，应印送有关部门研究处理，并将结果及时反馈给委员。颁发委员视察证，根据有关规定，委员个人可持证视察。

3. 加强提案工作。提案是政协履行民主监督职能的重要手段。引导委员围绕我市两个文明建设提出提案，做到有情况、有分析、有建议。坚持一些行之有效的办案制度，不断提高办案质量。对重要提案，提交市政协的常委会或主席会议讨论通过后，以建议案形式提出。要检查提案办理情况，对重要提案要跟踪反馈。

4. 收集和反映社情民意。把此项工作作为加强民主监督的一项重要内容来抓，明确领导分管，制定具体措施，建立信息工作队伍，形成信息收集、处理、报送、反馈的网络和工作机构，及时编印《社情民意》简报。了解和反映社情民意，要着眼于一个时期中人民群众关心的热点问题和易被忽视的“冷点”问题，着重于反映问题，提出意见。对人民群众的来信来访要热情接待，认真处理，以更广泛、密切地联系各界群众，反映社情民意，协助党委、政府做好协调关系化解矛盾的工作，维护社会稳定。

5. 开展专题调研。组织委员对群众反映强烈的问题进行专题调研，在深入调研的基础上，提出改进问题的意见，促进问题的解决和落实。

6. 召开议政会。每半年召开一次议政会，由市政府领导向政协委员通报国民经济和社会发展、财政预算执行情况及其他有关重要工作情况，并直接听取委员的意见、建议、批评。

7. 继续坚持对口联系协商制度。市政协专委会与市政府的对口部门要加强联系，每年召开 1~2 次对口协商联系会，进一步推动协商、监督工作。

8. 开展行风评议活动。着重选择经济建设、精神文明建设和社会生活的窗口行业和部门中反映的一二个比较突出的问题，与有关单位联合开展检查评议活动，肯定成绩，提出改进问题的意见，促进问题的解决和落实。

9. 重视委员举报。对委员的举报，提交并催促有关部门认真研究处理，及时予以答复。

10. 通过各种形式加强舆论监督。加强同新闻单位的联系和配合，为政协委员进行民主监督提供舆论阵地。《泸州政协报》要开辟有关民主监督的专栏，反映政协委员、各界人士意见、建议和批评。

11. 进一步发挥特约“四员”的作用。市政协要加强同市政协委员中的特约监察员、特约检察员、特约审计员、特约教育督导员等联系，通过各种方式提高他们的监督水平，支持他们更好地行使监督职能。每半年召开一次“四员”专题座谈会。

12. 加强同有关监督部门的联系，每半年召开一次有关监督部门的座谈会，沟通情况，相互配合，提高监督实效。

13. 市政协常委会、主席会要加强对民主监督工作的领导，纳入工作议事日程。主席会每年至少要专题研究两次。每年举行一次县（区）政协主席会，交流情况，研究工作中带共同性的问题，以利此项工作更好地开展。

五、保护委员权利，发挥委员作用

政协委员的民主权利必须受到保护，要努力创造民主和谐的环境，鼓励委员敢讲话，讲真话。在政协的各种会议上，委员有提出批评的权利，发表不同意见的自由。对委员提出的意见、建议，市政协办公室要做好收集、办理和反馈工作。对压制民主、打击报复的行为，委员有权申诉，政协组织应督促有关方面在查实后分别情况进行处理。

市政协委员要增强履行职责的使命感和责任心，积极参加政协的工作和活动。要努力学习，深入实际，调查研究，密切联系自己所代表的党派、团体和有关方面的群众，积极主动地反映社情民意。要采取多种形式让委员知情，以便在履行民主监督职能中更好地发挥应有的作用。

中共泸州市委
1997 年 7 月 7 日

重要纪事

纪念人民政协成立活动

1999 年 9 月 19 日，泸州市政协庆祝中国人民政治协商会议成立 50 周年大会在江阳艺术宫举行。市委、市人大、市政府、市纪委、泸州军分区领导杨运洪、先开金、徐龙治、刘俊泽、邵辑良、文耀友、林海云、于忠、甘居才及历届市政协副主席出席。参加大会的有市政协主席会议成员、常委、在泸省政协委员、受表彰先进委员、各族各界代表，江阳区、龙马潭区、纳溪区区政协委员，市级各民主党派、工商联成员，市政协机关干部职工共600余人。市委书记杨运洪在会上作题为《迈向新世纪、铸造新辉煌》的讲话，全面追溯人民政协50年的光辉历程和市政协在各个历史阶段的工作，阐述在新时期坚持中国共产党领导的多党合作和政治协商制度的必要性和重要性，希望泸州市各级政协组织和政协委员，认清形势，坚定信心，认真学习，提高水平，发挥作用，再创辉煌。市政协副主席江相麒代表市级民主党派、工商联发言。大会对泸州市政协委员为两个文明建设建功立业先进代表王德彬等50名委员进行表彰。9月25日，市政协组织泸州医学院附属医院、附属中医院、市老科协、市人民医院、市中医医院知名老专家、教授、副主任医师123名，在城区少年宫至市科协主干道两侧举办义诊活动，设内科、中医科、妇产科、儿科、皮肤科等15个学科，历时半天，义诊病员3780人。是月，泸州诗书画院选送40余件庆祝人民政协成立50周年书画作品，供泸州市庆祝建国50周年诗书画展展出；组织泸州诗书画院创作研究员开展诗词创作、吟诵活动。9月30日，市政协办公室编辑出刊《泸州政协报·庆祝人民政协成立50周专刊》，发送3000份。是期，市政协文史资料委员会编辑出版庆祝人民政协成立50周年专辑《泸州文史资料选辑·建国五十周年专辑》，12万字，发送800册。

2009年9月17日，市政协举行“共庆辉煌——纪念人民政协成立60周年暨泸州市政协成立26周年”系列活动。在酒城宾馆举行座谈会，市委、市人大、市政府领导朱以庄、刘国强、林海云、杨文杰、曹建国等出席。参加座谈会的有市政协主席会议成员、常委，驻泸州市省政协委员，市级各民主党派、工商联负责人，市级部门、江阳区、龙马潭区政协委员291人。市委书记朱以庄在会上讲话，追溯人民政协成立60周年的光辉历程和泸州市政协成立26年的工作和业绩。希望泸州市各级政协和政协委员，围绕泸州“四个四”发展战略，出谋发展之策，在促进跨越式发展中发挥更大作用；大兴民主之风，在促进民主政治建设中发挥更大作用；高举团结旗帜，在促进社会和谐稳定中发挥更大作用。7名政协委员和各界人士，从不同界别、不同角度畅谈对人民政协性质、地位、作用和工作的认识，表示要不断增强委员责任感，为泸州的经济建设和社会和谐多献策多出力。举办纪念人民政协成立60周年书画摄影、文史资料展览。筛选反映政协工作的书画作品60件，摄影作品60件，市政协和各县区政协成立以来编辑出版的文史资料书籍164辑，在酒城宾馆和城区白塔广场等处展出。晚上，在广播电视大厦演播厅组织大型文艺演出，各县区政协、市级民主党派、泸州老窖公司、文艺团体演出创作节目《大山深处》等12个，并通过电视现场直播向全市播放。

组织抗震救灾

2008年5月12日汶川特大地震灾害发生后，泸州市政协快速反应，通过多种形式，全力以赴投入抗震救灾。1. 传达学习四川省政协《关于全力做好抗震救灾工作的紧急通知》，及时向各区县政协、市级各民主党派、人民团体和全体市政协委员转发省政协这一紧急通知，动员各方面积极参加抗震救灾。2. 市政协机关建立抗震救灾工作值班制度，24小时轮流值班，由市政协领导带班，及时处理有关事项。3. 开展捐款捐物活动，市政协机关职工和离退休人员捐款4.87万元；各级政协组织、市级民主党派和政协委员捐款56万元，捐物折价18.2万元；组织257名政协委员赈灾爱心活动，现场捐款21.51万元；组织书画名家作品赈灾义卖活动，泸州市20多位书画家的50多幅作品义卖，募集善款5.67万元；市政协机关全体党员交纳抗震救灾特殊党费1.53万元。4. 省政协委员、市中医医院副院长巫骏川带领该院第一批医疗救援队，在灾难发生当晚赶赴灾区救援，是到达重灾区北川县城的第1支外地医疗救援队；市政协副主席、泸州医学院附属医院副院长何延政，全力组织医护人员救治汶川地震中受伤转该院治疗伤员；市政协领导全员到泸州医学院附属医院看望、慰问汶川地震伤员。5. 市政协灾后第2天向各县区政协、市级民主党派、工商联发布抗震救灾、灾后重建重点信息指南，1月内收到和报送信息40条，其中4条被全国政协采用，10条被四川省委、省政府、省政协采用。6. 市政协主席刘俊泽，副主席杨正律、何仁均带领3个慰问团，分赴阿坝、绵阳、德阳、雅安、成都等市州地震灾区，慰问外省对口援建灾区工程队。

修建政协办公楼

大山坪政协办公楼修建　1991年4月1日，市政协向市委书面报告，请求解决市政协的办公用房。报告说明：1983年省辖泸州市政协建立后，沿用原地辖泸州市政协的办公用房，面积只有700平方米；随着市政协工作的逐步加强，领导班子和机关工作人员不断充实，原有办公楼不能适应工作需要；由于原办公地点狭窄，也无法扩建，请求市委同意划拨12亩土地作为市政协建办公楼所用，市政协办公楼初步计划修建2000平方米。6月，市委以泸委发〔1991〕8号文件批复，同意市政协修建新办公楼，要求尽快做好修建工作前期准备。7月20日，市政协主席办公会研究，决定新办公楼在大山坪修建，土地采取“一锅端”办法，先修建办公楼和附属设施，力争在1992年底建成、1993年政协换届时政协机关搬入，然后再修职工宿舍。同时，向市计划经济委员会送交《泸州市政协办公楼、宿舍及附属设施设计任务书》。11月23日，又送交办公大楼申请立项报告。26日，市政协向市政府送分报告，请求落实已划拨征用修建办公楼的土地。1992年4月4日，市政协向市政府报告，请求解决新建办公楼征地中的具体问题。8月12日，市政协报请市政府调整政协办公楼修建概算。9月，政协办公楼修建正式动工。1993年1月，市政协报请市政府再次调整政协办公楼修建概算。调整原因是市场建筑材料价格上涨，办公楼由原计划3楼增加到5楼，建筑面积增加到2874.96平方米。9月15日，政协办公楼即将竣工，市政协办公室向市财政局送交《关于搬迁办公楼添置设施及搬迁费的报告》。29日，政协办公楼竣工。10月2日，通过验收交付使用。

南光路政协办公楼修建　2001年5月18日，市政协党组向市委报送《关于市政协办公楼迁建问题的请示》。请示称：市政协现有办公楼建筑结构不合理，面积浪费大，使用率低，连一个100人的会议都安排不下；为扬长避短，充分发挥现有办公楼处于黄金口岸的优势，市政协党组研究决定，拟将现有办公楼及土地权属整体转让，市政协办公楼新选址迁建；新建办公楼的资金，来源于转让现有办公楼及土地的收入，不要财政另外安排资金。请市委同意市政协党组的安排，责成市国土资源局按国有资产转让规定办理，责成有关部门在土地价格上给予政策扶持，责成有关部门对工程建设中的费用收取给予减免照顾。得到市委同意。随即，市政协请市国资委安排对大山坪政协办公楼及土地进行评估。市财办以泸财办〔2001〕25号文件《关于验证确认市政协办公楼资产评估结果的通知》，确认大山坪市政协办公楼及土地评估价为689.91万元。按规定采取公平、公开、公正招标转让方式，确定转让给泸州利民房地产开发有限公司，转让金额760万元。泸州利民房地产开发有限公司购买后，将大山坪市政协办公大楼全面拆除，重新修建大梯步文化文场商贸大楼。11月20日，市规划建设局为市政协办公楼修建核发“建设工程规划许可证”，建设位置确定在龙马潭区南光路香林路口，建筑面积5161.81平方米。12月底，市政协在南光路与香林路交汇处征用土地22.65亩，用于修建新的办公楼，旋即开工修建办公楼。2003年9月25日，南光路23号政协办公楼工程全面竣工，经验收合格，市政协机关搬入新办公楼办公。

专文选编

市政协报送全国政协社情民意信息

应高度重视失地农民问题

四川省泸州市（特邀界）政协委员冯天林、黄明元反映：

20世纪90年代至今，十几年来的圈地运动至少造成我国农村2000余万农民“下岗”。20世纪90年代至今全国大搞开发区，最高峰时开发区达8000多个，当时全国每年流失的耕地数量为1000万亩以上，人为征占为500万亩，按人均2亩耕地计算，13年间全国失地农民数量起码达6500万人次。

近年来，随着交通、能源等基础设施的建设以及城市化的推进，中西部地区的“失地农民”问题也越来越突出，失地农民因此由发达地区的局部社会问题扩展为全国性的社会问题。

新《中华人民共和国土地法》实施后，一些地方大量采取货币化安置农民的办法。货币安置能减轻国土部门和用地单位的工作量和安置带来的压力，失地农民往往从眼前利益考虑，也容易接受。但事实上有限的安置补助费根本无法解决大多数失地农民长期稳定的生活问题。由于被征地农民的文化素质和劳动技能普遍不高，参与市场竞争能力差，对市场的应变能力有限，一旦失去土地，也就失去了最基本的长期生活保障。加之部分农民缺乏长远打算，往往在短期内把有限的安置费消费完，“坐吃山空”，很快相当一部分人落到了生活无着落的困境。

造成上述问题的关键原因是来源于对农民的补偿安置。一些地区土地资源短缺与工业化、城市化快速发展需要征用大量土地之间的矛盾，的确让政府主管部门感到头疼。但征地不能以牺牲农民的利益为代价，把农民排斥在土地利益体系之外。如何解决失地农民就业和基本生活保障问题应引起有关部门的高度重视。

据调研，目前一些地方对于征地补偿安置补助费的分配缺乏具体细则，造成各地对征地安置补偿费分配比较混乱，往往引发纠纷。在分配的比例上有的全额到户，有的部分留村，留村的比例又各有不同；在发放时间上，有的一次性发放，有的分若干年；在发放对象上，有的按人头发放，有的一半按人口、一半按被征用土地面积分钱。即使按照常住人口分配，也要涉及有田无户口、有户口无田、无田也无户口、有自留地的迁出人口等问题，情况较为复杂。

当前各地在征用土地过程中存在不少操作方面的误区：第一，社会保障体系不健全，政府没有将失地农民纳为城镇居民社会保障范围。失地农民只注重眼前的利益，很少考虑今后的出路问题，因此也没有一个村将土地征用款用于解决农民社会养老保险。第二，缺乏对失地农民的再就业培训机制。失地农民文化素质和劳动技能偏低，就业难问题比较突出。许多农民因征地从农业转产后，主要从事一些技术要求不高的体力劳动。随着经济发展，劳动力市场逐步由单纯的体力型向专业型、技能型转变，素质低的失地农民就业难度大，部分农民还存在着“高不成低不就”的就业观念障碍。一些农民分到土地征用款后，很快就花光，他们中一部分人将成为没有土地、没有资金、没有生活保障的“流民”。第三，集体资产管理制度不健全。一方面由于村级集体资产管理跟不上市场经济发展的要求，即使村集体有土地、有资金，但不知如何去发展、怎样壮大集体经济，集体资产难以得到保值增值。另一方面，由于部分村干部素质差，经营管理不善，导致集体资产严重流失，或个别村干部腐败，吃光用光，造成群众对干部不放心不信任，农民要求分发现金的要求更加强烈。第四，留用地使用不规范。大多数村的返回地以宅基地的形式分配到户，部分农民又将分到手的宅基地转卖出去，这虽然增加了他们的收入，但不能有效地解决他们就业的生活保障问题。

就业是失地农民最好的保障。政府作为征地单位应该负起更大的责任，如对失地农民进行免费就业培训、拓宽农民就业门路，建立失地农民基本生活保障制度等。

城市化是解决中国“三农”问题的根本出路，国家正在不断推进农村的城市化进程，在这个过程中，政府需要不断调整自身的决策方式，充分保障农民的合法权益。在实行土地私有制的西方国家，城市化进程往往产生大量的失地农民，在历史上曾经引发严重的社会问题，我国实行土地公有制，完全能避免西方国家那种尖锐对立的矛盾，但能否做到这一点，还取决于我们具体的制度和政策安排是否合理，是否能兼顾各个方面的利益，尤其是能否妥善保护失地农民的利益。

政府要正视失地农民的问题。应按照政策将失地农民户口转为非农业户口。那些丧失或部分丧失劳动能力的失地农民应该享受低保，避免更多的社会问题发生；加强对失地农民中的青壮年进行职业技能培训，为他们在社会上就业、立足创造条件；某些省份应将为数已很少的几个尚未向农民开放的行业（如招聘公务员）向农民开放，以增加他们的就业机会。

2004 年 2 月 26 日

四川省政协十届五次会议提案

关于增强危机意识加快四川出海第一港泸州港口建设的建议

四川省中共界政协委员何仁均、民革界政协委员张方正提案：

四川是内陆资源大省、人口大省、经济大省、西部综合交通枢纽，对运量巨大、运费低廉、运输方式环保的水运需求十分迫切，而深入腹地最远、辐射范围最广的长江黄金水道是西部省区极其重要的战略资源，对于加快四川东向和南向开放、融入全球经济，乃至带动甘陕青藏滇黔相邻地带资源开发、产业发展都具有极其重要的战略意义。优先发展泸州港，是四川建设中国西部水运强省、打造西部综合交通枢纽的重点战略工程，加快发展泸州港、切实增强泸州港对重庆港的竞争力，是这一战略工程成败的核心和关键。

泸州港是四川前出长三角、珠三角甚至东南亚的水运门户，是联系成渝经济区和南桂昆经济区的主要出海通道，是四川规划的第一大港和已建成并开通的百万标箱集装箱码头。根据《四川省内河水运发展规划》和《泸州港总体规划》，从 1997 年以来泸州港累计投入 7 亿多元，实施集装箱码头一、二期工程和港区进出公路、大桥、专用铁路工程，形成 3 个千吨级泊位，综合通过能力 1350 万吨/年。从 2004 年至 2008 年，泸州港货运量持续增长，2008 年完成货物吞吐量 1121. 34 万吨，其中集装箱 66237 标箱。

但近两年来，重庆港大大加快了港口建设和航运政策优惠力度，四川货源加速流向重庆港口，四川物流企业纷纷撤离成都迁往重庆，四川港口面临着“空壳化”危险，如不设法解决，甚至会危及四川西部交通枢纽的战略目标如期实现。主要问题是：

一是高速公路收费标准高，严重制约物流业发展。四川高速公路对集卡车实行计重收费，标准为1.68元/箱．公里，对货车总重超过55吨的，按超出30%以内的提高3倍收费、超出30%以上的提高5倍收费。重庆高速公路对集装箱车辆一律按三类车收取过路费，标准为0.7元/箱．公里，比四川低58.3%，每车次少交过路费800元左右，多数集装箱车辆选择在重庆港船发货。江津港也拉走了部分原经泸州港运送的煤炭资源。2009年1至11月，重庆港完成集装箱运输量35万标箱，泸州港完成货运量5.3万标箱，仅占重庆的15.1%。在四川经济加速发展的情况下，泸州港集装箱运量首次出现了不增反降的怪象。

二是物流政策不优惠，发展环境趋于恶劣。四川坚持以55吨为集装箱标准运载量，对装载国际标准高箱的集卡车按超高处罚，重庆市则将集装箱装载标准确定为70吨，对集装箱运输量不检查、不处罚，并从2009年11月起将高速公路收费标准再优惠30%，对二级公路停止收费。四川对6轴集卡车按趟收费，重庆则按月办理一次超限证，实行包干缴费，运输成本进一步降低。重庆联合中国物流总公司，自2009年11月开通了成渝集装箱快速运输通道，从成都至重庆港每箱费用比到泸州港低400元，且差距有可能进一步扩大。

三是水运条件差于重庆，航运业务急剧萎缩。泸州港每周只有8个船运班次，而重庆港达到50余次，货物配船及时，单箱水运成本低约500元，且航道深、船舶大、运输周期短，对四川货源极具吸引力。据了解，排名世界第一的丹麦马士基、世界五百强船运企业日本商船三井、台湾长荣等国际航运集团都关闭在成都设立多年的分公司，将所有在川业务整合移驻重庆，泸州的支撑货源日本丰田、神钢进口集装箱也极有可能迁到重庆，泸州港航运业务将下降50%以上，特别是远洋航线业务将极大萎缩，要迅速达到100万标箱的目标将变成泡影。

四是配套政策没跟进，港口产业发展滞后。泸州现行集装箱货源主要来自成都平原城市群，由于很多水路运输货物的主要原材料和产品出口“两头在外”，运输成本占有较高比重，必须在税收优惠、产业布局等方面予以扶持。泸州港的运营成本高于重庆，却又缺乏重庆港的保税港政策，缺乏强有力的港口产业扶持，港口中转加工产业发展动力不足。

五是配套设施建设较慢，制约港口发展步伐。进港铁路、高速公路未建成，港口建设资金不足，航运企业发展不够。相比之下，重庆、江津等正在加快建设进程，对四川港口发展构成了强劲挤压态势，四川的出海通道泸州港极有可能在长江黄金水道的大规模开发战略中被再次边缘化。

我们必须正视四川港口发展面临的严峻形势，抓住当前西部大开发特别是成渝经济区产业、交通、物流发展布局新机遇，认真研究落实扶持对策，努力缩小泸州港与重庆港的发展差距，确保四川建设西部交通枢纽和内陆航运大省的战略目标如期实现。

一是重点倾斜发展泸州港口。泸州港是四川水运业最具现实和发展潜力的出川第一大港，是四川参与全国、世界航运大竞争的主要枢纽，是四川建设西部综合交通枢纽的前沿阵地。省、市政府及相关部门要高度认识泸州港建设对于四川水运业发展的重大意义，要站在四川交通发展大局的高度，破除按部就班、平均主义观念，集中四川水运业发展资金、资源加快泸州港口建设，重点是龙江港区、合江港区的吞吐设施、加工港区、航道疏浚设施，以及相配套的进出口铁路、公路建设改造，加速形成四川水运发展增长极，切实增强与重庆、江津等下游港区的竞争优势，尽快扭转四川面临的岌岌可危的边缘化危险。

二是出台集卡车优惠政策。鉴于泸州港的大部分货源地与重庆港重叠，地理位置不如重庆港优越，必须以优惠政策进行扶持。建议立即出台高速公路收费优惠政策，按0.5元/吨标准收费，对国际标准集装箱运输免予罚款，让成都到泸州港的陆运、水运总费用略低于重庆港口运费，形成四川第一大港的竞争优势。应参照重庆市做法，开通成都——泸州城际集装箱班车，免收高速公路通行费，为泸州港提供可靠的货源保障。(涉及相关部门收费减免部分的缺口，由相关部门列入财政支出预算，保障收费减免政策的坚决贯彻。)

三是出台泸州港水运企业优惠政策。鉴于泸州港货运成本较高，应从税收优惠、费用减免、用油补贴等方面吸引国内、国际大型航运企业来川发展，从建设用地、场地租金、税费收取等方面鼓励社会资金投入航运事业。可暂缓征收船舶港务费，组建能够扎根泸州港口的四川出川船队，大力发展集装箱船运企业。切实加强运输企业、货源企业的对接联姻，形成稳定有序的运输利益体，保障泸州港的货运量稳定快速增长。

四是加快发展以重大装备和来料加工为主的港口产业。今年省委经济工作会议首次提出：要依托长江“黄金水道”发展临港经济，拓展东向、南向通道，构建川南沿江重化工经济带。建议省政府在“十二五”规划中，重点布局泸州临港经济产业，把泸州纳入重装大件运输和组装、生产基地，进一步扶持“三长”等泸州机械龙头企业发展，协助泸州引进重大装备生产企业，形成长江上游大件运输枢纽中心。要依托港区优势，引进和发展“两头在外”的来料加工产业，增强港口城市对外开放能力。

五是建设泸州保税港区，形成港区产业积聚能力。为支持西部水运交通枢纽建设，应尽快把泸州列入一类开放口岸，设置西部保税港区。应依托港口规划建设临港工业园区和物流园区，加快建设符合第三代港口特征的特流平台，逐步形成以港口为中心的保税物流中心、进出口贸易加工区、仓储和商贸中心，支撑泸州港发展。

六是构建泸州港综合交通运输体系。请求省上支持，加快实施川境段航道“三级改二级”项目，提高航道通行能力。应积极支持泸州加快进港铁路等基础设施建设，加快成自泸赤高速公路建设，优化泸州港外部发展环境，增强吸纳辐射能力。

2010 年 1 月 24 日

政协泸州市六届三次会议大会发言

关于进一步放宽工业园区政策的建议

江阳区政协唐荣良：

2008 年，江阳区政协对工业园区建设进行了专题调研，现就进一步放宽工业园区政策提出建议。加快工业园区建设，促进经济快速增长是省委发展经济的核心战略，是市委实施“四个四”发展战略的重要组成部分。近年来，市委、市政府高度重视县区工业园区建设，出台了系列扶持政策，也取得了一定的成效。但是，在工业园区的建设发展中，特别是城市规划区内的园区建设还存在不少制约因素，需要市委、市政府进一步简政放权，加大扶持县区工业园区发展的力度。

一、制约园区发展的主要因素

据我们调研，在县区工业园区建设和发展中，主要有以下四个方面的制约因素：

1. 审批环节过多

企业入驻园区的相关手续大多须在省市有关部门办理，程序多，涉及部门多，办理时间长，严重影响园区建设的发展进程。如土地征用手续报省上审批，一般最短也需要6个月时间；供地方案审批、土地招拍挂、工程许可证等由市级有关部门审批办理，即使在各种要件齐全的情况下，审批时间至少也需要3个月，否则，一年时间也难办结。如江南轻工业集中发展区，已引进企业29家，正式入驻24家，截止2008年12月底，无一家完成全部手续。

2. 行政收费繁杂

据统计，涉及园区企业的收费项目达40余项，名目繁多，直接增加了企业负担，影响了投资环境。水电气基础设施建设由于缺乏公开竞价机制，价格的合理性受到很多企业的质疑。许多外地到泸州投资的企业认为泸州投资环境不宽松。

3. 基建资金紧缺

县区财力十分薄弱，而工业园区的基础设施建设需要投入大量的资金，如园区道路、水电气、排污管网等建设需要地方政府大量投入。再加之区级政府在前期已支付完土地征用所有费用的基础上，还要在土地招拍挂时，按照11.2万/亩的最低土地出让标准将资金汇入市财政账户，造成区政府需用2倍资金才能运转1宗土地的招商工作，从而进一步加大了区级财政资金压力，影响到园区建设进度。

4. 企业融资困难

由于新入驻园区企业在征用土地、建设厂房、购置设备、培训员工、试生产等方面需要大量资金投入，而在建设期间土地证、房产证手续无法办理，企业贷款缺乏固定资产抵押物，难以得到银行贷款支持，造成企业资金十分紧张。

二、进一步放宽工业园区政策的建议

1. 用地优先

一是在建设用地计划矛盾十分突出的情况下，优先安排工业园区建设用地计划；二是允许工业园区储备适量的土地，确保及时为新入驻企业供地；三是规划一定数量的拆迁农民安置用地和服务设施用地，确保工业园区健康有序建设。

2. 大胆放权

我国改革开放30年的实践证明，时间就是金钱，效率就是生命，放权就是解放生产力。为加快工业园区建设速度，需要大胆下放有关审批权，建议对城市规划区内的工业园区建设，市规建局负责审批园区总体规划和风貌控制，把其余市级行政审批权限全部下放或授权给区级政府。如：将园区供地方案审批、土地招拍挂、土地出让金的收取、工程许可证、土地证、房产证等权限委托给区级政府，以利提高政府的行政效能。特别是土地出让金收取权的下放，能极大缓解区级政府的资金压力。

3. 让利兴园

一是对涉及园区的行政性规费的收取或减免授权县区政府。二是园区内的土地出让，产生的新增建设用地有偿使用费，市级分成部分全部返还县区政府用于补偿园区基础设施建设。

4. 政府扶持

一是市政府建立工业园区发展专项扶持基金，加大对县区园区基础设施建设支持的力度；二是对企业反映强烈的收费项目，如接道费、渣土费、墙体处理费等予以减免，以减轻企业负担，增强园区引资吸引力；三是制定水电气基础设施建设优惠政策，对于新入驻企业水电气配套费和设备安装费按最低标准收取，进一步建立和完善水电气基础设施建设招投标机制，优化投资环境；四是对投资规模大，带动经济发展作用明显的新建工业项目用地，允许突破最低地价标准出让。

5. 金融支持

一是加快发展信用担保有限公司，让有资质、有实力、有信誉的担保公司为园区新建企业提供融资担保，使缺乏抵押资产的企业通过担保机构获得银行的资金支持；二是银行创新融资服务产品，如开拓应收账款质押、动产质押、仓单质押、订单融资等金融产品，加大对园区新入驻企业的支持力度；三是政府建立风险担保基金，用于对银行、担保公司风险补偿，增强银行、担保公司为企业融资的积极性。

2009 年 2 月 16 日

后 记

本志编修始于2012年10月。泸州市政协领导高度重视，成立了编纂委员会，由市政协主席喻双任主编。11月至12月，按照志书对历史负责的要义，大量收集和占有原始资料。查阅政协档案、政协文献、《泸州年鉴》《泸州政协报》及全国、省政协报刊等2000多万字，复印、下载、摘抄各种资料600多万字，图片300多幅。2013年1月至4月，编纂志稿。编纂中，严格按照本志“凡例”和市志办公室关于《泸州市部门志（专业志）行文规范》执行，于4月底形成初稿。5月至11月，编纂委员会采取多种形式，广泛征求修改意见，6次召开座谈会进行审稿，反复修改，精心打磨。2014年至2015年，又请四川省地方志专家审稿，按照提出意见进行修改。

本志编修，有几个特点。一是按照志书“无一字无出处”原则，大量搜集和占有原始资料，力求入志的人、事、物史料，均有依据，可查可考。二是篇目架构创新。1991年后，政治协商、民主监督、参政议政成为人民政协的主要职能，本志以政协政治协商、民主监督、参政议政三大职能统揽全篇，创新政协志篇目结构，用最大篇幅记述泸州市政协履行三大职能的内容、形式和方方面面，并浓墨重彩地记述政协的立言立论，献计献策，力求凸显政协事业的主要特色。三是严格把关。市政协领导对志书编修加强领导，前后6次召开审稿会，邀请参审人员60多人次，反复评审，反复修改，九易其稿，力求志书的严谨性和高质量。

本志编修，得到泸州市党史研究室、泸州市地方志办公室的大力指导；市民宗局通审志稿，对民族宗教政策严格把关；市委组织部、宣传部、统战部，市档案局积极为志书提供档案资料、图片；市政协历届主席、副主席、秘书长和相关同志积极提供资料并认真审稿。在此一并深表谢意。

本志编纂时间短促，志中不当甚至错漏之处在所难免，恳请读者批评指正。

编 者

2015年12月